历史学评论

HISTORY REVIEW

【第一卷】

主　　编　彭　卫
副主编　　刘洪波　张　彤
执行编辑　曲鸣丽　曹江红

社会科学文献出版社
SOCIAL SCIENCES ACADEMIC PRESS (CHINA)

编委会名单

学术顾问（以姓氏笔画为序）：

丁伟志　于　沛　刘庆柱　刘家和　宋镇豪　何兆武
陈启能　陈祖武　陈高华　林甘泉　金冲及

编　委　会（以姓氏笔画为序）：

卜宪群　万　明　毛双民　王震中　仲伟民　刘洪波
孙　晓　吴伯娅　张　丽　张　彤　张海晏　李锦秀
杨　珍　杨振红　杨　群　陈　爽　定宜庄　施劲松
徐秀丽　徐思彦　黄正建　彭　卫

主　　编　彭　卫

副 主 编　刘洪波　张　彤

执行编辑　曲鸣丽　曹江红

让历史学闪烁出更大的智慧光芒

——《历史学评论》创刊词

中国史研究杂志社

人生有代谢，往来成古今。

在庞大的人类知识体系之中，历史学具有特殊的位置：它通过对消逝的往昔岁月残片的梳理和重建，确认了今天存在的知识根基；它通过对重建的历史的认识，丰富了我们的经验，扩展了我们对自身的了解。它俯视着流淌的时间之河，连接起了过去和今天，并将思绪指向无穷的未来。

这就是历史记忆的意义所在。

在历史学中，也存在着一种记忆，这就是历史学的记忆。这种记忆不仅总结了一个时代历史学的基本精神，更重要的是，它在对学术道路的总结中蕴涵洋溢着充满反省的批判理念，最终将记忆的经验化为历史学前行的动力。

历史学的记忆不能自发出现，它的生成来自于历史研究者自我反思意识的自觉，来自于这个学科自我批判意识的自觉，而自我反思和自我批判的重要基点就是学术评论。

一个学科的进步，不能缺少不同观点的交流。在科学发展的进程中，只允许一个主张，必将把学术变成一潭死水。判定学术上的高与下和是与非，不是来自权威的评判，不是来自行政部门的鉴定，它只能通过学术共同体的切磋和对话达成。由于有了不同的声音，一个学科才具有了更强大的学术生命力，才具有了更具创造性的学术表现。学术评论正是保证不同观点、不同声音合理存在的重要机制。

改革开放是中国现代历史上具有里程碑意义的重大事件。如同其他领域，中国的历史学在激流突进的思想解放运动召唤下，迎来了充满活力、富有生机的学术春天。回首最近的三十多年，每一个人都能看到，中国历史学的发展不是点滴的积累，不是个别领域学术水平的提高，而是全面性的飞跃和整体性的进步；中国历史学的变化不只是具体的学术观点的更新，更重要的是它打破了不符合学术发展规律的观念枷锁，提供了创新的思想基础，开辟了被遮蔽已久的宽阔的学术道路。我们所经历的中国历史学进步，是一个伟大时代变迁的缩影，也必将在中国史学史上书写下厚重的篇章。

是的，在我们今天前行的道路上，依然存在着重重困难，依然充满了挑战。在我们的身边，浮现着急于求成的浮躁之气和抄袭剽窃的不良学风，它们理应受到批评和谴责。但尤可深思的问题是那些妨碍我们前进的更深层次的因素：我们可能更多地关注了自己研究的具体课题，而对本领域学术发展的趋势注意不够；我们可能更多地固守于自己的思索，而没有考虑自身研究的不足；我们可能更多地拘泥于对既有的研究选择，而没有将精力分配给对学术研究的前瞻；我们可能更多地将精力投入到狭小问题上，而对支撑历史研究的史学理论和研究方法缺乏思考。由此导致，在一些研究领域，只有新资料的使用使得研究工作得以延续，而在重大问题的研究上却进入了学术研究的瓶颈。

自新史学诞生以来，中国的历史学一直存在着一种令人深思的情形，这就是支持我们研究工作的一些理论概括几乎都没有产生于我们本土的学术土壤。最近的三十多年，这种情形表现得更为明显。一个新的学说，通常是在这个学说发生地热度减弱之后才引起了我们的重视。这个"慢半拍"的现象显示了我们在研究工作中的畸轻畸重，显示了我们的学术研究存在的重大缺陷。

在中国历史学界，学术评论长期是一个短板。原因何在？

首先，是传统史学的力量。在中国传统史学中，学术评论的萌芽可以追溯到先秦，并在汉代完成了其规范化的历史使命。司马迁、班固、刘知幾、章学诚等人对历史学如何取得进步和历史学家如何研究历史都提出有深度的意见，司马迁的"通古今之变"，班固的"不虚美，不隐恶"，刘知幾的史才"三长"和章学诚的"史德"、"经世"、"六经皆史"诸说，是弥足珍惜的宝贵遗产。但就整体而言，在中国古代，关于历史研究工作的评论却没有发展成为一个独立的学术机制，刘知幾和章学诚或"长恨时无同好"，或慨叹"知己落落"，都让我们看到了中国古代史学评论路程的艰难。更重要的是，中国古代史学为学术评论设定了一个不能逾越的天然界限，这就是将"是非据《春秋》"和"扬名教"作为评论的至高无上的原则，从而从根本上限制了史学评论本应具有的彻底的批判精神。这个传统也对今天的中国历史学产生了影响。

其次，与专门性研究不同，学术评论有着特殊的难度。它不仅需要评论者有着良好的学术素养，是一个具体领域中的专家，更重要的是它还要求评论者具备较为广阔的学术视野和对学术发展的敏锐的洞察力，一个好的评论者需要多方面的而非单一的学养。也就是说，一个好的学者未必是一个好的评论者，而一个好的评论者必定是一个好的学者。这个困难也制约了学术评论工作的进步。

再次，在中国现有的科研评估体系中，对研究成果的正常批评，有时会被误解为是对被批评者研究能力的否定，使得被批评者在评定职称和学术请奖等活动中遭遇困难。这种情形对学术评论的开展设置了障碍。

最后，在中国可能还有一个因素对学术评论的开展产生消极作用，这就是人情。中国是一个人情社会，褒贬扬抑，掺私杂情；设有旧怨，或见诽责；故友请托，必为美言。历史学家也不是天外来客，因此广告式的书评俯首可见，而某些学术批评其实也有背后的原因。在这种情形下，有的评论成为名利场上的角逐，或者变为个人恩怨的厮杀，从而导致了人们对学术评论的误解，影响了评论工作的正常进行。

以上四个因素不仅在过去也会在以后妨碍和影响学术评论的开展，对这些困难应当有充分的认识。每一个时代的历史学都有自己的历史使命。我们注视着前行者的伟岸的身影，深深地感受到自己对历史学和历史研究的后来者的责任。既然我们已经将建立起良好的学术评论机制作为这一代研究者的使命和责任，就应当勇敢地肩负起这个担当，逆水行舟，知难而进。

我们在《中国史研究》和《中国史研究动态》办刊工作中，一直把学术评论放在重要的位置上，呼吁更多的学人能够从事这方面的工作。然而限于篇幅，有针对性的、整体性的学术评论始终没有得到展开。零星的、随机的和不确定的评论始终没有转变为我们追求的有宏大目的、有针对性的和成规模的大兵团作战。在中国社会科学院开展的创新工程工作中，我们提出了创办《历史学评论》设想，经过一年多的努力，这份刊物就要和学界见面。借此机会，我们向广大学人提交《历史学评论》办刊宗旨和办刊理念。

学术评论是一个含义广泛的概念。在我们看来，它最重要的意义是引领学术事业的发展，而其具体规划则包括如下五个方面：

一、在认真梳理学术研究脉络和把握时代脉搏的基础上，思考史学发展的大势，探讨理论和方法的建立及其在运用于具体研究中存在的问题；

二、考察一个时代学术精神和学术追求的各种表现；

三、立足学术前沿，分析热点和难点，分析各种学术问题出现和研究的态势，分析学术现象变化的趋向，分析研究活动显现或潜伏的价值和困难，对研究工作进行前瞻；

四、对不良学风进行批评，保证学术研究的纯洁性；

五、分析科研管理和研究成果评估机制中存在的问题，并提出建设性意见。

为此，我们提出创办《历史学评论》的七项主张：

第一，我们提倡加强史学理论和方法论研究的评论。理论和方法论是一切学科的魂魄，通过对理论和方法论研究的评论，我们期待中国的历史研究工作能够获得更为丰富和深刻的理论支援，从而建立和完善与我们所处时代相适应的历史学，让中国的历史学闪烁出更大的智慧光芒。

第二，我们提倡加强问题意识的培育。问题意识是一切学科进步的动力，在人类知识发展的进程中，有时候提出一个问题比解决一个问题更为重要；一个"好的"问题的出现可以引导出学术发展的新路径。我们期待通过对问题意识的研究，提升中国历史学的学术价值，为中国历史学奠定雄厚的学识基础。

第三，我们提倡建立起健康的学风。脱离了对良好学风的追求，历史学就会陷入绝境，就会被逐出学术王国。无论客观环境怎样，都不能成为历史学家弯腰逢迎的理由。我们期待着通过对不良学风的清理，建立起中国历史学纯洁的精神家园，促进研究工作在正确的轨道上前进。

第四，我们提倡高水准的学术评论追求。高水平的学术研究需要高水平的学术评论提供保障，而高水平的学术评论则可以引导学术研究获得新的发展。在今天学术评论开展得还不够充分，学术评论的积累还不够丰厚的情形下，我们期待着广大学人将学术评论作为自己研究工作的必要组成部分，向学界提交厚重的作品。

第五，我们提倡自由宽松的学术氛围。对学术研究的自由表达是学术发展的基本要素。以学术之外的任何方式对学术评论进行干扰，必然会破坏正常的学术评论机制的建立。我们期待着学术评论能够获得良好的空间。

第六，我们提倡宽容的学术精神。学术评论是公器，它不是判决书，它要求评论者有学术的公德心，要求评论者摒弃个人恩怨，要求评论者在评论中尊重他人。被评论者也应抛弃喜褒恶贬的人性弱点，多一分理解，少一点怨怼。宽容既是一种尊重，更是一种智慧。批评既是一种否定，也包含着对被批评者的肯定和欣赏。一个有宽容精神和有气度的批评者和被批评者都应当受到人们的尊敬。"落红不是无情物，化作春泥更护花。"我们期待着广大学人能够团结在一起，相互理解，理性评论，对事不对人，彻底摈弃人身攻击和不礼貌用语，保障学术评论在正常的学术秩序中发展和进步，在评论中提升我们对历史学的阅读能力。

第七，我们提倡以学术价值为取舍的用稿原则。在学术研究中，权力和声望并不代表学术水平，更不代表真理的位置。我们将在这个原则指导下，唯学术水平和学术价值是取，为广大学人提供一个开放性的学术平台。

中国在前进，中国的历史学也在前进。我们将以自己的绵薄之力，为在中国历史学领域建立起学术评论机制而努力。

让我们共同奋斗！

卷 首 语

本期是《历史学评论》创刊号。

我们在2011年底提出创办《历史学评论》的设想，经过一年多的准备，我们向学界奉献出中国历史学领域第一份专门性的学术评论杂志。

本卷设"学界视野"、"理论探讨"、"前沿视点"、"学科建设"、"问题讨论"和"书评"六个栏目。这也是《历史学评论》的常设栏目。在今后的工作中，我们会根据学术发展和来稿的具体情况，增设新的栏目。需要向学人交代的是，在原有的方案中，我们设计了"我的历史观"这一专栏，主要想邀请年高德劭、学识深厚的学者总结自己的学术理念和学术道路，将杰出的学术精神传递给年青一代，并在学术史上留下珍贵的记录。遗憾的是由于时间紧迫，这一目标未能达成。但我们仍会将这一栏目作为我们工作的一个重点，在以后各卷中弥补这一缺憾。

本卷刊发的文章以中国古代史为主，这是因为仓促的准备过程使我们不能及时地向中国近现代史、世界史和考古学的朋友组稿。我们希望在今后出版的《历史学评论》中能够看到这些领域更多的评论佳作。历史学的不同分支、历史学和考古学本自一体，它们有着共同的学术目标，有着共同面临的问题，也有着各自的侧重。我们期待着不同学科内部、不同学科之间能够更充分地交换意见，共同发展。

我们从两个角度上理解学风。在道德的层面上，良好地学风是学术进步的必要前提。在历史的层面上，学风显示出一个时代历史学家的实践特征。本卷约请4位专家，从不同角度讨论了近三十年来中国历史学学风问题。其中，《学术翻译的质量必须重视》和《努力建设中国世界史研究的理论体系和话语系统》由两位研究外国史和史学理论的专家撰写。前文批评了近些年来学术著作迻译中存在的浮躁风气，后文则对如何建立具有中国特色中国风格的世界史研究之一宏大问题提出了自己的思考。《学风与学术批评》立足于"学术共同体守望学术的机制是学风建设的根本"这一立论，对影响良好学风建立的外部因素和学者自身的担当，进行了批评和分析。《关于学风的几点思考》特别强调了学者对学术操守的敬重。这两篇论文将反思指向学者自己。一个能够自我反省的民族是一个勇敢的民族，一个能够自我批评的学科是一个有前途的学科。我们希望广大学人继续关注中国历史学的学风建设。

理论和方法论是历史学的魂魄，一个不关注理论的学科，一个缺少方法论指导的学术领域，注定不能真正成长。《六十年中国古代史研究的思想进程》在具体入微的实证分析基础上，高屋建瓴地剖析了中华人民共和国成立以来中国古代史研究中，使用理论和方法论所取得的成绩和经验教训。走了弯路并不可怕，从某种意义上说，弯路也是进步的必要因素。但是我们如果不能汲取以往的不足，就不可能进步。

随着中国走向世界，一些国外同行独特的研究视角引起了广泛的关注。《内亚视角的北朝史》和《21世纪如何书写中国历史》就是这一方面的评论文章。中国古代历史的空间框架如何设定，是从单一的角度还是更多的角度去解读历史，不仅是具体的历史问题，也是具有理论意义的大问题。我们期待这两篇评论能够对这一问题的讨论起到深化作用。

在这几年的学术交往中，历史地理学领域一些青年朋友对如何完善历史地理研究的热情给我们留下了深刻的印象。他们主动请缨，提交了多篇论文。我们在本卷刊发了《中国地图学史的解构》和《古代乡村聚落形态研究的理路与方法》，两篇文章侧重不同，却都提出了一个共同的问题，这就是如何运用更合理的理论和方法认识历史。

"问题讨论"栏目中刊发了4篇论文，分别对秦人来源、走马楼吴简的复原整理、宋史研究中的"例"的问题以及长城研究的学术史和研究现状进行了讨论。这4篇文章主要是青年学人撰写的，他们的学术评论表现出了锐气，我们也希望更多的青年学人加入这个行列，让《历史学评论》焕发出学术的青春。

本书刊发的两篇书评，评论的对象在风格上有所不同。一部著作以宏观的理论思考为主，另一部著作则是对一个王朝礼制记录的考辨和梳理。两位评论人从各自专业的角度，对这两部著作对学术研究的推进、存在的不足，以及相关的问题进行了评说。可以说，这两篇书评深化了既有的研究工作，并提供了新的视角，是已有研究的延伸。我们期待更多的这类书评的出现。

创刊卷编成后，中国史研究杂志社同仁都如释重负。然而我们仍感到巨大的压力。尽管在起步之初我们对这项工作的艰难性有了心理准备，但后来出现的困难还是超过了我们的预想。"战战兢兢，如履薄冰"，洵非虚言！现在，《历史学评论》第2卷的编辑工作已经开始。我们还设想在条件具备后，让这本杂志转为半年刊或季刊，让历史学评论工作获得一个更稳定和更大的学术平台。

感谢支持了我们工作的所有朋友。

感谢今后支持我们工作的所有朋友。

目　录

· 学界视野 ·

近三十年学风问题的思考

学风与学术批评 …………………………………………… 赵轶峰（1）

关于学风的几点思考 ………………………………………… 杨　珍（8）

学术翻译的质量必须重视

——《剑桥科学史》第七卷《现代社会科学》

历史学部分读后 …………………………… 陈启能（12）

努力建设中国世界史研究的理论体系和话语系统

——中国世界史研究学风建设刍议 ……………… 于　沛（19）

· 理论探讨 ·

六十年中国古代史研究的思想进程 ………………………… 李振宏（24）

· 前沿视点 ·

内亚视角的北朝史 …………………………………………… 罗　新（108）

21世纪如何书写中国历史："新清史"研究的

影响与回应 …………………………… 定宜庄　〔美〕欧立德（116）

· 学科建设 ·

中国地图学史的解构 ………………………………………… 成一农（147）

古代乡村聚落形态研究的理路与方法 ……………………… 鲁西奇（200）

·问题讨论·

近二十年秦人来源研究的新进展述评 …………………… 史党社（228）

走马楼吴简簿书复原整理刍议 …………………………… 凌文超（250）

实证与理论：近二十年宋"例"研究的两种范式 ………… 孙　健（263）

"长城社会史"的提出
　　——16世纪以来长城形象、研究之嬗变与未来之可能 ……… 赵现海（277）

·书评·

关于"中国路径"源头问题的新思考
　　——《中国古代国家起源与形成研究》
　　　　的意义和启示 …………………………………… 王　和（297）

宋朝礼制研究的重大进展：评《宋史礼志辨证》 ………… 王曾瑜（328）

征稿启事 ………………………………………………………（335）

Contents

Academic Field

Thinking about Study Style in the Past 30 Years

Study Style and Academic Criticism   *Zhao Yifeng* (1)

Reflections on Study Style   *Yang Zhen* (8)

The Quality of Academic Translation Must be Valued
—Thoughts on Reading History Section of *Modern Social Science*, in *The Cambridge History of Science* Vol. 7   *Chen Qineng* (12)

Striving to Construct Chinese Theoretical System and Discourse System of World History Study
—On Construction of Study Style of World History Study in China   *Yu Pei* (19)

Theoretical Discussion

Ideological Process of Chinese Ancient History Study in the Past 60 Years   *Li Zhenhong* (24)

Current Viewpoint

History of Northern Dynasties in Perspective of Inner Asia   *Luo Xin* (108)

How to Write Chinese History in 21st Century: Influence and Response of New Qing History Study   *Ding Yizhuang and Mark Elliott* (116)

Discipline Construction

Deconstruction of Cartographic History of China　　　*Cheng Yinong* (147)

Research Methodology and idea on Chinese Ancient
　　Rural Settlement　　　*Lu Xiqi* (200)

Monographic Study

Review of New Progress in Studies on Origin of Qin People
　　in the Past 20 Years　　　*Shi Dangshe* (228)

On the Methods of Re-editing and Restoration of Account Books
　　in the Wu Bamboo Slips from Zoumalou　　　*Ling Wenchao* (250)

Empirical Study and Theoretical Study: Two Paradigms of
　　Study on "Legal Precedent Cases" in the Song Dynasty
　　during the Past 20 Years　　　*Sun Jian* (263)

Advancing of Social History of the Great Wall
　　——Evolution of Image and Study of the Great Wall Since the 16th
　　Century and Future Trend　　　*Zhao Xianhai* (277)

Book Review

New Thinking on Origin of "Chinese Way": Significance and
　　Enlightenment of *Study on the Origin and Formation of State
　　in Ancient China*　　　*Wang He* (297)

Important Progress in Studies on Ritual System of the Song Dynasty
　　——Review on *Discrimination of Ritual System in History of
　　Song Dynasty*　　　*Wang Zengyu* (328)

Call for Papers　　　(335)

·学界视野·
近三十年学风问题的思考

学风与学术批评

赵 轶 峰

近年中国人文学术成就不少。至于学风，浊者浊之，清者自清，不能说得过分不堪，但是无论如何不得不承认，学术风气中的不端现象颇令人担忧。而且，学界乃至整个社会，对学风中的问题虽有许多批评，但似乎没有显示出有效整肃的清晰思路和行为能力，因而就更令人担忧了。学术风气是由大量相似学术行为构成的，一旦出现，就不是个别人的问题，而是整个学术生态的问题，甚至是一个社会文化流变的问题。此类问题形成，必定通过长期的累积，成了趋势，故如欲有所改变，需要坚决、耐心的努力。其中必要的事情，就是整个学术界进行一些认真的讨论，促成共同正视、监督的舆论，形成一些相关的安排。所以，如今《历史学评论》辟栏目讨论学风，是顺天应人的事情。本文专为参与这一讨论而作，要提出如下一个基本看法：学术共同体守望学术的机制是学风建设的根本。申说这个看法所针对的基本事实主要是史学领域的，但史学既不可能学风独善，也不可能学风独不善，所以行文中并没有处处标明局限于历史学。

一 学风的观念根基是实事求是

讨论端正学风，需要明确什么是学风，良好学风的观念根基是什么。学风是学术从业者通过其专业行为展现的学术信念和行为倾向。学者如何看待学术，以怎样的方式从事学术活动，就会造成怎样的学术风气。现代社会尊崇学术，根本上说是因为现代社会尊重知识，尊重以严肃的方式探索新知的活动，把探索新知看作整个人类社会的根本诉求。要想探索新知，最起码的原则和最高的原则都是实事求是——尊重证据、逻辑谨严、分寸得当、朴素端方、去除虚饰、尊重前人等学术准则，都从实事求是的原则延伸而来；抄袭剽窃、捉刀代笔、伪造证据、附庸权威、炒作冷饭、故弄玄虚、标榜夸饰、党同伐异等不良学术行为，则无不违背实事求是的原则。所以端正学风，本质上就是要求学术界实事求是。学术是为人类探索新知的，虚妄的知识会带来对人类的伤害，耗费社会财富，引领诈伪风气，所以人们可以适度容忍艺术家或者政客有些许不实事求是的举动，宽容人际交往中善意的谎言，欣赏爱美者的妆容，但对学术行为中的不实事求是理所当然地不能容忍。

设有宽厚者说，任何时代都有抄袭的现象，俗语"天下文章一大抄"。此类说法混淆古今学术差别，应有以分辨。古代学者不多，著作不多，书籍难存，背诵、复述经典以为学问，以绍述古贤者为荣，是经常的事情，著述中引述前人观点、言语而不加申明，每每有之，汇编、摘编前人著述，也被视为有益之事。然而即使古代，凡传世的学术，毕竟还是以本人的创见为根基，朦胧转述他人言语，会有"剿袭"之讥，公然以他人之说为己见，还是为人不齿。现代学术比之古代学术，特别地以知识进步为目标，且又有知识产权公则约束，所以特别尊崇首创，将学术创见与教育、传播区分为不同层面的事情。故在现代学术语境中，学术性作品转述他人已发表文字而不加申明，构成抄袭；袭用他人观点、言说而不交代原委，构成剽窃。其间程度深浅，有种种差别，性质却同为学术不端。现代学者，不因古代有人抄袭而将当下的抄袭视为合理，这是人类知识探索观念和社会理念的一个进步。与学术以知识进步为目标相关，现代学术规范自然较古代为严格，这也是一个进步。

学术为天下之公器，是人类共同追求新知、省查自身的事情，因而其评价有世界性的尺度。中国人完成的学术成果，可以在中国以外发表，外国人完成的学术成果，可以在中国发表，最优秀的学术成果，会被翻译成多种语言在全世界传播。判定一项学术成果是否优秀，就看其在何等意义上增进了人类的知识和理解力。这种判定经常不是在一项学术成果公布之际就定论的，所有成果在公之于世之后都要面对长期的评价和检验。所以，一项学术成果公布的形式——发表于哪一刊物，被哪一个出版社出版，如何篇幅宏大等，并不最终决定其学术价值。学术成果价值的判定，常常是开放的过程，大幅度超出其同时代人思想的人文社会科学研究成果，常常需要在很久以后才被认可。故当一项学术成果公布的时候，公布的学术界同行实际只对该项成果进行了初步判定，认为该成果有可能增进人类知识，其研究的方法、过程符合尊重证据、遵从逻辑、表达适度的基本原则。此后的进一步判定，就成为整个学术界、整个社会，甚至是历史本身的事情了。实事求是是学风的本质，是学风的国际性原则，一点也无须过分，一点也不能打折扣。符合了实事求是的尺度，才有必要去考虑其贡献多大，水平多高，才气如何等；有违于实事求是，则无须视之为学术。

二 学风不佳的重要原因是以"行政—产业"方式管理学术

狭义的学风问题,如前例举,有抄袭剽窃、捉刀代笔、伪造证据、附庸权威、炒作冷饭、故弄玄虚、标榜夸饰、党同伐异,等等。这些现象流行成风,有使之滋生的学术和社会环境,就当下中国学术生态而言,相关的一个重要因素是用"行政—产业"的思路对待学术。

所谓用"行政—产业"的思路对待学术,是指将学术过于严密地纳入行政管理体系并以管理物化工业生产同样的方式管理学术。其中包括行政权威在学术职称、地位评定中有过大权力,学术资源的过大比例由行政权威提供、分配,由行政机构设立最高学者头衔,用计量化方式统计评价学术成果、学者、学术机构,行政管理者兼挂学术头衔,等等。这是当代中国学术环境的结构性特色,也是近三十年改革在推动了学术繁荣的同时造成的一种不断产生副作用的体制。这种体制在调动学术从业者的生产积极性方面相当有效,然而这种积极性主要是通过行政主导的报酬机制调动的,因而本质上调动起来的是一种掺杂官本位因素的学者利益追求的积极性,与当年调动起农民、私营企业家积极性的机制没有什么两样。它并未考虑学术的特殊性,根本上说不是实事求是的。它偏重鼓励学术产品的数量追求,为粗制滥造的学术成果刊布提供了动力和可行性,为通过非学术方式获得学术资源、地位留出诸多机会,调动高校和学者把太多的精神用在体制内排名高下上,也让一些不是学者的人挂起学者的头衔来宣示学术是可以混的事情。于是,在物化工业生产领域为不断出现假冒伪劣产品而焦虑的时候,学术领域不断出现学风问题和不佳学术产品也就不是什么奇怪的事情了。

用"行政—产业"思路将学术全面纳入管理体制是官本位加泛经济观念的产物,它忽视了学术独有的特色。学术是探索新知的事情,因而需要站在人类知识、思想的前沿者去做前所未有的思考、钻研,从事这种事情的人,需有自由的心灵,需要为人类未来而探索的心胸,督责以时的管理、锱铢必较的评价,把学者变为生产定型产品的工匠,从深层否定了学术行为的独立自主性。物化产业是应用已有知识和成熟技术制作标准化产品的事情,期待中的产出物是被其他人设计出来的、确定的,因而投入产出可以预期;学术要探索未知事物,每一项学术成果都应该是特殊的、独一无二的,投入产出之关系也是不确定的,需要允许失败、走弯路、争鸣。把学者视为生产定型产品的工匠才会迷信量化学术评估,才会流行起根据量化的统计衡量学者水平、安置学者待遇、摆布学者地位的举措。在单纯量化统计受到批评之后,管理者领悟到单纯量化评估的失误,开始补充将学术成果分为等级的质、量兼顾的评估方法,与量化之法并行。然而这并没有改变量化评估的本质。对当下学术成果学术质量的等级划分，只能靠将发表物分等来进行，将发表物分等又只能靠将出版社、期刊分为等级的方法进行。有什么确保"国家级"的出版社不出版"省级"水平的书？有什么确保"省级"的出版社不出"国家级"水平的书？有什么确保"国家级"的刊物刊发的文章永远比"省级"刊物刊发的文章更具有学术价值？没有。所以这种区分是强加于事实的，并不能改变量化评估的弊端。而且，在论著强分等级加计量的基础上进行的学术评估，只能由行政主管实施，于是又强化了行政评价学术的机制，学术更深地进入围绕行政运转的轨道。所以，学风中的不实事求是与管理体制上的不实事求是本是同源的。

以"行政—产业"方式管理学术的另一个表现是将项目作成就。高校评定学术职称、学术荣誉、学术奖励，或者选择学术成绩突出者授予行政职位的时候，都将获得过哪一品级的项目作为学术成就。然而项目获批，虽然涉及资质，但主要意味着接受了学术研究的任务，实施的结果，可能是圆满完成，可能敷衍结项，也可能失败，甚至有因舞弊而撤项者。如此不确定的事情，至多在为所在单位争取到学术资源的意义上是值得肯定的学术活动，却不应作为学术成就，更不是学术成果。不是学术成果的被视为学术成果，就使真的学术成果贬值。而且，项目资源常从非学术机构来，也常被教育、学术单位中具有行政地位的人优先获得。所以项目驱动学术，本质上是行政与财富支配学术；学术发展需要行政支持和财富资助，但是如果行政、财富强力支配学术，就会扭曲学术。

学风不佳的一个相关现象是学者做官。中国古代有"学而优则仕"的传统，那时学者所学的儒学本来就是"治国平天下"的学问，所以读书人以出仕为目标，还有其合理性。现代知识早已扩展，包括自然科学、技术、人文、艺术等，知识分子因而专业化，不再与"出仕"单线挂钩，从而学而优则仕比以往的合理性降低。20世纪80年代以来较多吸收知识分子参加教育、学术管理，本意应是尊重内行、尊重知识分子。但奇妙的是，几十年下来，大批学者入仕，降低教育、学术机构管理中的官僚主义之效甚微，官僚主义却改造了许多入仕的知识分子。一些学术与做官两栖的人，因为自己有学术权威的名目，不比专业的官员更尊重一般知识分子，而常凌驾于一般知识分子之上。学者被此机制吸引，常为仕途而治学，力争两栖。两栖之后，胃口加大，精力不逮，就多虚浮之作、帮闲代笔之作，且常垄断学术资源，从而影响学术生态。有学者由学术经营仕途，就会有官员由官位兼求学衔。国家公务官员，身负重任，本来不以学术为其一生专注追求的事业，却要到高校兼上教授、博导头衔，似乎学者所为，不过是官员茶余饭后之事，让那些将一生献给学术的人自惭形秽。有权势者可以有教授头衔，就使教授头衔说明不了学术水平，学者的地位和尊严也就被蹂躏，如此学风如何不坏？所以，治理学风的一个必须解决而且很可以解决的事情是，由主管部门制定规则，使学者与官僚区分。学者如到政府机关、事业单位做官，应不再兼职为教授；教育、科研机构学者出任本单位领导者，应是本人学术高峰期已过但眼界见识足以调动后学向更宏大深邃境界推进的学术长者，而不应当是处于学术高峰期的中青年学者；官员如欲做学者，要搁置官员职务。除极其特殊情况外，非教育、学术机构中官员兼大学教授名目，应引为羞耻。

以"行政—产业"方式管理学术会造成的行政量化评价体系成为基本规制以后，学术界自己的学术批评和学术评价就会因为零散、非系统性、随机化、相互争鸣、缺乏行政权威性而逐渐淡出学术环境，从而使行政评价成为唯一的评价。行政评价是外在的评价，虽于管理未必无用，但无法替代学术界常规性学术批评在守望学风方面的作用。常规性学术批评的生态一旦隐没，严肃的学术批评或学者间相互监督的言论即使发生，也会成为另类现象，学术界漠然视之，或者坐等管理机构干预，而管理机构常常不干预。无结论、不了了之的学风争端发生几次之后，纯学术批评就死亡了。在缺乏纯学术批评的环境中，学术界永远会存在的分歧、矛盾、冲突仍然会透露于社会，于是就会变成关于学术但又夹杂人身攻击的"丑闻"，或者是个别勇猛者的"打假"。"丑闻"或者"打假"其实本身做不出结论，都还期待管理机构做"处理"，而管理机构虽然对行政化学术评估热衷不已，对于学风问题却只做笼统表态，很少处理具体的学术不端案例。这样，大多数关于学风的争议会不了了之，极少数矛盾尖锐化的案例则会对簿公堂。法律的尺度与学术的尺度并不相同，很明确的学风不良问题可能根本不违法，故学风问题退到法律底线时，学风就已经板荡陵夷了。同样，如果学术界和社会寄望于媒体揭露"丑闻"或者个别人的学术"打假"来维系学风，那就意味着学者作为群体已经放弃了自律和相互监督的责任，经常化的学术批评已经死亡。这种学术生态连续一两代人下去，年轻的学者们就会趋于共识：学术有成败而无是非。于是，功利主义就深入人心了。然而学术，是需要一点理想主义的。

由于以"行政—产业"方式管理学术是当下学风出现许多问题的根源之一，所以，在未就如何弱化行政—产业化学术管理方式采取有效措施之前，教育、学术管理机构发出的端正学风的通知、文件等，虽具有提倡良好学风的意义和纯粹管理方面的功能，却不会根本改善学风，整肃学风的规章制度安排需与弱化行政化学术评价体系并行才有实际意义。

三　学术批评的主体应是学术共同体

行政化的学术评价体系是学风不佳的主要根源，应该弱化这种机制，使之仅仅供教育、学术管理机关掌握情况及履行一般管理职责之用，而不替代学术界本身的内在化的学术评价。内在化的从学术内容层面进行的学术评价必定需由学术界本身为主体展开，其核心是常规化的学术批评，这与行政化的即外部的仅仅依据成果发表形式进行的学术评价是两种截然不同的事情。只有内在化的学术评价成为机制，才可能形成学者的学风自觉，而没有学者的学风自觉，无论是管理机构还是媒体的曝光打假都不会造就可持续性的良好学风。

学术评价是社会性的互动，不能由固定的人来从事，需要所有学者参与。特定领域的学术界是一个相互关联的社会，相关学者共同参与经常化交流而形成的学术网络就是学术共同体，与之相关的学术从业组织包括学会、专业期刊、沙龙、论坛、网站等——永远不要用统一的、层级化的严密组织体系作为尺度来想象学术共同体——学术共同体应该是一种具有开放性的专业公共空间，一旦学术共同体被搞成统一的机构或组织，行政架构的所有弊端就都会被复制出来，从而失去其独立的意义。不过，良好状态的学术共同体应包含一个起中坚作用的专业学会，这个学会要设立一个以同行学术自律为主要事务的委员会，如"学术仲裁委员会"，负责对引起社会性反响的涉嫌学术不端的行为、现象进行审查，并向学术共同体公布审查结果。这种审查，应该是学者经常化的学术评论的补充机制，只在相当数量学者要求时才进行，以解决不解决就会危害学术社会信誉的突出争议问题为限。

学者之间经常性的学术评价，包括批评和评论，是学术生态的源源活水。所有学术从业者，尤其是具有一定公信力和影响力的成熟学者有责任对本专业领域的优秀学术成果和争议性学术成果做出公开评价；所有学术期刊，都应该鼓励深度评价性的文章，杜绝单纯鼓吹性的书评；所有的综述，都不应该再做开列书、文目录式的罗列，而应该以分析进展与问题为基本目标。这种事情，是学术界自己的责任，如其不能彰明，需自谋改善，即使有些不利的社会条件因素，仍然不能推诿、期待于他者。同时要了解，学术界对学术成果的评价就特质而言是自然而然的过程，不统一、无时限，评价所注意的，其实在于两端，即最优秀、最前沿的成果，以及涉嫌违规的成果与行为。

经常化的学术批评会保持较好的学术风气，专业学会进行的对特殊事例的审查判断可以护持学术严肃性的底线。学术共同体的学术评价应该只针对成果、行为，避免针对个人，以保持纯学术立场，故并不负责对违规者作任何惩罚性处置。只要学术评价是清楚的，学术界与公众就了解了真相与是非，学术的尊严就得以保持，是否处置相关个人已不重要，是其服务的机构的事情。专业学会无须主动对所有疑似学术不端现象进行监督审查，以免成为处理大量巨细不等事情和无端纠纷的机构，但如果发生实名郑重举报或公开争议，则学会成为公众瞩目之地，应及时作为。如果学术共同体能够认真承担学术评价的责任，学者自律就会养成传统，各种学术不端都将趋于止息。

学术共同体既然要承担学术评价的责任，就不应只评价负面的现象，还应该对优秀成果进行评价、褒扬。故各专业学会，都应设立以辨识、表彰典范性学术成果为目的的荣誉，公诸于世，铭于史册，以为后人榜样。至于是否给予物质奖励，并不要紧。学术共同体切不可做的事情是，模仿行政管理部门去做大范围覆盖性评定等级的事情。那一定会导致物议纷纭，无可收拾。

对学术的行政化管理退一步，学术共同体的建设进一步，大家都更实事求是一些，让学术批评活跃起来，学风就会好转。

2013年2月16日

〔作者赵轶峰，1953年生，东北师范大学亚洲文明研究院教授〕

收稿日期：2013年3月4日

关于学风的几点思考

杨 珍

学风，指人的治学态度。学风可以反映出人的世界观和人生观，体现出人的作风和学养，甚至也能够在一定程度上折射出人的境遇和心态。

一 学风浮躁的原因

时下，学风比较浮躁是一个不争事实。何以如此？至少有以下几方面的原因。

其一，中国社会正处于转型期，人们的生产方式、生活方式、价值取向都在发生巨大变化。在这样一个历史阶段，出现过度重视发展速度，忽视发展质量，追逐声名、急功近利的社会倾向，或许难以避免。学术界是社会的一个组成部分。社会的浮躁风气，必在学术界有所体现。它不仅会表现在部分学人的治学态度上，甚至有时也会影响到学术界对于学术成果的评价。所以，学风浮躁，不是仅仅依靠学术界自身的努力，就能彻底解决的问题。只有当社会风气真正好转，人们不再视金钱名利为至上，从事的职业与个人的兴趣达到一致，并以自己勤奋工作，作为对社会、对人民的真诚回报时，优良学风才有可能在学术界真正确立。这个时候，好的学风不再成为对学人的要求，而是已经内化为学人的一种自觉意识。

其二，人类世界正处于以新能源和互联网相结合为特征的第三次工业革命时代。近年来，研究资料的变化，导致人们的研究方式悄然改变。以史学研究而言，我们的前辈用以治史的资料，主要是文本的记载。这就需要他们下笨功夫，读万卷书，经过数年、十年、几十年的寻觅和积累，才能有所发现，而后著书立说。现在，我们通过电脑检索，有可能在一瞬间获得前辈学者以皓首穷经为代价，方能找到的一条史料、一个答案。资料数字化以及由此带来的相当便捷的研究条件，必在较大程度上改变学人的治学方式，抑或影响到学人的治学态度。值得深思的是，相对落后的物质条件，却培育出前辈学者纯正厚重、唯实唯真的学风；学术资料的数字化、研究手段的多样化以及研究条件的逐步改善，在极大地推动学术进步的同时，也为一些学人投机取巧，高数量产出而忽略学术质量，大开方便之门。

说到底，所谓学风浮躁，不仅仅是学者个人的问题，也不仅仅是学术界的问题。这是中国社会急剧转型时期，社会上崇尚名利的不良风气在学术界的一种特殊表现，是物质生产条件有了极大提高，研究资料的形式、学者的研究方式有了较大改变后，学术界中产生的一种带有一定普遍性的不良治学态度。

此外，学风的优劣，恐怕很难用统一的、固定的标准来衡量、评判。有时候，学风是通过学术论著之外的方式，通过学者的某些言行得以体现。所谓学术规范、学术规则，只能针对外在的不良学风，如抄袭、造假等行为，但无法禁止人们在从事学术研究中产生的各种不良意识，甚至无法识别、纠正那些貌似守纪，实则取巧的学术行为。由于学风具有隐蔽性、模糊性、内在性等特点，在社会、学术愈益多元化、复杂化的今天，尚难以制定出一套有效的制度来管住学风，杜绝不良学风。

二　学风背后是人生境界

对于学者个人来说，学风是其品格、性情、旨趣在学术研究中的一种自然流露。

学风在很大程度上决定着研究的质量。不过，一项学术成果的质量，具有相对稳定性，一旦得到客观评价，较长时期内不会被轻易改变。为大多数学者所公认的一部论著的学术质量，反映了论著的作者在创造此项学术成果时所具有的学风。可是，一个人的学风是可以变化的。一位学者写出一部高质量的学术著作，并不意味着其后依然能够保持优良学风，能够继续写出新的高水平的学术论著。

学风的优劣，同一个人的学术资历之间是辩证的关系。学术资历较深，自然有利于培养、发扬优良学风，但也有可能因为所谓功成名就，而不再具有锐意进取的精神。反之，学术资历较浅，或能激励学人在治学路上奋发攀登，虽然其论著尚显稚嫩，或有种种缺陷，却显现出勤于思索，善于提出问题、力图解决问题的治学态度，诚属可贵。

倘若学风也有自己的选择，那么，平实的学风，偏爱安静、朴素的学术环境，偏爱独立思考、畅所欲言、兼容并包、自由开放的学术氛围；浮躁的学风，偏好与喧哗为伴，偏好所谓捷径和速成，偏好空泛的内容与华丽的外衣。

学风是心灵的写照。它既能显示人性中美好的一面，也能暴露出人性的弱点和丑陋一面。古往今来，好的学风似更有缘于看淡物质和名利，注重提升精神品位的学者，特别是处于某种逆境中的学者。因为并非顺达的境况，可以使人更加勤勉、刻苦，更为专心、虚心，更为友善、诚信，更为立志高远，脚踏实地。正是这些品性，体现出人性中的真、善、美。

三 何为好的学风

对于我们来说，好的学风，是一种求真务实的治学态度，是力求在史学研究中，学习、运用马克思主义的立场、观点和方法，经过自己的思考和融化，体现在对研究对象的考析、认识和把握中。在这个大的前提下，对优良学风的诠释，似可有狭义和广义之分。

从狭义看，好的学风表现在老老实实地做人，老老实实地做学问。在学术研究中，自觉地遵守学术规范，不抄袭、不剽窃他人的研究成果，不炒冷饭。做到后一点并不容易。这需要我们对所从事领域的学术前沿有充分的了解，对当下研究的长处与不足、对研究发展趋势及其特点等问题有独立思考，有个人见解。同时，需要有足够的勇气，挑战自己，超越自己，不断有所进步。一篇论文或一部学术论著，如果大部分内容是重复他人的研究成果，这种研究徒有其名，只是以"新成果"三字作为包装而已。

从广义看，好的学风代表了一种研究理念。

首先，是实证与思辨的结合。不仅要尽可能地发掘、利用原始资料和一切相关史料，借鉴其他学科的研究路径，经过深入考究，揭示历史真实，还需要在唯物史观指导下，批判地吸收、运用一切有利于史学研究的新的理论和方法，以探索历史表象背后的丰富内容，探求历史的发展规律。历史学是人文学科。我们做史学研究，不能只见物而忽视人。需要具有悲天悯人的情怀，体现出对人的精神层面的高度关注。

其次，具有创新意识。创新既是一种理念，也是一种学风。同其他学科相比，中国古代史学科的创新与学术传承、学术积累之间，有更为紧密的联系。创新不应仅仅是我们刻意追求的目标，更应将它转化为一种治学理念，体现在我们的日常学习、研究、工作中。所谓学术创新，可以有多种表现，但是，具有原创性的史学研究成果，必以扎实严谨的学风为根基，其背后必有学人甘坐冷板凳，耐得住寂寞，不惧受人误解与讥讽的坚忍意志。

最后，具有自我反思意识和批判意识。现实是历史的延续，"一切历史都是当代史"。我们虽然生活在当代，却能时时、事事、处处感受到中国传统文化中的精华与糟粕对我们的价值取向、思想观念、生活习俗等各方面的深刻影响。史学研究的终极目的，是使今人能够切实吸取历史中的经验教训，引以为鉴，在建设和发展中少走弯路。然而，我们不仅应当反思历史，反思古人，还应当反思我们的历史研究，反思我们自己。不仅应当记取历史上的教训，也需要总结、吸取历史研究中的经验教训。关于中国古代史学科发展规律的研究，以及如何在中国古代史学科建设中坚持科学发展观、促进中国古代史研究的可持续发展等问题，应当引起我们的重视。对这些问题的探讨，应当成为学风建设的重要内容之一，如果这些研究相对滞后，会使学术创新缺少学理层面的有力支撑。

四　端正学风的两种态度

培养优良学风，可以有两种做法，代表了两种态度。

一种是相对被动的做法，这是一种无奈的、随大流的态度。当今，学术界已逐步制定出各种学术规范和规则，我们在进行学术研究时，必须予以遵守。可是，如果只是机械地照章办事，并非用心体味，内心深处甚至于此不以为然，那么，一旦有了适宜条件，便有可能对不良学风随波逐流，甚至以某种隐蔽的方式违反学术规范。

另一种是相对主动的做法，一种积极的态度。除去严格遵守学术规则，还要把培养良好的学风，作为我们成长中不可缺少的一个步骤，作为修炼品性，克服欲望和惰性，不断完善自己的一门必修课，并将这门特殊课程与自己的学术生命相始终。对不良学风保持高度警觉，特别是当它与自己的切身利益发生密切联系时，仍能秉持学术良心，予以坚决抵制。同时，要有包容之心，有宽广的胸怀，尊重不同学术见解，听得进他人对自己的批评。

树立良好学风，必须回归到学术研究本位，最大限度地摆脱功利化。不仅将学术研究作为谋生的"职业"，还要将学术研究视为一生的"志业"，使它成为一种生活方式，与自己的生命融为一体。也只有这样，才能够在从容不迫、兴趣盎然地做学问时，感受到心灵的充实、淡静、满足和幸福。

总之，树立优良学风之路，也是培育健康和谐的社会风气、营造风清气正的社会环境之路。作为一个社会成员，一个学者，于此责无旁贷。让我们从现在做起，从自己做起。

〔作者杨珍（女），1955 年生，中国社会科学院历史研究所研究员〕

收稿日期：2013 年 5 月 5 日

学术翻译的质量必须重视

——《剑桥科学史》第七卷《现代社会科学》历史学部分读后*

陈 启 能

作者按：近接中国社会科学院历史研究所中国史研究杂志社新创办的杂志《历史学评论》编辑的约稿函，要我就该杂志特辟的"近三十年学风问题的思考"专栏发表意见。我理应从命。这不仅是因为盛情难却，更重要的是因为学风问题，诚如约稿函中所言，确是"中国史学界普遍关心的问题之一"，可以说是学术研究的生命所在。但是我对学风问题并无专门研究，对改革开放三十多年来我国史学著述中的学风问题也缺乏调查，因而很难发表专论。后来想起几年前写就因故未能发表的一篇评论翻译著作的文章，觉得应该还算对题。因为该文虽然不是专谈学风的，但是通过对翻译作品中存在的一些瑕疵的分析，可以通过这些具体例子更清晰地看到坚持正确的学风的重要性。因为学术研究（包括史学研究）中的学风，归根结底是求真务实，刻苦钻研的精神。史学前辈范文澜先生强调"板凳要坐十年冷，文章不写一字空"正是这种精神的生动写照。而学术翻译与学术研究一样，同样需要这样的精神，否则翻译作品是不会完美的，必然会有不少错误和瑕疵。

然而，对学术翻译同样需要严肃的学风，同样需要求真务实，刻苦钻研的精神，可能还没有得到应有的重视。可能存在一种看法，认为翻译只是把已有的成果转译过来，与原创性的作品有所不同。学术翻译也是如此。这话在某种意义上说或许并没有完全错，但是绝不能因此忽视或轻视翻译的创造性和艰苦性。把一种语言写成的学术研究成果，翻译成另一种语言，要做到严复所提出的"信、达、雅"的要求，绝不是一件易事。这里，从小里说，除了要较熟练地掌握一种外语外，至少要对所翻译的对象作品有相当的了解，包括它的作者、所属的专业、作品的创作过程和反响，等等。也就是说事先必须花点工夫，做点研究，这与学术研究下笔前必须做充分的工作是一个道理。至于翻译过程中遇到的难题，例如不懂的术语、历史掌故、专业问题、

---

* 〔美〕西奥多·波特、多萝西·罗斯著《剑桥科学史》第7卷《现代社会科学》，第7卷翻译委员会译，大象出版社，2008。

不解的句子和单词、古词汇、另一种语言等，都需要一个个地去查找答案，去翻阅词典或参考资料，去询问专家，去千方百计地弄明白，绝不可以想当然地胡乱解答，否则必然贻害读者，损伤专业，甚至以讹传讹、贻害无穷。实际上，在翻译过程中遇到这样的"拦路虎"是常有的事，也是最头痛的事。我虽然翻译的书不多，不过这样的状况也是遇到过不少的。有时，一个"难题"要花很长的时间去解决，真可谓急煞人也。我想，对待这种情况持什么态度不正是学风问题的反映吗？不认真负责，刻苦求索，真正解决，而是自以为是，任意杜撰，如何能称得上是求真务实的学风呢？

翻译中还有一个文字优美的问题，也就是翻译"三要求"中，"信"之外的"达"和"雅"的问题，尤其是"雅"的问题。真正要达到"雅"的要求，恐怕还不只是文字优美的问题，还应包括整部作品要体现出"美"，具有"诗意诗韵"。这对学术翻译来说，也可能要求太高了，学术翻译毕竟不是文学作品；但是要求一部作品尽量做到优美，还应该是个合理的要求，如果原作就很优美，那就更是必然的要求了。谈到翻译的文字美，不禁想起不久前偶然翻看到作家王小波的一段话。王小波在《青铜时代》的《序：我的师承》中说："假如中国现代文学尚有可取之处，它的根源就在那些已故的翻译家身上。我们年轻时都知道，想要读好的文字就要读译著，因为最好的作者在搞翻译。这是我们的不传之秘。"[①] 还说："最好的，还是诗人们的译笔，他们发现了现代汉语的韵律。"[②] 王小波的话主要是讲文学作品，他所说的好作者都在搞翻译是否如此，我也无从考察，但是不管怎么说，他强调的翻译作品的文字美的要求是没有错的。对学术著作的翻译要求自然不可能像对文学作品那样，但是"信、达、雅"的要求是一致的，尽量做到文字美也是应该的。

最后，我还想重复一遍，之所以把几年前的旧作拿出来，无非是想通过一个翻译个案的分析来具体地体现出学风问题的重要性，并不是要抓住这部著作不放，不是要针对某个具体对象。这部书初版于2008年，后来又出了多版，到2012年还出过一版。我的评论只是针对2008年的初版，想来以后各版会有更正，是否这样，我没有查过，但愿如此。

被列为著名的剑桥史系列的《剑桥科学史》的第7卷《现代社会科学》的中译本不久前已由大象出版社出版。这是一本严肃的著作，对18世纪以来世界主要大洲（以西方为主）的社会科学的发展作了言简意赅的论述。我读后颇受启发。

为了更好地理解书的内容，恐怕首先要注意一个问题，那就是本书作者对"科学"、"社会科学"这些概念的理解。这与我们一般理解的"科学"主要指"自然科

[①] 王小波：《青铜时代》，中国青年出版社，2002，第4页。
[②] 王小波：《青铜时代》，第3页。

学"、"人文科学"主要指文史哲,"社会科学"指经济学、社会学、法学、政治学等学科有所不同。"科学"这个概念在西方的形成和发展、变化有个过程,"社会科学"、"人文科学"概念更是如此,"科学史"、"社会科学史"也是复杂的问题。这些,本卷的两位主编在《导言》中有所交代,此处无须多说。但是要指出两点:第一,作者明确反对把科学"认为包含了实验和概念的严谨性以及方法论的清晰性这样的标准",指出"从历史的角度来看,这似乎是出于某种误解而造成的"(第3页)。作者强调的是变化和不确定性,声明作者的总体目标是"不要将社会科学当做一个对知识组织或现代性管理的一个自然的和必要的解决方式,而是看做许多关于历史偶然性的、逻辑变量的,不断变化的,备受争议的,但在世界中具有影响力的问题"(第8页)。只有了解了本书作者的这种灵活的、辩证的态度和观点,才会明白,这本书不像一般的科学史著作那样,把重点放在探讨学科的定义、罗列各个时期的学者及其作品(或发明创造)上面,而是分析某一学科(例如历史学)自18世纪以来,与自然科学、其他社会科学学科的关系,以及对本学科性质的认知,特别是对这些关系和认知的认识是如何表述出来的。从某种意义上讲,这有点像是一部认识史,或者观念史。第二,作者虽然主要分析西方的社会科学史,但是他们并不是笼统地谈论西方,而是认为西方各国,包括欧美发达国家之间是有差异的,因而他们总是具体地分析不同西方国家的情形,特别是英、美、德、法等国。

值得注意的是,作者并不是随意地谈到这些国家,而总是在认为某一国家的情形最为典型,或者是最早出现这种情形的国家时,才列举它们。也就是说,作者举的例证国家都是在某学科的发展过程中具有某种代表性的,因而如果把它们连成一线,实际上就反映出该学科的发展历史。

下面谈谈历史学。在中国,近些年来,关于历史学是不是"科学"的问题争论得颇为热闹。如何兆武强调,历史学不能简单地等同于"自然科学"意义上的"科学"。他写道:"一切其他物种的历史都仅仅是自然史,惟有人类在其自然史的阶段之后,继之以他们的文明史。文明不是自然的产物而是人的创造。"人类的历史"在如下的意义上对自然史宣告了独立:那就是,它不再仅仅表现为是受自然规律所支配的历史,同时它还是彻头彻尾贯穿着人文动机的历史"。[①] 不同意这种观点,强调历史学的"科学性"的学者也大有人在,如庞卓恒。如上所述,本书则避开这样的争论,而是从自己的角度解读史学。书中共有两章谈论史学,篇幅都不大。一是第8章"历史与历史主义",一是第21章"历史学与社会科学"。

前一章是讲自18世纪至20世纪的历史学,后一章则讲20世纪以来的历史学。

第8章开宗明义便说:"历史学在现代社会科学中占据了独一无二的位置,它是

---

① 何兆武:《历史学两重性片论》,《史学理论研究》1998年第1期。

第一个具有稳定的专业形式的学科。"（第97页）这主要是指德国兰克（1795～1886）的方法论革命和所创立的"科学的"历史学模式。兰克完善了对历史证据的批判性的评价和使用的方法，并使之系统化。19世纪下半期，他的史学模式得到推广，"最终它不仅在德国，而且在法国、美国、英国也获得了规范性的地位"（第105页）。也就是说，由于在19世纪下半期，西欧和美国的历史学实现了专业化，历史学才被"提升和划归为科学"。然而，应该看到，尽管兰克的模式在这过程中起了重要作用，但是并不能彼此等同。因为，在这同时，无论在理论上还是实践上，西方这些国家的历史学已经超越了兰克。这也就为下一个世纪西方历史学的变革埋下了伏笔。

还应指出一点，作者在这一章里是以"历史主义"作为分析的红线的。作者认为，舍弃这一概念是无法说明历史学在18世纪、19世纪的社会科学中的地位的。然而，"历史主义"本身是一个复杂的概念，而且有着发展变化的过程。总的说来，18世纪、19世纪大体上还是古典历史主义时期。这个时期的历史主义与社会科学有着密切的关联。只有这种古典历史主义所倡导的历史学原则被背离之后，现代的历史主义才能出现。兰克的历史主义在这里起了重要的作用。作者指出了兰克历史主义的两面性：一方面，历史学作为一种科学的自主性和独立性，要依赖于它对客观事实的掌握。另一方面，它的历史视野比较狭窄，主要只关注西欧各大民族国家从中世纪到当时的政治史（参见第104页）。也许是由于本章的下限止于20世纪前，因此作者虽然提到20世纪初有学者提出的"历史主义危机"以及之后对历史主义的批评，但是语焉不详。因此，这里有必要补充指出，像德裔美国历史学家伊格尔斯所强调的那样，许多探讨历史主义的著作都过分注重德国，然而，历史主义作为一个运动和观点早已超越了德国的范围。德国历史主义只是其中的一种。法兰西、苏格兰、英格兰、哥廷根等地的历史学家都在严谨的学术基础上写出了有意义的历史著作。此外，把历史学的专业化等同于科学化也是简单化了，因此，不能把19世纪历史"科学"的发展与德国历史主义的范式相等同。①

第21章"历史学与社会科学"主要谈的是20世纪初以降历史学与社会科学之间的关系。它的作者指出，深受兰克历史主义模式影响的西方史学自进入20世纪以后，就遇到了历史学与社会科学之间的关系这个涉及史学发展的根本问题。答案有三种：一是彼此不可和解，无法越过相隔的鸿沟；二是彼此融合、合作；三是介于两者之间。德国人兰普雷希特开始冲击兰克的樊篱。他开创的争论在全世界引起反响，法国的亨利·贝尔、美国的新历史学、美国的罗宾逊都做出了努力，并都产生了不同的影响。但是，真正产生重大影响的是法国的"年鉴"学派。作为年鉴派的著名学者，

---

① 参见伊格尔斯《历史主义的由来及含义》，《史学理论研究》1998年第1期。

本章作者对这一派别及其对跨学科研究的贡献作了言简意赅的说明。

接着,作者又谈到了 20 世纪 40~60 年代跨学科研究发展的状况。如他指出,在 60 年代,历史学在英国和美国首先是与社会学结成联盟;在德国,社会史在六七十年代也确立了起来。在法国,除了社会史之外,人类学也是历史学的主要的合作者,而在 70 年代和 80 年代,历史人类学还转向了日常生活史的研究。最后,作者谈到了 20 世纪最后 20 年的变化。这个变化表现为社会科学各学科之间的合作出现了困难,跨学科性不再受崇尚。这个变化不是突然发生的。就其原因来说,历史学和社会科学一样,经历了一个"反思的时刻",对它们自身的基础、概念、社会关系及其有效性都提出了质疑。更重要的原因是后现代主义的冲击。然而,历史学与社会科学之间的对话并未终止,学者在尝试用新的方式、新的术语艰难地继续进行对话。

下面着重谈谈本书的翻译问题。一本好的译作,翻译的质量十分重要。我因没有读到本书的原文,所以无法准确判断本书的翻译质量。但是,整个读来,感到翻译质量总体上还是不错的。这主要是指外语的翻译质量。遗憾的是,书中还是有不少的错误。这些错误可以简单地分为两类,一类是意思上的错误,一类是违反了"约定俗成"的原则。这两类错误都与译者不熟悉专业知识有关。事实上,一个好的翻译作品必须要有两个条件:一是过硬的外语水平,二是必要的专业知识。本书上述两章的译者正是由于缺乏第二项必要条件,结果造成不少的错误。兹举数例如下。

原文中提到法国年鉴派第二代领军人物布罗代尔的 "La Longue durée" 理论。国内研究或熟悉外国史学的人都知道,这是指布罗代尔著名的"长时段"理论,在国内早已有固定的译法。可是译者在书中把它译为"永恒"(第 348 页)。如果译者不同时标出原文,读者会不知所云,根本不知道"永恒"是指什么。在另一处则译为"永恒的语言"(第 348 页),也是文不对题。布罗代尔的论文题为《历史和社会科学:长时段》,原文发表于《经济,社会,文明年鉴》杂志(*Annales*:*Economics, Sociétis, Civilisations*)1958 年 10~12 月号,它的中译文早已发表在《史学理论》1987 年第 3 期上。如果用些功夫,这样的错误应该是可以避免的。

又如在这两章的译文中,都频繁地使用"编年史"一词。这词的原文应是 historiography。这个词在过去的词典里的确译为"历史编纂学"。但是,在国内也常被译为"历史学"或"史学"。更重要的是,一个词的应用本身往往是有变化的。具体到这个词也是如此。在英文里,和西方其他的主要文字中,"历史"一词(history, histoire, Geschchite)往往也包含有"史学"的意义。也就是说,history 有双重含义:一指过去发生的事件,一指对这些事件的记录、叙述和思考,即史学。譬如史学史,英文中用 history of history。中文翻译时就要根据原文中的意义选择正确的译法。在很长的时间内,英文中都是用 history 表示"历史"和"史学"两重含义。在这种情况下,historiography 这个词就用得很少,或者强调的正是历史编纂学的意义。据我的回忆至少在20世纪90年代上半期情况还是如此。因为1992年《史学理论研究》创刊时，英文的刊名用了 *Historiography Quarterly*。我很快就收到了几位在美国工作和留学的朋友的信，说 historiography 这个词在西方早已不大用了，可否考虑改个英文刊名。这是当时的情况。然而，事情总是在起变化。随着历史研究的进一步发展，西方学者对于历史学这一学问的思考逐渐深入，比以前更为重视对于历史写作的哲学思考。这样，学者开始注意区分"历史"一词的不同含义，并渐渐觉得有必要另用一个不同于 history 的词来表示其双重含义中的第二种含义，即对过去事件的叙述与思考。他们开始用"史学"（historiography，historiology）来指称这种含义。例如，"史学史"就不再用"history of history"，现在更常用的是"history of historiography"。这样可以更为清楚地表示"史学史"研究的是前人的历史著作，而不是过去的事件。鉴于这种情况，本书中的"historiography"一词不拟译成"编年史"，而以译成"历史学"为好。

下面再举一些错误的或有待商榷的具体例子。在谈到古希腊的著名史学家时，书中除希罗多德和塔西陀外，还举了"修西德底斯、波利比奥斯"（第98页）。其实，"修西德底斯"应为"修昔底德"（Thucydides，约前469~约前400）、"波利比奥斯"应为"波里比阿"（Polybios，约前201~前120）。这不仅是因为这些是约定俗成的译法，而且恐怕与古希腊文人名的读法有关。

又如，书中引用了 Fritz Stern 编的 *The varieties of history: from Voltaire to the present* 一书，译者译为《从伏尔泰至今历史的多样性》（第104页）或《历史的多样性》（第350页）。这种译法，从字面上看，似乎没有什么错。但是如果看看原书，就会明白，这种译法是不确切的。原书是一本文选，是编者把名家的著作片段汇编成书，便于读者查阅。因此译成《史学集锦》或《史学著作集锦》就更为明白。《从伏尔泰至今》可列为书的副标题。译者把收入该书中的兰克的文章"A fragment from the 1830s"译为《自19世纪30年代以来的断代》，"断代"之意也不清楚，似不如译为"片段"。

再如，伊格尔斯（Georg Iggers）的著作 *The German conception of history* 的译名不统一，有时译为《德国人的历史概念》（第103页），有时译为《德国的历史概念》（第345页），似乎译成《德意志历史概念》更为确切。但是不管怎么说，在同一本书中，同一译名应该是统一的。

再如，书中提到法国兴起的 histoire des mentalités，译者译为"思想史学"（第349页）。这至少是对法国新史学不熟悉。这里应是"心态史"，"心态"与一般说的"思想"是不同的。至于法国年鉴派的创始人之一 Licien Febvre（1878~1956），译者译为"费夫尔"（第347页），如果能按约定俗成的译法，译成"费弗尔"，可能会更便于读者阅读。

最后还需说明一点，虽然上面指出了一些翻译中的错误或可商榷之处，但是并没有要否定全书翻译质量的意思。翻译本来是一件艰难的创造性工作，对译者的劳动应该充分尊重。所以提出以上一些看法，只是供译者参考，以便相互切磋，以求精益求精。另外，还想提醒一点，对做好翻译工作而言，恐怕只注重外语水平是不够的，还必须注重专业知识。

写于 2008 年

〔作者陈启能，1934 年生，世界历史研究所研究员〕

收稿日期：2013 年 3 月 3 日

努力建设中国世界史研究的
理论体系和话语系统

——中国世界史研究学风建设刍议

于 沛

  当前，中国哲学社会科学研究，处在关系到党和国家事业发展全局新的历史起点上。"哲学社会科学的发展水平和繁荣程度，是一个民族的综合素质和文化力量的重要体现和标志。"特别是它和弘扬和培育民族精神密切地联系在一起，在塑造民族品格、锤炼民族意志、坚定民族志向等方面，具有不可替代的作用。为了繁荣发展哲学社会科学，我们必须继承和发扬理论联系实际、实事求是的优良学风。早在抗日战争期间，毛泽东便将学风和中国革命的成败联系在一起，因为这"是我们对待马克思列宁主义的态度问题，是全党同志的工作态度问题。既然是这样，学风问题就是一个非常重要的问题，就是第一个重要的问题"。[①] 联系到当代中国世界历史学科的学风建设，毛泽东的上述论述在今天仍有重要的指导意义。

  改革开放30余年来，中国世界历史学科的学风主流是好的，但也存在着一些不健康的风气，主要表现是脱离中国社会和史学发展的历史与现实，一味仰承洋人的鼻息，不加分析地全盘接受西方史学的理论和方法。认为只要是外国的理论，特别是外国的"新"理论，就一概都是好的；主张历史研究"非意识形态化"，不遗余力地去和国际"接轨"，放弃了唯物史观的理论指导；盲目地跟风，错误地把"追踪"西方史学作为中国世界历史研究的重点；此外，还有媚外，数典忘祖，不加分析地将西方人的好恶作为自己的评价标准等。对这些已经造成或可能造成的恶果，我们应有清醒的认识，不能长期失语。

  中国史学的优良传统之一是经世致用。历史学和其他任何哲学社会科学学科一样，其生命力在于社会的需要和该学科对社会需要满足的程度。如果世界史学工作者脱离火热的现实生活，对中国社会发展和人类的命运漠不关心，世界史研究脱离社会发展的客观需要，那么，它注定要遭到时代与社会的冷遇，失去其持续发展的社会动

[①] 《毛泽东选集》第3卷，人民出版社，1991，第813页。

固。中国世界史研究的主要特点和优点，是关注现实，不脱离现实生活，和中国社会历史发展的脉搏一起跳动。1840年鸦片战争后，中国开始沦为半封建半殖民地，帝国主义列强的侵略、掠夺和清政府的腐败无能，使中华民族面临着"亡国灭种"的实际危险。"救亡图存"、"求强求富"，彻底改变中国任人宰割的悲惨命运，成为当时先进知识分子的理想和追求，这一切在中国的世界史研究中有鲜明的反映。19世纪中叶中国世界史研究萌生后，到20世纪初，先后出现了"亡国史"、"改革（良）史"、"革命史"研究的热潮不是偶然的，虽然这些热潮中推出的成果主要是翻译、编译作品。

中国世界历史研究的主流，始终贯穿于中国人民争取民族解放、建立独立、富强国家的历史进程中。例如，1931~1934年间，杨人楩编写了《高中外国史》，由上海北新书局初版，后多次再版。在阐述"太平洋时代"时，作者在叙述日本、美国、俄国与太平洋的重要意义时，也谈到了中国。作者写道：中国当然是太平洋上的一个"重要份子"，"中国民族是否能尽其所应尽之责任，全在我们自己之觉悟与努力。就以往的几十年而论，我们应该说声'惭愧'！列强都已没有内战，而我仍几乎整天在内战。对于现代文化之特征——自然科学，我们并没有什么贡献。政治上的纷乱，经济上的落后，社会上的不安定以及学术上的迟缓，使中国做了帝国主义的牺牲者；这只能怪我们没有肩起伟大民族所应有的负担"。① 这段话从世界史的视角生动、准确地概述了当时的中国，世界历史研究表现出鲜明的时代精神，至今读起来仍给人留下深刻印象。

然而，杨人楩等前辈所体现出的中国世界史研究的优秀传统，一些人在近八十年后的今天，并没有很好地继承和发扬，甚至还要开倒车。例如，20世纪90年代初，一些人公开提出"用后现代主义史学理论推进中国史学的发展"，中国史学将发生一场"深刻的革命"，中国史学的出路寄希望于"后现代主义"等。美国的海登·怀特（Hayden White）和荷兰的弗兰克·安克斯密特（Frank Ankersmit）通过"历史的语言学转向"或"历史哲学的语言学转向"，推动了史学的"后现代转向"。所谓"后现代史学"的基本主张是：任何史学作品都包含一种深层结构，它是诗学的，实质上也是语言学的。人永远不能找到"历史"，因为历史已经逝去，不可能再重现或复原，人们只能找到关于历史的叙述，或找到被阐释和编织过的"历史"。怀特强调，真实的历史是不存在的，史学无科学性可谈，所以历史不可能只有一种，有多少种理论的阐释，就会有多少种历史。"后现代史学"还认为，历史叙述就是主观地讲故事（story-telling），历史事件是"故事的因素"；既然是故事就会有情节，历史学家写作就要"编织情节"（emplotment）。历史和文学都是人们想象的产物，历史学家的研究

---

① 杨人楩：《高中外国史》下，北新书局，1946，第568页。

工作与文学家的创作活动,没有根本的区别。

2006年6月27日,应中国社会科学院世界历史研究所邀请,美国芝加哥大学历史系教授艾恺(Guy Salvatore Alitto)来所作题为"后现代思潮与历史学"的演讲。他认为:后现代主义与18世纪以来欧洲的反启蒙运动一脉相承,其实质在于否定传统,否定18世纪启蒙运动以来的理性主义,后现代思潮对历史研究没有任何科学价值可言。艾恺教授希望中国学者能够认清后现代思潮的种种弊病,而且还要像中国的"钟馗打鬼"一样,不让其有藏身之处。"后现代史学"的核心是否定历史事实的客观性和真实性,彻底颠覆了科学的历史认识的基础,其实质是否定马克思主义的历史观。若真如一些鼓吹者所言,中国史学的出路寄希望于"后现代主义",那无异于是中国史学的一场灾难。这样,一些后现代主义者的臆想就将成为现实,即后现代思潮敲响了历史学的丧钟,历史学死了。当然,这只是一厢情愿。

学风是世界观、价值观的集中体现,反映治学者的治学精神、态度和原则,直接关系到学术发展的方向。挑战以致彻底否定马克思主义的历史观,改变中国世界史研究的正确方向,是当前世界史研究学风不正的突出表现。这比学术无端、无良所造成的危害更大。因此,有针对性地解决这一严峻问题是摆在广大世界史学工作者面前的现实任务。端正世界史研究的学风,不是一个空洞的口号,也不仅仅是兴致所来侃侃而谈,而是有具体的内容,那就是在唯物史观的理论指导下,努力建设中国世界史研究的理论体系和话语系统。自然,这是一场持久战,不可能一蹴而就。有些人一听到"理论体系"和"话语系统"就大发厥词,以所谓"条件不成熟"、"瞎胡闹"而全盘否定。其实这大可不必,你不想干,或干不了,不等于别人也是这样。实际上,这个问题在中华人民共和国成立后、甚至可以追溯到更早,即已提上日程。只是受诸多研究条件的制约和"极左思潮"的影响,没有取得多少有影响的成果。改革开放以来,在中国社会发展和世界史学科迅速发展的新的历史条件下,建设中国世界史研究的理论体系和话语系统的重大理论意义和现实意义,再次凸显出来。

1949年,周谷城完成了中国第一部有现代科学意义的《世界通史》,由商务印书馆出版。① 周谷城参阅外文史学名著100多种,如12卷本《剑桥古代史》、14卷本《剑桥近代史》,以及斯密兹25卷本的《史家世界史》等,但该书却与上述著作中宣扬的"欧洲中心论",反其道而行之。在《世界通史·弁言》中,周谷城从四个方面,就"什么是世界通史",进行了基本的理论阐释。他说:"一、世界通史并非国别史之总和。""二、欧洲通史并非世界通史之中心所在。""三、进化阶段,不能因难明而予以否认。世界各地历史的演进,无不有阶段可寻。""四、概括的叙述不能

---

① 河北教育出版社《20世纪中国史学名著》丛书,有周谷城《世界通史》,2000;商务印书馆《商务印书馆文库》,有周谷城《世界通史》,2005。又,商务印书馆1958年出版《世界通史》修订本第3册。

转为抽象的空谈……本书的篇、章、节、目，都从具体事情中概括出来的，但并不是抽象的观念。"① 1990 年，吴于廑撰写的《中国大百科全书·外国历史卷》导言"世界历史"，集中体现了他的"世界史宏观体系理论"。他认为，人类历史发展为世界历史，经历了纵向发展和横向发展漫长的过程。纵向发展，"是指人类物质生产史上不同生产方式的演变和由此引起的不同社会形态的更迭"。而横向发展，"是指历史由各地区间的相互闭塞到逐步开放，由彼此分散到逐步联系密切，终于发展成为整体的世界历史这一客观过程而言的"。历史正是在不断的纵向、横向发展中，"已经在越来越大的程度上成为世界历史"，因此，"研究世界历史就必须以世界为一全局，考察它怎样由相互闭塞发展为密切联系，由分散演变为整体的全部历程，这个全部历程就是世界历史"②。齐世荣曾指出，1978 年以来中国学者对世界史体系的深入探讨，以吴于廑先生的成就"最为突出"。③ 事实确实如此。

建设中国世界历史研究的理论体系和话语系统，要坚持马克思主义为理论基础。以往我们取得一系列成就的重要原因，就是自觉坚持了马克思主义的史学方向。"文化大革命"结束后不久，陈翰笙在 1978 年和 1979 年先后撰写了《对研究世界历史的几点意见》（《世界历史》1978 年第 1 期），和《关于编写世界历史的问题》（《世界史研究动态》1979 年第 5 期）。他说："我们要了解世界，改造世界，就必须研究世界历史。""世界史的作用，就是要让读者了解社会发展的客观规律，懂得社会组织如何改变，人类如何进步的根本原因，从而使得这门科学成为我们从事革命实践的思想武器。这才能够称得上一部真正有用的世界通史。"他还说："世界史是一门阶级性很强的学问，对同一事件，同一人物，由于立场、观点和方法的不同，可以得出全然相反的结论来。目前是资产阶级与无产阶级搏斗的时代。我们应当站在无产阶级大公无私的立场来探讨整个世界的历史，决不可被资产阶级的史学家所蒙蔽。"显然，要做到这些必须建立自己理论体系和话语系统，它建立在唯物史观的理论基础上，广泛学习借鉴人类文明成果的同时，表现出鲜明的中国特色、中国风格、中国气派。只有这样，中国的世界历史研究才能在国际史坛上有自己的话语权。如果一味"追风"，执意将我们的世界历史研究纳入西方的概念体系中，从指导思想直至具体的史学理论与方法，甚至遣词造句、历史叙述的形式等都要西化。在世界历史研究领域中，改头换面鼓吹"全盘西化"，这是最恶劣的学风，其严重后果，将是中国的世界史就失去独立存在的价值。

如何建立中国世界历史研究的理论体系和话语系统，不仅是一个理论问题，更是

---

① 周谷城：《世界通史》上，河北教育出版社，2000，第 3~4 页。
② 《中国大百科全书·外国历史卷》，中国大百科全书出版社，1990，第 1、5、15 页。
③ 齐世荣：《我国世界史学科的发展历史及前景》，《历史研究》1994 年第 1 期。

一个实践问题。无论是"理论体系",还是"话语系统",不可能仅仅通过理论阐述就建立起来,更要通过世界历史研究的实践而完成。这里既离不开艰苦的理论探讨,也离不开不断深化的对世界历史进程的研究。不断开拓新的研究领域,不断提出新的选题,不断发掘新的历史文献资料;努力做到理论创新、学术观点创新、研究方法创新。这样,就会不断有鲜明时代特征和民族特征的精品力作问世,成为建立中国世界历史研究的理论体系和话语系统坚实基础,总之,事情是一步一个脚印做出来的。每一篇有真知灼见的学术论文和每一部学术专著,都是为构建中国世界历史研究的理论体系和话语系统添砖加瓦。周谷城、吴于廑和陈翰笙等老一辈史学家是我们学习的楷模。他们在这方面的辛勤耕耘,为我们留下了珍贵的学术遗产,为我们这些"后来人"指明了前进的方向。这些遗产也是新中国世界历史研究重要的理论成果,在加强世界史研究学风建设的今天,认真学习、研究和继承、发展这些理论成果尤其有重要的现实意义。他们炽烈的责任感、使命感和始终如一的学术良心,永远鼓舞我们前进。

1961 年,周谷城在《光明日报》、《文汇报》先后发表《评没有世界性的世界史》、《迷惑人们的欧洲中心论》,认为"世界史,顾名思义,应该是关于世界整体的历史,应该具有世界性";他还强调"否定以欧洲为中心的世界史,建立具有新观点新体系的世界史的时候已经到了"。① 然而,"建立具有新观点新体系的世界史"这个任务在半个多世纪后的今天,还远远没有完成,而且在改革开放的新的历史环境中,又面临着许多新情况,提出了不少新问题。但是,经过几代世界史学者的努力,我们毕竟已经有完成这个任务的坚实基础和现实条件。在中国世界史研究的学风建设中,只要我们实事求是,不脱离中国的历史与现实;不将自己的观点,寄希望在西方的概念体系中得到阐释;不矮化自己,用自己的学术研究去适应强势文化国家的全球化模式;那么,构建中国世界历史研究的理论体系和话语系统这一时代性的任务的初步完成,就一定会指日可待。

〔作者于沛,1944 年生,中国社会科学院史学理论研究中心研究员〕

收稿日期:2013 年 8 月 6 日

---

① 《周谷城史学论文选集》,人民出版社,1983,第 144、151 页。

·理论探讨·

六十年中国古代史研究的思想进程

李振宏

一 问题的提出

2008年和2009年，是中国当代史上两个充满回忆和反思的年份。对于中国古代史研究来说，也是如此。因此，我们看到，站在30年或60年学术发展的高度去反思中国学术的论文论著，一时为盛。但是，综观这些总结，多是对成绩的罗列或问题的反思，并主要是从政治或意识形态对学术的干扰或影响方面，总结学术史上的经验教训，而从学术思想发展的内在逻辑出发，去描述史家治史之思想进程的论述却并不多见。比如总结"文化大革命"前十七年的中国学术史，人们都会瞩目于强大的集权政治和国家意识形态的影响。在那个时代，中国学者实在是没有多少思想的自由，没有多少可以进行思想或理论选择的权利。所以，对于十七年史学的总结，特别是史学研究中的极左化倾向和理论至上的形而上学猖獗，几乎所有的总结性评论，都把问题的根源归之于强权政治和意识形态的威压，归结于政治运动对学者人格的摧残和扭曲。这些的确是该时期学术最顽强的特征，但是，强权政治和意识形态，对于正常的学术发展来说，毕竟是外部因素（尽管是学术主体不可抗拒的外部因素），而完整的、全面的学术史总结，不能仅仅考虑外部因素，还需要深入学术内部，特别是深入到学术主体最隐秘的内心世界。考察学术主体内心世界或曰思想世界的状况及其发展，才可能对学术史的发展历程做出完整且较为深刻的说明。

排除政治或意识形态方面的因素，从史学自身出发去总结或反思"文化大革命"前十七年中国古代史研究中的思想理论问题，最少有三个方面的因素需要考虑：一是中国史学所背负的传统的历史文化因素；二是中国史学家所秉承的经世致用与史学资治观念；三是中国学者思维素质中批判性思维的缺失。这些是十七年史学所以繁荣也所以走向极"左"狂热的根本原因。

首先，所谓传统的历史文化因素，就是几千年所形成的经学传统，对所尊奉的理论观念只能盲目地崇拜和践行，而不能有所怀疑或违逆，这种传统使历史学家将遗传下来的经学态度和经学思维，移植到现实中对待马克思主义的立场和态度上去，将马克思主义这一本来具有启迪性和方法论属性的思想理论，变成了只能理解和尊奉的教条，变成了丝毫不能触碰的红线和雷区，并因此窒息了它的生命力，使之失去其所可能具有的强大的方法论效应。其次，强大的经世致用和史以资世的史学思想传统，使得历史学家将历史学的功能，直接理解成为现实的政治和政策服务，自觉地肩负起类似《资治通鉴》的御用使命，使史学沦为解读政治和政策的工具。特别是当历史学家为新中国的诞生而激发起强大的政治热情的时候，这种资治观念就被发挥到极致，提出最政治化和现实化的命题，并形成趋之若鹜的局面。所谓"五朵金花"就正是这样的产物。最后，批判性思维的缺失，则是中国历史学家的先天性痼疾。中国古代没有这个思维传统，即使有几个具有批判素质的思想家和历史学家，如王充、刘知幾、李贽等，也被时人或后世所诟病，远没有形成一种思维的传统。批判性思维的缺失，使得历史学家在接受一种理论或思想的时候，失去独立思考的基本品格，而被盲目性和狂热性所左右。

在实际的中国古代史研究中，这三种思想因素的结合，促成了"左倾"学术思潮如洪水般泛滥。三种因素的结合是这样实现的：资治传统调动了历史学家为现实政治服务的积极性和主动性，而现实政治中的中心课题则是"千万不要忘记阶级斗争"，防止资本主义复辟；经学思维使历史学家对马克思主义的唯物史观进行注经性阐述，把经学家发明微言大义的技能发挥到极致，对个别马克思主义词句的极端性泛滥起到推波助澜的作用，而在大讲阶级斗争的现实中，被政治所中意的马克思的个别词句，则只能是其阶级斗争理论；批判性思维的缺失，则使得历史学家对于出自马克思、恩格斯、列宁、斯大林、毛泽东之口的任何言语甚至只言片语都奉为圣明，丧失其分析和批判的意识和能力，盲目遵循，顺旨发挥，竭尽所能去实现放大效应。十七年史学中，对古代史研究破坏性最大的阶级斗争理论，就是在这样的知识思想背景下，被发挥、演绎而放大到极致的。

本来，在马克思的理论体系中，阶级斗争理论只具有次生形态的意义，马克思明明讲过，"阶级的存在仅仅同生产发展的一定历史阶段相联系"[①]。这一思想表达，一方面说明了马克思的阶级斗争理论只是他的生产力与生产关系和经济基础与上层建筑等社会理论体系中的一个组成部分，远不是唯物史观最核心的理论观点；另一方面，它也清楚地表明，在马克思那里，阶级理论的运用只能在历史主义原则的指导下去进行，任何时期的阶级与阶级斗争，都是特定的生产发展阶段的产物，离开一定社会历史阶段经济状况的具体考察，阶级与阶级斗争的性质、内容、形式与特征，等等，都

---

① 《马克思恩格斯选集》第 4 卷，人民出版社，1995，第 547 页。

不能得到历史的说明。如果我们能够将马克思主义的阶级斗争理论作这样的理解，它倒还是可以作为一个观察历史问题的思想方法。然而，在十七年史学中，马克思阶级斗争理论的这一基本属性，完全被扭曲了，被夸大到了唯物史观理论的核心观点的地步，并被用来无条件地、万能地解释古代历史中的一切问题，成了历史研究唯一的方法论原则。这里，一方面有毛泽东对阶级斗争问题的极端性表述为导向，① 另一方面，也有历史学家对这一理论的积极主动的推波助澜。无疑，历史学家本身有着不可推卸的责任。古代史研究中，阶级斗争方法的极端运用及其泛滥，都是通过历史学家的聪明才智去实现的，他们自身表现了主动性与创造性，绝不单单是一个完全被动执行或违心地接受问题。历史学家自身对极"左"思潮的推波助澜作用不可低估，对历史学家自身的分析或解剖，揭示一个时期历史学家思想世界的真实图景，应该是我们认识该时期史学状况的新的视角。

从学术史的内在线索出发，中国古代史研究六十年的发展史，可以粗略分为三个阶段："文化大革命"前十七年，"文化大革命"后到20世纪80年代末的十年时间，20世纪90年代至今的二十年。至于"文化大革命"十年，严格地说是没有学术可言的；如果硬要谈什么学术，也是一个扭曲的阶段，难以从学术自身去总结，可以视为学术的断裂期略而不论。本文就依循新中国史学发展三阶段的历史线索，从解剖历史学家自身思想状况的角度，揭示从事中国古代史研究的历史学家思想演绎的历史过程。②

二 "文化大革命"前十七年中国古代史研究的思想世界

"文化大革命"前十七年中国史学的基本形态是"阶级斗争史学"，最顽强特征就是阶级斗争思维。在那个年代里，研究课题是历史上的阶级斗争问题，研究方法是

---

① 毛泽东在《丢掉幻想，准备斗争》（1949年8月14日）中说："阶级斗争，一些阶级胜利了，一些阶级消灭了。这就是历史，这就是几千年的文明史。拿这个观点解释历史的就叫做历史的唯物主义，站在这个观点的反面的是历史的唯心主义。"《毛泽东选集》第4卷，人民出版社，1991，第1491页。

② 作为一篇论文，该选题的确是过于宏大，对于所要论及的问题之繁复几乎难以掌控。思想的进程，不是一个人的思想进程，而是一个具有千差万别的学术个性和不同思想向度的学者群体的思想进程，如何把握颇费思索。笔者采取的方法是，对于20世纪五六十年代这个思想高度统一、缺乏个性色彩的时代，基本上采取一般性论述，所举案例多以当时最著名的学术大家和流行的通史著作为例；而之后的两个时代，相对于前一时期是一个发展和变化的时代，而任何一个发展变化的时代，也都存在变与不变两种要素，甚至对于一个只有十年、二十年的短时段来说，不变的要素很可能还是最普遍的可以看作群体思想的底色的色素。但是，对于本论题要写思想的进程这个主旨来说，写作一个变化的时代，则只能抓住那些变化的因素，那些代表着思想发展方向的因素。所以，在第二或第三阶段的描述中，我们要着意揭示的是那些反映思想变化趋向的个案的东西，而不是作为最普遍的底色的也可以目为惰性的思想成分。于是，笔者关于第二或第三时段的描述，就难以反映该时代的大多数人的思想，而只是评述那些走在学术思想前头的人的思想。

阶级分析方法，指导思想是马克思主义的阶级斗争理论，一切研究都被打上了深深的阶级烙印。离现实较近的中国近现代史研究是如此，古代史研究中也是如此，人们是唯知有阶级，无论其他。于是，从事古代史研究的历史学家的思想世界里，无论研究什么，也都只是跳跃着"阶级"二字。

（一）一般政治经济史研究中的阶级斗争思维

历史学家的阶级斗争思维，既来自于现实政治生活中人为制造的阶级斗争的启迪，也是历史学家将马克思主义阶级斗争理论严重片面化的结果。由阶级斗争思维产生的古代史研究成果，大都远离了历史本身。譬如对经济史上一些重要历史现象的解读，就完全抛开了经济发展的内在逻辑。对唐代重要赋税制度"两税法"的评论就是如此。《中国通史》写道：

> 初行两税法，百姓也有些好处，安、史之乱后，朝廷急需钱物，随意增设税收官，多立名目，旧税加新税，无有限制……两税法虽然对民众的负担丝毫不曾减轻，而且还加重些，但比起乱收税来，总算是有个统一的税制。可是，腐朽已极的唐朝廷，只知道要钱愈多愈好，从七八一年藩镇田悦等叛变时起，两税法又变成乱收税，民众受害与改制以前一样严重。
>
> 颁行两税法时所说的九条规则，在唐德宗在位时，已经是每一条都起残害民众的作用。①

这段文字中对两税法的评价，完全是以农民税负之轻重去分析，即使对它最初施行时的些微肯定，也是因为它对"百姓也有些好处"；而不是从赋税史的内在逻辑、发展轨迹去判断其合理性。这样的评价角度，完全离开了历史本身，离开了经济规律的必然性问题。先验的阶级立场代替了一切，历史评价变成了一个政治或道德评价。

同样，对赋税史上另一个重要变革，明代"一条鞭法"的评价也是如此。写于20世纪60年代的一篇文章中，对一条鞭法的总体评价是：

> （一）……一条鞭法最主要的历史意义，是它调节了差役制度和地主土地所有制的矛盾，因而多少起到了缓和社会阶级矛盾，维护生产秩序的作用。
>
> （二）一条鞭法促进了商品经济的发展……对明中叶社会经济中的资本主义萌芽有着一定程度的促进作用。
>
> （三）一条鞭法促进了封建社会内部社会分工的进一步发展和封建国家结构的强化。一条鞭法的实行，虽然意味着地主阶级对农民的直接的人身强制的某种

---

① 范文澜：《中国通史》第3册，人民出版社，1965，第277～278页。

程度的松动，但地主阶级为了实现其对农民的残酷剥削，不得不借助于强大的暴力机器，必须不断地完备和强化自己的国家机器。同时役制改革的本身也促进了封建政治结构的强化……

（四）从整体上看，一条鞭法的实行，大大加重了人民的负担。一条鞭法实行差役货币化以后，就为封建国家打开了一条任所欲为地"加派"银两的道路，税款不断增加，因而给人民带来了更大的灾难。①

以上评价的关键词，就是"封建国家"、"地主土地所有制"、"阶级矛盾"、"暴力机器"、"剥削"、"人民的灾难"，等等。即便是它具有人们可以认同的对于资本主义萌芽所起到的"一定程度的促进作用"，也必须强调指出它"给人民带来了更大的灾难"。站在人民的立场上去谴责地主阶级、剥削阶级，这个根本的阶级立场时刻都要旗帜鲜明。至于一条鞭法在这个时候为什么会出现，它在赋税史上的地位和作用，它的历史必然性从而历史进步性，这个历史评价的基本立场则被完全抛弃了。

两税法和一条鞭法，都是中国古代赋税史上的重大变革，体现着经济史发展的内在必然性；而对它们的评价，都被用来当作表达阶级立场的工具。在这样的历史评价中，思维变得极其简单，凡是劳动者就是好的，是进步的；凡是地主阶级或统治阶级，就是坏的，是反动的。思维的形而上学猖獗，到了几乎不需要任何理性分析的地步。历史学家的思维已经被现实社会中的阶级斗争完全扭曲了。

既然是要站在抽象的人民利益的立场上评价历史，那么，站在人民对立面的地主阶级及其代表他们的政治经济利益的所谓封建政府，就必须给予完全的谴责和否定。于是，在这个年代中国历史学家笔下，封建地主阶级就完全成了一个反动的阶级，它不可能起到任何积极的历史作用，也不可能有任何的历史主动性。《中国通史》对隋初的政治就有这样的描述：

> 封建统治阶级在政治上总是有两种作法。一种是孔、孟的传统政治思想，即剥削较有节制的所谓行"仁政"。这在封建时代，应该说是进步倾向，因为农民迫切希望统治阶级不要夺去过多的生产品。另一种是腐朽势力的作法，那就是不顾农民死活，横征暴敛，贪得无厌，用来填无底的欲壑。进步倾向和腐朽势力在统治阶级内部常常发生斗争，如果进步倾向得势，阶级矛盾就比较缓和，出现"治平"的景象；反之，腐朽势力得势，制造各种祸乱，毒害民众，最后爆发农民起义，打击以至推翻腐朽统治。从表面看，一"治"一乱若循环，似乎是统

---

① 余用心：《关于明代一条鞭法的考察》，《西北师大学报》1983年第2期。该文的"编者按"指出，该文写于1964年，"文化大革命"后经他人删改后发表。所以，此处用作20世纪60年代的代表性观点。

治阶级自身的事情，实际上"治"是农民起义的产物，没有起义的威力，统治阶级是不会求"治"的。①

根据这样的观点，一切统治阶级都是反动的，所以是不可能求治的。我们对历史上的国家职能只能做如此反历史的理解。当然，是时的人们也知道毛泽东关于"历史上奴隶主阶级、封建地主阶级和资产阶级，在它们夺取统治权力以前和取得统治权力以后的一段时间内，它们是生气勃勃的，是革命者，是先进者，是真老虎"②的论断，从理性上承认地主阶级由最初的先进阶级转化为反动阶级有一个过程，但人们就是希望他们这个过程越短越好，以免会过多地涉及他们积极进步的方面。所以，20世纪五六十年代关于地主阶级历史属性的转变，就多是把它定位于汉代，即地主阶级的政治统治刚一确立，就很快完成了由先进阶级向反动阶级的转变，结束了它的上升期，西汉以后将近两千年的历史发展中，地主阶级成为一个完全反动的阶级。这样，它就可以成为被谴责的对象，就可以和现实社会中对他们的批判统一起来。如《中国史稿》中就是这样叙述的：

> 昭、宣之世是西汉历史的一个重要的转折点。从春秋战国之际到这个时候，封建生产方式已经走过了相当长的一段行程。在这个相当长的时期内，封建生产关系和生产力的矛盾，经济基础和上层建筑的矛盾，都在不断积累和发展。封建地主阶级的历史地位，也在逐渐发生变化……秦末农民起义标志着农民阶级的壮大和反抗斗争的加强，它促使封建地主阶级逐步向反面转化，化为反动的阶级。到了汉元帝以后，地主阶级历史地位的这一变化，已经明显地表现出来。在经济基础方面，封建地主土地所有制从促进生产力发展的因素，变成了束缚生产力发展的桎梏。③

既然在西汉时期地主阶级就已经变成了反动的阶级，那么，这个阶级对于其后中国历史的发展来说，就完全是多余的了。于是我们看到，初稿完成于20世纪60年代、出版于70年代末的胡如雷的《中国封建社会形态》一书，对中国封建社会形态的基本经济规律做出了如下判断：

> 我觉得可以把中国封建社会形态的基本经济规律表述如下：

---

① 范文澜：《中国通史》第3册，第424~425页。
② 毛泽东：《毛泽东选集》第4卷，人民出版社，1991，第1092页。
③ 郭沫若主编《中国史稿》第2册，第241~242页。

"用土地自由买卖方式兼并土地的办法,用剥削依附佃农的办法,来保证地主占有地租和满足其经常增长的寄生性消费。"

关于这个概括,须要声明以下几点:第一,这里是把危机阶段作为每个周期中的基本阶段来考虑的……第二,我所以要把占有地租和满足地主寄生性消费同时提出,是由于考虑到,在土地兼并存在的前提下,地租除了一部分用于消费外,也有相当部分用于购买土地。如果只提满足寄生性消费,就会忽略地租在土地兼并中的作用,看不到中国封建地主对增加地产的无限冲动。第三,我所以称作"寄生性消费",是由于考虑到,在生产过程中地主与资本家不同,前者只剥削地租,却不对生产进行投资,也没有实际上组织生产过程的职能,剩余劳动全部是他的纯所得,所以地主的消费具有纯粹的寄生性质。虽然如此,我们也不否认,当封建制代替奴隶制时,地主阶级曾经是一个起过进步作用的阶级。但这种进步只在于地主阶级能够采用适合于生产力性质的新剥削方式,这一点并不能说明它在这种生产关系中不是一个完全寄生的阶级。①

在这样一个关于中国古代社会两千年历史发展的基本经济规律的表述中,主导历史发展的地主阶级,竟然是一个完全多余的"寄生性阶级",这样的历史如何使人理解呢?一个多余的寄生性阶级,主导了人类历史上最先进、最具创造活力的民族的历史发展,大概也只有在中国20世纪五六十年代这个特殊的历史时代,才可能创造如此巨大而荒谬的历史悖论!而它竟然一点也不能引起人们的质疑,相对于我们的阶级斗争思维来说,它的确是太自然、太正常、太合情合理了。

和对地主阶级的评价形成鲜明对照的,是历史学家们对于农民阶级的憧憬和期待。因为在历史学家的心中,推翻地主阶级封建统治的历史使命,就寄托在农民阶级身上。现当代历史中中国共产党领导农民建立新中国的历史勋业,鼓舞了他们对历史上农民革命的憧憬。漆侠等人所著的《秦汉农民战争史》中写道:

农民革命斗争的胜利成果总是被贵族地主分子所窃取,封建政治制度、经济制度依然延续下来,农民依然处于被剥削被压迫的地位。这不能不是农民革命斗争的血的教训。这个经验教导革命人民,要时刻记住:革命组织必须健全,革命领导权必须牢固地掌握住,不然,革命就必然陷于失败!

三次全国性农民战争虽然以失败告终,但它则是以推翻三个强大的封建王

---

① 胡如雷:《中国封建社会形态研究》"结束语",三联书店,1979,第422~423页。该书"序言"中说:"本书初稿完成于1964年。在'文化大革命'中,书稿曾一度失落,后来在一个偶然的机缘中找了回来。"所以,我们把该书看作十七年史学的思想成果。

朝，取得这样一个辉煌夺目的伟大胜利而被记录在史册上。千万劳动人民,不堪封建统治的残酷剥削和压迫，为夺取这个伟大的胜利进行了持续斗争。他们的无数的英勇壮烈的事迹，以及像陈胜吴广的革命首创精神、巨鹿之战、昆阳大战的雄伟场面，张梁率领下数万义军视死如归、壮烈牺牲等等，永远值得尊敬，永远值得学习，永远成为革命人民反对剥削者压迫者的一个鼓舞力量。他们夺取来的这个伟大胜利，显示了被压迫人们具有无穷无尽的威力，反动的封建统治是无法阻挡的。真理就是这样，被压迫人们只要敢于斗争，就能夺取胜利。①

在当时所理解的马克思主义阶级观点中，劳动人民是歌颂的对象，阶级斗争是推动历史发展的根本动力，所以，历史学家为每一次农民战争之后胜利果实"被贵族地主分子所窃取，封建政治制度、经济制度依然延续下来，农民依然处于被剥削被压迫的地位"而感到遗憾，天真地希望他们能记取"血的教训"；似乎他们能记取这个教训，即使在秦汉时期，农民阶级也能获得阶级的解放。正是在这样貌似坚持马克思主义阶级分析的研究中，马克思主义的历史必然性思想被丢得一干二净，没有了丝毫的马克思主义味道。"真理就是这样，被压迫人们只要敢于斗争，就能夺取胜利。"历史果真如此，还有什么规律可言吗？只要敢于斗争，就能夺取胜利，历史岂不是就要以人们的意志为转移了吗？历史学家真的是为那个时代所鼓舞，和现实社会实践中那些"人有多大胆，地有多高产"的历史创造者一样地书写着豪言壮语！真实的历史是创造出来的，历史的发展是有内在逻辑的，有其必然性的法则的，靠历史学家的政治热情呼唤或编织出来的美妙篇章，充其量只能叫作历史神话。从这个意义上，历史学家有资格说，我们和现实中的大跃进一样，简直就处在一个神话时代！

（二）思想文化史研究中阶级分析方法的贯彻

阶级斗争理论及其所转化而来的阶级分析方法渗透到历史研究领域，是靠历史学家们的积极性和主动性来实现的，历史学家表现出了像古代文人一样的政治情结。只有这样，由政治所派生的东西，才能化作他们自觉自愿的行动，从而焕发出前所未有的创造性。中国古代思想、文化史研究中所流行的"劳动阶级/剥削阶级—唯物/唯心—进步/反动"分析模式，就是历史学家自己主动性创造的结果。凡是劳动者阶级所创造的思想或文化，就是唯物的，进而是进步的；反之，凡是剥削者阶级所创造的思想或文化则都是唯心的，也相应地是反动的。这是一个在今天看来难以理解的思维模式。

我们先来看中国古代思想史研究中的阶级分析及价值判断问题。当时最权威的思想史著作《中国思想通史》中，关于先秦思想史有言曰：

---

① 漆侠等著《秦汉农民战争史》，三联书店，1962，第206页。

分工的发达，分裂出了新阶级，由新阶级的分裂或国民阶级的出现，逐渐形成了显族，以至于产生了土地私有的显族制度，因而阶级斗争的变化决定了"显学"的形成。所谓诸子之学既然是"道术将为天下裂"，那么，这一意识的分裂，就形成"言之成理、持之有故"的学术，它反映了土地生产资料的分裂，反映了由氏族贵族的所有制转化为地域化私有的多元所有制，以及工商业分工的发达。① 依据上面所述的唯物主义和无神论的思想看来，春秋时代的进步思想家虽然在"礼"的约束之下有其局限性，不敢公开地反对贵族的宗法制度，但他们却敢于把宗法制度所依托的灵魂跌开，举起无神论的旗帜，讽刺贵族麻醉人民的迷信思想……②道家的自然史的天道观中含有唯物主义的因素，和孔、墨的天道观比起来是进步的。③ 五行说在春秋时代是一种进步的思想。到了战国时代这种思想则被唯心主义者所剽窃。④

《中国史稿》中关于先秦思想，也是类似的评价和判断：

"百家争鸣"说到底主要是两家：一家要维护垂死的奴隶制度，一家要维护封建的财产关系和剥削关系，巩固封建的政治制度和社会秩序。⑤ 墨家的思想体系中呈现出许多自相矛盾的因素，具有明显的二元论和阶级调和的倾向。⑥ 墨子"兼爱"的实质是主张阶级调和。⑦ 庄子的思想代表一部分对前途感到绝望的没落奴隶主贵族的立场。⑧（荀子）的性恶论和孟子的性善论一样，都是剥削阶级的人性论，不过一个是奴隶主阶级的人性论，一个是新兴地主阶级的人性论罢了。⑨

《中国思想通史》中关于宋代理学的评价：

二程的理学是"接着"禅学、华严宗的唯心主义，并且进一步把封建的法

---

① 侯外庐、赵纪彬、杜国庠著《中国思想通史》第1卷，人民出版社，1957，第44~45页。
② 侯外庐、赵纪彬、杜国庠著《中国思想通史》第1卷，第128页。
③ 侯外庐、赵纪彬、杜国庠著《中国思想通史》第1卷，第532页。
④ 侯外庐、赵纪彬、杜国庠著《中国思想通史》第1卷，第645页。
⑤ 郭沫若主编《中国史稿》第2册，第48~49页。根据本书"后记"所说，该书第2册1963年内部印行，1978年初修改定稿，可以视为第一阶段的研究成果。
⑥ 郭沫若主编《中国史稿》第2册，第49~50页。
⑦ 郭沫若主编《中国史稿》第2册，第52页。
⑧ 郭沫若主编《中国史稿》第2册，第61页。
⑨ 郭沫若主编《中国史稿》第2册，第73~74页。

律虚构提高到哲学体系中来，因而和他们的政治立场相应，是极端反动的。这就再一次证明了哲学是有党性的，是一定阶级利益通过政治法律的折射。这种"贵人气象"的理学是这样打上了时代的品级性地主阶级的烙印，后代"接着"理学宗传的各色各样的卫道论也不能不打上各时代的反动阶级烙印。①

封建等级是贯彻在朱熹哲学中的一条黑线，不管是他的自然观还是社会观，道德论还是人性论，其最后归宿都是要证明这种"等级差别"，在他的整个体系的每一部分上都满打着封建统治阶级的烙印。朱熹的反动的哲学和政治理论之为"后之时君世主""来此取法"不是偶然的，为近代保守主义或复古主义者所美化也不是偶然的。②

在上述思想评价的话语体系中，任何一种思想学说，都对应着确定的经济关系及其这种关系的代表者——社会阶级。并且所有百家诸子，被简化成两家，不是奴隶主阶级，就是封建主阶级，最多也就是再多出来一个墨家的"阶级调和"。在这样的学术背景下，思想——这种人的心灵之花，却是那样的僵硬和呆板；这个最为斑斓多彩的世界，只剩下了阶级性这种单一的色调。

思想的内涵是不是和人的社会阶级有着如此紧密的联系甚或是直接的对应关系，是可以讨论的一个问题；而在那个时代，人们是丝毫也不怀疑的。因为，阶级分析被理解为一把万能钥匙的，它可以用来观察一切历史问题，思想的历史当然也不能例外。而且，一旦属于统治阶级的思想范畴，就是极端的反动，统统应该被骂倒、被否定，没有任何积极的思想价值可以肯定。《中国通史》中关于佛教的极端性评价，就是很好的反映。作者在评价唐代的佛教文化时说：

> 唐朝文化空前发达……其中占较大篇幅的是佛教部分。佛教肆毒，不始于唐朝，但唐朝是流毒极盛之世，佛教所有胡言乱语，为非作歹，这时候全部暴露出来，不禁使人望而切齿。我对佛教，没有从哲学的角度去粉碎它，我只用普通常识去批驳它那些灵魂不灭、因果报应、求福免祸、六道轮回等谎言和谬说，肯定唐朝佛教祸国殃民之罪恶极大。不过，由于研究不足，难免批判不够有力或分析不够妥帖，切盼读者多多提出意见，以便更有效地铲除它遗留下来的祸害。③

佛、道两教都是麻醉人民的毒品，和尚、道士都是懒馋无耻的寄生虫。佛教

---

① 侯外庐主编《中国思想通史》第4卷，人民出版社，1959，第584页.
② 侯外庐主编《中国思想通史》第4卷，第624页。
③ 范文澜：《中国通史》第3册"第三编说明"，人民出版社，1965。

势力比道教大得多，它对民众的祸害也更大……天竺社会里一切黑暗、野蛮、落后、秽浊的事物，都借着佛菩萨的庄严慈悲相作掩护，整套整套地搬运到中国来，劳苦民众吃了它极大的苦头。千年以后，看到当时佛教遗迹，虽然应该当作珍贵的文物加以保护，但想起它祸国殃民的罪恶，使人感到犹有余痛。①

作者对佛教采取如此缺乏分析的态度，其主要原因大概就是两点：一是佛教反映了统治阶级的需要，是麻醉人民的鸦片；二是作为宗教，它是唯心主义的思想体系，和唯物主义相背离。而一切思想或文化，一旦染上了统治阶级和唯心主义这两个色素，就难逃被诛伐的命运。

从阶级观点出发对封建时代的思想文化进行批判，贯穿在那个时代的一切历史分析中，甚至是在当时看来具有一定价值的、明明应该给予肯定的东西，也不能幸免。譬如史学史研究中对于刘知幾的评价，大家都知道刘知幾有着明确的反传统思想，在中国史学史上有重大的学术建树，但他毕竟是封建朝廷的史官，是属于当时认定的地主阶级知识分子的范畴，所以，也不能不从其所谓的阶级性上予以否定。请看下边的分析：

> （刘知幾——引者注）把"直书"的根据归结为"务在审实"，离开阶级观点而抽象地强调一般的"公正"，这在实质上是一种客观主义的倾向，它并不能科学地揭示历史的规律性，而往往成为剥削阶级利用来作为掩饰其阶级偏见的幕布，这和历史主义就有着本质的区别。②
>
> 刘知幾是古代的杰出的历史学家，《史通》是一部不可多得的有价值的著作。然而，还必须指出，刘氏终究是封建主义史学家，是以地主阶级的立场和观点研究历史、评论史学的。他在谈到农民起义领袖时，时常加以诬蔑……而对于帝王将相则深为崇拜……他认为史书内容所应包括的"五志"（达道义、彰法式、通古今、著功勋、表贤能）和"三科"（叙沿革、明罪恶、旌怪异），也都是为封建政治服务的。他虽有许多论点能以摆脱儒家传统思想的束缚，但终不能完全冲出封建名教观念的窠臼，以致在某些进步主张中还存在着严重的缺陷……所以，他对史学虽有重要的贡献，但由于他的理论与方法根本上是为封建统治阶级服务的，当然不可避免地带有很大的局限性。③

---

① 范文澜：《中国通史》第4册，人民出版社，1965，第453页。
② 侯外庐：《论刘知幾的学术思想》，《历史研究》1961年第2期。又见吴泽主编《中国史学史论集》（二），上海人民出版社，1980，第16页。
③ 杨翼骧：《刘知幾与〈史通〉》，《历史教学》1963年第7、8期。又见吴泽主编《中国史学史论集》（二），第158~159页。

以上论述，都出自当时史学界的名家，他们的学行人格颇为时人所重，其学术思想都透露着执着和真诚。现实政治生活中的阶级斗争理论，就是这样通过历史学家之手，掌控了学术表达的话语权力，塑造出一代学术。在这里，一个非常明确的问题是，政治家所倡导或策划的阶级斗争理论及其实践，并没有对历史学家的学术用语做出任何具体的要求，历史学家将其运用到历史研究领域的时候，则充分发挥了他们的聪明才智、主动性和创造力。

（三）民族关系史研究中学者的思想状况

在十七年史学的中国古代民族关系史研究中，广泛流行着一个"民族问题的实质是阶级问题"的说法，它发挥着分析解释一切民族问题的方法论作用。据考，这个口号式的命题，是在 20 世纪 50 年代末和 60 年代初形成的①，而学术史上的事实是，早在此命题产生之前，马克思主义的阶级斗争观点就被移植到了民族关系史研究领域，并产生了与"民族问题的实质是阶级问题"命题几乎完全雷同的提法。这里，笔者想提到《新史学通讯》（即今日之《史学月刊》）的创办人之一黄元起先生。黄先生是在 20 世纪二三十年代就接受马克思主义理论的老一辈学者，深通马克思主义，但政治并不激进，人品也丝毫无须怀疑，他在 20 世纪 50 年代初的两篇关于民族战争史研究的论文，就将马克思主义的阶级斗争理论贯彻到了极致，以至于今天阅读这些文献，仍使人有一种莫名的惶恐。

黄先生 1953 年、1954 年连续在《新史学通讯》发表了两篇评论中国历史上的民族战争的文章。1954 年论文的结语部分如下：

> 综合上述，我们可以得到下列的几点结论：第一，民族战争充满着人类的阶级社会中，构成了社会历史发展的复杂性，中国历史也是如此……第二，因为民族战争是阶级斗争的一种特殊形式……第三，民族战争的阶级矛盾性与历史复杂性，既要全面的照顾，也要重点的掌握，即看它对一定时期的人类历史发展的主要作用是进步的或反动的，它基本上是否符合被压迫者的根本利益，决不可把一

---

① 促成这一原则的是发生于 1958 年和 1963 年的是两个事件，和与此两个事件有关的两个重要文献。1958 年 4 月，青海循化撒拉族自治县发生叛乱，中共中央在批转青海省委《关于循化撒拉族自治县反革命武装叛乱事件的教训的报告》的批语中指出："在阶级社会里，民族问题的实质是阶级问题"，不把握阶级实质，是不能彻底解决民族问题的。另一事件是，从 1963 年 4 月开始，美国阿拉巴马州、密西西比州等地爆发了大规模的黑人群众反对种族歧视的斗争，遭到美国政府大规模的逮捕和镇压。毛泽东对此事件，发表了一个"支持美国黑人反对种族歧视斗争的声明"，声明中提出一个重要的论断："民族斗争，说到底，是一个阶级斗争问题。"有简化了的中共中央批示"民族问题的实质是阶级问题"在先，又有毛泽东亲自发出的"民族斗争，说到底，是一个阶级斗争问题"伟大指示在后，"民族问题的实质是阶级问题"的判断就正式形成了。参见黄铸《人民日报特约评论员〈评所谓"民族问题的实质是阶级问题"〉的由来》一文，见《中南民族大学学报》2003 年第 5 期。

定的民族战争的矛盾发展：进步性与反动性或正义性与非正义性平列起来，陷入折衷主义的错误；第四，在阶级社会里，民族战争的进步性与正义性，由于社会剥削制度与剥削阶级利益的限制，它总是有一定的限度的。①

仔细品味这段文字，作者关于民族战争评价的四点结论，无一不是贯彻着阶级斗争历史观，并且"民族战争是阶级斗争的一种特殊形式"一语，与后来产生的"民族问题的实质是阶级问题"何其相似！可以说，以往的某些过于"左"倾化的思想或结论，不仅仅是政治高压或意识形态控制的结果，而在某种意义上，也是学者自身从他们盲目尊崇的思想理论中自我体悟的结果。这是一个不容忽视的事实。

像这样充分发挥自身能动性而把某种观点发挥到极端地步的，莫过于范文澜先生对民族战争性质问题的评判。对于中国历史上的民族战争，本来也应该有正义与非正义之分的，但是为了照顾到民族感情问题，也为了严格遵循所谓中国"自古以来就是一个统一的多民族国家"的判断，范文澜对宋金时期的民族战争做出"兄弟阋墙"的无是非判断。他写于1962年发表于1980年的文章说：

> 在中国历史上，从来没有停止过民族斗争，不是你打我，就是我打你；不是你打进来，就是我打出去……当国家完全失去抵御外来侵犯的作用，仅仅是一部剥削机器的时候，这样国家，才应该由民众起来予以消灭。民众自己不起来，强大的邻国进来消灭它，那是很自然的。金和南宋都是高级的封建社会，可是政治极端腐朽，社会继续发展的可能全被阻塞。蒙古虽还只是低级封建社会，但它正是在发展中，符合社会发展的规律，是一个方兴未艾的力量。它所碰到的是高级的但腐朽已极、精力耗尽的行尸走肉。凡是腐朽着的东西，碰到发展着的东西，必然被消灭。马克思主义的史学工作者，难道可以同情行尸走肉的被消灭么！

> ……历史上腐朽国家如北宋、南宋末年，都不过是单纯的剥削机器，抵御外患的作用丝毫也不存在了。虽然这些国家的统治阶级是汉人，但汉族史学工作者不值得替他们呼喊，说是受了侵略，并且谴责侵略者。我们应该严厉谴责那架剥削机器，赞成有人出来打倒它，女真灭北宋，蒙古灭金和宋，都是合乎规律的事情。②

---

① 黄元起：《再论中国历史上的民族战争》，《新史学通讯》1954年第1期。黄先生之前的另一篇文章是《论中国历史上的民族战争》，发表于《新史学通讯》1953年第6期。这是国内最早讨论中国古代民族战争评判问题最完整最系统的两篇文章，在当时学界有广泛影响。
② 范文澜：《中国历史上的民族斗争与融合》，《历史研究》1980年第1期。根据《历史研究》发表此文时所做的说明，此文是范文澜先生于1962年夏交给编辑部的，是作者此前在一些高校的演讲稿。

范文澜的观点可以归纳为四个主要论点：其一，历史上中国境内的各民族国家间的战争，是兄弟阋墙、家里打架，没有原则的是非之分，无所谓侵略与反侵略、正义与非正义的区别。其二，当一个国家完全失去抵御外侮的能力，而成为一架纯粹的剥削机器的时候，强大的邻国来消灭它，完全是正常的事情，不应该受到谴责。其三，一个处在上升时期的民族（如蒙古），扩张和掠夺是很自然和正常的事情，甚至是阶级社会的规律，应该予以理解和接受。其四，残酷的民族斗争或民族战争是民族融合的正常形式，汉族因这种残酷的战争而增添了新鲜血液，得到发展，从民族融合的角度说，汉族的被征服是受益的，对侵略者不必过分憎恨。第一点讲侵略是有理的，第二点讲这种侵略是合乎规律的，第三点讲被侵略者也获得了好处，应该欢迎这种侵略；这真是一个很完整很可怕的侵略有理论！看来，丝毫不需要政治当局的提示或暗示，一个为现实政治或政策服务的资治理念，一个完全被阶级化思维（如判断南宋政权是单纯的剥削机器）所支配而摒弃历史主义原则的头脑，再加上政治和思想的主动性，什么极端的可怕的观点都可以创造出来！

（四）"五朵金花"所展示的精神世界

十七年史学中"五朵金花"的绽放，是当时强大的意识形态的产物。这一点，几乎所有的历史学家在总结这一历史现象时都注意到了，并且给予了很好的论证。突出的代表，是王学典在2002年《文史知识》第1期所发表的《五朵金花：意识形态语境中的学术论战》一文。他总结说："奴隶制的有无及其与封建制的分期问题、资本主义萌芽问题、农民战争问题、封建土地所有制形式问题、汉民族的形成问题之所以能成为这一时期史学界的中心问题，并讨论得轰轰烈烈，关键就在于这五个课题能与当时的时代主题相通，而且所承担的意识形态功能也最为巨大。"① 他还就每一朵金花的意识形态功能做了展开性分析。王学典的分析，对于我们认识"五朵金花"及那个时代的史学现象，是极为重要的，这已经从某一个方面抓住了问题的本质。但是，如前所述，这种对于"五朵金花"的认识，还毕竟是从学术外部做出的解释，而对于学术自身或者说从造就了这一学术奇观的历史学家自身来说，还是有进一步挖掘的必要，我们还需要去探寻在"五朵金花"背后所隐藏的历史学家的精神世界。根据笔者的初步思考，该时期"五朵金花"研究中历史学家精神世界的大致图景，反映在以下几个方面：

第一，高涨的政治热情，传统的资治理念，及其"政治统一必须以牺牲思想自由为代价"的强大思想传统。

由历史学家的政治热情和资治理念而造就"五朵金花"，这一点已为学者所关注。前引王学典的文章中说：

---

① 王学典：《五朵金花：意识形态语境中的学术论战》，《文史知识》2002年第1期。

"五朵金花"的绽放也来自当时学者们对现实政治的全神贯注。50年代初,从学习历史唯物论和社会发展史入手的马克思主义学习运动改变了原来唯物史观派处于学术界边缘地位的状况,绝大多数学者在轰轰烈烈的学习运动后接受了社会发展史中的劳动创造世界、社会形态和社会发展有规律性等观点。这时的史学家们,身上流淌着滚烫的政治血液,遍布着敏感的政治神经,因此,这些史学家便以直接服务于现实政治为自己的最高职责,以搞考证、搞远离现实的学问为耻辱。所以,他们笔下的历史,更多地顺从了对学术提出的学术之外的要求。这样,他们当时的学术研究兴趣便很自然地就集中到以"五朵金花"为代表的带有强烈意识形态色彩的几个关键问题上来了。①

陈支平也谈到过这个问题:

> 这个时期中国的历史学家们,虽然各自对于马克思主义史学理论的认知程度有所不同,有的甚至对马克思主义史学理论一无所知,但是他们见到建国初期欣欣向荣的国民经济和休养生息的社会环境,尤其是近百年来骄横于神州大地的外国势力受到比较彻底的消除,史学家们的政治使命感及其政治依附性得到了重新的激发。绝大多数的史学家们都形成了这样的一个共识:史学研究应当为新政权的政治服务。新政权坚持"指导我们思想的理论基础是马克思列宁主义",那么,研究历史的理论基础就必然是马克思主义的"唯物史观"。因此,从另一角度来探讨,新中国的历史学家们与其说是服膺于西方的马克思主义,倒不如说是在本能的政治使命感和政治依附性的驱动下,服膺于新政权的现实政治。②

王学典和陈支平都注意到了历史学家的政治使命感问题,这实际上就是中国史学中传统的资治观念以及传统知识分子历史使命感的共同驱使。从这个层面上说,不能把历史学家在这一时期的学术狂热,都简单地归之于政治的高压和意识形态的强势,的确是有历史学家内在热情的支撑,同时也是历史学家历史主动性的产物。

但是,仅仅看到这些是不够的,因为还有一个问题不能说明,那就是为什么服膺于政治就必须拥护政治当局的理论选择,顺从于政治当局的思想控制呢?政治和思想本来分属于两个世界。政治是刚性的,在政治的世界里,人的自由是有限度的,最基本的政治原则如宪法,是所有国民必须遵守的;而思想的世界则根本不同,思想是可以充分自由的,是没有边界的,不受控制的,独立思考的权利是天赋人权中最根本的

---

① 王学典:《五朵金花:意识形态语境中的学术论战》,《文史知识》2002年第1期。
② 陈支平:《历史学的困惑》,中华书局,2004,第33~34页。

权利，是人的自由的底线。20世纪五六十年代的历史学家为什么会在选择对新社会的政治拥护的同时，也在思想上放弃了选择的权利呢？为什么就那么自然地认为，对新社会的拥护，就必须伴随思想的"转向"呢？历史学家对思想自由的淡漠，需要从他们继承的文化传统中寻觅。

大一统的政治要求有大一统的思想相配合，这是中国古代文化的一个显著特色。这个思想文化传统从秦代开始就逐渐形成了。秦代的统一思想，由李斯的《焚书议》开启端绪。李斯认为，在"今皇帝并有天下"的时代，必须"别黑白而定一尊"，对于百家杂语，"禁之便"，因此，他建议："史官非秦纪皆烧之。非博士官所职，天下敢有藏《诗》、《书》、百家语者，悉诣守、尉杂烧之。有敢偶语《诗》《书》弃市。以古非今者族。"① 其后，汉武帝时董仲舒的"贤良对策"，也是一个思想大一统的方案。董仲舒说："春秋大一统者，天地之常经，古今之通谊也。今师异道，人异论，百家殊方，指意不同，是以上亡以持一统；法制数变，下不知所守。臣愚以为诸不在六艺之科孔子之术者，皆绝其道，勿使并进。邪辟之说灭息，然后统纪可一而法度可明，民知所从矣。"② 董仲舒不顾春秋战国时期百家争鸣的历史事实，硬说"大一统"是"古今之通谊"的传统，任何时代的统治者张扬思想"一统"都是天经地义、无可厚非的。虽然他不像李斯那样主张用"禁之便"的暴力手段，而是采用引导人们采纳某种思想的柔性手段来实现思想统一，但毫无疑问，他也是利用国家力量来达到统一思想的问题，其本质和李斯没有区别。汉以后两千年中国的历史发展，恪守的就是李斯、董仲舒们所奠定的这个传统，只要是统一的政治，就必然要求有统一的思想与之相适应，这是一个政治传统，也是一个思想传统，在中国知识分子的心理层面已经成为一种潜意识。政治统一必须以牺牲思想自由为代价，这就是20世纪五六十年代中国历史学家所秉承的思想传统。由此出发，对新社会的政治服膺，就自然要与其所奉行的理论、意识形态保持高度的统一，这是一个天经地义的问题，一个不可能就此提出异议的问题。

这一思想传统，既导致历史学家服膺行政当局的意识形态，又导致认同其实现思想统一本身，其结果自然是毫无选择地集中到唯物史观的相关问题上去，承载意识形态使命的"五朵金花"自然就获得了历史学家的真诚认同，成为其发自内心的主动性选择。

第二，固守经学思维，默认思想自由的"天然边界"。

研究中国人的思想世界，时刻都不能忘记，我们是一个被儒家思想掌握了的民族；而两千年一贯制教材"五经四书"所创造的最大精神成果，就是"经学思维"。

---

① 《史记·秦始皇本纪》，中华书局，1982，第255页。
② 《汉书·董仲舒传》，中华书局，1962，第2523页。

孔孟荀之后，从董仲舒开始，中国思想文化史上，一连串最伟大的名字都是经学家，一部部呕心沥血之作，都是针对"五经四书"的传注疏解、音义训诂。中国自古不乏天才的学问家和思想家，而他们都无例外地把聪明才智用在对"五经四书"的训诂和传注方面，而牺牲了独立从事思想创造的权利和能力。在这样一个思想演绎的历史中，所形成的思维定势，就是经学思维。

经学思维的要害，在于"经"的神圣性，在于经典文本和精神权威思想只能被解读和遵循，而不能被批判和质疑。经学史上最强大的传统就是尊经重师，一成不变，绝对顺从，崇奉权威。虔诚的精神崇拜，盲目的思想顺从，思维的共向性、无差别性等，成为经学思维的最大痼疾。而不幸的是，进入20世纪的中国历史学家，在面对人类思想史上最强大的思想武器——马克思主义的时候，所秉承的仍然是这种经学思维。

于是，在"五朵金花"的争奇斗艳中，我们看到的是一种很奇异的现象。譬如古史分期讨论，可谓异说纷呈，产生了西周封建说、战国封建说、魏晋封建说、春秋封建说、秦统一封建说、西汉封建说、东汉封建说、东晋封建说和中唐封建说等多种说法，而且每一种都由当时学界声名显赫的大家作为代表，可见论战之激烈。但是，人们也不难发现，这些不同的学说派别，都实际上出自"一家之言"，都是五种社会形态理论的派生物。如果说，它们就是所谓百花齐放的百花异叶的话，那么，它们则都是生长在一棵树干上，滋生于同一根茎。换句话说，古史分期讨论中竞放的所谓百花，只是同株异叶。

同样的情景，也顽强地反映在其他四朵金花的绽放中。譬如关于中国资本主义萌芽的讨论，有明代萌芽说，有宋代萌芽说，有唐代萌芽说，有汉代萌芽说，还有战国萌芽说，资本主义在中国历史上简直就是一个永恒的萌芽。而这萌芽众说，除了都是五种社会形态理论的派生物之外，实际上也只是对毛泽东"中国封建社会内的商品经济的发展，已经孕育着资本主义的萌芽，如果没有外国资本主义的影响，中国也将缓慢地发展到资本主义社会"[①] 这句话的演绎。而且那个时代的历史学家，并不避讳这一点，他们总是在自己的文章中直接声明，其研究是根据毛主席的指示。即使在当时受到集中批判的尚钺先生也不例外，他在文章中写道："我们在讲授中国人民大学的中国历史课程中，根据毛泽东同志的指示和过去学者的研究，自1950年即提出远在十六世纪中叶以前，中国已有资本主义最初的萌芽。"[②]

资本主义萌芽讨论中的各家各派，如同古史分期讨论一样，尽管意见纷呈，甚至尖锐对立，但其理论都是一个，论证方法也惊人的一致。其原因就是除了他们秉承相

[①] 《毛泽东选集》第2卷，人民出版社，1991，第626页。
[②] 尚钺：《中国资本主义关系发生及演变的初步研究》，《历史研究》1955年第3期。

同的理论原则,也还拥有同样的思维。

奇怪的是,历史学家从来也不思考这样的问题。人们从来不自我发问,这些不同的百花异叶,为什么会生自同一块根茎,他们的矛盾是不是就出在这个根茎本身。也就是说,这个时代的历史学家,在虔诚地运用一种理论做指导的时候,是不会想到向这个理论本身发问的,或者说,这个理论本身是不能发问的。理论本身就是"经","经"是天经地义的真理,不容怀疑、不容触碰。思想,哪怕仅仅是学术思想,也有一个不能触碰的前提。在这样的思维环境中,思想是不能无条件自由的,它有一个天然边界,不可触碰的边界;这边界就是他们所秉承的理论本身。在20世纪五六十年代,历史学家们自觉地或者说本能地谨守着这个思想的天然边界。中国流传千年的古语"不越雷池一步",即此之谓。

第三,批判性思维的严重缺失。

上边的分析,实际上已经将我们导向了这个论题。中国学人为什么会秉承一种经学思维,为什么不能越过雷池一步?跨越雷池就真的这么难吗?其实,我们只是少了一样东西,那就是任何学术研究都需要的基本素质——批判性思维。

中国学者批判性思维的缺失,是那个时代最突出的特征。最典型的例证莫过于另一朵"金花"——农民战争史研究中对毛泽东关于农民战争结局论断的简单照搬。毛泽东说:

> 每一次较大的农民起义和农民战争的结果,都打击了当时的封建统治,因而也就多少推动了社会生产力的发展。只是由于当时还没有新的生产力和新的生产关系,没有新的阶级力量,没有先进的政党,因而这种农民起义和农民战争得不到如同现在所有的无产阶级和共产党的正确领导。这样,就使当时的农民革命总是陷于失败,总是在革命中和革命后被地主阶级和贵族利用了去,当作他们改朝换代的工具。这样,就在每一次大规模的农民革命停息之后,虽然社会多少有些进步,但是封建的经济关系和封建的政治制度,基本上依然继续下来。①

无论从历史逻辑或者论证逻辑的角度出发,毛泽东的这一论断都是站不住脚的。毛泽东说农民起义或农民战争所以逃脱不了失败的命运,最根本的原因是它"没有新的生产力和新的生产关系,没有新的阶级力量,没有先进的政党",而这些都是在传统社会根本不可能具备的历史条件,所以,总结这样的历史原因是抛弃了历史的逻辑,没有任何实际的价值和意义;另一方面,这一论断,等于宣告中国历史上的农民

---

① 《毛泽东选集》第2卷,第625页。

起义或农民战争,无论如何都只能归于失败,而这也不符合历史的逻辑。农民起义或农民战争的每一次爆发,都是一场具体的历史运动,都是特定的历史条件下的产物,不能抛开当时特定的历史条件,去为它规定一项不切实际的历史使命,并由此出发判断它必然失败。应该根据每一次农民起义或农民战争爆发的特定历史条件,去判断它可能达到的历史目标,从而提出判断其是成功或失败的历史结论。空洞地、先验地将农民起义或农民战争的历史使命理解为推翻封建制度,并以是否实现了这样的历史使命来判断其成功与失败,是没有道理的。[1] 然而,在 20 世纪五六十年代所发表的数以千计的农民战争史论文中,无一例外地都在重复着毛泽东的这一论断[2],从而造成学术史上真正千篇一律的学术奇观。这就是批判性思维严重缺失所可能导致的必然结果。

我们不否认中华人民共和国成立后,历史学家接受唯物史观,实现向一个新的历史观的转向,从某种程度上说也是不得已而为之,确实有几分无奈。但现在我们必须同时面对的是,中国学者在接受一种新思想的时候,的确有着思维的致命缺陷。我们在接纳一个新思想的时候,总是以"学习"的态度,而不是以思考的、分析的、质疑的和批判的态度去对待之。同样是接纳,这两种态度引起的后果是截然不同的。如果能够从质疑和批判入手去接纳一种理论,以清醒的、科学的态度去对待,那样即使是接受,也知道为什么要接受,如何去接受,知道在接受它、运用它的同时,如何避免其局限而误入歧途。如果我们富有批判精神,即使不是面对像马克思主义唯物史观这样科学的历史观,我们也能够应对自如,使之真正成为繁荣中国学术的他山之石。

学术批判功能的丧失,一方面固然应追究政治的责任,而学术本身呢?我们的历史学家有没有责任?我们是否清醒地意识到过这个责任?如果过去的历史学家没有意识到这种责任,中国的传统学术中也缺乏这种批判意识,那么今天,在经历了几十年的历史曲折,特别是"文化大革命"的灾难之后痛定思痛,对中国学人的批判意识缺失问题就再也不能回避!学术必须与政治保持距离。保持距离的学术才可能清醒,清醒才可能找到批判的节点。学术是可以为政治服务的,而这个服务是通过批判实现的;通过批判推进政治的发展,是学术服务于政治的根本途径。而以往的服务,不是批判,而是站在附庸地位的解读和诠释,并通过解读和诠释,达到对现实政治、政策的肯定性论证,从而实现貌似学术实则附庸的歌功颂德功能。于是,20 世纪五六十年代学术走上歧路就难以避免了!

---

[1] 详细论证参见拙作《论中国历史上农民战争的历史结局》,《史学月刊》1999 年第 5 期。
[2] 此处不再举证。因为这一时期所有的农战史著作和论文,都无一例外地遵循、重复毛泽东的这一论断,使得任何举证都有多余、累赘之嫌。

第四，西方话语体系的强势影响。

"五朵金花"背后的思想底层，隐藏着一个强大的西方话语系统；这种西方话语体系，以一种天然性品格，控制了近代以来中国学人的语言、概念和思维系统。这个问题学界有所关注，前引王学典的文章中说：

> 表面看来，"五朵金花"中的几乎每一朵都植根于"五种生产方式"理论与中国历史经验之间的紧张之中，从实质上说，围绕着"五朵金花"问题所展开的论战是"东方主义"对中国历史重新编码过程中的必然现象。
>
> "三联书店"在50年代中期出版了一套"五朵金花"问题讨论集……翻读这些讨论集后，给人最大的感受是讨论集所收的文章反映出论战各方在观念上都"不幸成为西方模式的俘虏"，而走向极端者则完全"通过西方的'一家之言'来安排中国的史料与事实"。（余英时《中国史学的现阶段：反省与展望》）例如，"古史分期问题"、"资本主义萌芽问题"和"土地所有制形式"问题的讨论者，几乎全都是用《左传》和《史记》、《汉书》等正史中的资料，来印证《资本论》（特别是其中的第三卷）、《前资本主义生产各形态》、《家庭、私有制和国家的起源》、《苏联共产党（布）简史》和《政治经济学教科书》中的一些论断，很少例外，是一种比较典型的"以论带史"的治史路数。在所有这些文章中，西方模式都成为不证自明的前提，中国史料均处于被动的、消极的乃至从附的地位上。[①]

王学典指出了这个问题，但没有展开分析，而这是一个需要认真对待的问题，也是一个自近代以来开始形成、至今人们还没有清醒认识的问题。

明清以后中国相对于西方的落伍，是一个不争的事实。所以，西方文化传入中国、中国文化汲取西方文化的营养，是正当的文化现象。在中国哲学史上，人们都不会忘怀胡适的《中国哲学大纲》改造或重建中国传统学术的里程碑作用。当年，顾颉刚在给叶圣陶的一封信中，赞扬胡适用西方哲学方法研究中国哲学的做法是"以西洋哲学之律令，为中国哲学施条贯"[②]。此时，中国哲学的确需要借助西方之概念、原则与方法，给予有系统之解读，这是当初挖掘中国哲学之价值的唯一可行的途径。因为在此之前的中国哲学之状况，是只有一盘散沙之资料，而没有发掘其内涵与价值的系统解说，哲学的文化价值找不到揭示或发掘的途径，于是，借助于他山之石，"以西洋哲学之律令，为中国哲学施条贯"，则成为解读中国哲学或中国文化的必由

---

① 王学典：《五朵金花：意识形态语境中的学术论战》，《文史知识》2002年第1期。
② 转引自魏邦《胡适与顾颉刚》，《历史学家茶座》2010年第4期，第96页。

路径。但是，人们或许没有想到，自此开始，西方话语则逐渐掌控了中国学术，并使传统的中国本土学术丧失了表达自我的方式和权利。

不过，在新中国之前的学术界，这种来自西方的概念、知识体系没有上升到国家意识形态的地位，所以，还不具备垄断话语的性质。中华人民共和国成立之后，我们将马克思主义唯物史观确立为国家政治生活、经济生活、精神文化生活的指导原则，上升为国家意识形态，于是，唯物史观这种同是来自西方的知识体系，就开始成为一种垄断话语。诸如生产力与生产关系、经济基础与上层建筑、社会存在与社会意识；封建主义、资本主义、社会主义、社会经济形态；国家、社会与阶级；唯物主义与唯心主义等等，成为历史解释不容选择的工具。

但是，人们会说，马克思主义是科学、是真理，用它来解读中国历史还会有问题吗？其实，正是人们用马克思主义的真理性，掩盖了它最基本的一般文化知识属性。恩格斯清楚地讲过："真正科学的著作照例要避免使用像谬误和真理这种教条式的道德的说法。"[①] "真理和谬误，正如一切在两极对立中运动的逻辑范畴一样，只是在非常有限的领域内才具有绝对的意义。"[②] 绝对意义的"真理"是不存在的。仅就真理的基本属性说，任何真理都是具体的，而其具体性就是产生它的特定的历史文化背景所赋予的。因此，马克思主义作为一种知识体系，即便是一种具有强大真理性的知识体系，它也同样是有其文化背景的，确切地说，它是西方文化背景的产物，是产生于19世纪欧洲文化土壤上的一种解读历史或世界的话语体系，历史性是其基本属性。在这一点上，它和其他一切文化思想体系没有任何区别。

人们还会说，马克思主义的科学理论和科学概念是高度抽象的知识形态，并因此具有普遍意义。这里应该指出，人们对"概念"的认识存在着某种程度的幼稚或天真。概念是人的思维的抽象形态，抽象性使其具有某种普遍意义。但任何概念都是一定历史时代的产物，都是特定的文化背景的产物，其中折射着一定历史时代的人们对客观世界的反映。因此，任何概念都有具体的意义表达，都只是对于特定的历史文化具有解释力和有效性，都不可能法力无边。遗憾的是，概念的这种属性，总是被人们所忽略。因为，概念不同于一般的知识范畴，它有自身特有的属性，它既已产生出来，就以一种"获得性的遗传"的形式，在以后的各代人之间传递，积淀为人类主体的认识结构。个体认识主体把前代积淀下来的概念作为一种认识的便利工具，去获得自己的新认识，人们的认识能力往往就从对概念的掌握、运用上显现出来。这是概念的历史，也是人的认识的常规，而正是这种认识常规将概念的本性、概念的历史性隐藏起来，使其获得一种先天的、至上的然而是虚幻的本质，在人们的头脑中造成一

---

① 《马克思恩格斯选集》第3卷，人民出版社，1995，第433页。
② 《马克思恩格斯选集》第3卷，第431页。

种错觉，以为它就是万能的、普世的、永远有效的。在概念的基本形态或属性上，马克思主义也和其他学说的概念体系一样，没有实质根本的区别。具体性、某种限度的有效性，同样是其不可忽略的属性。

当我们用马克思所提供的那些概念体系去分析中国历史道路的时候，是否考虑过这些问题呢？从欧洲历史中抽象出来的概念体系，如何能够与中国的历史完全契合、融洽呢？人们都熟悉马克思批评俄国民粹派尼·康·米海洛夫斯基的那段名言："他一定要把我关于西欧资本主义起源的历史概述彻底变成一般发展道路的历史哲学理论，一切民族，不管他们所处的历史环境如何，都注定要走这条道路——以便最后都达到在保证社会劳动生产力极高度发展的同时又保证人类最全面的发展的这样一种经济形态。但是我要请他原谅。他这样做，会给我过多的荣誉，同时也会给我过多的侮辱……极为相似的事情，但在不同的历史环境中出现就引起了完全不同的结果。"①马克思明确地声明他关于资本主义的历史概述，是以西欧资本主义的起源为背景的，他清楚地知道概念、范畴的历史性和局限性，反对将他的历史理论不分历史环境地到处论套，反对将他的关于特殊事物的历史抽象当成关于"一般发展道路的历史哲学理论"。而"五朵金花"之一的资本主义萌芽问题讨论，基本上是站了马克思的对立面，完全忽略了马克思概念的历史性。的确就像王学典所指出的，"五朵金花"研究中的不同派别的论战各方，在观念上都"不幸成为西方模式的俘虏"，几乎全都是用《左传》和《史记》、《汉书》等正史中的资料，来印证《资本论》等经典著作中的某些论断。

"五朵金花"研究，乃至那个时期的所有历史研究，都基本上被马克思所提供的话语系统所掌控，被近代以来传入中国的西方学术术语所垄断，中国几千年文明所创造的语言、概念、思维逻辑退出了学术的乃至日常的话语系统，中国历史上丰富的历史资料、浩如烟海的大量文献，仅仅成为西方话语言说的附属物。一个有着几千年历史的文明堆积，用一个完全的陌生的文明话语去解读，圆凿而方枘，是不是会有某种程度的不适宜呢？而这已经成为近代以来学者的集体无意识，成为历史学家学术思想的浓重底色。

在做完上述冗长的分析之后，让我们来概括性地描绘一下20世纪五六十年代历史学家的思想图景。该时期的历史学家为一个朝气蓬勃的新时代所鼓舞，以高涨的革命热情投入新时代的思想文化建设之中。置身于历史学的研究领域，他们为这个新社会所能做的贡献，就是发扬史以资治的历史传统，紧紧扣住新时代的政治需要开掘历史课题，于是，与时代精神最为吻合的"五朵金花"顺势绽放。然而，不幸的是，传统中国留给这个群体的思想传统，是"政治统一必须以牺牲思想自由为代价"，为

---

① 《马克思恩格斯全集》第19卷，人民出版社，1963，第130~131页。

新中国的政治服务，必须与国家意识形态保持高度的统一，这样，历史学家高涨的政治热情，转换成对意识形态的绝对服膺，在一种陌生的思想理论面前，自觉自愿地交出了独立思考的权利，并以经学的态度与眼光对待新接受的马克思主义，为学术思想的发挥设置了不可逾越的天然边界，使科学的发展的理论，染上不可置疑与批判的教条性色彩。在这样的思想世界里，学者失去了批判的天性，学术失去社会批判的功能，而成为解读政治与政策的工具。决定这一切的思想底层，是极其强势的西方话语霸权。西方话语体系虽然不如中国本土文化的历史悠久，但也经过了几代人的传承，再加上它的垄断地位和真理性化身，这种完全异于中土的文化言说体系，就变成了中国历史学家的集体无意识，这一切因素综合在一起，就使得中国学人的思想世界，远离了中国本土的历史实际。政治热情，资治理念，经学思维，西方话语，这诸多因素融合在一起，构成了那个时代历史学家们的思想图景，托起了一个时代史学的极端化倾向，造成了作品的繁荣与思想的贫瘠、政治的自觉与信仰的盲目、理论的科学与运用的扭曲、中土历史与西式化言说这样一幅充满矛盾的历史学画卷。

三　20世纪80年代中国古代史研究的思想世界

从1978年中共十一届三中全会前后到1989年的十多年，是新中国历史学家思想历程的第二阶段。① 这个阶段，人们的思想明显发生了变化，当然，这主要是得益于时代的转换，以及在该时期所发生的以"实践是检验真理的唯一标准"为标志的思想解放运动。

1980年4月10日通过的《中国史学会章程》第二条规定："本会提倡用马克思主义研究历史，坚持实事求是的学风，发扬民主精神，开展学术研究和学术活动，促进历史科学的繁荣和发展。"② 对照1951年的章程，仍然是第二条，但不再将其内容明确规定为"宗旨"③ 了，并将强制性的"学习并运用"改为非强制性的"提倡用"，这是一个非常值得注意的转变。在制定这个新的章程的时候，主事者肯定是以前一届会议章程为底本的，为什么要做出这样一个改变，无疑是经过了思考和斟酌的。

---

① "文化大革命"是中国历史的一个怪胎，这期间没有学术可言。"文化大革命"结束之后，人们痛定思痛，很快掀起了一个批判封建主义的高潮，历史学界也配合了这个思想运动。从纯学术的角度说，这并不能算作是学术的进程，所以本文对"文化大革命"及其之后的两年不做剖析。
② 《中国史学会五十年》，海燕出版社，2004，第46页。
③ 1951年的《中国史学会章程》第二条规定："宗旨　学习并运用历史唯物主义的观点和方法，批判各种旧历史观……"（见《中国史学会五十年》，第15页）

在 1980 年 4 月的第二次中国史学会全国代表大会上，时为中共中央书记处书记的胡乔木到会讲话，他说："历史科学满足政治需要的正确理解应当是，历史向社会也向政治提供新的科学研究的成果，而社会和政治则利用这种成果作为自己活动的向导。"① 这是我们至今为止中共高层领导人对史学与政治关系所作的最好的说明。胡乔木明确表示反对将历史科学为政治服务"理解成为一种从属于政治的临时的局部的甚至是错误的需要"，反对将历史科学置于政治的"应声虫"的地位。他说："如果要做应声虫，那就不需要科学。"② 如此看待历史科学的功能和作用，就是从政治的角度为历史学松绑，就是承认了历史学家观察现实和考察历史的独立思考权利。虽然这个政治上的松绑还没有涉及意识形态和理论的放松，但至少为学术研究的独立性提供了依据。当然，历史学界如何理解胡乔木的这个提法，胡乔木的这个提法在此后的史学研究中能否真的落到实处，那则是另外的问题了。但至少，这是一个新时代的信息。

而在该时期历史学家真实的思想世界里，是一片什么场景呢？

（一）激情澎湃的思想跃动

从 1976 年 10 月粉碎"四人帮"，到 1978 年底的中共十一届三中全会，短短两年时间里，中国人民经历了两次解放。一次是由粉碎"四人帮"所带来的精神解放，一次是以"实践是检验真理的唯一标准"讨论所带来的思想解放。置身于这两次解放之中的历史学家，和全国人民一样欢喜鼓舞，踌躇满志，对历史科学的恢复与重建充满了希望。或者是由于创造史学研究新局面的激励与鼓舞，或者是由于"文化大革命"的残酷和暴虐撕破了精神权威的皇帝新衣，或者是思想解放真的焕发了学人的理性与勇气，也或者是由于这诸多因素的叠加效应，使得该时期历史学家的思想世界里，激荡起从未有过的思想跃动。

历史学界的这场思想跃动，是以 1979～1980 年间的历史动力问题大讨论为标志的。历史动力问题是个史学理论问题，一般被认为是史学理论界的思想进程；而有意思的是，揭开这场大讨论序幕并充当其旗手和主将的，却是从事中国古代史研究的几位学者。

这个时期，虽然"四人帮"被粉碎了，"实践是检验真理的唯一标准"的讨论已经展开，"两个凡是"也已经遭到批评，但是，困扰历史学研究的史学枷锁则没有被真正打开，因为，"以阶级斗争为纲"在历史学领域的变种性教条——"一切历史都是阶级斗争史"、"阶级斗争是历史发展的根本动力"、"只有农民战争才是封建社会发展的唯一动力"等——依然坚如磐石般盘踞着史学思想领域，依然是一切历史研

---

① 《中国史学会五十年》，第 43 页。
② 《中国史学会五十年》，第 43～44 页。

究不可触动的红线。如果不能彻底清算历史研究领域的"以阶级斗争为纲"及其一切变种,历史学家的思想解放,从而史学的解放就无从谈起。于是,从思想理论上突破"阶级斗争是历史发展的根本动力"说,就成为史学发展的根本要求,历史学家的思想进程也就必然地要从这里开始。

1979年3月,中国社会科学院在成都召开历史学规划会议①。戴逸在会上做了题为《关于历史研究中阶级斗争理论问题的几点看法》的发言,锋芒直指"阶级斗争是历史发展的根本动力"说。他说:

> 阶级斗争并不是唯一的历史内容。社会的基本矛盾,是生产力和生产关系、经济基础和上层建筑的矛盾……阶级斗争只是体现了这些矛盾,并受社会基本矛盾所制约的。阶级斗争不能代替或者取消社会的基本矛盾。孤立地突出阶级斗争,并不能帮助我们弄清楚阶级斗争。当然,阶级斗争对各种历史现象发生深刻的影响,使它们都带上阶级的烙印。但是,同时我们不能用阶级斗争代替一切,用农民战争代替整个封建社会的历史……把农民战争当作历史发展的唯一动力……从人类社会存在以来,无论何时,生产活动是首要的活动,生产斗争是推进社会历史的强大动力……生产力是最活跃最革命的要素。生产的发展,社会的前进,首先是从生产力的发展,从生产工具的变革和发展开始的。阶级斗争本身也是依赖于生产力的发展。如果离开了生产来谈阶级斗争,如果忘记了生产斗争,而片面地把阶级斗争当作"唯一动力",我认为,这是不符合马克思主义的。②

这篇发言带给人们两大震撼,一是它直指多年来人们奉为圣典的阶级斗争理论;二是它指出这个理论"不符合马克思主义",从根本上否定了传统阶级斗争学说理论的合法性,使人们对这种否定不容置疑。

大会另一篇引起震撼的文章,是刘泽华与王连升合写的《关于历史发展的动力问题》。此文写于1978年夏天,大会发言时已经被《教学与研究》杂志采用,即将发表。刘泽华此文旗帜鲜明,就是要否定阶级斗争动力说。他说:

> 马克思主义经典作家在肯定阶级斗争是历史发展动力的同时,还认为生产斗争是更为重要的最终的动力……生产斗争与阶级斗争是不是互为动力呢?我们认为,在一定历史条件下和一定历史时期内是这样的;但从历史总过程来考察,则

---

① 关于这次会议的时间,另一说法是1979年4月初召开,见刘泽华《太晚的致意——由我的三篇文章说黎澍》,《历史学家茶座》2011年第1期。
② 戴逸:《关于历史研究中阶级斗争理论问题的几点看法》,《社会科学研究》1979年第2期。

不能说两者互为动力。因为：第一，生产斗争最终决定着阶级的构成，并且是阶级斗争的基础；第二，生产斗争与人类相始终，而阶级的存在仅仅同生产发展的一定历史阶段相联系；第三，阶级斗争不总是推动生产发展的动力。落后阶级向先进阶级的斗争就不是动力，而是阻力。先进阶级向落后阶级的斗争一般说来对生产的发展起着推动作用，但有时方针、政策错误，也会妨碍生产力的发展。①

刘泽华和王连升的论文是历史学界正面立论、提出"生产力动力说"的第一篇文章，对于从根本上否定"阶级斗争是历史发展的根本动力"说，起了关键作用。

和戴逸、刘泽华的发言相比，更有锐气和冲击力的，是戎笙的《只有农民战争才是封建社会发展的真正动力吗？》一文，他被和刘泽华一起安排在大会的最后一天发言，将会议的气氛推向高潮。戎笙的文章谈了四个问题，最重要的则是两点，一是关于历史动力问题，一是关于农民战争历史作用问题的认识。关于历史动力，他说：

> 马克思主义认为，事物内部的矛盾是事物发展的动力。生产力和生产关系的矛盾，就是人类社会发展的动力……即使在阶级社会里，阶级斗争也不是社会发展的唯一动力，当然更不能说农民战争是封建社会发展的唯一动力。②

戎笙文章的主旨在于否定阶级斗争动力说，其震撼力在于，他的否定更明确、更直接地指向了农民战争动力说，并且似乎太过直接地对准了毛泽东关于"每一次较大的农民起义和农民战争的结果，都打击了当时的封建统治，因而也就多少推动了社会生产力的发展"③ 那段名言。他说：

> 并不是每一次较大规模的农民战争之后，生产力都有显著的发展。相反，差不多有同等数量的例子说明，很多次大规模的农民战争之后，社会生产力长期处于停滞衰落的状态……坚持斗争二十多年的黄巾起义，和坚持斗争十多年的黄巢起义，两者都是在大半个中国里纵横驰骋的，失败之后出现的都是分裂割据的局面，除个别地区的经济略有恢复外，整个来说，社会生产力长期没有得到发展。清代中叶爆发的白莲教起义，纵横五省，历时九年，也没有表现出推动生产力发展的作用……伟大的太平天国革命运动，当然是一次大规模的农民战争，也没有表现出推动生产力发展的作用……这些都是我国历史上著名的大规模农民战争，

---

① 刘泽华、王连升：《关于历史发展的动力问题》，《历史教学》1979年第2期。
② 戎笙：《只有农民战争才是封建社会发展的真正动力吗？》，《历史研究》1979年第4期。
③ 《毛泽东选集》第2卷，人民出版社，1991，第625页。

至于中等规模的农民战争,没有推动生产力发展的例子就更多了。①

戎笙并不避讳他对毛泽东名言的否定,在文章的开头就说:"由于本本主义作祟,特别是由于林彪、'四人帮'鼓吹'句句是真理'、'一句顶一万句'的谬论的影响,使得这个问题的研究长期停留在一些原理上徘徊不前。"这个"句句是真理"、"一句顶一万句"的主体当然是毛泽东,这样的论说在当时是很犯忌讳的,需要有极大的理论勇气。在中国就是这样,理论研究不光是要有深邃的思想力和思辨力,还需要有勇气。甚至在圣人们还没有走下神坛的时代,在是非曲直被严重扭曲的时代,理论勇气倒成为辨别真理与谬误的最可宝贵的素质。成都会议之后,刘泽华、戴逸、戎笙的文章相继发表;《光明日报》于1979年10月开辟了"关于历史发展动力问题的讨论"专栏,推进这场讨论的广泛展开。该专栏的第一篇文章也出自中国古代史研究学者之手,即董楚平的《生产力是历史发展的根本动力》。董文的核心观点就是文章的标题,文章开头首先是对"唯一动力"论的一连串质疑:

> 长期以来,我们把农民的阶级斗争和农民战争看做是中国封建社会发展的唯一动力、真正动力……他们一方面把农民战争的作用抬到如此吓人的高度,另一方面又说每次农民战争都是失败的。既然都失败了,又怎能推动社会发展呢?既然每一次都推动了社会前进,又怎能说都是失败的?
>
> 其次……中国封建社会里农民战争的次数之多、规模之大,都是举世无匹的,那么,中国封建社会理应发展很快。事实却不是这样……这是为什么?
>
> 有人鼓吹阶级斗争万能论、暴力万能论,把阶级斗争说成是阶级社会发展的唯一动力,动力的大小与暴力的大小成正比,阶级斗争越尖锐、越激烈,社会就发展得越快,一切缓和阶级矛盾的改良措施只能延缓甚至阻碍社会的发展。翻开中国古代史一看,却不是如此。阶级矛盾相对缓和的西汉初年,隋文帝时期,明前期社会发展最快;一旦矛盾尖锐化,发展速度就放慢下来,甚至停滞倒退。这又是为什么?②

董楚平的质疑,既有充足的历史论据,又抓住了"唯一动力"说的逻辑矛盾,并且层层递进,气势如虹。这是对成都会议的呼应,也具有半官方报纸的号召力,随后的历史动力大讨论便迅速展开。据不完全统计,到1983年底,各报刊发表的有关

---

① 戎笙:《只有农民战争才是封建社会发展的真正动力吗?》,《历史研究》1979年第4期。
② 董楚平:《生产力是历史发展的根本动力》,《光明日报》1979年10月23日。《农民战争与平均主义》,方志出版社,2003,第1页。

文章多达三百余篇，① 形成了改革开放以来史学界的第一场百家争鸣。

由动力问题讨论所带动，完全属于中国古代史研究领域之思想跃动的，是关于中国封建地主阶级有没有历史主动性、能否主动调整政策的讨论。在否定了极端的阶级斗争观点之后，对于统治阶级的认识就提上了思想的日程，那种将统治阶级或曰地主阶级（将这两个概念完全画等号，是那个时代的思维惯性）完全看作是反动的、多余的阶级的"极左思潮"，到了清算的时候。成都会议上戴逸的发言，就涉及这个问题，他说：

> "让步政策论"是为了说明阶级斗争、农民战争的历史作用而提出的一种理论。它……至少会给人一种印象：统治阶级、剥削阶级不能够自动提出对生产发展有利的措施，因而，必须通过农民革命迫使他们"让步"。我不同意这种观点。我以为，统治阶级从自身的阶级利益出发，在一定历史条件下也是能够提出有利于生产发展的措施来的，并不一定需要农民迫使他们"让步"。我们似乎有一种观念，认为，剥削阶级、统治阶级都是不管生产，反对发展经济的。而农民总是推动生产发展的。这种观念从道理上是说不通的。②

其实，所谓"让步政策论"③ 就是建立在统治阶级不可能主动调整政策的认识之上的。统治阶级不可能主动调整政策以推动历史发展，农民战争推动历史发展又不会创造财富，所以就有了"让步政策论"，让农民战争迫使统治阶级调整政策以有利于经济发展，这样"农民战争推动封建社会历史发展说"就可以成立了。要完全清算阶级斗争动力说，就必须解决统治阶级能否主动调整政策以推动历史发展的问题。戎笙的发言也有相关的论述：

> 地主阶级国家的政治权力，还可以朝着合乎规律的经济发展方向起作用，这样就能加速社会经济的发展……他们当然不能自觉地认识和运用客观经济规律，

---

① 黄敏兰：《百年学案·历史学卷》，陕西人民出版社，2002，第572页。
② 戴逸：《关于历史研究中阶级斗争理论问题的几点看法》，《社会科学研究》1979年第2期。
③ 翦伯赞1952年2月发表于《学习》杂志上的《论中国古代的农民战争》一文指出，中国古代的每一次大规模的农民暴动都或多或少推动了中国封建社会的发展。因为在每一次大暴动之后，新的统治者为了恢复封建秩序，就必须对人民作出某种程度的让步，减轻对农民的剥削和压迫，这样就减轻了封建生产关系对生产力的束缚，使得封建社会的生产力有了继续发展的可能，从而就推动了历史的进步。此论被认为是"让步政策论"的最初提出。后来，漆侠等人在《秦汉农民战争史》一书的"结论"中发展了这一思想。他们指出，农民战争对封建统治的改造作用在于，"新当权的封建统治集团在革命的压力下，不得不对农民实施让步政策，从而对当时人民最所痛恨的剥削压迫制度的某些环节加以改变或调整，缓和减轻了剥削压迫的程度"。他们还将这一现象抽象为农民阶级和地主阶级矛盾关系的规律，"革命斗争——被迫让步，再斗争——再让步"。（三联书店，1962，第207页）

但他们却能直观地感受到客观经济规律的惩罚……封建统治阶级的政策在一定程度上符合客观经济规律，社会生产力才有可能在一定程度上获得发展。①

董楚平在《光明日报》那篇关于动力问题的文章中，也涉及统治阶级主动调整政策问题，他说：

> 封建帝王当然不是封建社会发展的动力，但是当封建生产关系还适应生产力水平的时候，只要制订适当的政策，保护小农经济，允许发挥封建生产关系的潜能，生产关系本身就能成为生产力发展的力量源泉。所谓好皇帝就是他能在这方面发挥好作用。②

1981年，笔者还在大学读书的时候，受到学术界思想解放的影响，也习作了关于封建统治阶级主动调整政策问题的论文，几年后在《青海社会科学》杂志发表。该文第三部分对封建地主阶级能够主动调整政策、如何看待地主阶级的历史创造作用有理论论证，可惜这一部分由于在当时仍是敏感问题被编辑删去，而只是在文章的结语部分保留了相关的基本思想：

> 地主阶级在中国二千多年的封建史上是占了重要位置的。它既是一个剥削者阶级，又是一个对历史发展做出过重要贡献的阶级；它的两千多年的活动，既受着剥削贪欲的驱使，又不得不服从于历史的规律；历史提供了它活动的舞台，支持它，容忍它，也最终抛弃了它。它是历史的产物，终该历史地去看。如果我们一概否定它的历史主动性，看它是一个完全被动的、多余的阶级，封建社会两千多年丰富生动的历史，在我们面前就会变成一场荒谬，一场误会。③

1983年10月，历史研究杂志社、云南大学历史系、南开大学历史系联合发起的"中国封建地主阶级研究"学术讨论会在昆明举行。会议《综述》中说：

> 多数同志认为……封建国家是地主阶级的政治代表，它除了镇压农民阶级的反抗外，还具有管理社会公共事务，调整统治政策和抵抗外来侵略的职能……有的同志则从地主在生产过程中的地位出发，认为它并不是完全游离于生产过程之

---

① 戎笙：《只有农民战争才是封建社会发展的真正动力吗？》，《历史研究》1979年第4期。
② 董楚平：《生产力是历史发展的根本动力》，《光明日报》1979年10月23日。《农民战争与平均主义》，第7页。
③ 李振宏：《试论封建统治阶级主动调整政策问题》，《青海社会科学》1984年第6期。

外的。封建地主从其切身剥削利益出发，也能关心生产、重视垦荒和水利事业，有的还直接经营地产，而封建地租剥削形态的演进，也在某种程度内容纳了生产力的发展。还有的同志认为有一部分地主阶级知识分子，主要是为本阶级制造"幻想"，从事意识形态活动，他们在生产封建精神文化方面起过重要作用。再有的同志从生产力与生产关系的矛盾关系出发，认为地主阶级作为生产关系的一个历史形态，不仅在取代奴隶制生产关系时有进步作用，而且在新的生产力出现以前，都有其历史的合理性和正当性。①

从会议综述看，当时"多数同志认为"的意见，或者是形成为主流倾向的意见，则是主张从积极的角度去肯定这个阶级的历史作用，将中国封建时代长时间居于世界前列的辉煌历史，与这个阶级的历史相联系，这就扭转了过去那种对所谓剥削阶级、统治阶级一概否定的极端片面性做法。这一点，在当时是一个很重要的思想突破。

以上从历史动力问题到封建地主阶级主动调整政策问题讨论，描述了在1979年前后这个激动人心的年代，古代史学者的思想跃动。所以谓之"跃动"，是不想从学术的层面讨论这些问题，而仅想描述出当时的思想动向。坦率地说，这些讨论的真正价值并不在于其学术方面，而在于思想解放意义的冲动和尝试，在于通过对传统观点的冲击而震撼人们的心灵，打破长期以来被禁锢得太死的人们的精神领域。王学典在评论此一问题时说：

> 无论对上述观点怎样评价，但值得肯定的是，它们在1979年前后出现，首先具有破除现代迷信的巨大意义。"真正动力论"长期束缚着史学家的思想，1949年以后特别是1958年以后的中国史研究基本上是为了论证"真正动力论"而进行的。现在，当史学家们提出各种动力论时，表明人们已对"真正动力论"进行大胆的当然也是辩证的否定，开始独立地思考问题了。②

而当时参与讨论的历史学家，大抵也是这样看待的。刘泽华在谈到这段历史时说：

> 就我而言，1978年写的《打碎枷锁 解放史学》、《评秦始皇的功过是非》、《论历史发展动力问题》等文章是"走出来"的关键一步。这几篇文章在当时史学界应该说颇有点"轰动"效应，特别是论"动力"一文，对神圣的"阶级斗争是推动历史发展的唯一动力"说提出了质疑，不能说没有点"叛逆"的意味，

---

① 夏至：《"中国封建地主阶级研究"学术讨论会综述》，《历史教学》1984年第2期。
② 王学典：《新时期史学思潮的演变》，《中国社会科学》1994年第2期。

以至史学界的大人物在几年以后"反精神污染"时还大加痛斥。现在看来这已不算什么，可是在当时确实是一个严重"问题"！又如评秦始皇的文章发表后，有多封读者来信，从政治上进行猛烈的批评，指责是"砍旗"行为。是不是"砍旗"姑且不论，从秦始皇当时的确是一个具有神圣性的禁区看，我写这篇文章的目的也很明确，就是闯闯这个禁区。①

刘泽华几篇文章的主要目的是要闯一闯禁区，要从教条主义里走出来，从"防御性思维"中走出来，要将那些神圣的不能置喙的东西，从禁区移到自由认识区。这的确是当时学者企图获得精神解放的真实的思想动向。

谓之"跃动"，还因为该时期的讨论或争鸣，还真的缺乏深层次思考，或者说它仅仅能表征一次精神的解放，而缺乏思想的深思，还不具有思想的自我批判意义。一个基本的特点是，该时期的讨论，还带有极其明显的教条主义特征，对极"左"理论的批判，沿袭了之前的"语录仗"特征，所有理论依据都还只是马克思文本中的词句。这和之前时代的经学思维相比，还看不出有什么根本的改变。只要翻一下当时那些论文，不管是持什么动力说，全文充斥的都是马克思如何说、恩格斯如何讲，人们的思想言说，都依然遵循着固有的经学传统和思维逻辑——一切思想表达，都只能到马克思的文本中找根据。

当然，根本的问题不在于学者本身，而是时代使然。说到底，这还只是一个精神解放的时代，而不是理论创新的时代。在这个时代，产生的是一次思想的跃动，一次精神的舞蹈。但历史已经跨入了一个新的时代，和以前相比还是进步了许多。历史学家的精神舞蹈，虽然不能翩翩起舞，不免踉跄和趔趄，但却与挣扎不同；它毕竟是一次舞蹈，因为它是走在解放的进程中。

（二）在"五朵金花"绽放而速败的背后

历史动力问题讨论，仅仅表征的是一场思想或精神的解放；而这场解放又仅仅是针对 20 世纪五六十年代以来，特别是 1958 年的"史学革命"和十年"文化大革命"将阶级斗争理论推向极端化的状况；所以，尽管它的势头汹涌澎湃，也曾经那样的激励人心，然而，对于历史学家的思想底层，对于几千年来所传承下来的经学思维传统却没有多少实质性的改善，也没有为历史学家的思想世界带来新的色彩，历史学家对这样的思想状况更是没有产生任何警觉或自省，而这就很快造成了中国古代史研究的千古奇观，那就是下边我们要讨论的重新绽放的"五朵金花"莫名其妙地无疾而终。

在粉碎"四人帮"之后的一段时间里，刚刚获得解放的历史学家，大都把"文

---

① 刘泽华：《我和中国政治思想史》，刘泽华、张分田等著《思想的门径——中国政治思想史研究方法论》，天津古籍出版社，2006，第9页。

化大革命"十年看作学术里程的简单中断。于是,在这个时期,除了一些走在思想解放前头的人们兴奋地投入批判封建主义、争辩历史动力问题等理论性研讨之外,大多数古代史学者是急匆匆地回到自己熟悉的实证研究之中,去接续"文化大革命"前的事业。在思想观念上说,他们多是遗憾"文化大革命"对学术的糟蹋和耽误,像其他各条战线上人们的心情一样,迫切希望把被"文化大革命"耽误的时间补回来。他们天真地认为,只需要抛开"文化大革命"思维,接续"文化大革命"前的研究思路讨论下去,就可以把未竟的事业引向深入。于是,生命的紧迫感使他们来不及思考,就迫不及待地重操旧业。于是,"文化大革命"前曾经争妍怒放的"五朵金花",就又重新绽放了。

1978年10月,由《历史研究》和《社会科学战线》两个杂志社联合举办的中国古代史分期问题学术讨论会在长春召开,几乎所有健在的参与20世纪五六十年代中国古史分期问题研究的名家悉数到会,大家云集,使中断了十多年的古代史分期研究战火重燃。而遗憾的是,代表们所提出的古史分期意见几乎都是50年代已有观点的翻版,诸如西周封建说、春秋封建说、战国封建说、秦统一封建说、东汉封建说、魏晋封建说等,显然是对五六十年代话题的简单接续。不仅是中国古代史分期问题讨论,"五朵金花"其他几朵的相续绽放,也大都如此。

但出乎历史学家意料的是,重新绽放的"五朵金花",在不到几年的时间里就纷纷凋谢,渐趋无人问津之境。这种状况几乎可以使人们相信,"五朵金花"即使没有"文化大革命"的摧残,也一样会纷然凋零。王彦辉等人在探讨新时期古史分期讨论"陷入泥潭的原因"时,将其归纳为三点:其一,史学工作者在同当代世界历史科学的碰撞中陷入迷茫;其二,古史分期诸家说前辈已"浚发无余",后学难以为继;其三,重新构建中国古代史体系渐成时代潮流。① 这三点原因,最重要的是前后两点,即课题的过时和理论超越,这两点都是致命的原因。其实,从辩证法的角度看,中国古代史研究中"五朵金花"的凋谢和怒放出自同一个原因。

从学术的外部说,"五朵金花"是意识形态的产物;而由学术外部原因催生的学术课题,大都有这种勃发而兴、急速而衰的特点。前文已经论说,"五朵金花"都是与唯物史观相关甚至是其直接派生的研究课题。当一种历史观由于某种政治的原因上升到国家意识形态的地位,并被强制性地规定为学术研究的指导原则的时候,它就必然地失去了学术思想的属性,而成为一种神圣的不可置疑的思想或行为规范,并染上规范所具有的教条性。唯物史观在当时的强势表现就是如此。当广大历史学家被强制性地要求向这个历史观"转向",必须按照它的思想原则去研究问题的时候,它将学

---

① 王彦辉、薛洪波:《古史体系的建构与重塑——古史分期与社会形态理论研究》,河南大学出版社,2010,第116~126页。

者的关注力都引向了它的几个问题焦点,所产生的集中效应是可以理解的。但是,它也不可避免地产生了问题的另一个方面,即它和其他任何过于强势的事物一样,其兴焉也勃,其亡焉也忽。在20世纪五六十年代,"五朵金花"没有走到寿终正寝的境地,所以,人们还无法认识它的这一面,当它被"文化大革命"这个突如其来的政治灾难所打断的时候,人们为之扼腕。但是,当"文化大革命"后学者将其重新捡起,希望它再度辉煌而回天无力的时候,它的必败的真正原因才彰显出来。意识形态功能的过度强大,是不可能造就真正的学术的;由外部因素导致的学术的繁荣,或许只是虚假的繁荣。意识形态是学术的外部因素,此处就不多所赘述了。

从学术的内部说,中国古史分期讨论争奇斗艳的背后,是惊人的思维同一性,我们已经说过它们是社会形态思维的同株异叶。同株异叶的致命伤在于,株身枯死,万叶皆萎。中国古史分期讨论的第二春所以没能出现当初的怒放情景,就在于人们开始从理论这个指导学术的根本点上怀疑社会形态理论的可靠性。其实,五种社会形态是不是人类历史发展的基本规律,在20世纪50年代就有不同看法,但在那个极"左"思想占绝对支配地位的时代,是不允许人们去思考和讨论的。而到了20世纪80年代初,在经历了一定的思想解放、有了较为宽松的学术环境的时候,这个重大的理论问题,就被重新提了出来。先是胡仲达先生接连发表了几篇评论"五种生产方式"的论文,掀起波澜;① 接着《中国史研究》于1983年出版了关于亚细亚生产方式研究的专辑;1984年在武汉召开的第一届全国史学理论研讨会上,关于社会形态问题,成为会议的两个主要议题之一。这样,关于五种社会形态问题的讨论形成了气候,以往被视为经典的五种社会形态说受到了严峻的挑战,并逐渐动摇了它对学术思想的垄断地位。

史学理论界关于五种社会形态问题的讨论,对中国古史分期问题研究的影响是致命的。所有古史分期讨论的各家学说,都是以五种社会形态说为理论前提的。现在,这个理论本身受到了质疑,由此理论所滋养的百花被釜底抽薪了,根被挖去了,它的枝叶还如何茂盛?花蕾还如何绽放?

其他几朵金花也大抵如此。中国农民战争史研究的凋敝,最根本的原因是社会的转型,新时期抛弃以阶级斗争为纲的指导思想,阶级斗争史观本身受到质疑;社会发

---

① 胡仲达在《中国史研究》1981年第3期发表《试论亚细亚生产方式》一文,提出:"那种认为封建社会必须脱胎于奴隶社会,原始社会假如没有受到先进生产力的影响只能发展为奴隶社会而不能发展为封建社会,并且把创立这种理论的'荣誉'归之于马克思和恩格斯,事实上是没有什么根据的。"否认马克思主义有完整的五种生产方式理论。此后,又在《内蒙古大学学报》1982年第2期发表《试论亚细亚生产方式兼评五种生产方式说》(是前文修订补充后重新发表),指出:"根据现代历史科学的研究成果,并非'整个现代文明的欧洲'都经过奴隶制社会。日耳曼民族和斯拉夫民族在历史上都存在过奴隶制,但并未经历奴隶制社会这一阶段,这几乎是公认的事实。至于'世界上其余各洲的绝大多数民族'是否经过奴隶制社会,'在绝大多数国家里',农奴制社会即封建社会是否都由奴隶制社会发展而来,在现代史学中,更是一个争论纷纭的问题。"

展以经济建设为中心的新时代,以"革命"为基调,以鼓动社会仇恨和造反、暴乱为特征的农战史研究,已经与新的时代不相协调;于是,传统的农战史研究,无论从理论依据方面,还是社会形态与时代发展的需要方面,都已经失去支撑。

资本主义萌芽问题的冷落,和古史分期研究一样也是因为五种社会形态理论本身被质疑,中国历史特殊性的问题突出出来,再去套用来自欧洲的概念系统,难以得到新一代学者的广泛认同。

民族关系史研究的课题转换,是因为原来那一套围绕列宁斯大林概念的纠缠,在实践是检验真理的唯一标准面前已显得毫无意义。原来支撑民族关系史研究的基本理论概念,斯大林的民族定义备受质疑,列宁关于民族融合与民族同化的概念也难以解释中国历史上的民族关系本质,民族关系研究的纲领性指导思想"民族问题的实质是阶级问题"受到广泛批评,这一切,使传统的民族关系史研究无以为继。

土地所有制问题研究的冷却,是中国革命合法性问题论证被新时期经济建设问题的突出而宣布为过时的课题,研究历史上的土地所有制问题,失去了现实意义。

从整体上说,所有"五朵金花"的讨论,都是根源于同一个理论、同一种思维。在新时期,它们所依据的理论本身被否定了,皮之不存毛将焉附?五朵金花的凋谢是必然的。这是学术思想同一性的莫大悲剧!而显然,这个时期的历史学家,对于这个学术论战的思维同一性问题,对于这个致命的同株异叶问题,是没有警觉和感悟的,所以,面对他们钟爱的学术之花的凋敝,也就只能徒发莫名之悲叹了。

(三) 一般古史研究中阶级斗争史观的逐渐淡化

20世纪70年代末到80年代中期,史学理论研究的进展是那样迅猛,一鼓作气否定了阶级斗争是阶级社会历史发展的唯一动力,否定了阶级分析方法是历史研究的唯一方法,否定了"人民群众是历史创造者"是唯物史观的基本原理,否定了五种社会形态依次演进是人类社会历史发展的基本规律,在一系列重大的理论问题上,取得了具有时代印记的标志性成果。史学理论研究的这些进展,传导到具体的实证的古代史研究领域,带来了中国古代史研究的学术思想变化。

本文第一部分中,我们已经看到,前一个时期的中国古代史研究,无论是政治史、经济史、思想史、文化史,还是民族关系史,所有研究领域中一切历史问题的解释,都要归结为一个阶级或阶级斗争问题,阶级分析是看待任何历史问题的唯一方法。而到了"文化大革命"后的第一时期,这种状况得到了一定程度的改变。下边,我们就尽可能举出一些能够与前文例证相互对照的例子来说明问题。

前文提到经济史研究中对唐代两税法和明代一条鞭法的评价,这些明明是经济制度上的重大变化,而人们评价它的时候,则不顾经济本身发展的内在逻辑,完全归结为一个阶级压迫问题。现在的情况大不相同了。我们来看一个20世纪80年代关于一条鞭法评价的例子:

  一条鞭法的实施既是社会经济领域内商品经济发展的客观要求，也是赋役制度发展变化的必然趋势……就其制度本身的目的看也是为了挽救封建统治危机。但是它在赋役制度发展史上的地位则应予以充分肯定，而不应加以忽视。因为赋役制度的除繁趋简、对人税开始向对物税的转变、按财富征税的比重的增加等等，既符合税制发展的总趋势，也体现了合理发展的总方向。我们不能把明朝万历晚年的加派现象看成是一条鞭法的必然结果，也不能把明后期更为腐败的局面与一条鞭法直接联系在一起，认为它"大大加重了人民的负担"……我们在研究过去的历史时，也不能因此而否认一切有进步趋势的改革具有其历史意义，不能不看到它是社会历史发展过程中的一点火花，不然我们将会成为历史虚无主义。这就是我们着重强调和分析一条鞭法在赋役制度史上的意义的目的。①

  20世纪60年代评价一条鞭法的中心词，主要是"封建国家"、"地主土地所有制"、"阶级矛盾"、"暴力机器"、"剥削"、"人民的灾难"等，20世纪80年代则变成了"商品经济发展的客观要求"、"赋役制度发展变化的必然趋势"、"在赋役制度发展史上的地位"、"人税向物税的转变"、"税制发展的总趋势"，等等。这些术语的变化说明，该时期的历史学家在评价历史事件时，开始注重历史事件本身的性质。一条鞭法是经济史上的事件，是赋役赋税制度的变革，于是，研究者就考察它的推行对于古代经济发展的影响，它在赋税赋役制度发展史上的影响，看它是否符合赋税赋役制度发展的历史趋势，是否是历史向前向上发展的必然性产物。这样的历史评价，基本上摆脱了一味强调阶级斗争和阶级压迫的左倾教条。

  20世纪80年代中国古代经济史研究中，被人们广泛赞誉的代表性著作，是漆侠的《宋代经济史》。② 该书仍坚持用马克思主义的阶级分析方法分析宋代的社会经济问题，但却不是一个阶级斗争的著作体系，是很平实的历史分析。他所运用的阶级分析，是就阶级存在、阶级分层及其之间的经济关系做出的考察，完全可以看作是一种社会分析，摆脱了五六十年代的阶级斗争言说体系。譬如，第一编第十一章第五节"论宋代役法的演变（第十一章结论）"中写道：

  宋代差役是远承魏晋近继隋唐的一项制度；就其性质说，则是魏晋隋唐时期封建国家劳役制的继续，当然在宋代则是作为残存形态而存在的。义役，从上述情况看，它不过是挂着义字牌号的差役。这是因为，除由吏胥差派改变为由役首或主役差派而外，义役与差役不仅完全一样，而且在压榨广大中下户方面，义役

---

① 曾唯一、沈庆生：《一条鞭法的历史意义和作用》，《四川师院学报》1984年第1期。
② 漆侠：《宋代经济史》（上、下），上海人民出版社，1987、1988。

较诸差役更有过之而无不及。马端临称义役为"豪强专制",实为有识之论。因之,从差役演变为义役,或从义役复回到差役,在本质上没有任何的改变,依然是前此国家劳役制的残存形态。

……以王安石为首的变法派决定以募役法代替差役法,相应缩小了这种劳役制,在客观上有利于社会生产力的发展,有利于商品货币经济的发展,与历史发展的要求是相适应的。而且,就役法本身说,以货币代替劳役,是封建时代的一个进步,是完全应当肯定的。依次而论,募役法之代差役法,是历史发展的一个客观要求。

在阶级斗争史学观念里,役法制度是地主阶级封建国家对劳动人民的人身控制和残酷剥削,役法的性质必须上升到阶级斗争的角度去言说。而在这段话中,漆侠先生已经完全抛开了阶级斗争观念,差役制度发展史、差役制度对于社会经济发展的推动作用是其言说的基本角度,历史分析回归于历史本身,而不是上升为阶级斗争的僵硬教条。坚持阶级分析而不突出阶级斗争,这就是该时期与20世纪五六十年代历史学家的思想差别,是抛弃"以阶级斗争为纲"之后,历史学家思想世界的新变化。

前文讲到20世纪60年代对刘知幾的评价,虽然刘知幾是个应该肯定和称颂的历史学家,也必须强调"刘氏终究是封建主义史学家,是以地主阶级的立场和观点研究历史、评论史学的",时刻不能忘记他的地主阶级属性。而到了20世纪80年代,虽然人们还时不时说上几句封建主义或地主阶级的套话,但基本的立脚点明显变了。瞿林东在评价刘知幾时写道:

(关于刘知幾对《史记》列《陈涉世家》的批评)有的研究者,对刘知幾的上述见解,往往用"封建史家"、"地主阶级立场"的局限性一笔带过,但并没有说明问题的症结。因为刘知幾所批评的司马迁,同样也是站在地主阶级立场的封建史家……在这个问题上,刘知幾的认识,上不如马迁,下不及洪迈,确是事实。值得注意的是,洪迈也好,钱大昕也好,都是地主阶级的封建史家,为什么在这些问题上也跟刘知幾的认识发生歧异呢?为什么他们能够较好地窥见太史公的要旨呢?症结究竟在哪里?我认为,刘知幾撰《史通》一书,以论说史书体例(尤其是纪传体史书体例)著称于世,并影响后代,有一些见解,至今还没有失去参考价值。但是,任何事物在一定的条件下,都可能向相反的反向转化。由于刘知幾把体例的整齐划一强调到绝对化的地步,因此便以一种冷漠的态度去对待客观历史,并竭力使它符合于自己所阐发的关于史书体例的见解。正因为如此,这位大史家在史识方面的局限性,就暴露得十分突出。①

---

① 瞿林东:《读〈史通〉札记》,《史学史研究》1982年第2期;瞿林东:《唐代史学论稿》,北京师范大学出版社,1989,第225~226页。

瞿林东把刘知幾的失误归结于思维方法方面的问题，而不再像20世纪60年代的人们那样从阶级属性、阶级本质方面找原因；并且他指出，仅仅归结于阶级属性问题，并不能解决具体问题，历史研究应该针对具体对象进行具体分析。于是，瞿林东所用的"都是地主阶级的封建史家"一语，也就成为一个一般性的说法，或者可以看作是一个习惯性用语，是在思想深层传统观念的惰性反映。

在思想史研究中，这种变化也很明显。前文谈到侯外庐在《中国思想通史》中对宋明理学的基本评价是，二程理学的政治立场是极端反动的，是一定阶级利益通过政治法律的折射，打上了时代的品级性地主阶级的烙印、反动阶级烙印。朱熹哲学的整个体系的每一部分都打满封建统治阶级的烙印。而到了20世纪80年代，同样是侯外庐的著作，对宋明理学的基本价值判断发生了很大变化。他和邱汉生、张岂之共同主编的《宋明理学史》写道：

> 近代新文化运动批判封建文化，理学也是被批判的对象……为了反封建，当时新文化运动的新潮流冲荡理学，指出理学的消极面，这是必要的。但是全面总结我国的学术思想，不论对两汉经学、魏晋玄学、隋唐佛学，都要有持平的论断，既不能崇为"国粹"，又不能一棍子打死。对待宋明理学也应当这样。①
>
> 宋明理学在中国思想史的发展长河中，占有特殊的地位。先秦诸子、两汉经学、魏晋玄学、隋唐佛学、宋明理学，是中国思想学术史上开出的不同花朵。这样说，并不是要颂扬它，并不是说它没有糟粕。在漫长的七百年间，理学家辈出，"穷理尽性，以至于命"，其间不能没有值得后人汲取的有价值的思想成果。②

这样的历史评价，不再简单地将宋明理学归结为地主阶级的思想体系，单纯地强调其反动属性，而是采取了一种"既不能崇为'国粹'，又不能一棍子打死"的辩证分析态度，并且将其放在中国学术思想发展的历史中评价其地位，认为它是中国思想史发展长河中开出的异样的花朵，确有值得后人汲取的有价值的思想成果。这样的评价比起20世纪60年代不仅客观多了、公允多了，而且也少了许多教条气息。

的确，在淡化了阶级斗争观点之后，20世纪80年代的历史评价开始向历史本身回归。经济史问题，就放在经济发展的历史进程中去评判；思想文化问题，就放到思想发展的长河中去判断；历史现象的分析，有了它特殊的历史规定性，不再一概地上升为一个统一的阶级问题。在这一时期，历史学家的思维逻辑，开始向历史本身靠

---

① 侯外庐、邱汉生、张岂之主编《宋明理学史》（上），人民出版社，1984，第8~9页。
② 《宋明理学史》（上），第19页。

拢，而不是被一种先验的理论规则所规范，这样自然就少了许多教条主义和公式主义。

但是，在估价这一时期历史学家的思想世界的基本状况时，还是不可过于乐观。正像前边已经提到的，历史学家在阶级斗争理论认识问题上的转化，实际上主要是表现为纠正了过去那种将阶级斗争理论推向极端化的状况，而思想深处的阶级斗争观念，则并没有根本的改观，更没有被抛弃。带有"左倾"色彩的非历史观念，仍然牢牢地盘踞着历史学家的思想阵地。

(四) 谋求学术思想的根本性转变

就 20 世纪 80 年代中国古代史研究的整体情况看，史学思想的进步和变化，主要表现在教条性的弱化，基本上扭转了那种阶级斗争理论形而上学猖獗的状况。但就其思想基本状况看，无论是对于所继承的中国传统的经学思维而言，还是就对待唯物史观理论的思想向度来说，都还没有根本的转变。但这并不妨碍有些思想敏锐的学者，已经开始在探讨走出思想僵化的路子了。

1. 白寿彝关于中国社会形态问题的思考以及摆脱理论束缚的尝试

白寿彝主编多卷本《中国通史》的工作，是从 1982 年开始的。① 在进行这项浩大的学术研究和学术著述工作之前，首先要确定著作的指导思想、结构体系、编纂体例等理论问题。按照常理，关于这些问题的思考，应该是在 1982 年之前很久，白寿彝就开始酝酿、谋划和裁断了。而在结构体系的安排上，则体现着作者对中国历史社会阶段的划分、不同时期社会性质的判断等重大历史见解。如果这些重大的历史理论问题弄不清楚，著作的结构体系是无法安排的。但遗憾的是，自从多卷本《中国通史》出版以来，对这套著作的诸多评论，都是侧重该书在史书体裁方面的创新，而对白寿彝在主编此书的指导思想方面的理论探索和理论勇气，却给予了不应有的忽视或回避。

论者多是指出该书没有采用传统的社会形态理论来划分中国历史的发展阶段，但仅仅是指出这一点是没有意义的。因为，作者在第一卷的"题记"中已经交代得很清楚。问题是，白寿彝为什么没有采用当时仍然被奉为马克思主义经典理论的五种社会形态说，评论者多不去深思，抑或是有意回避。

确切地说，对于神圣的五种社会形态理论，白寿彝不是没有采用，而是不采用，是抛弃。任何人的著书立说，都是在清醒的思辨状态中进行的，何况睿智明辨的白寿彝先生！他的不采用，是一种清醒的、自觉的理性选择。他在 1991 年出版的概述第三卷的"题记"中说：

---

① 瞿林东在《关于多卷本〈中国通史〉编撰工作》中说："多卷本《中国通史》各卷的编撰工作，从 1982 年起陆续铺开了。"见瞿林东《白寿彝史学的理论风格》，河南大学出版社，2001，第 63 页。

> 该是《中国通史》第三卷，论述我国自有文字记载以来，以至战国末年的历史。从历史发展顺序上看，这约略相当于一般历史著述中所说的奴隶制时代。但在这个时代，奴隶制并不是唯一的社会形态。我们用"上古时代"的提法，可能更妥当些。①

白寿彝说得很明白，"奴隶制并不是唯一的社会形态"，所以不采用奴隶制说，是因为用它来概括该时期中国社会的性质未必妥当，说直率一些就是它不符合中国历史的实际情况。这样的态度还不明确吗？

白寿彝是马克思主义史学家，在史学界具有重要的学术地位，在20世纪80年代初社会形态问题刚刚开始讨论、传统观念还极其强大的时期，对这样敏感的问题做出另类判断，是需要极大的勇气和胆略的。以他的身份和地位，在这样重大的理论问题上是不能随便表态的，特别是逆向表态更是要慎之又慎。但是，多卷本《中国通史》，对于这位年已古稀的人，也就是他一生最后的也是最重要的建树了，在最重大的历史观点上，无论是出于对历史负责还是对个人的学术声誉负责，他都必须表明态度。对于素有"名山事业"观念的历史学家，这一点极其重要。但是，以他的身份是不能公开对五种社会形态说发表批评意见的；回避是他所可能做到的最佳的选择。

但是，自从形成了马克思主义的史学传统之后，任何历史著述，都不可能完全回避社会性质判断这样的重大问题。白寿彝用上古时代来概括当时大家普遍采用的"奴隶社会"概念，但在具体的历史叙述中，是必须有所交代的；因为"上古时代"毕竟是个时间概念，而不是关于社会属性的判断。可以想见，在这个问题上，白寿彝先生是很费思量的。第三卷中，关于夏代的社会性质，作者只有简短的几行文字：

> 关于夏代社会性质问题，史学界还没有取得一致的意见。有的同志认为夏代仍是原始社会；有的同志则认为在禹或启的时期奴隶制已经形成。我们认为这些看法都还可以商榷。
>
> 根据文献记载看来，我们同意夏代处于原始社会向奴隶社会转变时期的观点。这是我国古代史上的一个重要转折点。②

除了这简单的几行文字之外，以下对夏商周社会性质问题就不再置喙。虽然作者

---

① 白寿彝总主编《中国通史》第3卷"题记"，上海人民出版社，1991。
② 白寿彝总主编《中国通史》第3卷，第200页。本章撰稿人是徐喜辰先生。

表明说赞成"夏代处于原始社会向奴隶社会转变时期的观点",这等于是承认了传统的社会形态理论,但在后边的具体内容叙述中,就再也不涉及这个问题。为什么赞同这样的判断,向奴隶社会转变表现在哪些方面,为什么这些方面是奴隶社会性质等,作者完全回避不谈,而直面中国历史的具体面相。这就是回避。

其实,白寿彝最初是想回答关于历史时代划分这个虽然敏感但的确重大的问题的。他最初设计的"导论"卷最后一章的标题是"历史时代的划分",最后一节的节目是:

> 第四节　本书对于中国史的时代划分
> 一、本书对于演进和时代的理解
> 二、本书对于中国历史时代的划分①

他想明确回答这个重大理论问题的意图是很明显的,但最后成书的结果是舍弃了这部分内容。这个"导论"卷的目录,曾经以"中国历史上的十二个方面346个问题"为题,在《史学史研究》1981年第2期发表过,而最后则没有兑现当初的设想。这是为什么?是思考不成熟?还是问题太敏感,不适宜回答?我们不得而知,可以想见的是,中国史学家的困惑与无奈。无论如何,在主编多卷本《中国通史》中所反映出来的以上情况,足可以使我们对白寿彝在1980年前后的这些思想探索表示由衷的敬意。

多卷本《中国通史》第一卷中的某些地方,也可以反映出作者企图摆脱理论困境的尝试。该书关于国家职能问题的论述,只是在第五章"国家和法"的第一节"国家性质和政权形式"中,一般性地大段征引了列宁《论国家》的相关文字,这种征引几乎是相当于"立此存照"的性质,而没有对这些理论观点与中国历史的关系或关联度做任何分析;而在第二节"国家的职能"中,则完全撇开了这些理论,将国家的职能分为社会职能和统治职能。作者写道:"从中国历史上看,国家的社会职能主要是防水治水,修整道路,发展生产和做好保卫工作。"而国家的政治职能,作者则概括为"国家的统治职能,首先是对劳动人口的编制";"在经济方面,封建国家有时施行平籴、和买等,调剂社会经济政策,但主要是对人民进行剥削";"军队是国家暴力统治的强大工具";"伴随着政治、经济、军事各种统治机构的运用,统治集团为满足自己的统治欲望,也要占有思想文化的阵地"等几个方面。② 按理说,国家职能是国家性质的反映,而从这些论述中,我们却看不到前述列宁《论国家》

---

① 白寿彝总主编《中国通史》第1卷"附录一",上海人民出版社,1989,第394页。
② 白寿彝总主编《中国通史》第1卷,第224~230页。

中理论的中国式展开，看不到列宁关于"国家是一个阶级压迫另一个阶级的机器"论断的具体演绎，而这在20世纪五六十年代是不可能的。那个时期的学界，一旦谈到国家的职能问题，则几乎全是对"阶级压迫工具"的演绎性阐述。该书上述关于中国古代国家职能的具体论述，已经是在很大程度上向中国历史本身面貌的回归，他所征引的以阶级斗争理论为特征的历史理论依据，仅仅成了空有其名的理论旗帜。从历史编纂学的角度说，这样的著作是不成功的，前后两节的内容严重脱节，理论与历史分析相分离；但从学术思想的发展说，这是一个很大的进步，是历史分析摆脱理论羁绊的一个尝试。这样一种矛盾的现象，不知道是作者的有意为之，还是不自觉地反映了时代的进步。我们宁愿把它看作是作者摆脱理论羁绊的聪明之举。

2. 刘泽华关于国家权力支配经济的初步探索

研究20世纪80年代历史学家的思想世界，刘泽华关于国家权力支配经济的理论探索，是一个值得给予特别关注的学术事件。1981年，刘泽华与王连升合作发表了《中国封建君主专制制度的形成及其在经济发展中的作用》一文，明确提出政治因素支配历史运动、君主专制帝国是政治支配经济运动的产物的思想。他们写道：

> 君主集权制与其说是某种形式的土地占有关系（国有或私有）要求的产物，毋宁说是权力支配经济，主要是支配分配的产物。权力的大小与分配的多寡成正比，所以人们都拼命地追逐权力。封建统一与君主集权就是在这种追逐权力的斗争中形成的。集权是手段，攫取经济利益才是目的。所以在集权过程中必然引起财产关系的重大变化。在分封制下，土地和人民的所有权是从属于政治权力的。在分封制被破坏与集权形成的过程中，土地和人民的所有权同样是随着政治权力的变动而变动的……这样说，是不是把政治凌驾于经济之上了呢？从某种意义上说是这样。①

其后连续几年时间，刘泽华的关注点集中在中国地主阶级的形成及构成（分层）问题上，政治权力支配社会的思想更加明晰起来。当时，关于第一代地主的形成问题，多数学人是坚持从经济关系发展的角度看问题，认为是经由土地买卖之路产生，而刘泽华则从具体历史事实的考证中，提出"特权支配经济"的论断，认为第一代地主的出现是政治暴力的产物。他在1984年的文章中说：

---

① 刘泽华、王连升：《中国封建君主专制制度的形成及其在经济发展中的作用》，《中国史研究》1981年第4期。

"封建地主成员的生产与再生并不完全都是经济范围中的事。从中国历史上看，第一代封建地主主要是通过政治暴力方式产生的。从春秋战国看，组成封建地主的不外诸侯、卿大夫、官僚、官爵大家、豪士、豪民、豪杰这些人。他们中的多数不是通过经济手段发家的，主要是靠政治。""豪族、豪杰、大家、巨室大部分是由受封赏的贵族勋臣蜕变而来的。如果说这部分人是最早的私人地主，那么他们也不是靠土地买卖而发家的，而是权力分配的遗物。""如果说春秋战国已进入封建社会，那么封建地主中的多数显然不是沿着土地买卖的道路产生的，主要是通过武力争夺和政治分配方式形成的。"①

显然，他是从历史出发的。只要人们愿意正视历史的事实，中国第一代地主的确不是小农经济的自然扩展而导致土地兼并的结果，不是以往学界所认定的开荒开出来的结果，② 而是有"诸侯、卿大夫、官僚、官爵大家、豪士、豪民、豪杰这些人"转化、蜕变而来，而这些人的背景的确是政治因素。特权支配经济，是一个历史的结论。1986年，刘泽华又发表文章，从政治在土地运动中的支配作用、等级制对社会的控制、政治支配产品分配、封建主的各阶层情况四个方面，对政治在封建地主形成中的决定性作用做充分的展开性论述，最后得出结论："中国历史上第一代封建地主的成员主要是通过政治方式发展起来的"；"超经济的方式造就了第一代封建地主，这就是中国历史上的真实情况"。③

至此，刘泽华还只是看到了秦统一过程及地主阶级形成过程中权力支配经济及政治的特殊意义，而他随后的论著中，这一认识则迅速上升为一个更为普遍性的结论。在1988年出版的《专制权力与中国社会》一书中，他说：

> 古代政治权力支配着社会的一切方面，支配着社会的资源、资料和财富，支配着农、工、商业和文化、教育、科学、技术，支配着一切社会成员的得失荣辱甚至生死。在这里，从物到人，从躯体到灵魂，都程度不同地听凭政治权力的

---

① 刘泽华：《论中国封建地主产生与再生道路及其生态特点》，《学术月刊》1984年第2期。
② 以往学界为了服膺生产力决定生产关系理论，将新兴地主阶级的产生归之于因生产工具变革而导致的私田开垦。如《中国史稿》第1卷中说："生产工具的变革，牛耕的推广，使耕地面积急剧增加，私田大量出现……到了春秋时代，由于荒地被大量开辟和农业生产的提高，私田的数量因而也就不断地增加。'公田'有一定的规格，私田则可以因任地形而自由摆布。'公田'是不能买卖的，私田却真正是私有财产。'公田'是要给'公家'上一定赋税的，私田在初却不必上税。就在这样的发展过程当中，有些诸侯和卿大夫们逐渐豪富起来了。"（人民出版社，1976，第316~317页）
③ 刘泽华：《从春秋战国封建主的形成看政治的决定作用》，《历史研究》1986年第6期。

驱使。①

考察中国古代历史，不可不留意政治权力在古代社会中的这种特殊位置与作用。②

这些论断表明，在刘泽华的研究中，政治权力已经成为他观察古代社会一切问题的重要视角，于是，政治权力支配社会便上升为一个具有普遍意义的方法论思想。这一方法论思想，是有别于唯物史观从生产方式运动解释历史的方法论思想的，是一个新的历史分析角度，给人以耳目一新的感觉；这种特殊的观察角度，是否会形成一个关于中国历史的新的解释体系，刘泽华的研究仍有继续深化和发展的巨大空间。从思想层面上说，刘泽华现象已显出传统经学思维的松动，他离开了传注经典的思维模式，开始了思想的独立行程，标志着在古代史学者的思想世界里，在酝酿、孕育着一种希望。

同一时期，刘泽华还在进行着同样重要的另一项研究，这就是他在20世纪70年代末就起步的中国古代政治思想史研究，其成果就是1984年出版的《先秦政治思想史》一书。无论你研究什么问题，一个人的头脑总是既"一以贯之"又"有机整体"，因为他是"一个人"。于是，我们在刘泽华的政治思想史研究中，同样也感受到这个思想的独立行程。

《先秦政治思想史》的突出特点是，政治权力支配社会历史观开始向政治思想史研究中渗透。该书认为，先秦时期政治思想的展开，都围绕着如何确立君主专制的需要这个核心问题。他写道：

从平面上看百家相争，很有点民主气氛。但如果分析一下每家的思想实质，就会发现，绝大多数人在政治上都鼓吹君主专制，思想上都要求罢黜他说，独尊己见，争着搞自己设计的君主专制主义。因此，百家争鸣的实际结果……促进了君主专制主义制度的完善和强化。把握了这一点，才能把握住百家的政治归宿。③

1986年，刘泽华的"政治权力支配社会"思想更明晰与成熟之后，便在政治思想史研究中提出了"王权主义"概念，用之表述中国传统政治思想的核心或主题。他在一篇论文中说："从内容上看，中国古代人文思想的主题是伦理道德，而不是政

---

① 刘泽华、汪茂和、王兰仲：《专制权力与中国社会》，吉林文史出版社，1988，第258页。
② 刘泽华、汪茂和、王兰仲：《专制权力与中国社会》，第2页。
③ 刘泽华：《先秦政治思想史》，南开大学出版社，1984，第173~174页。

治的平等、自由和人权,当时的伦理道德观念最终只能导致专制主义,即王权主义。"论文将王权主义的基本思想,归结为君权的绝对性,具体表现在五个方面:第一,君主能参天地,是调节人与自然的中枢;第二,君主体现着自然与社会的必然性,把握着必然之理;第三,君主是政治治乱的枢机和决定力量;第四,君主拥有全面所有权;第五,君主是认识的最高裁决者。① 第二年,作者又发表文章阐述王权主义问题,说:

> 王权主义。这是传统政治文化的核心,其特点是宣扬君权至上;君主是全社会的最高主宰,神圣不可侵犯。王权主义的形成是中国古代社会君主政治的需要;反过来,王权主义巩固和强化了君主专制统治。在政治运行过程中,王权主义直接促进君主专制政治系统的建立和完善,是指导政治输入和输出体系,即政令法规的制定与实施的理论依据。王权主义的表现形式以理论形态为主,本质上是统治阶级的政治价值体系。在长期的社会政治实践中,王权主义通过多种社会化渠道,直接控制和影响着人们的政治意识。②

刘泽华这一时期政治思想史研究中使用"王权主义"概念,是对中国政治思想或政治文化主题的概括或表述,或者说是"政治权力支配社会"理论在思想史研究中所形成的一个必然性结论。"王权主义"概念的提出,是他"政治权力支配社会"理论探索的一个组成部分。

刘泽华的理论创造,并不是完全自由的,这个时期的学者还没有自由驰骋思想的权利。刘泽华明明得到了"政治权力支配社会"这个起码是被中国历史所证明的规律,但却不能不回答一个历史之外的问题,那就是这个规律与马克思理论的关系。经的神圣性使得思想的表达依然沉重。学者必须在与马克思理论并不违背的前提下阐述自己的看法。这在20世纪80年代史学中仍然是一个普遍性的问题,也是思想发展中一个牢不可破的瓶颈。突破这个瓶颈是需要智慧的,刘泽华这样来为他的理论辩解:

> 历史唯物主义关于阶级社会结构的基本原理是:阶级是经济发展到一定社会阶段的产物,是经济关系的一种表现……然而需要指出的是,在古代社会,特别是在权力支配一切的古代中国社会,阶级虽然是存在的,但剥削阶级与被剥削阶

---

① 刘泽华:《中国传统的人文思想与王权主义》,《南开大学学报》1986年第4期。《中国政治思想史集》第3卷,人民出版社,2008,第12~16页。
② 刘泽华、葛荃:《王权主义的刚柔结构与政治意识》,《论中国传统政治文化》,吉林大学出版社,1987。刘泽华:《中国政治思想史集》第3卷,第24页。

级之间的关系,并不像现代资本主义社会工人阶级与资产阶级那样泾渭分明。在这里,反映经济关系的阶级关系非常模糊,而反映政治身份的等级关系则要清楚得多。① 而等级概念则是一个政治概念,它只不过是阶级差别的一种外在形式,是指一部分人区别于另一部分人特殊的法律地位、社会地位和政治地位,它标志着法权上、道德上所规定的等级差别和一部分人的特权制度。② 在前资本主义社会,由于生产力水平的低下,这种经济上的剥削,则更多的是采用政治暴力的形式,即所谓超经济强制的办法直接攫取的。在这种谋生方式之下,只能出现政治权利支配经济这样一种结果。③

刘泽华的辩解抓住了两个问题。一是他承认历史唯物主义的阶级理论,承认经济关系对阶级关系的决定性作用,但问题是,在前资本主义时代,阶级关系主要的表现形式是等级关系,这一点连马克思和恩格斯也是承认的,他们在《共产党宣言》中有所论述。而等级关系或等级差别,实际上是一种特权制度,是政治权力所规定出来的。于是,从政治权力去分析社会的阶级结构,就会更便利、更直接。二是强调他所说的政治权力支配社会,和马克思所讲过的超经济强制概念是完全一致的,与马克思的理论并不违背。在强大的传统理论面前,刘泽华十分无奈,以致不得不使自己的理论解说显示出诡辩的意味。如他迫于传统思维的重压不得不为"政治权力支配社会"寻找所谓必然性支撑的时候,就这样写道:

> 君主专制在中国历史上存在了3000年以上,不管中间经过多少次改朝换代,继起的仍然是君主专制。但就这个事实,可以说君主专制的背后一定有一种历史的必然性在支持着它。这种必然性是什么呢?学界有种种不同看法,或曰土地国有,或曰地主土地私有,或曰小农经济等等。这些说法不无道理,但在我们看来,普遍存在的超经济强制,或者说是人身支配,更能直接说明专制主义存在的根据。专制主义有许多特点和表现,而最基本的特征是对人的支配与占有。专制主义的必然性不是在它的基本特征之外,而是在它之中。在这里,两者是互为因果和互为表里的。④

这后两句话是辩证还是诡辩?他真的是非常的无奈。反正无论如何,他是不愿再回到为他的"政治权力支配社会"寻找所谓经济必然性的老路上去的。实际上,当人们

---

① 刘泽华、汪茂和、王兰仲:《专制权力与中国社会》,吉林文史出版社,1988,第96页。
② 刘泽华、汪茂和、王兰仲:《专制权力与中国社会》,第97~98页。
③ 刘泽华、汪茂和、王兰仲:《专制权力与中国社会》,第98页。
④ 刘泽华、汪茂和、王兰仲:《专制权力与中国社会》,第298页。

从事学术创造的时候，是应该无所顾忌的，他只需要面对历史，对历史负责，从历史中寻求历史的解释是历史学家的"大赋人权"。而刘泽华在创造历史新说的时候，不得不花力气为自己做出理论依据上的辩护，甚至被逼到诡辩的境地，正是反映了20世纪80年代的学术思想的一般状况。人们想从经学思维和理论禁锢中走出来，但还非常地无力与无助，还必须去为自己的新说寻求合法性的外衣。

3. 社会史研究对阶级斗争史学和经学学术模式的反叛

20世纪80年代中国古代史研究中带有根本意义的变化，是文化史和社会史研究的兴起。

为什么要重提社会史研究，历史学家的思想里有着怎样的潜流涌动，我们可以从走在这一研究前沿的人的头脑中寻找答案。冯尔康是学界公认的新时期社会史研究的发起者之一，当被问到社会史兴起的原因，是不是与"经过了文革后的反思，认为真正科学的历史研究，不能单纯以中国的历史资料去印证来自西方的宏观理论"这种思潮有关的问题时，他回答说：

> 把历史简单的看成阶级斗争史，这样做，就把丰富复杂的历史简单化、片面化了。历史上许多问题用阶级斗争的观点是解释不了的。我当时想，人们的生活本来是丰富多彩的，为什么却只变成一种斗争式的、战斗式的生活？人们的生活究竟是什么样的？只用阶级斗争研究的结果，把历史变成一个小瘪三，无血无肉，难以反映历史的全貌，所以应把有血有肉的历史再现出来。在当时，尤其不可以讨论阶级斗争的理论。马克思主义最根本的道理就是阶级斗争，在那种情况下，很难发展丰富马克思主义，一切历史都用它来解释是解释不了的，我们是不是要重新思考并来探讨如何丰富历史。后来王家范教授说，社会史研究的提出是一种叛逆。我想，实质上也是这样……
>
> 总体上说，社会史研究的出现是在改革开放的大背景下，人们对三十年的史学研究做深刻反思，希望史学研究开辟出新的路子，就想到了社会史。[①]

发起社会史研究，不是社会史本身的魅力，而在于它的研究模式及其内容恰恰可以使人们摆脱阶级斗争史学模式，可以使人们从经典作家的著作中解放出来，说穿了，只有提倡社会史，才可能真正地反叛已经无可救药的教条化史学，拯救中国史学。冯尔康作为社会史的发起人是这样说的，后来研究社会史的学者对20世纪80年代社会史研究兴起的思考或反思，也注意到了这样一个特殊的思想背景。

赵世瑜、邓庆平关于社会史研究的评述文章，这样来总结20世纪80年代的社会

---

① 刁培俊、张德安：《历史学的传承与启新——冯尔康先生访谈录》，《史学月刊》2005年第1期。

史研究。

> 80年代是中国思想学术界改革开放、恢复发展的重要时期。在对以往的史学研究进行深刻反思的过程中，有两个重要的突破口：一是重新思考阶级问题，其结果是突破了阶级分析是认识中国古代社会的惟一方法的僵化观念，把认识社会的目光扩大到了多种社会关系、社会群体和社会生活，并开始关注中外历史的比较，这有利于对西方理论如何适应于中国本土历史研究进行思考。二是对马克思主义史学理论的重新认识，其结果是学者们一致认为，过去几十年里，史学界对马克思主义理论进行了教条化的理解和诠释，历史研究形成了一套僵化死板的思维模式，研究领域也很狭窄，课题单调。要扭转弊端，必须在新的形势下重新认识克思主义理论，尤其是重视中间层次的理论建设，扩大历史研究的范围，并且要适应"当今世界人文学和社会科学的互相渗透"这一大趋势借用社会学、心理学、经济学、政治学、人类学、地理学、语言学等手段来研究历史。[1]

这段话提出两个问题，而实际上是讲了三个方面的内容。一是要突破用阶级分析去认识中国古代社会的僵化观念；二是隐约感到了西方理论模式是否适合中国本土历史研究的问题，而这个西方理论，就不仅仅是马克思主义的阶级斗争话语体系；三是要突破由于对马克思主义的教条化理解所形成的僵化死板的思维模式。赵世瑜认为，社会史研究，就是适应这三方面突破的需要而兴起的。

在这同一篇文章中，赵世瑜、邓庆平还更直白地说："无论是持社会史研究'范式说'、'专史说'还是其他说法的学者，基本上都有一个共识，那就是都承认社会史与传统的精英政治史有着极大的不同，前者是作为后者的替代物而出现的。"人们所以提倡社会史研究，就是用它来作为以往阶级斗争史学、精英政治史学的代替物。在学术方向的选择上，体现着学者摆脱以往史学研究模式的强烈愿望。

常建华的总结也大抵如此：

> 进入改革开放的80年代，随着思想解放和现实社会生活中各种禁锢的解除，学术界对于流行三十年的历史研究进行反思，人们不满意公式化、教条化的诠释经典理论和片面强调阶级斗争的僵化研究方式，提出史学革新的新设想并加以实践，社会史研究的开展便应运而生。[2]

---

[1] 赵世瑜、邓庆平：《二十世纪中国社会史研究的回顾与思考》，《历史研究》2001年第6期。
[2] 常建华：《新时期中国社会史理论争鸣及其演进》（上），《河北学刊》2004年第1期。

在社会史研究兴起之后，人们很快专注到对这个新的学术模式性质的认识上，提出了各种各样的理解，其中一个突出的观点是赵世瑜所主张的"范式说"，即认为社会史不是历史学的一个具体的分支学科，而是一种研究范式。他多次论及这个问题：

> 社会史根本不是历史学的一个分支，而是一种运用新方法、从新角度加以解释的新面孔史学。不仅家庭、婚姻、妇女这些东西可成为社会史的研究对象，皇帝、宦官这些传统政治史的课题，经济危机、工资与物价这些传统经济史的课题也可以是社会史的研究对象，说的过分一些，历史学的变革目标就是这种社会史……应该说，历史哲学层面上的理论将导致社会史研究从选题到结构的根本不同。①

> 绝不能把社会史当作这样一个分支来理解，而是一个史学新范式，一个取代传统史学的政治史范式的新范式。只有这样，我们才能充分认识倡导社会史研究的意义：它并不只是发现一个以往被遗忘了的角落，它是一场革命，它是使史学家的眼界、方法、材料统统发生变化了的一场革命。②

赵世瑜如此定位社会史的性质，实际上就在于强调它对于先前那种阶级斗争史学、政治化史学、经学式史学的革命意义，实际上也体现着他对20世纪80年代兴起的社会史研究的根本价值的认识。

20世纪90年代在讨论社会史的学术史源头时，还有这样一场争论。有学者将中国80年代的社会史研究的学术思想源头，追溯到马克思的社会历史研究，如王先明就这样论道："从历史学本身的发展进程来看，正是马克思、恩格斯最先自觉地从事'社会史'研究，并确立了科学的社会史研究的范式、方法、角度，从而为西方社会史学的兴起提供了历史的和理论的印证。无论是从'社会史'学术概念的提出，还是从社会史研究范围和方法来说，马克思、恩格斯都是先行者。"③ 王先明的研究无疑为中国学者接受社会史研究找到了来自经典的依据，所论也还是有所根据。但是，却遭到了一些学者的批评。譬如常宗虎就认为，"80年代中国社会史的复兴直接渊源于西方的冲击"，确切地说是源于法国的年鉴学派。他还对来源于马克思的说法进行详细反驳："从纯粹字面看，马克思也确曾使用过'社会史'一词……但是，这里的'社会史'显然是相对于自然史涵义的'地球史'而言。"常宗虎还解释说："否定马克思、恩格斯是'社会史'学科的创始人，并不是要抹杀他们对社会史研究的突出

---

① 赵世瑜：《社会史研究呼唤理论》，《历史研究》1993年第2期。
② 赵世瑜：《社会史的概念》，载周积明、宋德金主编《中国社会史论》（上），湖北教育出版社，2000，第17页。
③ 王先明：《浅谈马克思主义对社会史研究的贡献》，《历史研究》1991年第1期。

贡献。"他还具体论述了马克思对"社会史"学科的重大贡献。① 常宗虎既然肯定马克思对社会史的重大贡献，还为什么要反对向马克思追溯呢？其根本的原因，不在于学术层面，而在于思想层面。笔者推测，常宗虎所以这样做，实际上是不想让新兴起的社会史研究与此前所谓的马克思主义史学接续起来，而通过社会史的兴起，实现对所谓马克思主义史学、特别是过于强调阶级斗争和政治史的学术传统进行改造。

以上不同方面的考察，都证明一个事实，即20世纪80年代社会史的兴起，实际上是对先前以突出阶级斗争为特征的教条化的马克思主义史学的反叛，是历史学家从思想上为历史学寻求出路的结果。于是，社会史研究的兴起，实际上是反映了历史学家思想世界的面貌或状况的，是他们要从经学化、教条化史学中"走出来"的表征。在思想本身不能反叛的情况下，在传统理论依然强大不能违逆的情况下，就只有回避对它的触碰，而社会史研究恰恰可以满足这样的思想诉求。历史学家以他们的学术方向选择，实现了对强大的国家意识形态的抗争。

相对于20世纪五六十年代思想的统一、僵化，相对于权威崇拜和经学思维的强大传统，80年代中国古代史研究背后的思想领域，则是一个充满生机并多彩缤纷的世界，思想的单一性和强控性开始有所松动。虽然从根本思想属性上说，变化还不是质的飞跃，但却有明显特征可以总结。在经过了"文化大革命"的灾难之后，人们开始尝试用理性分析的态度对待马克思主义的指导问题，由经学思维和权威崇拜所带来的盲目性在逐渐减弱，对马克思主义理论观点表现出某种分析和思考的态度；政治热情和资治理念表现出向现代观念转化的趋势；对理论的盲目尊崇和教条性搬弄明显褪色，权威理论与中国实际的关系问题引起关注，但迷信理论指导和用单一理论解读历史的做法仍是可以强烈感知的惰性存在，西方话语的垄断地位也几乎没有得到些许改善。从总体上说，该时期历史学家的思想世界所发生的变化，更多地表现为解放的冲动，是一种想从强大的传统中"走出来"的跃动，而在思想的创造性上还不可能有重大的实质性建树。因为，当思想权威的阴影还不可能散去的时候，经学思维还没有被自觉意识到的时候，他们对一种理论偏向的冲击或进攻，还必须用另一种权威的论断做根据，无可奈何地用权威来对抗权威，用神圣来对抗神圣，学术研究所需要的强烈的自我意识、个性意识以及学术批判精神，还没有成为学者们的思想素质；思想的解放，还局限在非常有限的范围或非常浅显的层次。唯一可喜的，历史学家已经是行进在思想解放的进程中，而只有当这种解放的激情平缓下来，冷静地思考、反思问题的真正根源，充分意识到独立思考的学术个性才是最可宝贵的学术品格、没有任何框框的创造才可能达到充分的解放、无所畏惧的批判才可能造就真正的学术的时候，中国的历史学研究，才会迎来一个崭新的时代！显然，在20世纪80年代中国古代史研究的思想领域，人们还没有做好这样的思想准备。

---

① 常宗虎：《社会史浅论》，《历史研究》1995年第1期。

四 20世纪90年代以来中国古代史研究的思想趋势

20世纪90年代以来，中国古代史研究的基本面貌，相对于前一时代有了一个显著的变化，其特征就是，人们开始直接面对自身民族的历史过程进行理论抽象，尝试用本民族的语言概念来阐述自己民族的历史，即开始了一个自觉摆脱用欧洲历史模式解读中国历史的思想行程。这与世界学术范围内的本土化趋向似乎有着惊人的一致性，但又的确与之不同，是发自中国学术自身的一种学术倾向。这标志着中国学人开始进入一个具有清醒的自我意识和批判精神的时代，一个具有真正意义上的独立思考的时代。

（一）中国社会形态问题研究凸显的思想倾向

20世纪90年代以来中国古代史研究中最激动人心的事件，是关于中国古代社会道路特殊性的探讨，以及与之相关的至今仍方兴未艾的"封建"之争。上文所及80年代中国古史分期研究的重新复兴及旋即沉寂，实际上是根源于人们的话题转换。因为，人们突然发现，当历史学家绞尽脑汁、殚精竭虑地为中国历史上的奴隶社会与封建社会寻找分界点的时候，实际上却忽略了一个重要的前提，那就是我们还没有能够证明中国历史到底是否也像欧洲历史一样地存在过奴隶社会和封建社会，人们更没有思考过无论自然地理环境和社会历史过程都完全迥异于西方的中国历史，为什么也必然地和西方走出同一条路径。如果这些问题不解决，所谓古史分期则确实难逃"伪问题"的宿命。就如一位学者所指出的那样：

> 回顾半个多世纪来的社会性质讨论，我们发现了一个理论上的和逻辑上的重大缺陷，这就是人们对于所争论问题的大前提并没有经过论证。究竟是不是世界上所有的国家和地区都是按照这五种社会形态发展的，绝无例外？中国古代的历史上究竟有没有封建社会？如果不首先论证中国历史上有没有封建社会这个大前提，就来争论中国的封建社会是从什么时候开始的实在未免有些鲁莽。①

走出"鲁莽"，回归自觉与理性，面临的第一个问题，就是中国古代历史道路的特殊性。大部分学者是认同这个命题的。1993年，周东启发表文章说，我们对封建制度和封建社会的习惯理解与马克思所阐述的西欧封建制度的社会形态有着原则的区

---

① 方兢：《走出史学研究的樊篱——论中国历史上没有封建社会》，《文化中国》1998年第2期。转引自黄敏兰《近年来学术界对"封建"及"封建社会"问题的反思》，《史学月刊》2002年第2期。

别，因此，"中国古代社会根本不是在马克思所说的那个意义上的封建社会"①。杨宽在1998年1月写的《西周史·前言》中说："中国从古以来历史发展有其独特的规律，根本不同于欧洲的历史，既没有经历像希腊、罗马那样的典型的奴隶制，更没有经历过像欧洲中世纪那样的领主封建制，而是从井田制的生产方式发展为小农经济以及地主经济的生产方式。"②张广志从20世纪80年代开始就致力于中国少数民族历史没有经过奴隶制阶段问题的研究和考察，他在90年代的文章中说："多少年来，人们苦心于中国的奴隶社会与封建社会分期问题的研究、讨论。但拿现今我们所依以为据的某些理论来观察古代中国社会，却是圜凿方枘，鉏铻难入。于是，一些聪明人只好牵强附会，削中国历史之'足'，以适欧洲古典社会之'履'，以致闹出种种笑话，无端耗费了一大批史学工作者的宝贵心血。"③前引方兢的论文中也指出："秦以后中国社会的形态与性质，则与欧洲中世纪社会的状况，无论在表面上，还是在实质上，无论是在经济关系方面，还是在政治体系、法律制度、文化观念、社会结构、家族关系等方面，都毫无相似之处。因此我们认为，中国古代不存在与欧洲中世纪相同的封建社会这样一个五种社会形态理论中的历史阶段。"④

民族历史特殊性问题，本来就是马克思主义历史主义思想中的应有之义，是历史辩证法的基本内涵。当思维回归理性的时候，20世纪90年代的古代史学人，便毅然决然地举起了特殊性的旗帜。1999年11月，由《历史研究》编辑部和南开大学历史系联合发起的"中国社会形态及相关理论"学术研讨会在南开大学举行，何兹全、田昌五、何兆武、宁可、刘泽华、马克垚、陈启能、冯尔康、晁福林、朱凤瀚、张国刚等几十位学者出席会议。据笔者的感受，在这个会议上，已经没有人再坚持五种社会形态说，"中国社会形态"成为一个一致认可的概念。

此次会议的论文中，田昌五说，用五种生产方式斧削中国历史，是不适宜的。首先，五种生产方式是按照欧洲的历史提出来的，所以只适用欧洲的历史，与中国历史

---

① 周东启：《中国有封建社会吗？》，《求是学刊》1993年第5期。
② 杨宽：《西周史》，上海人民出版社，2003，第4页。
③ 张广志、李学功：《中国古史分期三家说平议》，《青海师范大学学报》1998年第1期。张广志先生早在20世纪80年代，就做了少数民族历史初始阶级社会并非奴隶制性质的系列专题研究，在1982～1985年的《青海师范大学学报》上相继发表了《匈奴与奴隶制》、《鲜卑拓跋部与奴隶制》、《突厥与奴隶制》、《回纥与奴隶制》、《吐蕃与奴隶制》、《南诏与奴隶制》、《契丹与奴隶制》、《党项与奴隶制》、《女真与奴隶制》、《蒙古与奴隶制》10篇专题论文，论证这些民族的初始阶级社会历史都不是奴隶制性质，从而否定了五种社会形态说的历史必然性。这些论文后来汇集成《奴隶社会并非人类历史发展必经阶段研究》一书，由青海人民出版社1988年出版。2001年张广志又和李学功合作出版了《三代社会形态——中国无奴隶社会发展阶段研究》（陕西师范大学出版社）一书。张广志的这些研究，都属于中国社会形态特殊性研究的范畴。
④ 方兢：《走出史学研究的樊篱——论中国历史上没有封建社会》，《文化中国》1998年第2期。转引自黄敏兰《近年来学术界对"封建"及"封建社会"问题的反思》，《史学月刊》2002年第2期。

是不切合的。其次，五种生产方式只是一种逻辑概念，与实际的历史是有出入的。我过去也是信奉五种生产方式，以此来研究中国历史的。但在"文化大革命"后我改变了。经过十余年的努力探索，我终于提出一套新的中国历史体系。① 沈长云批评了坚持"五种社会形态"理论而否定中国历史发展特殊性的思想。他说，至今仍有不少人把不按照主要是西方所经历的"五种社会形态"的次序来解释中国历史的做法视做不能容忍的"离经叛道"行为。"五种社会形态"说在中国的提出，是同否认中国社会发展有自己的国情亦即特殊性联系在一起的。他们在强调马克思主义的普遍适用性的同时，往往"走向完全否认中国国情、否认中国历史确有特殊性一面的极端"。这就造成了以后中国历史研究，尤其是有关中国社会形态研究长期忽视中国历史特点，忽视中国国情的错误倾向。② 晁福林说，中国社会形态研究应当建立起自己的话语系统。对于国外学术界的新观念，我们当然应当吸收和借鉴，但那代替不了我们自己的研究，也不必要以我们的研究之足非要去适国外某个观点之履。在传统文化中，我们自古以来有自己的礼制和社会制度的用语，用来说明古代社会情况非常得体。例如"宗法"一词，说明西周春秋时期的社会情况，切中肯綮，没有必要非得换成西方的某个用语不可。③ 张国刚在列举了一系列中国历史与中世纪欧洲历史的重大区别之后说："我们只有对类似以上列举的这些重大历史现象作出深入研究，通过研究归纳出中国历史研究中新的概念系统和理论范式，才能重建中国社会形态的理论体系。这与学术界提倡的社会科学'本土化'异曲同工。本土化就是在反思从西方引进的传统理论学说的基础上，重建植根于本土经验之上的历史理论。中国的现代化之所以选择了一条独特的发展道路，其根本原因就是中国与西方国家的历史和传统不一样，而中国国情正是数千年历史发展的累积。"④ 这次会议上，不少学者还就中国社会形态的概念表述发表了具体看法，提出了不少个性化的学术观点。

而天津会议，还仅仅是开端。2006年出版的冯天瑜《"封建"考论》一书，将中国古代社会形态问题的讨论推向一个新的高潮。《"封建"考论》看似讨论封建译名问题，实际上意在究明中国古代社会形态的特殊性质。冯天瑜认为，20世纪30年代的中国社会史论战以后，"把以专制集权和地主——自耕农经济为特征的秦汉至明清的两千余年纳入'封建时代'，以与西欧中世纪对应，'封建'概念泛化，既与本义脱钩，也同对译之英文术语 feudalism 含义相左，且有悖于马克思原论"。在辨析概念的基础上，他提出中国秦至清这一社会时段，"宜以'宗法地主专制社会'取代

---

① 田昌五：《中国历史发展体系的新构想》，《历史研究》2000年第2期。
② 沈长云：《认清中国古代非西方历史发展道路的特色》，《历史研究》2000年第2期。
③ 晁福林：《探讨有中国特色的社会形态理论》，《历史研究》2000年第2期。
④ 张国刚：《本土化：重建中国社会形态理论的根本》，《历史研究》2000年第2期。

'封建社会'"①。此书出版后的两年之内,相继有多次相关专题学术活动展开:

2006年10月,武汉大学举办了"'封建社会'再认识"学术研讨会;

2007年11月,中国社会科学院历史研究所、经济研究所和《历史研究》编辑部联合举办"'封建'社会名实问题与马列主义封建观"学术研讨会;

2008年3月,《史学月刊》编辑部组织"'封建'译名与中国'封建社会'笔谈"专栏,发表了吴承明、瞿林东、冯天瑜、李根蟠、郭世佑、黄敏兰等六位学者的论文;

2008年12月,武汉大学中国传统文化研究中心、苏州大学社会学院和苏州科技学院人文学院在苏州联合召开"'封建'与'封建社会'问题"学术研讨会;

关于中国"封建社会"问题讨论一时形成热点。虽然讨论中意见分歧依然较大,仍有不少学者坚持传统观点,但对秦汉至明清中国社会形态的认识,毕竟出现了新的气象,冲决了过去那种众口一词、千人一面的非正常局面,大部分学者开始用独立思考的精神来面对我们自己这段的确不同于西欧社会的历史了。

2010年5月,《文史哲》编辑部发起召开"秦至清末:中国社会形态问题"学术研讨会。这次会议抛开中国有没有"封建社会",以及"封建"译名的纠缠,倡导以独立思考之精神对秦至清末这段历史的社会形态进行重新命名。会议报道中说:

> 张金光教授着重将"国家权力"引入对社会形态的讨论中,提出了秦至清末为"国家体制式社会形态"的概念,其根基则为以"普遍的真正的土地国有制"为基础的"官社经济体制"模式。萧功秦教授认为,秦所建立的是带有强烈军事色彩的"国家主义"形态。李振宏教授也认为,从秦至清末,中国的国家政体一直是高度集权的"皇权专制",而这个皇权专制的特点,几乎渗透到了社会的各个层面和领域,因而将秦至清末社会形态命名为"专制社会"既名副其实,又简单明了。李治安教授强调,君主专制和地主经济形态,是秦至清末中国古代社会的基本特征。荣剑亦认为,秦统一中国,是中国封建主义历史的正式终结,也是中国中央集权专制主义时代的开始。何怀宏教授将秦至清末命名为"选举社会"。孟祥才教授将秦至清末中国社会形态命名为"帝制农民社会"。李若晖教授认为,秦至清则是以地缘关系划分民众并建构国家权力的"郡县制"社会。俞吾金教授则把包括秦至清末在内的中国传统社会定义为"以血缘关系和地缘性的农村公社为基础的宗法等级制社会"。②

---

① 该书"提要",武汉大学出版社,2006年。
② 《〈文史哲〉杂志举办"秦至清末:中国社会形态问题"高端学术论坛》,《文史哲》2010年第4期。这段文字是对原报道稿的节选和压缩。

其实，关于中国社会形态的抽象概括问题，从20世纪90年代就已经展开了，《文史哲》的会议只是一个更有力的推动。之前之后人们提出的看法还有：何兹全把中国古代社会形态的演变分为五个阶段，即先秦时代——君权、贵族权、平民权三权鼎立时代；秦汉时代——君权渐强，贵族、平民权衰而力图挣扎的时代；魏晋南北朝时代——君权、贵族权保持平衡时代；隋唐宋时代——君权恢复、贵族权削弱的时代；明清时代——专制主义时代。① 田昌五把中国历史的发展进程分为三个大的时段，即洪荒时代、族邦时代、封建帝制时代或帝国时代。② 曹大为把中国古史划分为宗法集耕型家国同构农耕社会（夏—春秋战国）、专制个体型家国同构农耕社会两大时期。③ 叶文宪将中国古代历史分为六个时代，即酋邦时代、封建时代、转型时期、秦汉帝国时代、隋唐帝国时代、多民族帝国时代，后三个时代统称为专制帝国时代或帝国时代。④ 赵轶峰主张用"帝制农商社会"来概括明清时期的社会形态。⑤ 许苏民主张将秦汉至明清的中国社会定名为"皇权官僚专制社会"。⑥

如何界定秦至清末社会的形态属性，还需要经历一个相当长期的探索过程，也有不少重要的理论方法论问题需要解决。鉴于此，《史学月刊》编辑部又在2011年第3期，组织了题为"秦至清社会性质研究的方法论问题"笔谈文章，发表了冯天瑜、张金光、李若晖、李振宏、黄敏兰、叶文宪、李治安等七位学者的看法。

20世纪90年代以来，中国古代史学者关于中国社会形态特殊性的讨论略如上述，应该说还处在非常初步的阶段。从人们提出的关于秦至清社会的各种命名，就知道人们的认识还是那么的初步或稚嫩，提法还是那么的散乱和分歧，没有一个人的看法能获得相对多数的认同，甚至还没有一种提法可以和传统的"封建社会"提法相匹敌、相抗衡；但是，这毕竟是中国学者自己的看法，是出自他们自己的独立思考，既不是鹦鹉学舌，更不是盲目地因袭。正是在这初步、幼稚的不成熟之中，发散着科学精神的光芒，透露出一个新的学术时代的曙光。

然而，这场讨论还没有发展到需要对之做出评价的时候，本文的任务也仅限于揭示这场讨论背后的思想底色。在中国古代社会形态特殊性研究中，所折射出来的思想倾向，如果选择用一个词来表达，那就是"回归"二字。因为我们看到，几乎所有关于这个问题的新的见解，都反映出一种"回归"的倾向，即从以往的理论幻想，回归到中国历史的实际之中；从欧洲历史的解释框架和概念体系，回归到中国

---

① 何兹全：《中国社会形态演变——从三权鼎立走向专制》，《中国文化研究》1999年冬之卷。
② 田昌五：《破除长期封建社会说建立中华帝国史发展体系》，《史学理论研究》2001年第1期。
③ 曹大为：《关于新编〈中国大通史〉的几点理论思考》，《史学理论研究》1998年第3期。
④ 叶文宪：《关于重构中国古代史体系的思考》，《史学月刊》2000年第2期。
⑤ 赵轶峰：《明代中国历史趋势：帝制农商社会》，《东北师大学报》2007年第1期。
⑥ 许苏民：《自秦迄清中国社会性质是"宗法地主专制社会"吗？——与冯天瑜教授商榷》，《学术月刊》2007年第2期。

历史语言的母体之中；回归到学术心理的自我与宁静。一句话，回归到学术的正常状态。

首先说从理论幻想向中国历史实际的回归。

中国古代社会形态特殊性探讨本身，就意味着人们从以往的五种社会形态理论幻想中走了出来，已经不再迷信那些历史规律性的说教，开始直面中国历史的实际道路。历史研究的思维方式，不再是从既定的原则出发，而是真正地从历史实际出发，实现了思想方法上的根本转变。从已发表的文章看，在这一方面，一些学者是有着高度的理论自觉的。譬如张金光的有关研究，就特别强调"中国历史整体形态的独立性"，他写道：

> 中国历史在整体系统上终未受外来体系的干扰、颠覆而中断，没有基因体制性的移入……这就是中国历史的无与伦比的独立性亦即统一性。因之，中国历史自有自己的完整的统一的内在实践历史逻辑，故表述中国历史的整体形态、普遍面貌，必有建立在其实践历史逻辑基础之上的独立自在的学术话语理论体系。
>
> 必须特别强调的是，在这里我使用"独立性"来概观中国历史，而不用"特殊性"一类概念作为对中国历史的总体性描述。这是因为"独立性"标识的是中国历史的内在固有规律性。而"特殊性"则分明是以某为"本"、为"正"而比较言之。此不符合中国历史之固有规律之本。①

很显然，张金光选用"独立性"概念，就是有意识抛弃长期以来以西方历史框架作为普遍历史道路或历史规律来看待中国历史的历史观。正是这一观念，使他从中国历史自身中探索历史的解释框架，提出了独到的中国历史体系思想。②

青年学者李若晖的中国古代社会形态研究，也是抛弃了传统历史决定论的研究模式，在中国历史的实际结构中，寻找逻辑起点。他说：

> 我们应当致力于寻找这样的因素作为逻辑原点：它既能建构起静态的社会的完整结构和全景画面，又能准确反映诸变量的实时变化，同时还能把握中国历史的特性所在……真实的原点应介于经济与皇权之间，能够同时反映二者对于社会的影响及二者自身的变化。这就是使皇权达于广土众民，自身随着社会经济时空变化而不断调整，并最终反作用于皇权，同时又具有鲜明中国特色的地方行政制度——郡县制……从郡县制出发，可以从权力建构的角度推演出整个国家机器，

---

① 张金光：《中国古代社会形态研究的方法论问题》，《史学月刊》2011 年第 3 期。
② 张金光：《关于中国古代（秦至清）社会形态问题的新思维》，《文史哲》2010 年第 5 期。

即权力的静态结构；又可以从社会控制，即权力动态运行的角度推演出民众的生产生活，尤其是社会生活对权力建构的反作用。于是我们可以将秦至清两千余年的中国社会名之为郡县制时代。①

显然，李若晖所寻找到的中国历史结构的逻辑原点，不是传统的经济支点，而是他所认为的真正支配了中国社会历史运转的、介乎上层政治与广土众民之间的"郡县制"。不管这一结论的可靠性如何，他的思想方法，已经明确告别了传统所沿用的西方历史框架，是仅仅立足于中国社会历史本身的历史抽象。史学工作者的思想运转，已经从以往对某种固定理论的空洞幻想回到了中国历史实际的土壤上。

其次我们来谈从欧洲历史解释框架或概念体系到中国历史语言母体的回归。

使用什么样的概念体系来解释中国历史，原则上说应该视解释的有效性而定。自从近代西方思想传入以来，中国历史的解释框架，无论是从严复、梁启超开始引进的进化论学说，还是胡适所介绍的实验主义，再进而到我们奉为经典的马克思主义，无不是来自异土他邦的概念体系。将近一个世纪的中国历史研究，为以欧洲中心主义为特征的话语体系所垄断，历史著作的文字表达，历史讲堂的话语言说，学术研究的心理意识，无处不盘旋着东方主义②的幽灵。西方的概念术语，西方的解释框架，西方的逻辑体系，西方的价值标准，这一切汇成一套牢不可破的华丽外衣，套在中国的历史骨架上，而人们却从来没有意识到它是否真的合身，是否真的可以解读中国古老典籍中的语义信息。20 世纪 90 年代以来的中国社会形态特殊性研究，冲破了这一牢不可破的规则，开始从母体历史中寻找表述自身历史的概念体系。从人们已经提出的表述中国历史体系的术语看，大都出自母语之中。郡县制社会、选举社会、帝制时代、皇权专制主义、官社经济体制、帝制农商社会、帝国时代、宗法社会等等，都可以从中国历史的话语体系中寻找到根据。这意味着中国学者开始挖掘本土历史概念资源，重建中国历史的自我解释体系，是中国学者思想世界的一个新气象。

（二）冲破经学思维，独立思考中国古代历史的重大理论问题

20 世纪 90 年代以来中国古代史研究的思想世界里，一个引人注目的变化是，在

---

① 李若晖：《关于秦至清社会性质的方法论省思》，《史学月刊》2011 年第 3 期。
② 东方主义，意即西方对东方的解释。根据萨义德的研究，所谓"东方主义"就是一门关于东方的知识，是一种规范与东方有关的思考、写作和研究的行为；这种行为被颐指气使、臆测和意识形态偏见所控制。西方在解读和认知东方时，根据的并不是系统的、客观的对东方国家及其人民的研究和了解，而是根据自身的需要和口味，幻想出来的对东方的认知和描述。因而东方主义对东方及其人民的描述是高度选择性的。这种高度选择性的东方主义的出现，并不是由于对东方知识的缺乏或理解方式的不同造成的自然结果，而是被精心制造出来的，具有强烈的政治性和意识形态色彩。〔参见爱德华·萨义德《东方主义》(Edward Said, *Orientalism*)，纽约，精品图书，2004〕与其说东方主义是知识的产物，毋宁说它是特定的政治力量和行为的一个产品。东方主义是一种从西方特有的政治和意识形态立场出发，对东方的歪曲性解读，带有强烈的偏见和歧视色彩。

几个涉及重大理论问题方面，根深蒂固的经学思维开始动摇，人们从中国历史的特殊性、中国历史的实际出发，提出了一些与权威理论相悖逆的重大理论观点。

前文述及，刘泽华在1986年提出的"王权主义"一词，是一个政治文化概念，是王权支配社会思想在思想史研究中的理论表述。但到了20世纪90年代，他则用这一概念来指称整个中国古代社会，形成了一个通观整个中国古代历史的完整的历史解释体系。这一理论转变，最早见于1998年的《王权主义：中国文化的历史定位》一文。他说：

> 这种王权是基于社会经济又超乎社会经济的一种特殊存在。它是社会经济运动中非经济方式吞噬经济的产物，是武力争夺的结果，所谓"马上得天下"是也；这种靠武力为基础形成的王权统治的社会，就总体而言，不是经济力量决定着权力分配，而是权力分配决定着社会经济分配，社会经济关系的主体是权力分配的产物；在社会结构诸多因素中，王权体系同时又是一种社会结构，并在社会的诸种结构中居于主导地位；在社会诸种权力中，王权是最高的权力；在日常的社会运转中，王权起着枢纽作用；社会与政治动荡的结局，最终还是回复到王权秩序；王权崇拜是思想文化的核心，而"王道"则是社会理性、道德、正义、公正的体现，等等。过去我们通常用经济关系去解释社会现象，这无疑是有意义的；然而从更直接的意义上说，我认为从王权去解释传统社会更为具体，更为恰当。①

> 我所说的王权主义既不是指社会形态，也不限于通常所说的权力系统，而是指社会的一种控制和运行机制。大致说来又可分为三个层次：一是以王权为中心的权力系统；二是以这种权力系统为骨架形成的社会结构；三是与上述状况相应的观念体系。②

很显然，此时的刘泽华用"王权"来取代了他原来使用的行政权力、专制权力、国家权力等概念。并且，"王权主义"也不再是单一地指称专制权力控制下的文化观念体系，而指称整个古代社会的运行机制、社会体制。这样，"王权主义"就完成了一个概念转换，变成了一个如同封建主义或资本主义一样的表示社会属性的理论术语。虽然作者声明"王权主义"不是指社会形态，但社会的控制方式或运行机制是什么呢？

"王权支配社会"与权威的经济决定论明显相悖，刘泽华需要面对权威理论和国

---

① 刘泽华：《王权主义：中国文化的历史定位》，《天津社会科学》1998年第3期。
② 刘泽华：《王权主义：中国文化的历史定位》，《天津社会科学》1998年第3期。

家意识形态的强势威压，他必须对自己的理论做出一个与权威理论并不矛盾的解释。他说：

> 从历史的总过程看，我仍相信生产力的发展状况与生产关系决定着社会的基本形态。这是最基础性看法。王权支配社会问题是在此基础上提出的一个具体的社会运行机制问题。这是既有联系又有区别的两个不同层次的问题。前者要回答这个社会何以是这样？后者则是回答这个社会运动的主导力量是什么？就中国古代社会而言，我认为区分这两个不同层次对更真实地把握历史过程是有意义的。①
>
> 社会的运动主要是受日常的社会利益矛盾驱动的。社会利益无疑有许多内容，但主要的还是经济利益。在长达数千年的中国传统社会中，经济利益问题主要不是通过经济方式来解决，而主要是通过政治方式或强力方式来解决的。这样，政治权力就走到历史舞台的中心，并在相当长的时期内成为社会运动的主角。②

他摆脱传统理论的方法是一个文字游戏。他说，生产力的发展状况与生产关系决定着社会的基本形态，这一点我并不怀疑，但我说的"王权支配社会"只是那个基础之上的一个社会运行机制问题，我是在你们的基础上来谈论问题的，当然，社会互动运行机制一旦展开，那个所谓的基础就和他没有关系了。于是，他完成了一个理论的悠闲转身。另一方面他解释说，经济利益要通过政治的方式来解决，于是政治权力居于历史舞台的中心，历史研究的目光就必须瞩目于这个中心，这似乎也无可非议。再加上他当初提出政治权力支配社会的时候，还引经据典地搬出了马克思"行政权力支配社会"的名言，也就更加可以冠冕堂皇地"贩卖私货"了。刘泽华的理论在问世以来的20多年间，没有受到公开的围剿和批判，还真是证明了中国历史的进步，也证明了经学思维和阶级斗争思维的威势不再。

更令人欣慰的是，从20世纪90年代以来，像刘泽华这样从政治权力或国家权力支配社会或经济的角度看问题的人越来越多，渐成一普遍之趋势。王家范就认为，中国历史中的一切内容，都是以政治为转移的，整个社会是一个"政治一体化"的特殊类型。他说：社会三大系统：政治、经济和文化，政治又是居高临下，包容并支配着经济和文化，造成了所谓"政治一体化"的特殊结构类型。经济是大国政治的经济，即着眼于大国专制集权体制的经济，私人经济没有独立的地位；文化是高度政治伦理化

---

① 刘泽华：《王权主义：中国文化的历史定位》，《天津社会科学》1998年第3期。
② 刘泽华：《王权主义：中国文化的历史定位》，《天津社会科学》1998年第3期。

的文化，着眼于大一统专制一统为主旨的意识形态整合的功能，异端思想和形式化的思辨不是没有，而却总被遮蔽，了无光彩。一切都被政治化，一切都以政治为转移。①

2010年5月，在《文史哲》编辑部举办的"秦至清末：中国社会形态问题"研讨会上，这种观点已经相当普遍。有关的会议报道中说："与会专家对秦至清末的社会形态基本形成了如下重要共识：在秦至清这一漫长的历史时期，与现代社会不同，权力因素和文化因素的作用要大于经济因素；并着重把'国家权力'和'文化'的概念，引入到社会形态的研究和命名中，认为自秦商鞅变法之后，国家权力就成为中国古代的决定性因素，不是社会塑造国家权力，而是国家权力塑造了整个社会。"②

在《史学月刊》最近发表的一组笔谈中，不少学者在谈秦至清社会性质研究的方法论问题时，都强调了从政治权力角度分析中国社会的重要性。李若晖说：

> 我们一直认为经济是历史发展的杠杆，这是马克思有鉴于欧洲资本主义兴起，大工业生产几乎在一夜之间改变了整个社会而得出的结论。实则近代欧洲经济的迅猛发展冲决了传统社会的旧有外壳，从而使得整个社会都被经济大潮裹挟而前。但是在古代，在古代中国，当经济力量相对弱小时，能否基于近代欧洲的经验，给予经济这样高的地位？刘泽华先生就指出："中国传统社会的最大特点是'王权支配社会'。"③

李若晖赞成刘泽华的"王权支配社会"说，并分析了马克思看重经济因素的历史根据，而在中国传统社会并不存在这样的历史条件，所以，单纯从经济角度看问题的方法论，并不符合于对中国古代社会的分析。

张金光在这个问题上的明确表达是"国家权力塑造社会"。他说：

> 传统的方法略去了国家权力这个维度——在中国社会历史中一个最重要的、决定性的维度。在中国历史上，国家权力这一维度是维中之维，纲中之纲，国家权力决定一切，支配一切。在中国不是民间社会决定国家，而是国家权力塑造社会，国家权力、意志、体制支配、决定社会面貌，应以国家与社会间的关系，简言之曰官民对立统一关系来观察、认知、表达、叙述中国古代社会历史。如此才能说明中国古代社会历史的本质属性。④

---

① 王家范：《中国历史通论》，华东师范大学出版社，2000，第11~12页。
② 《〈文史哲〉杂志举办"秦至清末：中国社会形态问题"高端学术论坛》，《文史哲》2010年第4期。
③ 李若晖：《关于秦至清社会性质的方法省思》，《史学月刊》2011年第3期。
④ 张金光：《中国古代社会形态研究的方法论问题》，《史学月刊》2011年第3期。

黄敏兰说,"国家权力决定中国古代社会的性质"这一认识,突破了以往的单纯经济决定论,的确抓住了中国古代社会的基本特征。①

国家权力支配社会的思想,虽然在当代学界仍不是主流观点,经济决定论仍然没有退去其权威的神圣的光环,但毕竟时代变了,20世纪五六十年代那种思维的绝对同一状况不见了,经学思维已经开始被打破,对权威理论的质疑或放弃,已经成了一个可以讨论或自主选择的学术问题。

对传统经典理论的颠覆,还表现在关于中国古代社会矛盾问题的判断上。

王亚南在20世纪40年代所写的《中国官僚政治研究》一书中,曾提出"官民对立"是中国古代社会基本阶级分野的观点,认为"官僚的封建社会就是官僚与农民构成的社会,或官民对立的社会"。② 中国古代社会的基本矛盾究竟应该如何表述,是一个可以见仁见智的学术问题。然而,新中国成立之后,关于这个问题的认识,却失去了学术的属性,人们只能有一种解释,那就是根源于马克思主义阶级斗争理论的两大阶级对抗式解读,中国古代社会的基本矛盾,只能被说成是地主阶级与农民阶级的矛盾。坦率地说,地主阶级与农民阶级的矛盾,可以作为认识古代社会的一个视角(尽管这个地主阶级的概念极其含混),但却无法说明中国古代政治的特点,无法对秦汉以后两千多年间以专制主义官僚制为其基本政治特色的社会进行政治解读,无法面对历史上几乎每日每时都在重演着的"官逼民反"、"官民对立"的基本事实。而在贯彻"以阶级斗争为纲"的年代,以及在取消这一口号之后的若干年内,以阶级斗争为古代社会基本矛盾的理论仍然是一个思想禁区,是学术无法逾越的、不能触碰的红线和雷区。到了90年代,随着学术界从理论幻想到中国历史实际的回归以及从欧洲话语体系到中国历史语言母体回归的潜流涌动,"官民对立"的社会矛盾说就被重新提起。

如果追溯官民对立问题的重新认识,1986年张显清的《明代官绅优免和庶民"中户"的徭役负担》一文就已经涉及这一问题。该文写道:

> "社会等级虽然是'多级'的,但官绅等级与庶民等级的划分却是最基本的。""官绅等级,系指具有进士、举人、贡监生员身份的出仕、致仕、未仕人员的阶层……皇族,贵族也属于官绅等级……庶民等级,除了广大的农民阶级之外,还包括非身份的地主,即庶民地主。官绅等级与庶民等级的差别是多方面的,是否向封建国家承担徭役则是主要标志之一。""对于官绅等级,不仅他们

---

① 黄敏兰:《全面认识中国古代社会的政治权力经济》,《史学月刊》2011年第3期。
② 王亚南:《中国官僚政治研究》第11篇"农民在官僚政治下的社会经济生活",时代文化出版社,1948。

本身及其家内部分或全部人丁有免役之特权,而且其田地也部分或全部享有免役之特权。人是有特权之人,田是有特权之田。""庶民中小地主,作为地主阶级,有剥削农民的一面;作为非身份的庶民,又有必须承担徭役的一面。他们往往是重役的担负者、官户转嫁徭役的受害者。"①

张显清的文章虽然没有明确做出"官民对立"这个关于基本矛盾的理论表述,但他所表达的思想,显然已经突破了传统的阶级对立观念。他提出的问题,最要害的有两点:一是突出了官绅等级的特权问题,而这也正是官僚制社会中"官民对立"的核心问题;二是他将中小地主即没有政治特权的地主阶层,归入庶民等级,打破了过去的地主、农民两极划分。张显清的文章可以看作是新时期关于"官民对立"问题的最初表述,但他则没有使用"社会矛盾"这个概念,不是直接的社会矛盾问题探讨。直接以表述社会矛盾问题提出官民对立问题,就是在20世纪90年代了。

就笔者所及,关于该问题的正式提出,是1995年黄敏兰的文章。黄敏兰说:

> 中国古代社会有自己独特的发展规律,与欧洲中世纪社会的性质和特点完全不相同。社会的基本矛盾并不是能从政治经济学的角度来解释的,不能用单纯的剥削与被剥削关系来解释具体的社会现象。中国古代的社会基本结构,是以权力为核心的等级制,与财产占有、经济行为和阶级属性都没有直接的关系。法律明确规定了等级间的不平等……在中国古代社会里,社会的基本矛盾不能简单地归结为地主阶级和农民阶级的矛盾,而是皇帝官僚集团与该集团以外的全体社会成员的矛盾。②

黄敏兰没有使用"官民对立"这个概念,但是,她所说的"皇帝官僚集团与该集团以外的全体社会成员的矛盾",则无疑是明确的"官民对立"思想,并且她就正是在讨论"在中国古代社会里,社会的基本矛盾"问题时表达这一思想的。

1996年迟汗青发文指出:"官民关系是传统政治的基本问题,是推动政治发展的基本动力,对政治生活的各个方面都有根本的规定和影响作用。"作者从政权性质、经济结构、政治运行、官僚资本等四个方面进行论证,得出结论说:"传统社会的经济结构从根本上决定了官民之间利益关系的对立性,而私有性质的政权又维护并强化了这种对立性。"③ 迟汗青明确地从官民关系的角度看待中国古代社会结构,从传统

---

① 张显清:《明代官绅优免和庶民"中户"的徭役负担》,《历史研究》1986年第2期。
② 黄敏兰:《评农战史专题中的严重失实现象》,《史学理论研究》1995年第4期。
③ 迟汗青:《传统社会官民对立及其调整》,《学习与探索》1996年第4期。

社会经济结构的角度论证了官民利益的对立性。迟汗青好像是借鉴了王亚南的基本思路，但他对官民对立关系的表述，以及将其看作是中国古代社会的基本问题，其思想还是值得重视的。

1998年，又有两篇论证"官民对立"的文章发表。一篇是孟祥才接续黄敏兰文章对"官民对立"问题做深入的阐发和补充，他说：

> 中国古代留下的大量史料表明，中国封建社会的主要矛盾是封建国家同它的赋税和徭役的征课对象之间的矛盾。这个征课对象的主体应是自耕农与半自耕农，其中当然也包括不享有免赋免役特权的一般地主……这说明，地主阶级与农民阶级，特别是与他们的剥削对象之间的矛盾虽然是封建社会的重要矛盾之一，但与农民阶级同封建国家的矛盾相比，在大多数情况下，只能居次要地位。①

孟祥才旗帜鲜明地批判了以往将地主阶级与农民阶级的矛盾看作是封建社会主要矛盾的观点，认为即使存在地主阶级与农民阶级的矛盾，它也是次要的矛盾，而"封建国家同它的赋税和徭役的征课对象之间的矛盾"才是封建社会的主要矛盾，而封建国家的赋税和徭役的征课对象，既包括自耕农与半自耕农，也包括不享有免赋免税特权的一般地主，按照"左"倾时代的说法，他再一次"模糊了阶级阵线"，这是在一个重大问题上向经典理论挑战。

另一篇文章，是顾震发表在《东方文化》上的论文《审视"定论"与等级分析——以关于封建时代农民、地主的理论为例》，明确提出封建社会的主要矛盾为"税民"与国家的矛盾。税民中包括为数众多的庶民地主。文章认为，"地主阶级即封建统治阶级"之说，忽略了地主构成里包含庶民地主，如果将命题改为"特权地主是封建统治阶级"就确切了。顾真说，认识到税民与国家的矛盾，由此认识封建社会所出现的户口制度、赋役制度、政治改革等，历史或许会清晰一些。因为这些都是封建国家为控制自耕农和平民地主等税民所采取的措施。②

到目前为止，将"官民对立"视为秦汉以后传统社会基本矛盾的观点，还没有得到更多人的响应，要在一个基本的重大理论问题上取得普遍的共识，就中国的情况说，需要上升到国家意识形态的层面，因为中国的学术从来是不可能摆脱政治和意识形态而独立发展的，意识形态仍然是控制普遍社会观念和支配主流学术观点的主要力量。但尽管如此，关于"官民对立"的认识，也已经达到了相当深刻的程度，张金

---

① 孟祥才：《如何认识中国农战史研究中的"失实"问题》，《泰安师专学报》1998年第1期。
② 转引自黄敏兰《近年来学术界对"封建"及"封建社会"问题的反思》，《史学月刊》2002年第2期。

光近期发表的论文可为代表。他说:

> 我们必须确立如下观点:官民二元对立是中国古代社会阶级结构的基本格局……官民之间,不仅是统治与被统治的关系,而且是一种经济关系,是剥削与被剥削的关系,也就是说,它是以土地国有制、国家权力、政治统治为基础建立起来的社会生产关系。这种生产关系是国家体制式社会生产关系或叫权力型社会生产关系。这种生产关系比之民间社会的任何经济关系都具有无可与之伦比的稳定性、凝固性、恶劣性、暴力性。这一对生产关系,在时、空两个维度上比之民间的任何生产关系都具有无可伦比的广泛性和普遍意义,此乃是中国社会的历史基因。三千年间,这一生产关系总是以不同形式重塑着中国社会历史,万变而不离其宗。舍此便不得中国古代社会历史面貌之本。①

"官民对立"基本矛盾说的重新提出,已经不是几十年前王亚南观点的简单翻版,而是有了新的意义和深度,它是对行之几十年的阶级斗争思维的否定,是在历史学家冲破了经学思维和权威意识之后的独立思考,是将学术回归历史本身的思想成果。它既需要有理论创新的勇气,也需要有对历史本身性质的深刻体察,同时也反映着客观平实地对待自身历史的学术风尚,并自然地融入从理论幻想向中国历史实际回归的学术潮流中。

对社会基本矛盾判断的改变,表明在中国历史学家的思想世界里,已经发生着带有根本意义的改变,理论权威和经学思维的紧箍咒,对于思想的自由发展来说,在逐渐丧失它魔鬼般的控制力量。虽然思想自由发展的天地还十分有限,但思想的力量又是如此巨大,只要稍稍给它一点空间,它就能毫不犹豫地使那些貌似强大的传统理论显现出无可奈何的窘态。

(三) 摆脱欧洲历史解释模式的思想倾向

摆脱欧洲中心主义的影响,从欧洲历史模式中解放出来,直面中国历史实际而独立思考,是20世纪90年代以来走在学术前沿的历史学家的共同追求,或者说是形成了一种带有思潮性的思想倾向。无论是社会经济研究、思想文化研究,还是通史教材的编纂,都可以看到这一思想倾向的学术案例。

1. 张金光的秦制研究

在社会历史研究中,张金光的"秦制研究"是一颗耀眼的明珠。从20世纪80年代到90年代,十几年的时间里,张金光一直致力于研究战国及秦的社会模式,并最终提出了一个自成体系的"官社经济体制"说。他基本观点如下:

---

① 张金光:《中国古代社会形态研究的方法论问题》,《史学月刊》2011年第3期。

战国社会经济制度的支配形态是在土地国有制基础上,通过国家授田,建立起强制性的份地农分耕定产承包责任制。这是一种官社或官公社经济体制。官社经济体制是在土地国有制下,以国家行政系统为统绪,以农为本,寓兵于农的新的政、农、军合一的社会经济体制。其首要特点是政社合一,政治、社会、经济、军事,乃至精神文化生活等在国家政权支配下的一体化。这种经济体制下,由于实行份地授田,政治经济关系主要是在政府与民之间发生的统治剥削关系,所谓阶级关系也都表现在官民对立之中。传统的战国新兴封建地主阶级说有违于历史真实。①

张金光所以会得出这样一个不同于传统理论的历史结论,是他抛弃西方历史解释框架而直面中国历史实际的结果。他在《秦制研究》中总结自己的学术思想说:

我的基本研究方法便是:从中国先秦秦汉的历史实际出发,准确把握历史事实,尊重事实,经过综合分析,"本名实相符"之原则,提出"官社经济体制模式"一理论概念,用以概括和表述中国古代历史上一定历史时期(主要是战国、秦)的一种带有普遍意义的社会经济体制,并以此去解释和说明当时的社会、政治、经济、文化等诸多关系和现象。关于此问题研究的基本思路和结论,可以概言之曰:土地国有制产生了官社经济体制;官社经济体制决定了当时的社会历史面貌。②

所谓"从中国先秦秦汉的历史实际出发",所谓"'本名实相符'之原则",就是要摆脱理论界以西方历史解释模式框架中国历史实际的教条做法,从中国历史本身探寻适合于本民族历史特点的历史解释框架。张金光有着很清醒的理论方法论自觉。他说:

以往学界用以表述中国古代社会的诸多概念和范畴,如"五种生产方式"说等,基本都来自于西方学术话语体系,唯独缺少产生于中国自身的理论话语体系,而在理论模式的建构方面尤为贫乏。事实上,全部中国历史的进程是以国家权力为中心运转的,国家权力决定并塑造了中国社会历史的基本面貌;中国国家的核心权力是土地国家所有权。③

---

① 张金光:《银雀山汉简中的官社经济体制》,《历史研究》2001年第5期。
② 张金光:《秦制研究》,上海古籍出版社,2004,第275~276页。
③ 张金光:《关于中国古代(秦至清)社会形态问题的新思维》,《文史哲》2010年第5期。

讨去，表述中国历史的一些概念和范畴大抵是泊来品，有的直接来自于欧洲中心论以及在其上形成的西方学术话语体系，有的是辗转、间接来自于西方，或者是仿制品。整齐、条理、系统化的五种生产方式说是斯大林总结提出的……关于中国的研究，应深入中国历史实践，通过大量的实证分析，做出符合中国历史实际的理论模式建构。吾致力于此道之研究凡三十余年，其目的在于另辟蹊径，以求走出西方历史中心论以及其西方学术话语体系所笼罩之困境，建构一符合中国历史实践逻辑的理论体系。①

2. 李伯重的明清江南经济研究

李伯重的明清江南经济研究，是20世纪90年代以来中国社会经济史研究中的一大亮点。90年代中期，李伯重就批评了传统的"资本主义萌芽情结"，决然与"世界各民族都必然遵循一条共同的道路"的教条化思维分道扬镳。他说：

> 从认识基础来说，"资本主义萌芽情结"是一种"单元—直线进化"史观的产物。按照这种史观，世界各民族都必然遵循一条共同的道路。资本主义是这条道路上不可回避的一个阶段，所以中国也必然要经历它。既然要经历它，当然就要有萌芽，否则就只能承认中国的资本主义完全是舶来品了……我们之所以这么做，主要原因是我们思想方法上的教条主义，使我们盲从于以欧洲经验为基础的历史发展模式……把从欧洲经验得出的社会发展规律绝对化，从根本上来说，也是欧洲中心主义的一种形式……坚信"西方有，我们也有"的民族心态和坚信"资本主义是中国历史发展的必经阶段"的信念，二者是有共同基础的，即认为中国应该而且必定能够按照欧洲近代发展的模式去发展。然而，中国近代历史的发展并未如此。至于"如果没有外国资本主义的影响，中国也将缓慢地发展到资本主义社会"、"如果没有洋人到来，中国也会出现自己的工业革命"一类的推论，则更明显地只是一种情结。②

这里，李伯重明确指出了中国近代以来"盲从于以欧洲经验为基础的历史发展模式"的思想痼疾，并毫无顾忌地批评了毛泽东关于"没有外国资本主义的影响，中国也将缓慢地发展到资本主义社会"的著名论断，否定了"单元—直线进化"史观的虚妄性。此后的多篇论文中，李伯重都坚持对"欧洲中心主义"的批判。如他在一篇论文中说：

---

① 张金光：《中国古代社会形态研究的方法论问题》，《史学月刊》2011年第3期。
② 李伯重：《"资本主义萌芽情结"》，《读书》1996年第8期。

（以往的中国经济史研究）其真正关心的、并不是研究"中国究竟发生了什么变化"，而是研究"中国应当发生什么变化"和"中国为什么没有发生它应当发生的变化"。换言之，它最感兴趣的是如何用近代西方的标准去评判中国的过去和预测中国的未来，而非解释中国过去的实际……这种欧洲中心主义的研究阻碍了我们对明清中国经济的真实情况的准确了解。①

但是，在李伯重看来，摒弃西方中心论也不是要造出一个中国中心论，中国学者还是应该融入国际学术主流之中。所以，他对明清社会经济的研究，仍然使用的是西方学者的概念体系和分析工具。其代表作是发表于 2001 年的《英国模式、江南道路与资本主义萌芽》一文，此文提出了一个著名的"江南道路说"。

李伯重认为，资本主义发展的英国模式，既有它的普遍意义，也有它的特殊性，不是所有的民族都可以循着这条道路去走到资本主义的。资本主义萌芽理论是从"社会再生产"出发的，而社会生产可以分为生产资料生产（主要即重工业）和生活资料生产（主要即农业和轻工业）两大部类，二者之间存在一定的比例关系。资本主义的发展需要的是以生产资料生产迅速扩张的社会再生产，而不是以扩大生活资料生产为中心的简单再生产。一般认为英国的工业革命以纺织业为先导，但实际上在这场革命中起更大作用的却是重工业的迅猛发展，即所谓煤铁革命。如果没有这个煤铁革命，工业革命是不能想象的。英国模式的特殊性正在于此。

学界都承认明清江南地区是资本主义萌芽最突出的地方，而明清江南经济发展的情况，恰恰与英国形成鲜明对照。明清江南工业发展最主要的特点之一，是其重工业畸轻而轻工业畸重，从而形成一种"超轻结构"。规模庞大的轻工业加上规模同样庞大（甚至更为庞大）的农业，生活资料的生产占了社会生产的绝大比重，以重工业为主的生产资料生产在社会生产中所占比重十分微小，并且随着江南工业的发展，这种畸轻畸重的情况还日益加剧。因此，如果我们承认英国模式所体现出来的再生产规律具有普遍意义，就必定会得出这样的结论：如果没有外部因素介入，明清江南经济发展不会导致近代工业化。在此意义上来说，英国模式并不适合明清江南经济发展的现实。②

李伯重对江南道路的分析，从方法论上说仍然是沿用西方的概念术语和分析方法，他的研究中所使用工业化、工业革命、生产部类、生产资料生产、生活资料生产、斯密型成长等，都是西方的经济学术语，但他则否定了英国模式的普遍

---

① 李伯重：《史学与变化——重新认识历史上的江南农业经济及其变化》，杨念群、黄兴涛、毛丹主编《新史学》（下），中国人民大学出版社，2003，第464页。
② 李伯重：《英国模式、江南道路与资本主义萌芽》，《历史研究》2001年第1期。

意义,以独立思考之精神,仅仅抓住明清时期中国江南经济发展的特殊性进行研究,做出了自己的独立判断。在李伯重看来,中国学者的自我思想清算,摆脱欧洲历史解释模式的影响,不能是简单地与西方决裂,而是要与盲从决裂,与神学和权威决裂,与经学思维决裂。在独立思考的科学精神面前,无论是中国的还是西方的,一切优秀的东西都可以吸收,并为自己所用。李伯重在2008年的一篇学术访谈中说:

> 研究中国经济史要摈弃西方中心论,但这并不意味着我们要建立一个与西方学术体系对立的中国独特的学术体系。这样做是不现实的,也是没有必要的……无论是中国还是西方都是人类历史的一部分,在历史研究中具有平等的地位。所以我们不应该走极端,为了反对"西方中心论"而创造出来一个"中国中心论",这是不可能也是不正确的。我认为,我们应当采取的方法,不是拒西方学术于千里之外,而是汲取西方学术的精华,丰富我们的研究手段,发挥我们自己原有的特长和优势,从而进入国际学术主流,并在这个主流占有与我们历史地位相符的重要位置。[①]

3. 葛兆光的中国古代思想史研究

1998年复旦大学出版社出版的葛兆光《七世纪前中国的知识、思想与信仰世界》(《中国思想史》第一卷)一书,无疑是当时中国古代思想史研究中一个最为引人注目的事件。葛兆光提出了一个"一般知识、思想与信仰世界的历史"的思想史理念,走出从子书到子书、从思想到思想或从社会到思想的研究套路,拓展思想史的研究范围和资料范围,创造了极具个性化的思想史研究法,为学界提供了无论从内容到方法都可以使人耳目一新的思想史著作。葛兆光的书出版以后,引起了不小的轰动,也发表了不少评论文章,可以说是誉满学界,但也谤声不绝。但无论是毁是誉,人们都多是在内容的学术性或规范的严谨性上思考问题,很少去考虑它在改变思想史研究模式的单一性以及思想解放方面的意义,很少去理解作者的内心世界。作者为什么要去构造这样一个思想史的模式,它反映了一个什么样的思想倾向?一篇关于葛兆光的访谈文章中说:

> 葛兆光指出,多年来那种僵化、凝固的"左"的思维统治着古代知识和思想的研究领域,惯常以一种僵化、简单的方式分析和描述中国古代的思想,历史人物总是被划分成大贵族和小贵族,或者是进步派、保守派和反动派。而实际

[①] 李伯重、梁晨:《铁肩担道义 苦心传文明——李伯重教授访谈》,《学术月刊》2008年第4期。

上，这并不是研究和描述中国古代思想发展的唯一方法。①

也就是说，葛兆光不满于多年来所形成的思想史著作模式，不满于这种来自西方的分析框架及其过于政治化、意识形态化的思想史话语体系，想创造一种更能接近中国思想史实际的具有中国意识的思想史言说方式，要让中国古代思想史研究向"中国"回归，更加中国化，才有了他的个性化思想史著作。他2000年以来的一些文章、访谈中不断地强调"中国意识"问题：

> 我之所以这样改变思想史的写法，主要动因还是一个来自中国的问题意识。我觉得，我们过去的中国哲学史和中国思想史研究，存在一个很大的弊病，那就是用某种来自西方的概念工具或者强烈的问题意识观念，将丰富的历史和思想资料脉络化。就好比编辫子，完全按照主观的想象、意识形态的观念和僵硬的逻辑，将所谓思想史拧成紧紧的一股。而我所要做的工作就是，将这个辫子解开并打散，然后再重新按照我们现在对思想史的理解，对其进行重新梳理和编织，这或许可以叫做"去脉络化"。②

> "中国意识"这个问题的提出，是因为我觉得现在的历史研究，除了把历史学当作技术活儿，缺乏问题意识和现实关怀之外，还有一个值得担忧的趋向，就是在各种西方理论以及国外中国研究的影响下，亦步亦趋，因而失去了自己的问题和立场。我们当然要接受各种各样的新理论、新观念、新知识、新资源，也要学习国外中国学的研究，但是，这必须和我们讨论中国的思想、中国的历史，两者之间必须有一个平衡。在历史研究中是否突出本土的问题、是否有本土的眼光，这是十分重要的。因为，我们只有表达出本土意识、本土立场，才能成为普遍意义的历史研究领域的有机组成部分，才能在文明对话时，真正融入世界……所以，我主张"让学术说汉语"，这并不是一种学术民族主义。③

要让中国思想史研究真正有"中国意识"，有"本土的问题，本土的眼光"，表达出"本土意识，本土立场"，要"让学术说汉语"，这就是葛兆光思想史研究的出发点，对于自梁启超、胡适以及马克思唯物史观引入以来，已经严重欧化、西化、概

---

① 转引自王峰明《在知识、思想和信仰的世界里开掘——记清华大学人文学院葛兆光教授》，《前线》2000年第3期。
② 葛兆光、张瑞龙：《新思想史研究、历史教科书编纂及其他——葛兆光教授访谈录》，《历史教学》2005年第2期。
③ 葛兆光、张瑞龙：《新思想史研究、历史教科书编纂及其他——葛兆光教授访谈录》，《历史教学》2005年第2期。

念化的中国思想史研究来说,这无疑是正当的要求,是符合中国学术的内在理路和发展方向的。

4. 刘泽华的"阴阳组合结构"说和张分田的"尊君—罪君"模式

刘泽华的中国古代政治思想史研究,也是摆脱欧洲话语体系的典型代表。刘泽华没有过多谈论这个问题,而是以自己的研究实践成功地回答了这个问题。他提出了一系列源自中国历史母体的概念术语作为分析工具,形成了较为完整的政治思想史解释体系。著名的"阴阳组合结构"说,就是他提出的最重要的中国思想史命题,并以此形成观察中国古代政治思想史的方法论思想。刘泽华说:

> 中国传统政治思想在其学理上是很难找出理论元点的,各种理论命题是交织在一起的……我们的先哲几乎都不从一个理论元点来推导自己的理论,而是在"阴阳组合结构"中进行思维和阐明道理……诸如:天人合一与天王合一;圣人与圣王;道高于君与君道同体;天下为公与王有天下;尊君与罪君;正统与革命;民本与君本;人为贵与贵贱有序;等级与均平;纳谏(听众)与独断……在上述组合关系中有对立统一的因素,但与对立统一又有原则的不同,对立统一包含着对立面的转化,但阴阳之间不能转化,特别是在政治与政治观念领域,居于阳位的君、父、夫与居于阴位的臣、子、妇,其间相对而不能转化,否则便是错位……上边罗列的各个命题,都是阴阳组合关系,主辅不能错位。比如在君本与民本这对阴阳组合命题中,君本与民本互相依存,谈到君本一定要说民本;同样,谈到民本也离不开君本,但君本的主体位置是不能变动的。①

"阴阳组合结构"说,为我们认识中国古代政治思想提供了一个重要的观察视角。它既突出了王权主义的思想主题,又凸显了中国古代思想复杂而圆润的中庸特点,具有重要的方法论价值。而从这个方法论思想以及它的概念命题中,我们能够感受到的是,该时期的中国古代史学者,在努力摆脱西方的影响,在清理东方主义的顽固偏见,在从中国历史的自身中寻找历史解释的分析工具,他们开始培养独立解读历史的自信和勇气。在这方面,刘泽华是有着清醒的方法论自觉的。他在《中国政治思想史集》第一卷"再版弁言"中说:

> 本书的立论基本上是来自归纳法,所有的材料都是从"母本"中梳理出来的,而且在解释和运用时也都以"母本"的整体性为前提。我曾给自己"立法",决不抓住一两句话,离开"母本"体系,推导和演绎出现代性的政治观念

---

① 刘泽华:《传统政治思维的阴阳组合结构》,《南开大学学报》2006 年第 5 期。

或理论。由于以归纳和"母本"体系为基础，我自信本书叙述的内容更接近历史的本来面目。

而他所说的"母本"，就是中国历史本身。和刘泽华有着共同学术理念的张分田，他所提出的"尊君—罪君"分析模式，也是一个从本土文化绅绎概念体系或分析工具的极好例证。在《中国帝王观念》一书的"导论"中，他描述了自己发现、提炼"尊君—罪君"分析模式的思维过程：

> 唐甄是研究"尊君—罪君"范式的最典型性的个案之一。正是他的"治天下者惟君，乱天下者惟君"的思维方式和"使我立于明主之侧……不出十年，天下大治"的政治抱负，启发了笔者的研究思路。笔者就是在撰写关于唐甄的一节书稿时，经反复思考，数易其稿，正式提出了"尊君—罪君"命题的。时在1993年秋冬。这个概括更能体现唐甄思想的性质与特点。不久，笔者发现不仅黄宗羲、王夫之、顾炎武、吕留良、龚自珍等都有类似的思维方式，就连明朝统治思想代表作《大学衍义补》也符合这个范式。此后，在广泛翻阅历代著名思想家的著作的基础上，逐步证实"尊君—罪君"范式具有普遍意义。在一定意义上可以说，笔者的概括来自唐甄的概括。这个概括与其说是笔者个人的主观判词，不如说是对历史现象的客观摹写。①

从刘泽华、葛兆光、张分田等人的思想史研究中，我们再也看不到唯心与唯物、社会存在与社会意识、阶级斗争与阶级观念、进步与反动等过去人们须臾不可离开的思想史分析工具；他们告别了传统的权威的意识形态教条，直接从中国历史的母体进行概念提炼，寻找分析工具，实现了分析工具、概念体系和研究方法的民族化。这在20世纪90年代以来的中国古代思想上研究中，逐渐形成趋势或潮流。

5. 朱绍侯主编《中国古代史教程》的概念表述

具体学术领域里摆脱欧洲历史解释模式的思想倾向，经过一段时间的发展，最终在高校教材这种相对稳定的历史著作中得到了反映。2010年河南大学出版社出版的《中国古代史教程》一书，不再采用五种社会形态的解释框架，也不在教材中讨论这个问题的是与非，而直接使用中国历史中已有的词汇来叙述中国的历史发展。

在关于中国社会形态问题的讨论中，有些人担心如果不使用五种形态的概念体系，古代中国的历史就会无法叙述，中国历史的叙述已经对之形成了严重的概念依赖。譬如，如果不把秦至清两千多年的中国历史称作"封建社会"，那么如何称呼它

---

① 张分田：《中国帝王观念》，中国人民大学出版社，2003，第35页。

呢？回避这个概念，历史能说清楚吗？放弃五种形态理论的《中国古代史教程》，回答了这个问题。该书放弃使用"奴隶社会"、"封建社会"等传统的一套概念体系，使用本民族自有的词语概念，平实地叙述了中国历史的发展进程，取得了令人满意的效果。不出现"奴隶社会"和"封建社会"概念的中国历史进程叙述，显得更流畅、更平实，更能反映中国历史进程的真实面貌。

譬如，在一般的中国古代史教材中，关于秦统一后巩固统一的措施，在全国确认土地私有制度，多是使用"封建土地私有制是地主阶级统治的经济基础"，秦统一六国后，"令黔首自实田"，这就意味着私有土地受到统一的封建政权的保护，意味着"封建土地所有制在全国范围内正式得到确认"，"这也使地主阶级利用土地剥削人民成为合法，压在农民身上的地租、赋税以及各种徭役也愈来愈重"等一类语言、概念来表述。而同样的内容，在《中国古代史教程》中则叙述为：

> 秦始皇三十一年（前216），下令"使黔首自实田"，即命令土地拥有者向官府呈报占有土地的情况，然后官府根据其呈报的数额征收租税。这意味着秦在全国范围内承认土地私有权，中国古代的土地私有制正式确立。为了征收租税的便利，秦颁布了统一货币、度量衡的法规……这些措施，对建立新的经济秩序、促进社会经济发展以及帝国赋税职能的实现，都起到了积极的作用。①

和一般教材中的说法相对照，在《中国古代史教程》中，"封建土地私有制"变成了"土地私有制"；"地主阶级利用土地剥削人民"的表述不再出现，代之以"官府……征收租税"；"剥削人民成为合法，压在农民身上的地租、赋税以及各种徭役也愈来愈重"，代之以"对建立新的经济秩序、促进社会经济发展以及帝国赋税职能的实现，都起到了积极的作用"。哪种叙述更有中国历史的味道，是可以感知的。

关于清中期以后社会矛盾和社会危机的叙述，也是很好的例证。一般教材在谈到清中期以后的社会危机时，大都强调土地高度集中所造成的清代封建地主阶级对农民剥削的加强，诸如农民沦为佃户，承受地主阶级高额地租剥削；封建政府对农民进行的赋役剥削越来越重；封建官僚统治机构日益腐朽，吏治腐败等，最终导致了人民的反抗斗争，给满、汉地主阶级以沉重打击，使得清朝开始了由盛到衰的转折。而同样的历史内容和问题诠释，在《中国古代史教程》中是这样叙述的：

> "尽管除掉了乾隆时代腐败的象征和珅集团，但嘉庆并没有摆脱政治困境，也无法从根本上改变乾隆以来国运衰退、社会危机不时爆发的趋势。""嘉庆帝

---

① 朱绍侯主编、龚留柱执行主编《中国古代史教程》（上），河南大学出版社，2010，第207页。

的政治困境首先是其本人的保守性格所造成。乾隆帝虽然通过传位、训政顺利地实现了权力交接，但却塑造了嘉庆帝墨守成规、不思变革的性格，使得嘉庆年间的社会更趋于停滞后退。嘉庆表面上反对官场效率低下，但他自己也助长了这种风气。""其次是乾隆以降形成官场因循守旧、官吏饱食终日、相互推诿的风气积重难返。""再次是官场贪污腐败成风。曾有直隶官吏，上下串通，共同贪污，不仅州县司书、银匠私下侵吞，而且幕友、长随也参与分赃。""政治困境难以摆脱，社会危机便接踵而至。就在颙琰即位的当年，即嘉庆元年（1796），震惊全国的川、楚、陕三省白莲教大起义爆发了……他们对以前所赖以生存的组织机构已经失去信心，清朝官方的社会组织机构正趋于涣散和瓦解……虽然嘉庆朝镇压了几次大规模的农民起义，但社会危机并没有从根本上缓解……到咸丰朝发展为大规模的捻军，与太平军北南呼应，极大地动摇了清朝的统治基础。"①

在这样的分析中，阶级斗争理论不见了，社会矛盾作为一种常见的社会危机问题去处理。造成该时期社会危机的主要因素，有嘉庆帝本人的保守性格，乾隆以降形成的官场之上因循守旧、相互推诿之风气，以及官场贪污腐败成风等方面，这既是从中国历史本身总结出来的认识，又是传统社会带有普遍性的社会政治问题。将农民战争归入社会危机的社会问题范畴，分析造成社会危机的原因，寻找解决社会危机的途径和方法，在任何时代都是必要的、有意义的。这样的历史解读，比起把一切社会问题都归之于两大阶级的对抗和斗争，不仅更符合历史的实际，更平实可信，也更具有普遍的历史借鉴意义。《中国古代史教程》抛弃社会形态概念体系，摒弃阶级斗争思维，用本土语言叙述中国历史的发展进程，是一个可喜的尝试；同时它也反映了20世纪90年代以来中国古代史研究中正在形成的极力摆脱欧洲历史解释模式的学术思潮或思想倾向。

（四）中国政治思想史研究中批判精神的崛起

批判精神的缺失，曾经是20世纪五六十年代史学的一大痼疾；而20世纪90年代的中国古代史研究中，我们则欣喜地看到，历史学家的批判意识有了明显的觉醒，并突出地表现在中国古代思想史研究方面。

本文已经多次谈到刘泽华的中国古代政治思想史研究，这里又不能不再次讨论他的相关方面，因为他在中国古代思想史研究方面的突出成就，正是批判精神所绽放的思想之花。刘泽华自己谈到过，他研究中国政治思想史的目的"就是为解析中国的'国情'，并说明我们现实中封建主义的由来"。②当被问到"这是否是'理念'先

---

① 朱绍侯主编、龚留柱执行主编《中国古代史教程》（下），第832~836页。
② 刘泽华：《中国政治思想史集·总序》，人民出版社，2008，第1页。

行,违背了学术独立的原则,是否有实用主义的手病"时,刘泽华说:"我不排除'我'的因素和目的,也不排除'理念'先行,不贯彻某种'理念'的历史认识几乎是不存在的。我所写的东西表达的是我的一种认识。'文革'以及前后那么多的封建主义,不全是新冒出来的,很多是中国历史的延续,对此不应袖手旁观和熟视无睹……有人说,从我著述中看到了某些现在的东西,能有这种感受,可谓得吾心矣!"①强烈的现实关怀,是历史学家的优秀传统;而现实关怀在古代史家那里,主要是资治意识,到新中国之后,演变为服务意识,即所谓"为无产阶级政治服务",具体说就是为现实政治和政策服务。古代的资治意识和现代的服务意识,最根本的要害是历史学家学术人格和批判精神的丧失。在这种传统观念的支配下,历史学家向现实政治交出了自己独立思考的权利,成为为政治和政策摇旗呐喊的御用工具,历史学也因之而成为跟风史学或影射史学。刘泽华的现实关怀与之最大的区别,是他的独立思考,是他对现实政治的冷静观察,是在现实面前保持了学者的独立人格。正是这种出自独立思考的现实关怀,才使他的研究真正实现了与现实的对话,并具有了现实批判精神。

张分田的中国古代政治思想史研究,也充溢着强烈的批判意识。2004年以来,张分田连续出版了《中国帝王观念》、《民本思想与中国古代统治思想》两本皇皇巨著,系统地回答了一些年来竭力倡导国学而将儒学现代化的若干重大问题,表达了一个史学工作者强烈的现实关怀和批判精神。

张分田所揭示的中国古代帝王观念的内在逻辑结构,就是前边提到的"尊君—罪君"模式,这是中国政治思想史研究中的一个重大发现。他的研究证明,尊君与罪君基于同一个思想体系、价值体系,二者相辅相成,共时性地寓于一体,但却是罪君为尊君所制导。②而为什么会是如此?罪君如何为尊君所制导,二者为什么隶属于同一个思想体系?作者在一篇文章中分析道:

> 以罪君为主要特色的思想家,除无君论者外,都认同由一人执掌最高权力的政治制度和圣化的政治权威。他们不仅从来没有提出过治权在民的政治理念,反而在抨击暴君暴政的基础上设计理想化的"圣王之道"。
>
> 道高于君这个命题本身就是把道与君紧密地联系在一起的。道,指一般原则;君,指具体君主。所谓道高于君即君主制度的一般原则凌驾于现实中的一切君主。这个思路必然形成一而二,二而一的理论结构:"有道理想"与"道高于君"。如果说有道理想着重论证君主制度的合理性、绝对性,那么道高于君则着

---

① 刘泽华、范思:《治史观念与方法经验琐谈——刘泽华教授访谈录》,《历史教学问题》2006年第2期。
② 张分田:《中国帝王观念》,中国人民大学出版社,2003,第12~13页。

重论证君主的行为规范及其权位的相对性。就主要政治功能而言，天下有道的政治信仰势必导向皈依王权，憧憬圣王；而道高于君的政治信条则势必导向规范王权，抨击暴君。显而易见，以道罪君是由以道尊君中派生出来的。道与君主制度相合是本质，道与具体君主相分是现象。无论维护道义的士人与时君、时政有多大冲突，都不具有在理论上否定君主制度的意义。维护道统的士人必定是君主制度的同路人。①

于是，张分田的研究证明，无法将古代的君主批判理论归入民主思想的范畴："所谓圣王之道又以治权在君作为一般法则。这就无法将他们的理论体系归入民主范畴。"②

在多年研究的基础上，2009年，张分田又出版了七十多万字的《民本思想与中国古代统治思想》一书，沿着"尊君—罪君"思路，详细地解剖了中国古代民本思想传统的理论本质。该书开宗明义地提出：

> 本书的核心命题是：现代学术界所说的"民本思想"始终是中国古代统治思想的重要组成部分。甚至可以说，中华帝制的政治原理是以民本思想为基础框架而精心构筑的庞大的思想体系。③

张分田对民本思想属性的最终判断是：

> 民本思想是全面论证、系统规范君主制度的政治理论。从历史过程看，帝制越兴旺，"惟邦本"思想就越发达，皇权越集中，"民贵君轻"观念就越普及。在历代王朝的官方学说代表作乃至最高统治者的著作和言论中，可以找到民本思想的核心理念和基本思路。民本思想一直是统治思想不可或缺的有机构成之一，甚至可以成为中华帝制统治思想的代称。④
>
> 从理论特质、制度设计、政治实践和发展历程看，中国古代的"民本思想"不是"民主思想"。主要根据是：从理论特质看，民本思想始终没有明确指出"治权在民"的思想；从制度设计看，民本思想与中华帝制具有高度的匹配性；从政治实践看，民本思想的主要功能是优化君主政治；从发展历程看，民本思想既没有推出民主共和政治，也没有自发地导出民主思想。就最基本的核心理念而

---

① 张分田：《从民本思想看帝王观念的文化范式》，《天津师范大学学报》2004年第1期。
② 张分田：《从民本思想看帝王观念的文化范式》，《天津师范大学学报》2004年第1期。
③ 张分田：《民本思想与中国古代统治思想》（上），南开大学出版社，2009，第1页。
④ 张分田：《儒家的民本思想与帝制的根本法则》，《文史哲》2008年第6期。

言，民本思想不属于民主思想范畴，而属于专制主义范畴。①

张分田的研究，是迄今为止对中国古代最为重要的一个思想传统的最为详尽也最为明晰而辩证的回答。从《中国帝王观念》到《民本思想与中国古代统治思想》，张分田所取得的思想成果，不是本文评论的中心问题，我们企图要寻找的是支撑作者选择论题及其寻找答案的思想原点，他的内心世界。

张分田的研究，是有其现实针对性的。在《中国帝王观念》的"导论"中，他公开声明：

> 就本书的研究课题而言，虚无主义者的论点过于简单，而以现代新儒家为典型代表的一派，其论点涉及中国历史上一批重要的思想现象，不条分缕析，详加辩驳，则不足以推而倒之。更何况深入批判以孔孟为代表的中国古代专制主义思想体系，依然是中国思想史学界尚未完成的重大历史使命。因此，本书学术争鸣的主要对象是"儒家民主主义"说。②

2010年，在一篇关于讲述自己的学术视角和治学心得的文章中，他也明确表达了这样的思想：

> 近代以来，由于对儒学历史价值及现代意义的评估分歧巨大，于是儒学的本质属性始终是学界辩论的焦点，至今仍聚讼不已。一批将儒学奉为"国学"、"国教"、"国粹"、"国魂"的学者依据儒家经典中一批蕴含积极因素的命题，诸如民惟邦本、民贵君轻等，判定孔子"倡导民主"，孟子"谓为世界民主论之先驱可也"，乃至有儒家"民主主义"、"自由主义"的说法。这类学者对儒学的重大负面因素，或视而不见，或曲解美化，或遮遮掩掩，或轻描淡写。于是在他们的事实陈述中，儒学体系的完整结构被掩盖了一半。我将这种现象称之为"结构性信息缺失"。一些不熟悉儒家经典的人很容易受到这类事实陈述的误导。
>
> 解读古代思想最容易出现望文生义、断章取义乃至随意演绎的失误。避免出现这种情况的途径之一是以解析组合命题、分析理论要素等方法，全面考察理论体系。任何一种比较成熟的政治理论体系都是由一系列相关理论要素依一定方式组合而成的整体。相关的政治命题有各自的意思表达和特定的理论功能，并按照

---

① 张分田：《民本思想与中国古代统治思想》（下），南开大学出版社，2009，第743页。
② 张分田：《中国帝王观念》，中国人民大学出版社，2003，第56页。

既定的政治宗旨和特定的思维方式组合在一起，共同构成逻辑圆融的理论体系。①

很显然，张分田的主要论题是针对"儒家民主主义"说，是对现代新儒家一系列思想观点和文化主张的批判和回应。在作者看来，当代中国的文化建设，最为重大或曰最为繁重的任务，仍然是"深入批判以孔孟为代表的中国古代专制主义思想体系"，这是一切具有强烈现实关怀和具有历史责任感的历史学家，必须肩负的重大历史使命。

张分田提出的是关系中国历史发展前途和命运的大问题。中国两千多年的专制主义文化传统由于近代以来的特殊国情，至今也没有受到根本性的动摇或触动，甚至由于"文化大革命"的原因而再度泛滥而达至顶峰，批判专制主义仍然是现实社会重大而艰巨的思想任务。而现代新儒家及其一些文化保守主义的思想主张，配合以非理性的民族主义情结，使得一些人（上至政治家和思想精英，下至富有怀旧情结的芸芸众生）把中国未来的希望寄托于向传统的回归，于是抓住传统文化中某些似是而非的思想要素大做文章。如果不对所谓"儒家民主主义"的种种论调给予有力回击，思想文化领域的复古倒退之风，最近十多年来日益滋长的国学热、读经潮，将危及新时期以来的改革大业，并最终葬送中华民族初见曙光的复兴前程。张分田的研究，是在这样的思想文化背景中展开的，并由此使他的研究具有了强烈的批判意识。

作为学者，张分田要执行的是学术的批判，并通过学术批判达到历史批判和现实批判的双重目的。学术批判的武器是学术，而科学的学术研究，就恰恰具有批判的功能。张分田敏锐地捕捉到了所谓"儒家民主主义"在学术上的致命死穴，即他们总是片面地抓住诸如"民惟邦本"、"民贵君轻"一类传统的思想命题大做文章，从中挖掘所谓民主思想，以证明其现代价值；而偏见、偏执或是思想的贫瘠，则使得他们不懂得这些命题也只是更大的思想范畴的要素或支脉，只是中国传统文化中普遍存在的阴阳组合结构中的一端或一极。张分田是用科学的分析态度来讨论问题的，他指出，新儒家们的种种论说，都省略掉了问题的另一个方面，即"在他们的事实陈述中，儒学体系的完整结构被掩盖了一半"，于是他提出，"研究一种思想的属性必须借助结构完整的事实陈述"，任何望文生义或断章取义都会将古代思想现代化，而掉进传统的陷阱。正是"结构完整的事实陈述"这一平实的科学态度和研究方法，使他将诸如"民惟邦本"、"民贵君轻"一类优秀的传统思想成分，无可争辩地归入专

---

① 张分田：《完善事实陈述的主要途径——涉及中国思想史研究方法与视角的治学心得》，《湖南大学学报》2010 年第 6 期。

制主义的思想传统之中,还原了思想的本质。釜底抽薪,张分田用百余万字的研究成果,执行了宏大的历史批判!

研究当代历史学家的现实批判精神,中青年学者雷戈则是一个比较突出的代表。2006年以来,雷戈相继出版了两本中国政治思想史方面的学术论著《秦汉之际的政治思想与皇权主义》和《道术为天子合——后战国思想史论》,颇显学术锐气。这两部著作在学术思想上的贡献主要有两点,一是提出了"后战国时代"的思想史概念,并将后战国时代思想的主旋律确定为皇权主义意识形态的生成和确立,为人们认识秦汉以后中国政治思想史的内容和特质,提供了明确的思想借鉴;① 二是提出了认识中国秦汉以后政治思想的三个重要命题,即"天高皇帝近"、"道术为天子合"、"诸子皆王官"。下文则主要来分析在这两部书中所体现的强烈的现实感和批判意识。

在《秦汉之际的政治思想和皇权主义》一书中,雷戈写道:

> 有一个事实是我们始终无法回避的,即中国有着两千年的皇权教化主义传统。这个传统在决定性的程度上已经深刻塑造了中国人的思想品质。而我们现在所要试图理解的就是这种传统。它把思想弄成一种规范式的东西,要求人们只能进行一种规范主义的思考。它把统一思想作为思想本身的目的。围绕这个目的,它建构和制定出一整套体制和标准,从而使得人们的正常思想成为专制制度可以强力控制的东西,即使思想成为一种可控的过程。②

中国已经有过两千多年专制主义的历史,而这个专制主义的最大危害是对社会公众的思想专制,"把思想弄成一种规范式的东西","把统一思想作为思想本身的目的",这无疑是对专制主义本质最深刻的揭示、控诉和批判。对于有着悠久专制主义传统的中国来说,雷戈的研究具有强烈的现实批判意义。

在《道术为天子合——后战国思想史论》一书中,雷戈对意识形态的思想控制功能又进行了既形象清晰又犀利入木的历史批判。他写道:

> 意识形态就像河流上修筑的水库和堤坝。有了水库和堤坝,河流的性质和状态其实就已经发生了某种程度的变化。表面上看,河还是那条河,河仍然在原来的那条河道里流淌和奔腾,但实际上,河流原有的自然性质已被改变了。河水不是完全按照自己的本性在自然流淌,而是受到人工的有力控制,它变得必须服从

---

① 关于这一点,笔者曾有过评论,见《"天高皇帝近":一个重要的中国思想史命题——雷戈〈秦汉之际的政治思想与皇权主义〉评介》,《史学月刊》2007年第10期。
② 雷戈:《秦汉之际的政治思想与皇权主义》,上海古籍出版社,2006,第64~65页。

人为的需要。这样河水就在自己的河道里被改造成一种符合人的意愿的有序形态。由此还可能引发水质、河中生物、流域生态环境的某些变化或变异。以此比喻可以直观地理解意识形态之于思想史演进的深刻定向功能。①

两千多年的专制主义历史，造成了无比强大的思想专制传统，使"专制"具有了历史的天然属性。于是，在这种历史中生存的社会公众，已经麻木到无法感知专制的威压；接受专制的控制与支配，就确如在河流中仰泳顺水而下。雷戈对中国古代社会意识形态所执行的专制主义功能的生动揭示，对于仍负有批判专制主义使命的当代社会，确有其警世作用。

雷戈在《秦汉之际的政治思想与皇权主义》一书的"后记"中说：

> 我希望能够创造出一些真正有价值的东西。但有些似乎超出了我最初的预想。每天都在见证并重新认识一些似曾相识的东西，成为这种思考过程中最有意义的一部分。历史作为现实中匿名的存在，使得我们的生活方式和信仰体系在巨大的惯性中始终处于一种不确定的状态。我们能够用手触摸到它，但却无法把握。如果把现在人抛进俑坑，填上黄土，谁能担保他不会又是一个新的秦俑？而且历史的所谓进步似乎也不应仅体现在对过去的这种现代式展示和审美性观赏。现代知识人在俑坑底层的逍遥倒是真正值得关注。我们应该还能听到不远处的儒坑中那绵绵的呼吸和不绝的呻吟。

雷戈的心可能过于沉重，但这沉重没有能窒息他跃出俑坑的冲动；并且，正是这种冲动，使他的研究具有了强烈的现实感和批判意识，反映了当代学人的现实关怀和历史责任。也正如他在《秦汉之际的政治思想与皇权主义》一书的"后记"中所说："以学术为人生，只是一种人生境界。以学术关照人生，才是学术的最高境界。"他的两本中国古代政治思想史著作，就是在追求这个学术的最高境界；也因之成为20世纪90年代以来，中国思想史研究中批判精神崛起的代表或象征。

（五）唯物史观沉淀于历史学家的心理层面

20世纪90年代以后中国古代史研究中出现的众多理论创新，历史学家的思想解放，经学思维的被冲决，绝不意味着历史学家对马克思主义唯物史观的简单抛弃。人们所做的，只不过是对教条化唯物史观的摒弃，是对马克思主义理论盲从态度的摒弃，实际上，长期教育或灌输的唯物史观的基本理论，已经深入历史学家的心理层面，成为人们一般的普遍的思维素质。虽然以往言必称马列、书必引经典的学术风气

---

① 雷戈：《道术为天子合——后战国思想史论》，河北大学出版社，2008，第47页。

不见了，但在人们思考重大学术问题的时候，支配历史学家思维的基本要素，却仍然是马克思所给予的。套用刘泽华的话说，马克思主义对于中国的历史学家来说，那就是"马克思在我心中"。

以笔者观察，在这方面，晁福林的先秦史研究，就是一个很典型的代表。

晁福林 2003 年出版有《先秦社会形态研究》一书，我们可以先拿他和"文化大革命"以前的同类著作在文风上做个简单的比较。1979 年史学界出版有一部很有影响的著作，即胡如雷先生的《中国封建社会形态研究》[①]，晁福林的《先秦社会形态研究》[②] 与此可谓同类性质，然因为时代不同了，在文风上显示出很大差异。胡著全书 32 万字，征引马克思、恩格斯、列宁、斯大林、毛泽东的著作 124 次，平均每万字征引 3.875 次；晁著 54 万字，征引同类经典文献 83 次，平均每万字征引 1.537 次，单从引经据典的教条遗风上看，就比前者减弱了 60%。而且，晁著的经典文献征引，多集中在第一章"先秦时代社会形态的理论研究"这一纯粹的理论研究部分，其所征引多属问题讨论的涉猎范围，马列经典文献是作为讨论的参考文献，而不是简单的公式化套用。在晁著第三章之后关于先秦社会形态的具体研究中，将近 40 万字的篇幅，对马列文献则只有三次征引，还是在批评他人著作中的错误引证而被动引述。可以说，在晁著第三章之后的 40 万言论证中，没有一处引用到马克思他们的文献资料。2011 年，晁福林又出版了《春秋战国的社会变迁》[③] 一书，而这 70 万字的巨著中，也仅有一处提到恩格斯的相关论述。这些在文风方面的改变，是 20 世纪五六十年代的历史学家所不敢想象的，它毫无争辩地证明，90 年代之后的历史学家，已经基本上清扫了言必称经典的教条化遗风，在一定程度上从权威崇拜和经学思维中走了出来。

但同样毫无争辩的事实是，像晁福林这一代的中国历史学家，却是由唯物史观理论培养出来的学者。马克思主义的理论和方法，已经化作基本的思维素质，体现在他们的研究和著述中。他们的具体历史研究，体现着马克思的思想营养，实践了恩格斯"不要生搬硬套马克思和我的话，而应该根据自己的情况像马克思那样去思考问题"[④]的谆谆教诲。

就晁福林的个案说，笔者以为，马克思主义理论的深刻影响，或者说晁福林对马克思主义的传承或运用，主要表现在两个方面。一是继承马克思唯物史观的基本理念，关注宏观历史走向。马克思的唯物史观，把人类历史发展看作一个社会经济形态

---

① 胡如雷：《中国封建社会形态研究》，三联书店，1979。该书虽然出版于 1979 年，但实际的写作和成书年代，则是在"文化大革命"前和"文化大革命"中。该书"自序"中说："本书稿完成于 1964 年……从 1974 年开始，我每晚利用业余时间在书斋里进行修改，也没有想到几年后就能和读者见面。"

② 晁福林：《先秦社会形态研究》，北京师范大学出版社，2003。

③ 商务印书馆，2011 年。

④ 引自《智慧的明灯》，人民出版社，1983，第 91 页。

发展的自然历史过程，特别重视历史发展的内在规律性的揭示，重视历史的宏观进程。而晁福林的先秦史研究，就恰恰体现了这一点。从20世纪90年代以来，晁福林最有影响的三部书是《夏商西周的历史变迁》、《先秦社会形态研究》、《春秋战国的社会变迁》，他把自己的研究定格在对中国社会形态特殊性的研究方面，并以此为人们认识人类社会发展的共同规律提供借鉴。诚如他在一篇学术访谈中所言："由于中国古史发展的系统性和完整性，所以探讨中国特色的社会形态理论就具有更大的学术意义，对于阐明人类社会发展的共同规律也就具有更大的价值。"① 于是，晁福林的这些研究就无可争辩地具有了宏大气象。而且，晁福林的研究，也具有坚持和发展马克思主义历史理论的思想自觉。还是在这篇学术访谈中，他说：

> 马克思主义经典作家提出了社会经济形态的理论，但是他们的相关论述直接涉及中国社会形态问题的内容并不多。马克思、恩格斯在提出相关理论的时候，总是实事求是地指出，他们所提出的理论的依据主要是西方的材料。所以我们研究中国的问题，不能将马、恩的论断生搬硬套到中国古史上面，而应该花主要的精力来研究中国古史的历史实际，提出符合中国古史的相关理论。

晁福林是在马克思没有解决的问题（中国古代社会形态）上，开拓自己的研究道路，并且是不生搬硬套马克思的具体论述，而把精力集中于中国古代历史的实际进程。

二是晁福林的研究，实践了唯物史观所提供的方法论思想。我们知道，唯物史观为人们提供的是一个以人们的经济活动为基础去观察人类一切社会活动的特有的思维角度，从社会存在的角度去理解人类思维活动进程的思维路径。对于重大的历史进程来说，经济关系具有特别重要的意义。这一点，就很好地体现在晁福林的著作中。前边说过，晁福林70万字的大著《春秋战国的社会变迁》中，基本上没有提到马克思的任何论述，但仔细读来，又几乎处处可以感受到马克思唯物史观的思想方法，即特别重视经济因素的决定性作用。在该书第三章"社会性质的演变"中，一开始就交代了他的思想方法和研究思路：

> 春秋战国时期，其社会性质是由宗法封建制向地主封建制过渡的时期。这一时期社会性质的演变，在政治上的表现是政治权力的下移；在经济上的表现是井田制度的趋于瓦解和土地赋税制度变革；在社会结构上的表现是自耕农民这一社会阶层的出现和壮大，士阶层这一社会群体的发展及其影响的日益增强；在文

---

① 晁福林、邹兆辰：《对先秦历史文化问题的艰辛探索——访晁福林教授》，《历史教学问题》2006年第5期。

思想方面的表现在于文化的普及和思想的解放，以及由此而触发的百家争鸣，正是社会性质大变革的反映。这一过渡是中国古史上社会结构极为重要的转变。春秋战国时期社会生产力的提高所促成的社会经济的全面发展为这一转变奠定了基础。作为生产关系变动晴雨表的是土地赋税制度的变革。我们研讨春秋战国时期社会性质的演变问题，系从土地赋税制度的变革开始，再进而分析社会各阶层及新的社会群体的出现与发展的情况，以期对于那个时代社会性质的变迁能有一个大略的认识。①

很显然，晁福林的思想方法，也就是唯物史观的方法，社会生产力的提高所促成的社会经济的全面发展，是他论证该时期社会变革的基础。这样的思想方法，也体现在该书的具体论述中，像"以力役地租为主要剥削形式的农业经济是周王朝立国的基础"；"随着周王室经济的严重衰退，西周后期人们的经济观念出现了新的因素"；②"春秋时期各诸侯国陆续采取'初税亩'、'初租禾'、'相地而衰征'等措施，改变剥削方式。这种变革与西周后期经济的变化与经济观念的发展有着一脉相承的关系"③ 等，这样强调经济作用的论述，随处可见。所以，我们说，晁福林的研究，虽然没有高谈唯物史观的原则和口号，而实际上是真正地实践了唯物史观的方法论，唯物史观已经深埋在他的心理层面。

晁福林是否定传统的五种形态理论的规律性意义的，并由此倡导和倾心于中国古代社会形态特殊性的研究。但是，我们在他的研究中却看到了唯物史观思维方法的深刻影响。当代中国的大多数历史学家都是这样，他们都不再据守马克思的具体论断，然而他们却没有抛弃马克思主义。这就是20世纪90年代以来从事古代史研究的历史学家思想世界的基本状况。

（六）20世纪90年代以来中国古代史研究思想世界的整体评论

探知20世纪90年代以来中国古代史研究背后的思想世界，有几点趋势性的东西显得异常清晰：

其一，历史学家的思想关注，已经从对理论神圣性的恐惧，转向了对中国历史实际的兴趣。无论是对中国历史发展道路或曰中国古代社会形态特殊性的探讨，还是对中国历史特点（国家权力支配社会）的认可，都表现出更加尊重历史实际的思想倾向。历史学家在理论与历史相矛盾的地方，毫不犹豫地站到了历史的立场上。20世纪五六十年代对理论的盲目尊崇与恐惧，20世纪80年代冲出理论束缚时的惊悚、勇

---

① 晁福林：《春秋战国的社会变迁》下册，第545页。
② 晁福林：《春秋战国的社会变迁》上册，第29页。
③ 晁福林：《春秋战国的社会变迁》上册，第33页。

气和跃动，到此阶段已变为平静而理性的探讨，权威理论可以成为质疑的对象。这无疑是有着几千年权威崇拜和经学思维传统的中国学人思想境界上的极大进步。

其二，历史学家已经厌烦了欧洲话语模式和历史解释框架的强势和霸道，对这套来自异邦他土的理论与中国历史实际的不相融洽有了清晰自觉的理性认识，摆脱西方控制的愿望极其强烈。一位历史学家曾就此发出强烈的呼声："我真的不知道未来的突破将从哪里开始，将以什么样的形式出现，心中只有期待……在纷乱的思绪里，不止一次地责难自己，也苛求别人，浮现过大胆甚或有些粗暴的假想：我们是不是需要暂时地先把许多诱人却消化不良的社会科学概念搁置一旁……因为这种历史诠释的习惯，已经延续百年有余，时时妨害我们直面生活事实。'理论'牵着史料的鼻子，历史的真容不是变得更清晰，反而越来越像不断整容甚或变性后陌生的'她'。"[①] 从晁福林主张"中国社会形态研究应当建立起自己的话语系统"和张国刚提出的"重建植根于本土经验之上的历史理论"，都反映出历史学家希望重建中国历史解释理论的迫切愿望；而且，无论是社会形态的理论性研究，对中国古代思想的重新解读，还是对中国社会基本矛盾的重新定位，都反映了这种思想趋向，大有形成思潮之势。这种思想趋向预示着中国历史理论的发展方向。

其三，中国古代史学者在思想深处，开始倾向于学术个性的追求，并越来越自觉到肩负起学术批判的责任。无论是刘泽华的"王权支配社会"说，张分田的帝王观念和民本思想研究，还是雷戈的"天高皇帝近"、"道术为天子合"、"诸子皆王官"三大命题，再及张金光的"官社经济体制模式"说，都既突出了鲜明的学术个性，又表现出强烈的现实关怀和现实批判精神。这是该时期历史学家思想属性的重要特征。这种现实关怀和现实批判精神，是对传统学人经世思想和资治思想的继承和超越，将古代史学的优秀思想转化成了现代科学精神。

其四，该时期学人的思想世界里，表现出用母体语言言说自身历史传统的强烈愿望。秦至清社会形态命名中提出的各种看法，郡县制社会、士族社会、帝制社会、宗法地主制社会等提法；中国思想研究中提出的阴阳组合结构、尊君—罪君模式以及让"历史说汉语"的呐喊等，都是这种思想倾向的突出代表。而且，用这些语言概念言说的中国历史，更能为中国普通民众所理解，所接受，更能发挥历史研究促进民族向心力和凝聚力的功能和作用。

其五，20世纪90年代以来，中国古代史研究所展示的本土化思想倾向，是与意识形态强势话语系统和近代以来的西方话语霸权抗争的结果，是对思想理论控制反叛的结果，也是历史学家追求本土历史真实性的历史责任感使然，和最近一些年来流行的民族主义思潮、文化保守主义倾向，甚至和与之极其相似的国际范围内的社会科学

---

① 王家范：《明清江南研究的期待与检讨》，《学术月刊》2006年第6期。

本土化思潮，都没有思想联系，也并非受其感染；甚至恰恰相反，历史学家对本土历史的重视，是他们独立思考中国历史学道路的必然性选择。如果说中国古代史研究所表现出来的本土化倾向，与国际范围内的社会科学本土化趋势有某种暗合之处的话，那也仅仅是"暗合"，而非自觉地与之靠拢；至于与民族主义思潮或文化保守主义倾向，则没有任何共同之处，在这种本土化特色研究中所展示的是一种严肃的历史批判精神。这里需要说明的是，笔者并不是一味地赞成本土化倾向，特别是不赞成由此可能导致的对西方文化的盲目排斥，在概念体系、话语体系的选择上，我们重视的是它对历史解释的适用性，解读历史的有效性；在这方面，最重要的是历史学家的独立思考、批判意识和科学精神。有了这样的学术品格，目前显露出来的本土化倾向，就不会演变为简单排斥外来文化的民族主义倾向。

其六，20世纪90年代以来中国古代史学人的思想世界里，并没有消失马克思主义的踪影。虽然他们对已经教条化的马克思主义极其反感并努力摆脱，但真正的马克思主义理论之精髓，已经融化入他们的血液中，变成了一种思维理性和思维习惯。比如他们对宏大历史问题的把握，在思想史研究中对社会历史背景的重视，政治思想研究中对政治权力机制的重视等，都可以看到马克思历史思想的潜移默化的影响。严格地说，他们没有违背马克思主义，更没有抛弃马克思主义，而是像刘泽华说的"马克思在我心中"。我们所分析的这些历史学家，他们都是深受马克思主义培养的，他们抛弃的仅仅是政治家时常挂在嘴边的那些马克思的词句或术语，而马克思思想方法的精髓，则已深植于他们的思维理性之中。

总括全文，我们通过对三个阶段中国古代史研究的思想世界的描述，揭示了六十年来中国古代史从业者们思想演绎的过程。这个演绎过程的内在逻辑，实际上就是一个思想从禁锢、盲从，到冲出牢笼的激越冲动，以至于最后达到个体自觉、解放的过程。历史学家在20世纪五六十年代的思想禁锢，不仅仅是意识形态强化的原因，也根源于几千年历史中权威崇拜、皇权观念和经学思维的思想传统，只不过是人们将对孔圣人和皇帝的崇拜，转化到了对马克思和当今政治领袖身上。这种状况所造成的史学研究，除了表面的繁荣和具有时代的印记之外，在思想的深刻性上乏善可陈；并且由于这种状况的极端性发展，而最后走到"文化大革命"那个完全非学术的程度。物极必反，当"文化大革命"将一切都推向极端的时候，"文化大革命"后的人们再也无法容忍自身的状况，而首先激起的是求得解放的冲动，是"走出来"的澎湃激情。虽然人们求生心切还来不及思考，还不可能静下心来从事真正的思想创造，但解放的挣扎是一个必经的过程，因之，缺乏实质性成果的20世纪80年代，仍然是一个激动人心的时代。只有在这个过程之后，当人们真正获得了独立思考的权利的时候，对历史的认识，才可能有所谓真知灼见，产生来自心灵的感应。随后到来的20世纪90年代，就是这样一个历史学家真正面对本民族历史自我感悟、独立思考的学术时代。该时期历史学家的思想世界里,开始绽放五彩缤纷的思想之花,而中国古代史研究也才开始凸显出个性化的创造,开始张扬起学术本身故有的批判精神。其实,六十年来中国古代史研究的思想进程,与共和国的整个历史一样,经历了一个沉闷、激越、艰难、曲折,而终于走上充满希望的过程。这里有太多的教训可以汲取。思想的天性终归是要求独立和自由的,一切对思想世界的规范和掌控,带来的都是实践世界的沉闷和惨痛;保护思想跳动的自由,才是社会建设的至高境界。如今,中国古代史研究的历史学家才刚刚开始有了思想跳动的自由,这个至高境界的真正实现,仍然是他们的深深期待!

初稿于 2010 年 9 月至 2011 年 4 月

2013 年 4 月修订

〔作者李振宏,1952 年生,河南大学教授〕

收稿日期:2013 年 3 月 3 日

·前沿视点·

内亚视角的北朝史

罗 新

唐初编纂《北史》和《南史》，北朝和南朝的史学概念即由此定型。① 唐人所说的北朝，是从北魏建立到隋朝灭亡的各个北方王朝的合称。但也许因为隋朝实现了西晋之后中国的第一次统一，所以后人倾向于把隋朝从北朝分离出来，因此现代历史学所说的北朝通常排除了隋朝，北朝就是指北魏建立之后和隋朝建立之前的北方各王朝（386~581）。在北魏建立之前的中国北方，还有一个与北魏有部分重叠的历史阶段，即十六国（304~439）。这个阶段在北魏建立之前已经存在，其中许多国家还与北魏并存了很长一段时间，最终被北魏所吞噬。甚至可以说，北魏前期的历史本来就是十六国历史的一部分，北魏中后期的历史又是十六国历史的延续和总结。因此现在说北朝史，往往也隐含着兼指十六国史的意思。

十六国时期在中国北方建立各类政权的那些族群，绝大部分和建立北魏的拓跋鲜卑一样，是源于内亚（Inner Asia）的阿尔泰语人群（Altaic peoples），其中主要是说古突厥语（Old Turkic）和古蒙古语（Proto-Mongolic）的各群体。他们迁入长城以内或靠近长城地带，已经有很长的历史了，甚至可以追溯到东汉前期，其中更有相当一部分早已深入中原政权的腹心地区。这些族群先是作为魏晋王朝统治下多族群社会的个别单元而存在，在西晋末年的政治动荡中扮演了直接推翻西晋朝廷的角色。正是这些有鲜明部族特征的军事和政治力量，把晋朝的政治和军事存在驱赶到了长江流域及其以南的中国南方，由此开始了北方中国的十六国时代。十六国以及紧随其后的北朝的一个突出特征，就是建立政权的群体、各政权统治集团主要成员，其族群背景多与内亚阿尔泰语人群有关。

这些进入长城以南的内亚人群及其后裔，基本上都没有退回到草原上去，而是变

---

① 北朝和南朝的说法最初出现在南北朝后期，那时南方不再称北方为"索虏"，北方也放弃了对南方"岛夷"的詈辞，而以南朝、北朝的说法，委婉地承认各自政权的合法性。

成了农耕定居地区的人口,成为北朝末年开始的获得具有族群意味的"汉人"的一部分。很多中国现代历史学著作,常常把十六国北朝称作"民族大融合"的时期,就是强调这三百多年历史的一个重要内容即各族群的深度接触,其表现形式是不同族群集团的崛起、征服、被征服,其社会后果则是许多族群认同的消失,以及新认同新群体的出现。内亚人群不仅在政治上主导了这一历史过程,而且正是他们主动的文化选择,形塑了北朝和隋唐"汉人"的文化面貌。源于北朝内亚成员的后裔,成为随后数百年的"汉人"社会里的精英阶层。因此,13世纪的胡三省在议论这一过程时,万分感慨地说:"呜呼,自隋以后,名称扬于时者,代北之子孙十居六七矣。氏族之辨,果何益哉。"① 他说的"氏族之辨",其实就是"华夷之辨"。②

不过必须注意,当时和后世的历史学家,几乎全都是持中华文化本位立场的,他们当然会赞扬源自内亚的征服者和统治者在文化上的选择,同时也会批评那些保持内亚传统的企图和努力。因而,历史文献中的十六国君主就会给人"虽非中国人,亦多有文学"的虚假印象,③ 而且在北朝史籍中,对华夏人士及其家庭的记录明显地占了不合适的比例。这样的历史写作立场,势必忽视甚至有意遮蔽十六国北朝历史中的内亚因素。而基于这样的历史资料,后世的历史学研究也势必会强调华夏传统对内亚传统的天然优势,描绘出华夏文化成功地征服内亚征服者的历史图景。

毫无疑问,北朝是中国古代史的一部分。然而,同样不可否认的是,北朝历史包含有丰富的内亚因素,北朝史有相当一部分是与内亚史相重叠的,甚至可以说北朝史也是内亚史的一部分。因而,从研究路径的选择来说,对于北朝的研究,可以有两个取径:一个是从汉唐历史连续性的角度,也就是华夏本位的角度来研究北朝,这一取径的基本立场是——北朝史是中国史的一部分;另一个则是从汉唐间历史断裂的角度,关注内亚与华夏两个传统间的遭遇、冲突与调适,也就是从内亚史的角度来研究北朝,这个取径的基本立场是——北朝史也是内亚史的一部分。

不难理解的是,传统历史学对于北朝的研究,基本上都采取了华夏本位的立场,这个立场并不否认内亚因素的进入,但强调华夏传统的发展,其方向、速度和强度并不因内亚因素的干扰而有太多改变,而且正是因此才使得突兀插入的内亚传统最终消失。陈寅恪先生在《述东晋王导之功业》一文中,热情称颂王导和辑主客侨旧,"民族因得以独立,文化因得以延续",关注点正是华夏传统的存续发扬④。在《隋唐制

---

① 《资治通鉴》卷一〇八,中华书局标点本,1956,第3429页。
② 陈寅恪先生《唐代政治史述论稿》上篇题曰《统治阶级之氏族及其升降》,后又有多篇文章考证李唐皇室之氏族、李太白之氏族,他所说的"氏族"正是胡三省"氏族之辨"的氏族。
③ 赵翼:《廿二史札记》卷八"僭伪诸君有文学"条,参王树民《廿二史札记校证》,中华书局,1984,第164~165页。
④ 陈寅恪:《述东晋王导之功业》,原刊《中山大学学报》1956年第1期,收入《金明馆丛稿初编》,上海古籍出版社,1980,第48~68页。

庾渊源略论稿》中，陈寅恪先生考察隋唐制度的三个主要来源及其整合过程，有力地论证了汉唐历史的内在连续性。① 这种连续性经唐长孺先生著名的"南朝化"理论阐述之后，更加呈现出历史学的纵深感和层次感。②

胡宝国先生总结过"南朝化"与"北朝主流论"的问题，他对"南朝化"的总结非常简明扼要："唐长孺先生的解释是，十六国北朝时期，由于建立政权者是少数民族，所以带来了重大的社会特殊性。但它必将随着这些特殊历史条件的消失而消失。唐代的变化，正是随着这些特殊历史条件的消失而产生的。也就是说，南朝化的过程就是北朝特殊性的消失过程。"③ 正如胡先生所注意到的，牟发松先生认为北朝是中国历史上不正常的一个阶段，是一个偶然的历史曲折，北朝完成统一只是由于军事优势，历史最终要回归于南朝所代表的历史进程。④ 特殊的历史，不正常的历史，对十六国北朝史的这种定位，取决于、又规范了研究路径的选择。

值得注意的是，与"南朝化"理论明显关注点不同的有所谓"北朝主流论"，这一派的学者高度重视北朝历史的重要性，特别是在与南朝历史相比较的时候。田余庆先生说："从宏观来看东晋南朝和十六国北朝全部历史运动的总体，其主流毕竟在北而不在南。"⑤ 这是"北朝主流论"最早、最鲜明的表述。这个说法多少会使人联想起陈寅恪先生那句颇有浪漫主义色彩的历史论断："取塞外野蛮精悍之血，注入中原文化颓废之躯，旧染既除，新机重启，扩大恢张，遂能别创空前之世局。"⑥ 田余庆先生关注的是政治史的线索，陈寅恪先生则是从"活力"意义上重视北方人群加入中国历史的深远影响。沿着"活力"这个思路，近年来阎步克先生在研究南北朝官僚等级制度和皇权发展时，多次强调十六国北朝非汉魏传统诸因素的重大影响，提出了著名的"北朝历史出口说"。⑦ 在2012年发表的《论北朝位阶体制变迁之全面领先南朝》一文中，他再次申论"北朝异族政权的特殊政治结构，进而又为帝国体制的复兴提供了更大动力"，非华夏传统的内亚人群成为华夏传统复兴的主要承担者，"北朝军功贵族与异族皇权的结合，使北朝成为帝国复兴的历史出口，进而带动了一系列的制度演化"。⑧

尽管看起来对北朝史的评价有上述的对立或差异，但显而易见的是，无论是认为

---

① 陈寅恪：《隋唐制度渊源略论稿》"叙论"，中华书局，1963，第1~3页。
② 唐长孺：《魏晋南北朝隋唐史三论》，武汉大学出版社，1992，第486~491页。
③ 胡宝国：《关于南朝化问题》，2000年在"象牙塔"网站始发，后收入《虚实之间》，社会科学文献出版社，2011，第80页。
④ 牟发松：《略论唐代的南朝化倾向》，《中国史研究》1996年第2期。
⑤ 田余庆：《东晋门阀政治》，北京大学出版社，1989年初版，2005年第4版，第296页。
⑥ 陈寅恪：《李唐氏族之推测后记》，《金明馆丛稿二编》，上海古籍出版社，1980，第303页。
⑦ 阎步克：《波峰与波谷——秦汉魏晋南北朝的政治文明》，北京大学出版社，2009，第240~245页。
⑧ 阎步克：《论北朝位阶体制变迁之全面领先南朝》，《文史》2012年第3辑，第199~220页。

十六国北朝有着"偶然性"或"特殊性"的学者，还是强调北朝历史重要性或持久影响的学者，其思考的出发点同样都是中国史，都以中国史发展线索的探寻为终极目标。从中国历史本位立场出发，不管是南朝化理论、北朝主流论，或"北朝历史出口说"，都是为了把十六国北朝适当地嵌入汉魏与隋唐历史之间。可以说，迄今为止南北朝史研究所取得的最重要的成果，主要都属于上述这个华夏本位取径。

与"北朝是中国史的一部分"相对应，如果持"北朝也是内亚史的一部分"的立场，那么北朝史的研究就会呈现另一种景象和另一种关怀。必须说明，即使在世界史的范围内，中国史的巨大权重岂是区区内亚所可比拟的？属于内亚世界的北朝史，无论从史料提供的可能性还是研究者所可期待的发展前景来说，都是有限度的、不可夸大的。不过，既然在这里我要谈"内亚视角的北朝史"，不得不"为赋新词强说愁"。让我们看看，采用了内亚史视角的北朝史，应该或可能是什么样子的。

其实，北朝时代的学者已经意识到，发生在他们生活现实中的许多问题，其源头并不在汉魏的华夏社会。颜之推《颜氏家训》比较南朝北朝妇女在家庭及社会事务中的作用时，说北齐"邺下风俗，专以妇持门户，争讼曲直，造请逢迎，车乘填街衢，绮罗盈府寺，代子求官，为夫诉屈，此乃恒代之遗风乎？"[①] 所谓"恒代之遗风"，也就是北魏孝文帝迁洛以前在平城地区的风俗。而平城地区的风俗，很大程度上就是内亚草原社会的风俗。颜之推发现，妇女在家庭和社会事务中如此强势和活跃，应该不是汉魏华夏社会的传统，因此邺下风俗必定另有来源。来源何在呢？生活经验提示他，只能到恒代鲜卑传统中去寻找。这就把北朝的当代研究与内亚历史传统联系到一起了，具有了内亚的视角。《三国志》注引《魏书》说乌丸"怒则杀父兄，而终不害其母……故其俗从妇人计，至战斗时乃自决之"，[②] 与乌桓文化传统语言风俗十分接近的鲜卑社会亦大致如此。如果颜之推沿着这个思路进一步去研究恒代遗风及其内亚渊源，那么他就是在进行有着内亚视角的北朝当代史研究了。

朱熹在《朱子语类》里的一句话，因陈寅恪先生在《唐代政治史述论稿》开篇的引用而为人熟知："唐源流出于夷狄，故闺门失礼之事不以为异。"[③] 朱熹这样说，可能是为了解释唐宋之不同。陈寅恪先生引用这句话，则是为了给李唐统治集团寻找北朝源头，以建立其文化史观的基本概念。[④] 他们并不关心内亚史，但都把内亚因素纳入北朝和隋唐历史的解释之中。"闺门失礼"是不是颜之推所说的"恒代之遗风"呢？依据文献资料似乎还难以得出这样的结论。这种到内亚传统去寻找对北朝历史现象的解释，却又缺乏真正意义上的内亚关怀的，并不是我所说的"内亚视角的北朝

---

① 王利器：《颜氏家训集解》（增补本），中华书局，1993，第48页。
② 《三国志》卷三〇《乌丸传》裴注引《魏书》，中华书局，1982年第2版，第832页。
③ 黎靖德（编）《朱子语类》卷一三六，中华书局，1986，第3245页。
④ 陈寅恪：《唐代政治史述论稿》，三联书店，1956，第1~19页。

史"。同类的例子还可以再举两个。

第一个是均田制研究。唐长孺先生在探讨北魏实施均田制的社会经济背景时，把拓跋鲜卑游牧时代的经济制度、牧地所有权观念，看作北魏"计口受田"的基础，是均田制得以实施的重要条件。① 王仲荦先生也持几乎一样的看法。② 他们把均田制的源头追溯到内亚游牧世界的牧场所有制观念与制度，所谓"前封建公社制度"，目的只是给北魏均田制的出现找到一个历史解释。可是，从现代人类学的游牧社会研究和游牧经济研究的角度看，这样的历史联系似乎是难以建立起来的。问题不在于这一联系是否最终可以建立，而在于内亚所扮演的角色：遥远而模糊的内亚仅仅承担了对北朝某一历史问题的解释责任，而这一解释却不能帮助我们对内亚的历史与传统有更清晰的认识。因此，这样的研究实例即使是成立的，也不能算作"内亚视角的北朝史"。

第二个例子是专制皇权。前举解释中国历史上皇权体制一再振作的"异族活力说"，把内亚征服者自身原有的军国体制当作"异族入主带来的制度变迁"的重要动力，③ 而内亚军国体制及其传统的具体内容究竟是什么，并不为这类研究所关注。和均田制一样，内亚因素在这里仅仅承担了解释北朝历史的责任，而内亚因素的理解却并未因此变得更清晰、更丰富。现代内亚研究者对游牧政治和游牧军事的研究，似乎也难以为内亚征服者在所征服地区采行的政治制度提供足够有效的说明。事实上，历史时期内亚游牧征服者在不同定居社会建立的政权，其制度形态多种多样、各不相同，与其说这些政权相互之间有什么相似和一致，还不如说它们与各自所在的定居社会此前的政权形态有更密切的关联。这种临时地征召某一尚不明确的内亚传统来为北朝某一历史难题遮风避雨的做法，当然不能算是"内亚视角的北朝史"。

内亚视角的北朝史，应该是通过对北朝某一问题的研究，而从某一角度或在某一局部照亮内亚史，从而丰富我们对内亚传统的认识。在欧亚大陆各主要区域里，内亚的史料最为稀少，而且通常也不是内亚世界以自己的语言制作的，这种情况在7世纪以前尤为突出。可以说，研究早期（北朝及以前）内亚的东部地区，汉文史料占有垄断地位。这是内亚史与中国史长期发生交集、相互重叠的结果。这些汉文史料制作并保存于定居社会，凝聚着定居社会的文化价值与文化偏见，本来就是为叙述定居社会历史服务的。研究内亚，不得不在这样的史料中爬梳披检。在这个意义上说，内亚史与中国史发生深度重叠的时期，就是内亚史料较为丰富的时期，北

---

① 唐长孺：《拓跋国家的建立及其封建化》，《魏晋南北朝史论丛》，三联书店，1955，第 206~227 页。
② 王仲荦：《魏晋南北朝史》，上海人民出版社，1979，第 520~525 页。
③ 阎步克：《论北朝位阶体制变迁之全面领先南朝》，《文史》2012 年第 3 辑，第 220 页。

朝便是其一。那些具有内亚视角的北朝史研究，就为内亚史做出了贡献。试举例说明如下。

何德章先生《"阴山却霜"之俗解》，① 是有关理解北魏前中期历史线索的一篇重要文章。《宋书》记北魏"其俗……六月末率大众至阴山，谓之却霜"②。何德章先生分析指出，这里所谓的"俗"，并不是一种古老的风俗，而是在道武帝和明元帝时期出于军事和经济目的所进行的连年巡游，二十多年后之后竟变成一种风俗、一种国家典制。阴山地区是北魏抗击柔然的战略要地，而北魏与柔然的争斗正是这个时期内亚舞台上的主要戏目。随着阴山却霜蜕变为一种风俗和仪典，对于北魏国家来说，阴山本身也失去了往日的军事和经济意义，意味着北魏的内亚权重进一步衰退了。借助这一考察，内亚各政治体的所谓风俗与传统，在"阴山却霜之俗"的演变中也显露出"政治—文化—经济"与"现实需求—文化传承"各自复杂纠结的一面。文章的主旨是研究北魏的政治重心如何渐次南移，从内亚史观点看，这正是拓跋鲜卑如何淡出内亚游牧世界的过程。虽然内亚史与中国史之间的重叠从未消失，但二者各自所占的份额却在改变，考察这种改变也是非常有趣的内亚史问题。

田余庆先生有关北魏"子贵母死"制度的研究，现在已经是北朝史的经典个案。③ 和"阴山却霜"一样，子贵母死的发生，是现实利益格局冲突挤压的结果，是一个政治选择，但后来竟形成一种类似风俗的拓跋传统。表面上看，是一种内亚的部落遗俗。田先生的研究就是揭去这个拓跋传统的文化外衣，通过考察北魏国家早期君主权的确立与稳定过程，把早已沉没于时间长流中的乌桓与母族因素挖掘出来，使得看起来并无波澜的拓跋统治权之建立不再那么理所当然。由此，内亚历史的这一部分，即内亚政治体发育、提高和稳定的历史，呈现出惊涛骇浪的真相。文章对于拓跋部早期君位传承中后妃的作用及其部族背景的研究，前所未有地呈现出内亚草原时期的拓跋集团政治发育与社会发展交织互动的历史，对于理解内亚游牧社会政治体从部落向酋邦、从酋邦向国家的演进过程中，政治权力如何集中、如何凝固、如何传承，提供了一个具有示范意义的案例。应该指出，田先生收入《拓跋史探》的各篇文章，都是具有内亚视角的北朝史研究范例，尽管他的动机并不是研究内亚史。

近十多年来，我自己开始把学习范围从传统的中国中古史扩大到内亚史，逐渐意识到中国史与内亚史二者间的重叠交叉不仅是研究者扩大视野的机会，而且也是一个相当严峻的挑战，因为对重叠历史的研究，既可能同时有所贡献于两个不同的学科，

---

① 何德章：《"阴山却霜"之俗解》，武汉大学历史系魏晋南北朝隋唐史研究室编《魏晋南北朝隋唐史资料》第12期，武汉大学出版社，1993，第102~116页。
② 《宋书》卷九五《索虏传》，中华书局，1974，第2322页。
③ 田余庆：《北魏后宫子贵母死制度的形成和演变》，《国学研究》第5卷，北京大学出版社，1998，收入《拓跋史探》，三联书店，2003年初版，修订本于2011年出版，此文载修订本第1~51页。

也可能因为不符合其中一个学科的规范和要求而显得生硬简率和不伦不类。比如说，中国史和内亚史都对语文学（Philology）训练有极高的要求，要同时满足这些要求当然是非常困难的。尽管如此，对于研究与内亚史相重叠的中国史的从业者来说，具备内亚史的部分知识和学科自觉还是非常重要的。这里所说的学科自觉，就是主动学习内亚史，并在研究中不仅以中国史的传统和标准来要求自己，也以内亚史的技术规范和学科目标来鼓励和约束自己。我对北魏直勤制度的研究，对北族名号与姓名的研究，都大体是在这样的思路下完成的。

内亚视角的北朝史加入之后，北朝史变得更丰富更立体了。然而意义还远不止于此。我们前面说北朝史是中国史的一部分，同时北朝史也是内亚史的一部分。中国史与内亚史的这种重叠交叉当然不是偶发的、孤立的，而是贯穿全部中国历史的。新清史所引发的"清朝是不是中国"的争议，容易给人一个错觉，似乎清代历史在中国历史中十分特殊，与其他历史阶段迥然不同。其实，中国历史中差不多一半的时间内都存在类似清朝的问题，而另外一半时间中国史又与内亚史有着无法切割不可分离的重叠。内亚史自成一个历史系统，它绝非必须依附于中国史才能成立，这是没有疑问的。但是，内亚史从来就没有、或绝少有可能不与中国史发生或浅或深的接触、交叉乃至重叠。完全脱离了中国史的内亚史，甚至不可能被记录、被叙述、被了解，而成为永久消失了的过去。同样，中国史从来就没有缺少过内亚因素的参与，这种参与有时甚至决定了中国历史发展的方向。因此，争论"清朝是不是中国""元朝是不是中国""辽是不是中国""金是不是中国""西夏是不是中国""十六国北朝是不是中国"，还有什么意义呢？

新清史讨论最重要的成绩之一是开启了内亚视角的清史观。虽然中国历史中的所有时期都有内亚因素的参与，但存在强弱轻重的差别。如果我们把中国历史中的内亚因素称作"内亚性"（Inner-Asian-ness），那么不同时期的内亚性是不均匀的。十六国北朝、辽、金、西夏、元、清朝，当然是内亚性最为强烈的时期，但秦、汉、唐、宋、明这些时代里，内亚性也一直存在，甚至有时候还相当重要。同时，即使在内亚性最为强烈的那些王朝，在不同时期、不同地域内，内亚性也有着不均匀的分布。比如，清初和清后期，内亚性就有很大的强弱之别。中原腹地及以南的地区，其内亚性就远不如东北、华北北部和西北广大地区鲜明强烈。分析不同时期、不同地域内亚性的强弱变迁，对理解中国历史来说，可能就如欧立德（Mark Elliott）所说的那样，"忽然捕捉到来自过去的新频率，发现过去的另一种声音"，"等于发现了一种新的音乐"。[①]

[①]〔美〕欧立德（Mark Elliott）：《满文档案与新清史》，《故宫学术季刊》第24卷第2期（2006年冬），第1~18页。

前述对北朝史方法论的探讨告诉我们，内亚视角的中国史，要求有更多的研究者深入了解内亚，而不是站在长城上向北手搭凉棚眺望一番而已。有了这样的方法论自觉，加上大量具有内亚视角的历史个案研究，可以期待，欧立德所说的"使得之前受压抑的声音，被隐藏的叙述，逐渐地浮出台面"，就不仅仅发生在清史这一个领域，还会贯穿全部中国历史的各个时期。

〔作者罗新，1963年生，北京大学历史学系教授〕

收稿日期：**2013 年 6 月 6 日**

21世纪如何书写中国历史：
"新清史"研究的影响与回应

定宜庄 〔美〕欧立德

导　论

最近三十年，中国史学界一个引人注目的现象，就是原来相对冷清的清史，成为史学研究的热门学科。从事该学科的学者人数之多，学术会议召开之频繁，发表论文数量之大，堪居史学诸学科之冠。尤其是自2004年启动"国家纂修清史"项目以来，在"盛世修史"思想指导下投入的空前巨大的人力、物力、财力，更为国内外其他诸人文学科望尘莫及。

回顾三十年来清史研究的发展，成果确实令人瞩目。成果的取得，有两个因素不容忽视。

其一，是为数甚巨的清代档案文献的开放以及整理出版，为清史研究提供了前所未有的基础。明清档案曾与莫高窟藏经洞的出土文献、殷墟甲骨文以及汉晋木简一起，并称为20世纪中国史学的"四大发现"。[①] 自20世纪80年代起中国第一历史档案馆的部分馆藏向学术界开放，尤使学者查阅利用明清档案有了远较从前更为便利的条件。

其二，改革开放以来，中国学者与国外的学术交流日益密切，对西方理论与研究方法的借鉴和引进，已经构成这一时期清史研究的最突出特点。其中如对明清江南经济与人口的研究、华南学者对历史人类学理论与实践的贡献，乃至对清代乡村、宗族等问题的研究、对下层社会和百姓生活史、心态史的研究等，都从西方的理论与研究方法中受到启发。也有一些，或是有中国学者参与，如美国"加州学派"对中国经

---

① 此语出自王国维："自汉以来，中国学问上之最大发现有三，一为孔子壁中书；二为汲冢书；三则今之殷墟甲骨文字、敦煌塞上及西域各处之汉晋木简、敦煌千佛洞之六朝及唐人写本书卷、内阁大库之元明以来书籍档册。此四者之一，已足当孔壁汲冢所出。"（《最近二三十年中国新发现之学问》，《王国维先生全集》初编第5册，台湾大通书局，1979，第1987页）

济史、人口史的研究，①或者就是中外学者共同合作的项目，诸如以华南学者为主的历史人类学研究等。总之，最近三十年来中国清史研究的进步，与借鉴、吸收国外的理论与方法是分不开的，与国外学者——特别是美国、日本、韩国等国的学者——日益广泛的交流与合作，也成为越来越普遍采用的研究方式。换句话说，中国历史学，特别是清史学，正逐渐地走向国际化、普世化和全球化。

正如上述华南学派的历史人类学、加州学派以及江南经济史学等新的研究趋势体现出来的一样，总体来说，国内学界对这些国外的理论、学说甚至史观、范式的吸收是积极主动的，这从许多西方的名词、术语和概念都在中国流行一时就可以看出来。但在这样一种潮流之下，却也有一个不和谐音，那就是美国自20世纪90年代兴起的"新清史"。

一 "新清史"由来简述

"新清史"产生于何等样的学术背景，它的学术源流又是什么，已经有专文做详细阐述，此处不赘。② 简单说来，它产生的主要因素有如下几个：一是与清代档案、尤其是满文档案的新发现有着直接的重要关系；二是受到西方史学理论多方面的学术转向的影响，这些学术转向包括语言学转向、后现代转向、后殖民论转向、文化转向和族群转向等。总的来说，"新清史"包含着一种"去中心化"的工程，这点可以从它对于清帝国边疆地区的重视看出来。美国纽约大学的卫周安就写得很清楚：

> 这一修正性认识的核心内容，就是新清史所揭示的：在清鼎盛之时，它并不视中原为他们帝国——远为辽阔的区域，包括了亚洲腹地的疆域：蒙古、西藏和东北（今天有时称之为满洲）和新疆——的核心，只是一个部分而已，尽管是

---

① 王晴佳在谈到美国加州学派时曾指出，黄宗智等美国中国学家有关明清经济的研究，与中国学者之间有大量的互动。其他许多美国的中国研究者，其研究也均在不同程度上与中国学界产生一些互动和交接。举例来说，近年彭慕兰（Kenneth Pomeranz）、王国斌（R. Bin Wong）等人引人注目的中国研究，虽然被许多人视为当今"全球史"研究的一部分，但其实他们所关注的问题及研究的原始出发点，与黄宗智的研究并无二致。他们都是想关注、考察和分析中国的"前近代"（early modern），也即中国在资本主义入侵以前的社会经济状况。所以他们与黄宗智等人一样，都被视为"加州学派"（California School）的成员。而这一学派的成员中，也包括像李伯重这样的中国学者，更可见中美两国学者的密切交流。参见王晴佳《为何美国的中国史研究新潮迭出？再析中外学术兴趣之异同》，《北京大学学报》2012年2期。

② 可参见〔美〕欧立德（Mark C. Elliott）《满文档案与新清史》，台北《故宫学术季刊》第24卷第2期，2006，第1~18页；李爱勇《"新清史"与"中华帝国"问题——又一次冲击与反应？》，《史学月刊》2012年第6期，第106~118页；党为《美国新清史三十年（1980~2010）：拒绝汉中心的中国史观的兴起与发展》，上海人民出版社，2012；等等。

个非常重要的部分。①

我们可以将这个"去中心化"工程的根本思路归纳为,它是对一些历来被人们看成是理所当然的、天经地义的历史叙事提出的挑战。对所谓"汉化论"的质疑可能是最典型的一例,中国史学界关注"新清史",就是从有关"汉化"问题的一场争论开始的。

(一) 争论的由来

概括说来,如果从 1996 年罗友枝(Evelyn S. Rawski)在全美亚洲年会上发表演讲《再观清代:清朝在中国历史上的重要性》("Reenvisioning the Qing: The Significance of Qing Period in Chinese History")② 算起,这场有关清史研究的著名论争,已经是 17 年前的事了。罗友枝(时为美国亚洲学会会长)这篇文章发表之后,当时已年届八十的何炳棣(Ping-ti Ho)③ 花费两年时间撰写了《我对汉化问题的再思考:对罗友枝"再观清代"一文的答复》("In Defense of Sinicization: A Rebuttal of Evelyn Rawski's 'Reenvisioning the Qing'")④ 一文。虽然这时尚未出现"新清史"这一名称,但这两篇文章可称为"新清史"出台的重要标志。

有关这场争论,国内目前的评介已经不少,但为下文表述方便起见,这里不得不再做一个简单回顾。罗友枝这篇《再观清代》的讲演,直接针对何炳棣 1965 年《清朝在中国历史上的重要性》一文中的某些论断(何氏的这篇演讲本身当时也被视为西方学术界挑战学术主流的一个例证)。二人的议题都是讨论清朝的历史贡献。对于清朝在中国历史上的重要性、对于清朝统治的成功,二人亦无异议。只是对于清朝统治成功的原因,罗友枝向何炳棣提出了挑战。她认为清朝能够在中国成功维持近三百年的统治,主要不是因为他们被汉人同化了,而是清统治者有效地利用了与内陆亚洲诸非汉民族的文化联系来巩固了全国的统一,尤其是在边疆地区。罗友枝认为满洲统治者是以中亚诸民族的大汗而非中国传统王朝的皇帝身份出现的。她反对将大清王朝与"中国"合二为一,强调以一种"满洲中心观"来评价大清帝国的重要性。

---

① 〔美〕卫周安著《"新清史"》,董建中译,《清史研究》2008 年第 2 期;原文见 Joanna Waley-Cohen, "The New Qing History", *Radical History Review*, 2005。
② 该文发表在当年 10 月的《亚洲研究月刊》〔*The Journal of Asian Studies*, Vol. 55, No. 4 (Nov., 1996), pp. 829 – 850〕。
③ 何炳棣生于 1917 年,卒于 2012 年。
④ 该文也载于《亚洲研究月刊》〔*The Journal of Asian Studies*, Vol. 57, No. 1 (Feb., 1998), pp. 123 – 155〕。顺便提一下,何炳棣回击罗友枝的文章题目,英文原文是 "In Defense of Sinicization",据他自述,所谓 "Defense",是从拉丁语 "defensa" 而来,本义为"答辩"、"辩护"。为寻找这个合适的词汇,他曾反复斟酌,亦可见他对这篇文章的用心。他很担心中译者会随意翻译这个词汇(此据 1999 年 5 月 26 日笔者之一定宜庄与何炳棣教授在美国加州尔湾何家寓所的谈话)。但结果还是被一些译者漫不经心地将其译为"捍卫汉化"了。

何炳棣在回应罗友枝的文章中,则将重点集中在满洲统治者进入汉地之后是否"汉化"、汉化是否是清朝统治成功原因的问题上。他以"儒化"来代替通常使用的"汉化"一词并对所谓的"儒化"进行了详尽和深入的阐述,认为在中国历史上,凡非汉民族进入汉地,打破了原本的一统局面,在政权转移、又掺杂着尖锐复杂族群矛盾的局势下,当务之急都是要"争正朔、明法统",① 努力将自己纳入华夏的正统链中。非汉民族只有争得了"正统"亦即统治的合法性,才能够在汉地立足,并为进一步的开疆拓土打下基础,满洲人建立的清朝也不例外。

将二人的这场交锋称为"论战"未必准确,因为何炳棣尽管雄辩,但我们迄未见到罗友枝和她的支持者对他的正面答复。事实上,罗友枝提出的是另一个问题,那就是清朝除开继承了明朝的领土之外,还开拓了大片疆土,那些土地和土地上的人民基本上没有长期被汉族王朝统治过,他们也未曾接受过任何儒家的思想和文化,而这恰恰是清朝与明朝等中国传统王朝的区别,这是此前研究清史的学者关注和研究不够的领域,也是何炳棣在文章中没有重视的问题。

(二)"新四书"及其他

在罗友枝与何炳棣的相关文章问世前后的短短几年间,美国清史学界几部颇具影响力和代表性的专著相继出版,议题都涉及清朝统治的满洲因素,势头之强劲令人惊诧,因为作为中国史研究的一个特定领域,对于与满族史相关的清史研究,中国学界几十年中都鲜见如此集中地、大量地出版过如此重头的研究成果。②

这几部后来被学界一些人誉为"新四书"的专著,按照出版时间的先后,依次是:

1. 罗友枝:《清代宫廷社会史》(*The Last Emperors: A Social History of Qing Imperial Institutions*),③ 加州大学出版社,1998。张卫平译,中国人民大学出版

---

① 所谓争"正统",亦有狭义与广义之分。狭义的争正统,亦即儒家政治学说中的争正朔。而广义的"正统",即争"统治合法性",含义要广得多。

② 这样说也不完全准确。在1990年到2001年之间,与所谓的"新四书"相继出版的时间几乎同时,中国国内也有相类的几部专著面世,特别是中央民族大学王钟翰教授培养的几名清史满族史博士生的学位论文,均与"新四书"讨论的主题相关。这些论文后来都正式出版,以初版时间为序:定宜庄《清代八旗驻防制度研究》(天津古籍出版社,1992。再版更名为《清代八旗驻防研究》,辽宁古籍出版社,2003)、刘小萌《满族的部落与国家》(吉林文史出版社,1995。再版更名为《满族从部落到国家的发展》,辽宁民族出版社,2002年第2版;中国社会科学出版社,2006年第3版)、姚念慈《满族八旗制国家初探》(北京燕山出版社,1996。再版增订更名为《清初政治史探微》,辽宁民族出版社,2008)等,但在学界从未被人放在一起作为一种学术现象看待,更未被视为一个"学派"。

③ 王笛:《评路康乐著〈满与汉:清末民初的族群关系与政治权力,1861~1928〉》(《历史研究》2002年第4期)中,将罗友枝《清代宫廷社会史》译为《末代皇帝:一个清代帝制的社会史》,按罗氏原文中的"皇帝"一词为复数,如果译为"末代皇帝",容易让人产生该书是讲述末代皇帝溥仪的误解;至于将 Pamela Crossley(中文名字为柯娇燕)译作 P. K. 克拉斯利;Mark C. Elliott(中文名字为欧立德)译为 M. C. 依利尔特,可能是不熟悉清史学界情况的缘故,虽然并未译错,但对于不懂英文的学者,容易产生歧误,特此予以说明。

社，2009。

2. 柯娇燕（Pamela Kyle Crossley）：《半透明的镜子：清帝国意识形态中的"历史"与"认同"》（*A Translucent Mirror*: *History and Identity in Qing Imperial Ideology*），加州大学出版社，1999。

3. 路康乐（Edward J. M. Rhoads）：《满与汉：晚清到民国初期的族群关系与政治权力，1861～1928》（*Manchus and Han*: *Ethnic Relations and Political Power in Late Qing and Early Republican China*, *1861 - 1928*），华盛顿大学出版社，2000。王琴、刘润堂译，中国人民大学出版社，2010。

4. 欧立德（Mark C. Elliott）：《满洲之道：清朝的八旗与族群认同》（*The Manchu Way*: *The Eight Banners and Ethnic Identity in Late Imperial China*），斯坦福大学出版社，2001。

除了这些著作之外，柯娇燕早在1990年就曾撰写过一部在学界颇有影响的著作：《孤军：满洲三代家族与清世界的终结》（*Orphan Warriors*: *Three Manchu Generations and the End of the Qing World*），关注了满洲族群意识和认同等问题，并为学界视为经典。与此同时，美国的《清史问题》1990年发表的两篇文章也应该视为"新清史"的先兆，一篇是柯娇燕的《前近代中国族群问题的思考》，另一篇是欧立德的《旗人与民人：十九世纪江南族群的张力》。① 1994年夏，美国学者在密歇根大学召开会议，会后由米华健（James Millward）、邓如萍（Ruth Dunnell）、欧立德和傅雷（Philippe Forêt）等人主编出版论文集《新清帝国史：内陆亚洲帝国在承德的形成》（*New Qing Imperial History*: *The Making of Inner Asian Empire at Qing Chengde*），"新清帝国史"（New Qing Imperial History，简称"新清史"）一词从此成为这个清史研究学派的被公认的名称，② 尽管他们中的一些人对此未必认可，对此我们在下文中还将详述。而我们下文中还会一再将其称为"学派"（school），为的则是叙述的方便。

事实上，"新清史"并未局限于对满洲的研究，而是更进一步，拓展延伸到宫廷活动、边疆政策乃至美术史等诸多领域。其中比较引人注目的成果，有米华健1998年的《嘉峪关外：1759～1864年新疆的经济、民族和清帝国》；白瑞霞（Patricia Berger）2003年的《虚静帝国：清代中国的佛教艺术和政治权威》；濮德培（Peter Perdue）2005年的《中国西征：清朝对中亚的征服，1600～1800年》；艾宏展（Johan Elverskog）2006年的《我大清：帝制中国晚期的蒙古人、佛教、与国家》；张勉治（Michael Chang）2007年的《马背上的王朝：满洲少数民族宗室统治在中国的建立，

---

① 柯娇燕文章原名为"Thinking about Ethnicity in Early Modern China"，欧立德文章原名为"Bannerman and Townsman: Ethnic Tension in Nineteenth-century Jiangnan"，分别载于 *Late Imperial China* 11. 1990, pp. 1 - 35，36 - 74。

② 有中国学者说"新清史"其名是2005年欧立德在一次学术会议上提出来的，此说并不准确。

1751~1784》等。① 其中一些著作偏重于对清朝西北边疆的研究，却不同于中国传统的西北史地研究方式，而如美国学者所说，是希图将中国置于世界历史进程之中加以考察（"placing China in world history"），为中国研究提供一个"世界史视野"。②

从"新清史"引发的讨论，目前仍有方兴未艾的趋势，对于"认同"、"民族主义"、"帝国"等名词，以及对"被发明的传统"、"地缘实体"与"国族目的论"等所有质疑民族国家之自然性质的概念，都被纳入"新清史"关注的内容，促使学界对清朝以及中国历史上诸多问题进行深入的解析和思考。

二 从冷漠到热议：中国学术界与"新清史"的初次交锋

"新清史"发展至今已经十年有余，国内学界对它的态度，从开始时的冷漠到后来的关注，经历了一个颇耐人寻味的过程。

2000年，定宜庄曾在《中国史研究动态》发表《对美国学者近年来研究中国社会史的回顾》一文，③ 其中第二部分详细叙述了罗友枝与何炳棣的那场论争，也谈及"新四书"的出版。2002年，定宜庄又在《满族研究》发表《美国学者近年来对满族史与八旗制度史的研究简述》，④ 再次谈到罗何之争和所谓的"新四书"。但这两篇文章在清史和满族史学界没有引起丝毫反响。此后数年，虽亦有学者撰文介绍海外特别是美国的清史研究动态，如香港中文大学历史系张瑞威2006年写的《谁是满洲人？西方近年满洲史研究评述》，姚大力2007年的一篇书评：《西方中国研究的"边疆范式"：一篇书目式述评》⑤，以及2006年欧立德以中文发表的《满文档案与新清史》（可能是"新清史"的第一篇以中文发表的文章），引起了较多人的兴趣，⑥ 但国内清

---

① James Millward, *Beyond the Pass: Economy, Ethnicity, and Empire in Qing Central Asia, 1759–1864* (Stanford: Stanford University Press, 1998); Patricia Berger, *Empire of Emptiness: Buddhist Art and Political Authority in Qing China* (Honolulu: University of Hawaii Press, 2003); Peter Perdue, *China Marches West: The Qing Conquest of Central Eurasia, 1600–1800* (Cambridge, MA: Harvard University Press, 2005); Johan Elverskog, *Our Great Qing: The Mongols, Buddhism, and the State in Late Imperial China* (Honolulu: University of Hawaii Press, 2006); *A Court on Horseback: Imperial Touring and the Construction of Ethno-Dynastic Rule in China*. (Cambridge, MA: Harvard University Asia Center, 2007).
② 参见〔美〕濮德培《中国的边界研究视角》，载〔美〕乔万尼·阿里占（Giovanni Arrighi）等主编《东亚的复兴：以500年、150年和50年为视角》，第71页。另见濮德培《中国西征》，第5、9页。
③ 载《中国史研究动态》2000年第9期。并见朱政惠编《中国学者论美国中国学》，上海辞书出版社，2008，第143~146页。
④ 《满族研究》2002年第1期。
⑤ 张瑞威：《历史人类学学刊》第4卷第1期（2006年4月），第93~112页；姚大力，《文汇报》2007年5月7日。
⑥ 〔美〕欧立德：《满文档案与新清史》，台北《故宫学术季刊》第24卷第2期（2006），第16~18页。

史和满族史学界还是没有将这一学派的产生作为值得注意的学术动向提出来,回应者仍然寥寥无几,反而是研究中国史其他领域的一些著名学者,反应积极得多。①

直到2008年,当定宜庄为庆贺何炳棣教授九十寿辰再撰《美国的"新清史"研究引发的感想》时,还坚持呼吁:

> 美国学界提出的"新清史",从开始形成迄今已近十年,他们提出的问题不可谓不深刻、不宏大,更不可谓无意义。但令人深感遗憾的是,这个在美国学界备受关注的议题,在本应更切身、更受重视的中国清史学界,虽然也有过几篇报道问世,却几乎未引起任何认真的探讨与回应。其突出表现,就是清史学界对于"大一统"的阐述数量越来越多、口气越来越硬、调子越来越高,在实质性的问题上却难以深入、难有突破。
>
> 如果说对美国学界的这些说法持不同意见,却未见有如何炳棣先生那样严肃认真的、高水平的反驳。如果对美国学界的讨论不屑一顾,那么,对于如此带根本性的重大问题尚且不屑一顾,还有什么是更值得关注的呢?②

在此旧话重提,并不是由于此语有什么重要,而只是为了说明当时学界的冷淡和沉默确实存在。

今天国内学界总结对"新清史"长达十多年忽视和沉默的原因,认为是因很多学者对其"持保留态度"和"不敢苟同",笔者认为并不准确。事实很简单,那就是通晓外语、对西方学界动态也比较了解、通常承担着将欧美学界各种成果推介到国内的人们,并没有看到"新清史"的重要性,也没认为有必要予以理睬。再者,"新清史"最初受到冷遇,还有一个深层的原因,那就是它曾被清史学者归类到"满族史"也就是民族史的类别之中了,而满族史在清史研究中,虽然有以王钟翰教授为代表的一批学者几十年的开拓耕耘,也取得了相当可观的成果,却始终被视为清史学界的边缘。而很多研究清朝制度史、政治史的学者,开始时并未意识到这个学派与政治的深刻关联,只是一见"满族"便以为这仅仅属于"民族史"范畴,便予以无意识的轻视,亦属势所必然。

"新清史"终于进入中国学界视野的时候,它在美国已经发展了十年有余,掀起的第一个高潮也已经有了回落之势。我们如果回顾一下,国内有关介绍和评判"新清史"的活动,应该是在2010年前后兴起的,其中最有代表性的,就是2010年8月由中国人民大学清史研究所主办的"清代政治与国家认同"国际学术研讨会。这是

---

① 例如葛兆光、姚大力、陆扬等知名学者。当然他们对"新清史"的了解并非来自定宜庄的文章。
② 定宜庄:《美国的"新清史"研究引发的感想》,《清华大学学报》2008年第1期。

首次在中国大陆举行的以讨论"新清史"为专题的学术研讨会。作为这次会议的准备，人大清史所专门编选了《清朝的国家认同："新清史"研究与争鸣》论文集①，会议之后，又结集出版了《清代政治与国家认同》上下两册，② 在国内清史学界引起了不小的反响。从此之后，对于"新清史"的评价，在学界掀起一股不大不小的浪潮，有关的评论文章，在 2010 年前后也大多公诸于世，除正式论文和硕士博士论文之外，也包括一些著名学者的相关访谈，以及在学术网站发表的议论等，③ 近来更有越来越火爆之势。

"新清史"在出现十多年之后终于引起国内学界的注意，并因此掀起一场波澜，与国家编纂清史工程的启动也有关系。在"盛世修史"思想的指导下，清史学界对"康乾盛世"和"大一统"的讨论一度成为清史学界最热门的主流话题，因而也必然会着力于对"统一多民族国家形成"的历史解释，并进而关注到清朝的边疆民族问题，而一旦将目光集中到这些问题上，便不可避免地会与"新清史"发生直接的碰撞。

所以，"新清史"在中国学界成为关注焦点，始发轫者并不是满学界，而是以研究政治史、制度史为主的学者。于是，这个来自西方世界的不和谐音虽然缓慢，却恰逢其时地进入中国清史学界的视野。很多中国学者已经认识到，这个学派及其提出的学说，已经不仅仅是在他们眼中根本"不入流"的民族史，它已经影响甚至颠覆了主流话语中最根本的、根深蒂固的诸多观念。笔者以为，这便是自 2007 年以后，对"新清史"的认识、了解和批评被列入日程，也被作为政治问题而重视起来的原因。④

"新清史"在中国冷寂多年之后又成为热点的另一个原因，是新一代学者的成长。相比老一辈的学者，他们思维更活跃、更敢于发表自己的见解，受到过更多西方理论和外语训练，对于"新清史"表现出了远较老一代学者更强烈的兴趣。近年来

---

① 刘凤云、刘文鹏主编《清朝的国家认同："新清史"研究与争鸣》，中国人民大学出版社，2010。
② 刘凤云、董建中、刘文鹏编《清代政治与国家认同》，社会科学文献出版社，2012。
③ 2010 年发表的论文等包括袁剑《"新清史"与清代中国的"边疆性"问题》，《中国社会科学报》2010 年 10 月 29 日；关凯《满族民族性：帝国时代的政治化结构与后帝国时代的去政治化结构》，《社会科学战线》2010 年第 8 期，以及华东师范大学历史系的博士论文、党为著《近三十年来的美国清史研究：以新清史为线索》〔该论文在 2012 年以《美国新清史三十年（1980～2010）：拒绝汉中心的中国史观的兴起与发展》为名，由上海人民出版社出版〕；等等。
④ 由国家清史编纂委员会主办的《清史论丛》集中发表了若干篇介绍"新清史"的译著，也是"新清史"最终得到学界关注的原因。这些译文如马钊《满学：清朝统治的民族特色——1990 年以来以英语发表的清史著作综述之一》，《清史译丛》第 1 辑，中国人民大学出版社，2004；孙静《满族民族认同的历史追寻——柯娇燕满族研究评价》，《清史译丛》第 3 辑，2005；〔美〕盖博坚《谁是满洲人：综合书评》，孙静译，《清史译丛》第 7 辑，2008；张瑞威《谁是满洲人——西方近年来满洲史研究述评》，《清史译丛》第 7 辑，2008；〔美〕卫周安《新清史》，董建中译，《清史研究》2008 年第 1 期；等等。

一些论述"新清史"的文章和专著,都出自他们之手,有些就是他们的博士学位论文。

目前,"新清史"在中国的影响所及,已经不仅限于清史学界,而波及中国古史的各个断代以及近现代史的一些领域,同时也波及其他相关学科,已经有年轻学者在思考"新清史"的人类学转向等问题。所以,重视"新清史"提出的挑战并予以严肃认真的思考和回应,已经是一件难以回避的事了。

三 冲击与回应:"新清史"提出的几个关键问题

在下文中,笔者拟将讨论几个由"新清史"提出并最受关注的概念,但重点不在介绍"新清史"学者的观点本身,因为相关的文章已有很多,而重在阐述笔者的一些看法,以期引起学界进一步的讨论和思考。

(一)"新清史"新在何处

"新清史"相对于所谓的传统清史研究,究竟是否有所创新,又究竟"新"在何处,近年来国内有大量文章论述,已经成为一个老问题了。但其中有些问题,迄今仍为国内学者忽视,有必要再作些交代。

首先,很多美国学者并不认可"新清史"是一个学派,他们认为它只不过是一个方向,一种方法,无非是各自撰写各自的书、研究各自感兴趣的问题而已。即使被看作是代表人物的几位,在相关问题的立论、观点和阐述上也多有分歧,甚至到了很难将它再说成是一个"学派"的程度。这本是美国学术界一种很正常的现象。既如上文提到的"加州学派",不同学者之间观点的歧义和交锋也相当尖锐,甚至彼此对立。

再者,"新清史"从那场著名的争论算起,迄今已经十七八年,著作的出版时间也有先有后,随着史料的不断扩充、思考的不断深化、观念的不断更新,"新清史"关注的焦点也必然会有所转移。当然即使如此,被作为"新清史"代表人物的诸位学者,还是可以说有共同的研究取向和共同关注的问题,这也是他们被看作是一个学派的原因。

那么,能够代表"新清史"学派的共同观点有哪些呢?归结起来大致有三个方面。

第一,强调全球化的视角。"新清史"主张将清史纳入世界历史——或者也许更准确地说,是"全球史"——的范畴来研究,特别是主张将其作为一个帝国与世界同时代(即前近代,或者近代前期,日本学者说近世,即 early modern)的其他帝国,尤其是大陆帝国(与海洋帝国相对)进行比较分析。这种视角迫使我们重新考虑各种方法上的问题，包括断代法的问题。

第二，强调满洲因素的重要性，认为满洲的族群认同和清朝的政治制度以及对各非汉族群的统治政策，对于清朝的成功统治，都起到了非常重要的作用。与解释清朝的少数民族统治之所以成功的传统汉化论不同，"新清史"认为清朝统治的成功，正是因为满洲人没有被完全"同化"，尽管他们的涵化（acculturation）已经到相当深的程度，但一直到清末，仍然保留了满洲特殊的族群认同。

第三，强调使用满语和其他少数民族（"新清史"将其称为"非汉族群"）语言的重要性。他们认为充分利用满文（蒙古文、藏文、察合台文等）档案，这不仅仅是语言问题，也是以满洲或其他非汉族群为主体进行研究的必要条件。

笔者认为，这三个方面，概括了"新清史"在方法论、社会科学理论以及史料三个层次上的创新。

不过，这些是否确实是"新清史"所创之"新"？部分中国学者对此有所保留，刘小萌教授的话比较有代表性：

> 既然是"新清史"，首先应澄清的一点，就是究竟"新"在何处？有些学者将"新清史"的主要特点概括为，一是强调清朝统治与历代汉族王朝的区别，强调清朝统治中的满族因素，一是重视利用满、蒙等少数民族史料。我认为，这种概括不准确。上述两特点，中日学者自上世纪五十年代以来已有长期实践，尤其在利用满文、蒙文文献考证史实方面，均取得令世人瞩目的成绩。无视学术史发展的基本脉络和成果，将两特点作为一种"新"的发明而归功于"新清史"，这种说法是否合适，答案不言自明。更何况，即使是在西方，早年欧文·拉铁摩尔（Owen Lattimore）有关东北边疆与满族的论文，也已提出类似新清史有关清朝满族性的观点。①

葛兆光在2009年的一次谈话中也明确发表过如下见解：

> 我们现在都知道新清史，新清史最简单的一个问题是，影响了后来的这批年轻学者。新清史最简单的概括是，不再把清史看成中国的王朝史，而是看成一个更广泛区域的、多民族的历史。在最近这些年，欧美学者，尤其美国学者和日本学者联手，新清史的运动趋向是很厉害的……但是还要看到另外的问题，其实新

---

① 见刘小萌2010年9月21日为中国社会科学院近代史所青年同仁的读书会所做《关于新清史的几点看法》的报告，该报告中的这部分内容，也被作者收入《清朝史中的八旗研究》一文，载《清史研究》2010年第2期。并再刊载于2012年出版的《清代政治与国家认同》，第156~165页。

清史并不新，老实说是旧清史。为什么是旧清史，在中国的晚清民初，日本明治大政时代，日本最早的东洋史就已经凸显对蒙、回、藏的研究。当时的日本为了改变中国中心，对于中国的政治和当时国家领土有一个新的解释，是有政治背景在后面的……现在美国的新清史，一方面有新的学术推动力在，和新的学术增加的成分在；另一方面也要看到，跟过去日本东洋史初期的关联性，这个关联性是很深的。在新的清史研究里面，中国学者要理解美国中国学和美国清史的变化，但是同时也要看到他们的背景，看到在中国怎么样接受和区分，以及坚持自己研究的立场。①

本来，任何一个新观点的创立、一个新问题的提出，都不可能是凭空产生的。的确，提倡用满、蒙等非汉民族文字形成的档案史料来研究清史，强调清朝统治中的满洲因素，都不是自"新清史"始。"新清史"学者自己也多次提到，他们对满文史料和清朝的满洲因素的重视，都不是他们自己的发明，而是渊源有自。本文作者之一欧立德早在2001年出版的《满洲之道》一书序言中已经做了如下叙述：

> 这个论点［即满洲人重视保留原有的特殊性］就涉及二次大战以前由日本学者发展出来的最完整的一个主题。他们把满洲人制造的"征服者"与"被征服者"之间的隔离解释为所谓"异民族统治"的关键策略。在他们看来，清王朝统治的三个"保守特征"都与防范同化和维持"首崇满洲"这两种政策很有关系。②

在另一处，他有更详细的解释：

> 诸如稻叶岩吉、和田清、浦廉一、今西春秋、三田村泰助、宫崎市定等人所创立的学术传统，都强调了满洲统治精英的独特性，以及"满洲"这个区域的独特的历史地理。不能否认，他们这些学术著作的一个主要目标是为了证明"满洲"不属于"中国"，以此为日本帝国主义在亚洲大陆的扩张寻找借口，并通过这个手段来开创中国"异民族统治"的历史先例。但是，这些学者们对清王朝的认知还是有它另外一个来源，就是他们对于内陆亚洲这个地方的历史和语言的深入了解。因此，即使当时他们这个学术有着很浓的政治色彩，然而有关清

---

① 葛兆光的这次谈话刊载于〔美〕艾尔曼等《对话：美国中国史学研究的新动向与新趋势——兼谈〈剑桥中国清代前中期史〉暨〈剑桥中国史〉系列出版意义》，2009年12月。
② Elliott, *The Manchu Way*, pp. 6 – 7.

代各种制度和典章的叙述与分析应该说还是有诸多正确之处。①

此外，欧立德2005年在台北故宫一次会议上的主题演讲《满文档案与新清史》中，也曾具体介绍过自20世纪70年代开始，"几乎同时在台湾、中国大陆和日本发生的"影响到"新清史"的学术动向与来源，明确指出这些并非来自西方的学术来源正是"新清史"得以产生的重要基础。② 应该补充的是，20世纪70年代以来不少日本学者，诸如冈田英弘、细谷良夫、石桥崇雄、楠木贤道、冈洋树、杉山彦明等人，他们采取的研究途径也与"新清史"的主张基本一致。可知这种注重满洲因素、利用满文文献处理清代历史的做法，并非唯美国人独有的。③

这些学术动向，包括中国台湾地区的陈捷先和庄吉发在发现并非所有的满文档案都有汉文版本后，首先提出满文在研究满洲入关后的历史上同样具有重要性；北京的中国第一历史档案馆培训了一批年轻学者来着手整理该馆的满文收藏，而该馆在《历史档案》创刊号上刊载了满文史料的汉译，使满文档案的重要性被国内外学术界所体认。同时，北京中央民族学院王钟翰教授要求所招收的研究生都要学习满文，并于1986年在中央民族学院历史系创办"满文清史班"，尝试培养一批将满文与清史研究结合的研究人才，等等。这些成果算不算"令世人瞩目的成绩"暂可不论，重要的是，这些都是由"新清史"学者自己列举出来并承认从中受到很大影响的因素。许多学者也提到中国老一辈清史学者诸如孟森、金毓黻、冯家升、傅斯年和莫东寅等人的贡献和从他们那里接受的影响，孟森的影响尤深。与此同时，欧立德、柯娇燕等"新清史"的代表人物也一再提到西方的前辈学者如拉铁摩尔、梅谷（Franz Michael）、福华德（Walter Fuchs）、魏特夫（Karl Wittfogel）、弗莱彻（Joseph Fletcher）、芮玛丽（Mary Wright）、史景迁（Jonathan Spence）、魏斐德（Frederic Wakeman）、白彬菊（Beatrice Bartlett）以及孔飞力（Philip Kuhn）的研究对"新清史"产生的影响。由此可知，"新清史"的"新"，本身即是国际学术界，以及历代学者群体内互动交流、互相影响的结果。

再者，虽然"新清史"确实并不是全新的，但同时也还是要承认，它对清史学界的冲击是新的，引起的争论也是新的。我们上面已经指出，"新清史"源自西方社会科学理论的潮流和档案资料的新发现，而绝非像一百年前跟随日本帝国主义向亚洲大陆发展的、与政治互相纠缠的东洋史。

---

① Elliott, *The Manchu Way*, pp. 31–32.
② 〔美〕欧立德：《满文档案与新清史》，台北《故宫学术季刊》第24卷第2期（2006），第16~18页。
③ 可参阅〔日〕楠木贤道《"两国会盟录"中所见志筑忠雄与安部龙平对清朝北亚之理解——江户时代知识分子的"新清史"》："日本在200年前，早已存在所谓 New Qing History（新清史）的研究了。"中央民族大学历史系编《民族史研究》第9辑，中央民族大学出版社，2010，第425页。

尽管如此，人们可能还要问，既然在整个20世纪中国和日本的史学传统中始终存在与"新清史"相同的核心思想和方法，那又为什么非要等到美国学者再次将其提出来，才成为一个热门话题？这是一个值得学界认真思考的问题，我们将在本文的第四部分中尝试做出详细的解释。

（二）对"以满洲人为历史主体"的理解

刘小萌尽管对"新清史"有所质疑，但也明确肯定了"新清史"在理论方法、研究角度和观点等方面的创新和贡献。李爱勇发表于2012年的《新清史与"中华帝国"问题——又一次冲击与反应？》一文中，也认为"新清史"之新，就在于理论与视角的新运用。但是，所谓理论与视角的创新，说起来简单，不同人的理解却各有不同。有学者认为，在我们上面介绍到的"新清史"三点创新之中，第一点算是视角，第三点只是工具，第二点才是要害所在。笔者却认为，这三点是不可分的一个整体。

"新清史"力图将以往传统的以汉族为历史主体的视角，转换到这个王朝的统治者——满洲人之上。他们通过这种转换，发现了清朝与传统的汉族中央王朝之间存在的差异，也通过这种转换，来观察非汉地区的诸族群对于清朝皇帝、清朝朝廷的态度。这也可以被理解为从"汉人中心观"向所谓"满洲人中心观"的转换。

研究视角的不断转换和更新，本是西方学界不断挑战陈说、不断颠覆固有囿见而力求学术持续发展的一种常态。每一次视角的转换，往往会引发学术上的一场革命，为学术的进一步深入发展提供重要的契机，并引领学术发展的新趋势。即以对中国的研究来说，从20世纪以来，西方学界就经历了从早期以欧洲为中心到以中国为中心的理念与视角的转换，试图以中国自身社会与文化的内在动力重估中国的历史发展。在柯文（Paul Cohen）的一部极有影响力的代表作《在中国发现历史》[①]中，就提出应将中国视为影响整个世界的一个区域，因而试图将中国研究视为一个"区域研究"（area studies）的观点，这代表了西方人中国观的一个根本改变，被评价为具有根本性的意义。毕竟，中国已经成为现代世界的一部分，而且还在通过其自身的发展变化，对世界历史产生着很大影响。

"新清史"则是针对清朝这个特定的历史时期，进行的又一次对历史主体的研究视角的转换。而这种以满洲人为历史主体的变换，的确使我们感受到以不同的话语所叙述的清史，乃至受它影响的整个中国近现代史，有着与传统视角看到的清史的重要区别。

西方学者从欧洲中心观向中国中心观的转换得到中国学者的普遍认同，至少是没

---

① 柯文（Paul A. Cohen），*Discovering History in China: American Historical Writing on the recent Chinese Past*, New York: Columbia University Press, 1984.《在中国发现历史——中国中心观在美国的兴起》，林同奇译，中华书局，2002。

有受到多少阻力，这并不难理解，因为西方学者强调的"中国中心观"，与中国学者的爱国意愿和对民族国家的叙述恰恰相合。西方搞中国历史学研究的人对于中国社会和文化的探究，与中国学者的历史研究的既成观点，至少在研究的开始阶段，并无明显的冲突。

然而，"新清史"在中国的遭遇却大不相同。尽管清朝的创立者是明朝时僻处于辽东边墙外的女真人，而不是人们通常所说的"汉人"，尽管这个由非汉族群建立的王朝统治中国的时间长达三百年之久，并始终以八旗制度将自己置于"国中之国"的地位，在法律上、社会地位上和婚姻上与其他人群"未尝一日与混合"①，因此而导致的族群间的隔阂成为清末革命派提出"驱逐鞑虏"口号的动因之一。但将满洲人作为清王朝的一个"历史主体"，学界却仍然难以接受。提出诘难者有之，明确表示无法接受者有之，甚至有人怀有明显的反感和敌意。黄兴涛教授针对这一问题发表的一段话，就颇有代表性：

> （"新清史"）强调满洲人在清朝的某种主体性地位，注重从满洲人主体性的角度来研究清史，对于丰富清史研究的意义不言自明。但在正视清朝历史这一独特性的同时，也不应走到另一个极端：有意无意地轻忽乃至淡化其大一统国家的"中国性"，更不能将两者简单化地对立起来。

作者很准确地把握到"新清史"之新的关键，即强调满洲人在清朝的某种主体性地位，注重从满洲人主体性的角度来研究清史，尽管对"新清史"的这一视角仍然坚持其不肯接受的态度。他也同样敏锐地抓住了"新清史"所具有的颠覆性所在，那就是"大一统"国家的"中国性"。只不过这个"中国性"又是什么，作者的回答并不能让人满意。对于"中国性"及其相关问题，本文拟于下文详述。

不过，我们还是有必要对黄教授提到的"主体性"也就是笔者所说的"历史主体"这个词汇，做一番说明。因为对于"以满洲人为历史主体"的说法产生的诸多分歧，有一部分就是从对这一名词的理解不同而引起的。

许多学者无法接受"新清史"的一个重要原因，就是对"历史主体"一词理解的歧误。马克思主义认为，"历史主体"（historical subject）指的是社会历史活动的承担、发动和实施者，即个人、阶级、政党、人民群众等。这是从宏观上、相对于西方传统上将上帝即"神"（即德语的 Geist）看作历史主体而言的。而 20 世纪末期以来的西方社会理论中经常提到的"历史主体"，亦即 historical subject（或者说 historical agent），指的则是凡是有自己的主体性，有自己的历史叙述、有推动历史发展能力的

---

① 孟森：《八旗制度考实》，《明清史论著集刊》上册，中华书局，1959，第218页。

所有族群和个人。所以，当我们在超越民族国家的时代书写历史的时候，我们将那些有自主权，有自我赋权（agency）的活动者（actors）都视为历史主体。这就是说，"历史主体"并不是唯一的，而很可能是多元的，它甚至也不一定是主要的、中心的"那一个"。

如果这样说还不够清楚的话，我们可以用社会性别（gender）的研究来做例子。社会性别当今在西方已经成为一个独立的研究领域。当这些社会性别的研究者将视野投射到对中国历史的研究时，已经不再将那时候的妇女仅仅看作是被压迫的被动的群体，而是脱离开以往男女二元对立的思维模式，转向对社会性别的关注。他们强调妇女在历史上的重要性，强调女性并不完全是被动的、受男人压迫的一方，而是与男人一样的历史主体。乃至提出"赋历史以性别"的倡议。总之，将妇女的历史、将社会性别研究纳入研究范畴，并不意味着否认男人在历史上的主体性。

"新清史"提出将满洲人作为历史主体，恰恰与"赋历史以性别"的诉求相合。强调满洲人的主体性，并不是否定其他族群（主要是汉族）的主体性。它所颠覆的，只是那种将清朝的满洲人看成一个从整体上被汉化的、已经在社会和历史上消失于汉人的"汪洋大海"之中的人群而已。就像对社会性别的强调一样，"新清史"也并未简单化地将满汉两者绝对地对立起来，而是希望研究者更多地注重他们的互动。当然，如果这样做，我们就必须将满洲人视为一个保留着自己的族群认同的群体，这正是我们以往的研究没有充分注意到的。

（三）"满洲汉化"问题

满洲人在有清一代是否被汉化（Sinicization），这是"新清史"与反对者展开交锋的首要问题，也是多年来最受关注的问题。何炳棣回应罗友枝的文章，题目就是《有关汉化问题的再思考》。这场争论也许过于吸引众人目光了，以至于在相当长的一段时间，人们的注意力都被吸引到满洲是否"汉化"的问题之上，一提"新清史"，很多人想到的就是对有关"汉化"的争论，甚至以为这就是"新清史"的唯一观点。

但问题在于，即使仅就"汉化"一事而言，"新清史"的论点也未必被学界完整而充分地认知。笔者之一欧立德就曾为自己做出辩解，说他从未否认满洲人接受了汉文化的影响，这种文化上的变化趋势一直存在，而且越到清末就越明显："新清史，至少我个人，只是反对用'汉化'这个词来描写这个过程，因为'汉化'包含着一种必然性的含义，也包含着一种大汉族主义的味道，因为好像它忽略汉人受满洲人影响的可能性。"[①] 这里所说的"必然性"，指的是根植于学界和普通民众中的、已经根深蒂固的对"汉化"模式的阐释，那就是在中国历史中，汉族都是以文明的、文化

---

① 〔美〕欧立德：《新清史研究的影响与回应》，在复旦大学文史研究院的演讲，2013年5月6日。

发达的进步民族的形象出现的,那些处于汉地边缘的其他民族相对而言都是落后的、文明程度不如汉人的;即使他们以武力征服了先进的汉族,最终也必然被先进的汉族从文化上征服,亦即古人习称的"夷狄入中国者则中国之"的含义。文明必然战胜野蛮、先进必然战胜落后,这就是支配或引导中原和周边诸族之间各个层次的关系,是"汉化"的实质,也是被历史反复证明过的"唯一"的规律,清朝也不例外,它之所以能够维持近三百年统治,就在于满洲的彻底汉化。这种既成的、被人广为认知的说法容易给人这样的印象,就是有清一代的满洲人已经彻底变成了汉人,这当然并不符合历史事实。

"新清史"学者主张用"涵化"(acculturation)一词来描述这个历史进程。他们认为历史已经证明了,这种"涵化"的过程并非那么简单,那么单方面,而往往是复杂的、时进时退的,也往往是不平衡的。而用"涵化"一词,能够更准确地描述不同人群长期相处时发生的各种变化、妥协、抵抗等行为,也才能够承认个人在认同问题上的非单一性。即以满洲人来说,他们虽然受到周围汉人的深刻影响,甚至放弃了自己的语言,但整个有清一代,即使说的是汉语,他们还是认为自己是满洲人。汉人也一样,尽管他们身边的满洲人(旗人)已经都讲汉语,他们仍然将这些人视为满洲人而绝不会将其与"民人"[1] 等同。清朝被推翻之后,满洲人身上还存在一种"缺乏向外标志的内在认同感"[2],这便是族群理论能够帮助我们分析的问题。

"汉化"一词的另一个缺陷,是容易造成某种误解,以为这是中国文化独有的现象,是古代史中的一种"中国模式"。而事实上,众所周知,文化与文化之间的互相碰撞、摩擦、混合、吸收和排斥,是一种很普遍的现象。生活在中原的人希图将自己的华夏文明、儒家文化传播到周边那些被视为"野蛮人"的人群中,以为这是在提高这些"野蛮人"的素质,是在改变他们落后的风俗习惯。其实,历史上所有的大帝国都有如此表现,无论罗马帝国,还是西班牙、大英帝国、沙俄帝国,乃至日本和美国,都或多或少地以为自己承担着一项神圣的"文明使命"(即法文的 mission civilisatrice),但最后的结果,却总是导致了不同程度上的文化交融,而不是单方面的"同化"。中国又何尝不是这样。

总之,"新清史"从来不认为满洲人没有受到汉人的影响,只是认为用"汉化"二字来描述这一现象,一则会显得过于简单,一则也显得过于例外和特殊。国内满族史学界早就有人提出汉人也有被满洲人涵化的问题,并主张用"满化"一词来解释

---

[1] 按清朝户籍分为"旗籍"与"民籍"二种,凡八旗制度下的属民均为旗人,入旗籍;其余未入旗者为民人,入民籍。旗人与民人在法律和社会地位上都有严格区分。在讨论清代族群问题的时候,我们认为用"民人"来指代旗人以外的、以汉人为多数的人群,比用"汉人"更准确些,也更符合历史事实。

[2] 对于历史上各个帝国在族群问题上的比较与分析,可参见 Kenneth Pomeranz(彭慕兰),"Empire & 'Civilizing' Missions, Past & Present," *Daedalus* 134.2 (Spring 2005), pp. 34–45。

这一现象,但我们认为,无论"汉化"还是"满化",指的都是同一类型的单向的、绝对的同化过程,其实都是不准确的。①

"新清史"为什么如此重视有关"汉化"的争论呢?这牵涉到满洲统治者的自我认同以及满洲人整体的族群认同问题,这也就是"新清史"学者所谓的"非汉因素"之义。他们认为清朝统治的成功,在于保持两个基点之间的平衡。这两个基点,一个是通过争"正统"来取得汉族士大夫集团的认可和统治的合法性(这点与上述何炳棣的论点相合);另一个基点,则是保持他们作为统治者的威望和权力。要保持统治集团的权力,就必须极力设法维持他们的自我身份认同,维持在人口上仅占少数的满洲人和人口占多数的民人(汉人)之间的隔离格局。而维持这种隔离格局的前提,就是竭力避免被同化,只有不被同化,只有尽量以政治、社会、经济、法律各种机制和措施来保护满洲人的族群认同,才能够找到这样的平衡。因此,强调清朝统治与历代汉族王朝的区别、强调清朝统治中的满洲因素,便成为他们的一个主要特征。他们这一观点的提出并非空穴来风,而是源于将认同理论运用于对满洲汉化问题的分析上。尽管"新清史"的学者之间关于满洲人的认同观的意见未必一致,但他们都承认,保持统治集团一贯的身份认同,是解释满洲人统治得到成功的一个重要因素,而这个因素,以往一直是被忽略的。②

(四) 对"中国"和"帝国"的理解

在上文中提到,"新清史"对"汉化"的处理方式,是将其视为所有帝国在某种程度上都存在的现象,这部分地是来自"新清史"提倡的"全球化的视角",另外,也来自对"满洲因素"和"利用满文史料"两点的强调。在本节中我们要讨论的是由"新清史"引发的对有关"大清"、"帝国"以及"中国"等一系列定义的争论。这同样与"全球化的视角"直接相关,因为只要我们将中国的历史置于全球的、人类的历史中去理解观察,我们就不再能坚持说,中国历史是独一无二的,至少不可能说中国历史的"独一无二"性质与其他地方的"独一无二"性质有什么不同。我们应该承认,中国历史上的各种制度、各种措施和各种经验,都有可能拿来与世界历史上其他的经验、制度和措施相比较。当然,做这种比较并非易事,它需要有坚实可靠的史料作证据,需要根据史学理论进行具体深入的分析,但是,进行这样的历史比

---

① 杨念群也注意到"汉化"一词的不妥并强调:使用"汉化"一词更容易被理解为是一种单纯的种族论叙述,似乎任何外来民族只能单向接受汉民族的文化熏陶。如果改用"华化"一词则无问题,因为"华化"代表的是一种民族多元共同体的交融过程,至少在相互遭遇时呈现出双向交流的局面,是不同文明多向交流的结果,而非单一的种族对其他民族的单向文化塑造。《超越"汉化论"、"满洲特性论":清史研究能否走出第三条道路?》,载刘凤云、董建中、刘文鹏编《清代政治与国家认同》,第123页。

② 对这个问题的详细解释,可参见 Mark Elliott, "Ethnicity in the Qing Eight Banners," in Pamela Crossley, Helen Siu, and Donald Sutton, eds., *Empire at the Margins* (University of California Press, 2006), pp. 32 – 35。

较，实在是太重要了，尤其是在我们大家都身处的这个全球化的时代里。因为如果我们不努力把我们的想法和结论传递给全世界关心类似问题的学者的话，我们学术成果的传播就会受到很大局限，甚至沦为一种无人理睬的自言自语。除非我们用一种相对精神，而不是绝对精神来做研究，我们就很难把我们在中国历史里面发掘出来的真实的教训和模式传达给在别的领域工作的同行，最终的结果很可能是，中国历史的研究只会越来越孤立。如果我们的学生从我们手中接续的是这样的遗产，前景将会很不利。

在"新清史"与中国历史研究的既成观点的碰撞中，引起的争论最激烈的，可能就是关于满洲统治者的"中国认同"问题了。这个问题可以分若干层面来看，其中涉及对"帝国"的理解，也就是"大一统"论与"前近代帝国"论之间的矛盾；也涉及对"大清国"的理解，也就是有关"清王朝"是否等同于"中国"的辩论，下文一一述之：

第一个问题，"大一统"论与"前近代帝国"论。

国内大多数清史学家是同意将清朝称为帝国（empire）的，认为将清朝作为帝国的一个重要原因，就是它统一了天下，实现了"大一统"的理想。按照郭成康的说法："康雍乾时期完成国家大一统的伟业，具体来说，就是将'天下'第一重空间纳入'中国'版图，使居住在那里的民族'中国'化。"①

请注意，这里"天下"、"中国"两个词都带引号，表明了郭教授对这些名词所持的谨慎态度，因为他准确地意识到这种词汇的可变性、模糊性。他没有用"帝国"一词来描述清朝在内陆亚洲的这一扩张趋势，而是用"大一统"来取代它，那可能是因为"帝国"一词是最近五六年以来才被普遍运用的，在他撰写这篇文章时，人们通行的用语是"大一统"。但问题是，当我们以"大一统"这样的提法来描述清朝对蒙古、西藏、新疆等地方的军事征服和行政管辖时，我们的立场是否与清朝政府的立场太接近了？作为历史学家，我们是不是应该保持一种与清朝统治者的客观距离呢？

总之，如果我们想要对清代历史做出更为全面、更为客观的叙述，就必须注意到那些"他者"的立场和观点，这些他者不唯是满洲人，也包括蒙古人、藏人，以及吐鲁番、喀什等地的突厥人，还有西南地区的苗人、傣人等。

所以"新清史"提出，既然"大一统"的提法代表的只是清朝中央的立场和态度，我们是否应该将这种提法放弃？换句话说，虽然我们已经注意到要对边疆问题、对非汉人群在帝国中的地位和经验予以更多的关注和重视，而不是仅仅从中央（无论是满洲人还是汉人）对他们的统治政策的角度去考虑问题，但仅仅这样仍然是不

---

① 郭成康：《大清皇帝的中国观》，《清史研究》2005年第4期。

够的，我们同时必须注意到还有另外一个角度，那就是从周边看中央政权的角度。毕竟，政府的决策再重要，也只不过是历史事实中的一个层面而已。

而且，如果我们坚持使用"大一统"这个用语，我们将大清国的扩张过程置于一个比较的框架里的想法就很难实现。这个比较的框架，应该就是前近代帝国的框架，我们想要做的，就是将清王朝和世界上曾与它并存的其他大帝国放在一起进行比较，只有这样做，才能对一个关键的问题做出回答，这就是接下来的：

第二个问题，大清国是不是一个帝国（empire）？

中文里本来并没有"帝国"一词，直到清末才有人开始用"帝国"来指代大清。因此，与奥斯曼帝国、罗曼诺夫帝国不同，我们不能仅仅依靠术语来论证大清是否具有帝国性质，还需要根据大清国在制度上的一些特点，从对清朝中央与边缘关系的模式入手，来探讨大清的"帝国性"或曰"帝制性"。

"新清史"对"帝国"的理解与国内大多数学者惯常的理解不同。在将中国作为"帝国"来考虑的时候，西方人往往会转向他们更为熟知的罗马。罗马最先的独裁者屋大维（前63—14）和后来的奥古斯都大帝的做法，都是将不同的人群、语言和信仰体系汇集成一个单一的但又有着不同组织结构和不对称的政治秩序的整体，称之为"imperium Romanum"。Imperium 即"超越势力"，意为凌驾于一切之上的势力，也就是主权，是为专制者一个人所有的，也包括一种神圣的含义。作为一种政权构成形式，这种帝国的概念不仅基于征服而且基于所创建的能够"有条件地包容差异性"的"主权分层"体制，以及在这个体制之上建立的法律和管理体系，这是将帝国与民族国家区别开来的关键。这个概念在近年来的社会理论中已经出现了。[1]

我们认为，这种对帝国的理解也非常适用于对清王朝的分析。不仅清朝八旗劲旅的武力征服符合"超越势力"之义，同时，比起此前的明王朝，清朝显然享有族群的多元性和更广阔的疆域范围，这一现实也为清朝涂抹上了帝国的色彩。就像其他曾在中国创立的"帝国"一样，清国也用"天命"作为其政权合法性（"正统"）的基础，控制被它一统的领地（天下，拉丁文为 orbis terrarum）。不仅如此，有赖于近年来对其他前近代帝国研究的学术成果的启发，我们发现了更多可以将清朝视为一个"帝国"的视角，这些视角为我们提供了可以论证的更多方法，但在这里，我们仅以清朝对边疆地区的统治与行政为例。

简单地说，清朝管理内亚边疆（满洲、蒙古、西藏和现在的新疆地区）的政策，

---

[1] 可参考 Jane Burbank and Frederick Cooper, *Empires in World History: Power and the Politics of Difference* (Princeton: Princeton University Press, 2010)。

是一个混乱复杂的集合体。由于各边疆地区是在清朝前半期（大约从1618年到1758年的140余年间）次第纳入清朝版图的，有着各自特殊的状况，所以清朝针对不同地区的不同状况制定的特殊政策，以及在接下来的一个半世纪所作的进一步调整，就构成了这个政策集合。清朝中央政权采取弹性的统治政策，随时针对各地的不同情况进行必要的调整，在某种程度上，也任用当地的主权或宗主权系统来进行统治。此外，清帝国的决策者还采取分而治之的措施，尽量把各个族群互相隔离，让他们仅仅对中央效忠，以维护清廷在边疆地区的统治。为达到此目的，朝廷采用了各种方式，如编纂地图、撰写人种志、编纂各种典章制度和则例等。不同地区行政系统的差别，以及它们与内地行省的管理体制有天壤之别的事实，正是"帝国"式管理体系的标志性特征。而通过这样一个途径，我们才能够摆脱"大一统"的陈说，进一步了解"清朝式"管理政策与其他帝国的同异，并且发现它不同于他国的特点。

第三个问题，如何看待"大清国"与"中国"之间的关系。

"新清史"的大部分学者都认为，清代的各种制度和观念与历代中原王朝相比，有很多相同也有很多不同；除了接纳中原汉族王朝的传统以外，满洲统治者也吸收了内陆亚洲政治传统的许多因素。[①] 所以，"新清史"主张要重新思考清代在中国历代王朝替代过程中的地位，强调清朝并不能被漫不经心地定性为"又一个中国王朝"，因为它有它的独特性。当然，不仅仅是清朝，而是每个王朝都有它的独特性，也都是独立的政权，所以每一个王朝都存在与"中国"的关系，也都值得我们去认真地深入地思考。问题的关键在于，每个王朝都拥有自己具体的历史性存在和性质，但是"中国"却与每个具体的朝代都不一样，它是一种超越历史的、比较笼统而容易改变的信念和概念。

对"中国"的这种解释，是"新清史"诸多理论的基本出发点。在他们看来，"中国"的概念只是一种设想、一个不断演变的过程。作为一个持续进展的具有不同形式、实践和理念的合成体，"中国"的概念一直在发生变化，从来不曾有过，也永远都不会有任何纯粹的中国或纯粹的"中国性"。所谓"中国"和"中国性"是历史的产物，而历史是多样性的，而非一贯统一的。对"中国"抱有这一看法的，并不仅仅是国外学者，国内学者对此也有不少论述。葛兆光就说过："应当承认，有时候，中国大陆学术界以现代中国的政治领属空间为古代中国来研究历史的习惯，确实会引起一些问题的。"他并且强调："……因此可以承认，历史上的'中国'是一个移动的'中国'，因为不仅各个王朝分分合合是常有的事情，历代王朝中央政府所控

---

① 参见 Pamela Kyle Crossley, "The Rulerships of China", *American Historical Review* 97.5 (Dec 1992), pp. 1468–1483。

制的空间边界,更是常常变化。"①

"新清史"对清朝的种种定位,也都是从这个基点上阐发出来的。笔者之一欧立德就曾明确表示:

> 也许"新清史"要提出来的最大问题是,我们可否不经质疑地直接将清朝等同于中国?难道我们不该将其视为一个"满洲"帝国,而中国仅是其中一部分?部分"新清史"的史家因此倾向在"清朝"与"中国"间划下一条界线,避免仅仅称呼清朝为"中国",也不仅仅称呼清朝皇帝称为"中国皇帝"。②

在 2010 年中国人民大学清史研究所主办的"清代政治与国家认同"国际学术研讨会上,他直截了当地强调:

> 不应直接把清朝称为中国或是把大清皇帝称为"中国"的皇帝。我在某种程度上赞同这样的看法,因为我认为这样的看法有助于让我们更敏锐地注意到大清帝国与中华民国(更不用说与中华人民共和国)是有不同政治目标的不同政治实体……然而,我承认我同时也会担心把这条"清朝"与"中国"之间的界线划得太过明显。③

一石激起千重浪,当时的与会者对此的反响不一,有的将其视为一种挑战:"经历过'新清史'挑战之后重新在新的高度回归的'国家认同',已经成为清史研究的一种'新'的视角"④,也有的被这种"挑衅"所激怒:

> 他们(指"新清史"部分作者)对"中国"、"中国人"以及"中国民族主义"的基本概念和基本准则提出挑战,并对"中华民族"及国家的认同提出质疑,这些理论倾向,已经对中国这个"国家"产生了潜在的颠覆性。
>
> 它会带来互相关联的双重危险:一是破坏长期居正统地位的中国历史一元叙述,二是动摇统一多民族国家的历史基础。⑤

---

① 葛兆光:《宅兹中国——重建关于"中国"的历史论述》"引言",中华书局,2011,第 5 页注①,第 31 页。
② 〔美〕欧立德:《关于"新清史"的几个问题》,载刘凤云、董建中、刘文鹏编《清代政治与国家认同》。
③ 〔美〕欧立德:《关于"新清史"的几个问题》,载刘凤云、董建中、刘文鹏编《清代政治与国家认同》。
④ 常建华:《国家认同:清史研究的新视角》,《清史研究》2010 年第 4 期。
⑤ 刘凤云、刘文鹏:《"新清史"研究:不同凡响的学术争鸣》,《中国社会科学报》(第 130 期)2010 年 10 月 14 日第 4 版。

于是，原来仅仅是对清朝性质的学术性讨论，就演变成了政治化的热点。看法更尖锐的是黄兴涛，他在《清代满人的"中国认同"》一文中说：

> 清代满人是否认同与如何认同"中国"，这在以往的国内学术界似乎不成问题，至少不是什么有意义的问题。但对于美国"新清史"来说，这却无疑是一个需要明确提出并给予认真回答的重要问题。因为在被称之为"新清史"的学者当中，喜欢像罗友枝那样笼统地强调整个清朝统治期内"大清国"与"中国"为两回事者，差不多已成为一种流行观点。①

这种本来"似乎不成问题，至少不是什么有意义的问题"，却被"新清史"学者作为一个问题、而且是一个"非常严肃的问题"提出来，这看来就带有某种"挑衅"意味了。所以黄兴涛又说："若其所指为入关以后 260 多年间的大清朝，或至少包括入关后的整个阶段，则显然有违历史事实，而难以理解——无论将它如何'复杂化'，都是如此。"这一批评得到许多学者的赞同，似乎已成公论。

按照这些学者的看法，即清朝入关以后或至少从康熙时代开始，满洲人就已经完全彻底地认同自己是"中国人"、认同大清就是"中国"的一个新朝代，也即认同自己统治的整个国土范围为"中国"了："在入主中原之后，满洲皇帝正式以'中国'自称其全部统治区的国家认同便加快形成了。"在下文中，他举了很多例子，来说明清代前期在处理与域外的关系时，用"中国"二字指代全国领土是很普遍的现象。② 对此，"新清史"学者似乎并无异议。但笔者认为，在民族国家时代之前，国家名称的用法本来并不是一贯的，其含义多少有些偶然性、随意性，必须联系特定的语境，才能确定它的所指。郭成康就曾经提醒我们说，当时清朝皇帝很少用"中国"来表达其新的内涵，而更多地仍沿用"大清"、"天朝"之类居高临下的词汇，"只是与西方国家的接触之后，各族臣民对大一统国家的认同得到迅速强化"。③

"新清史"所希望的，不是要问"清朝是否等同于中国"，而是希望使有关"中国"的概念更为历史化（historicize），而不要把抽象的"中国"符号和具体的"大清国"（或者大明、大唐国等）混为一谈。事实上，一百多年前，这些就已经是中国思想家最关心的问题，他们并没有把"清王朝"等同于"中国"，梁启超甚至表示，

---

① 参见黄兴涛《清朝满洲人的"中国认同"——对美国"新清史"的一种回应》，载刘凤云、董建中、刘文鹏编《清代政治与国家认同》，第 16 页。
② 黄兴涛：《清朝满洲人的"中国认同"——对美国"新清史"的一种回应》。
③ 郭成康：《大清皇帝的中国观》，《清史研究》2005 年第 4 期。

"中国"从来不是国家的名字。① 这正与我们前面引述的葛兆光等人所说的"中国"是不断演变的概念相一致。黄兴涛自己也意识到这点，他说："殊不知康雍乾时代及其以后的中国已非昔日的明代中国，而是被清帝、满洲人和汉人等其他族群共同认同、又加以再造过的中国。"

对这个问题，我们不妨引述一段罗新教授对于内亚史研究的相关议论，因为他的观点正好补充并印证了我们对这一问题的看法：

> 内亚史自成一个历史系统，它绝非必须依附于中国史才能成立，这是没有疑问的。但是，内亚史从来就没有、或绝少有可能不与中国史发生或浅或深的接触、交叉乃至重叠。完全脱离了中国史的内亚史，甚至不可能被记录、被叙述、被了解，而成为永久消失了的过去。同样，中国史从来就没有缺少过内亚因素的参与，这种参与有时甚至决定了中国历史发展的方向。因此，争论"清朝是不是中国"、"元朝是不是中国"、"辽是不是中国"、"金是不是中国"、"西夏是不是中国"、"十六国北朝是不是中国"，还有什么意义呢？②

历代王朝中的哪一个是"中国"，哪一个不是"中国"，这确实是一个带有浓厚民族主义色彩的伪命题，是只有在政治上才有意义而在史学中并无意义的。

第四个问题，"中国"与"中国性"的近代性。

如果辛亥革命前后的人士，也就是生活在满洲统治下的清朝的人士，尚且可以看出"大清国"和"中国"之间存在一个距离的话，那么，我们今天就更有必要认真面对这个事实，而不是以其"不是什么有意义的问题"而忽视它了。

更值得注意的是，梁启超早在清亡之前的1901年撰写《国家思想变迁异同论》，就呼吁"中国苟欲图存于生存竞争之大潮，其唯'速养成我所固有之民族主义'一途可循"，得到知识界的群起呼应。以西方"国族国家"（nation-state）为典范，着手从事于中国"国族"的塑造，包括提出一套以黄帝为中心的"符号政治"，打造出一个新的国族——汉族，进而构建起近代中国国族意识的活动，就此而轰轰烈烈地兴

---

① 梁启超说："吾人所最惭愧者，莫如我国无国名之一事。寻常通称，或曰诸夏、或曰汉人、或曰唐人，皆朝名也；外人所称，或曰震旦、或曰支那，皆非我所自命之名也。以夏汉唐等名吾史，则戾尊重国民之宗旨；以震旦、支那等名吾史，则失名从主人之公理。"又说："且我中国畴昔岂尝有国家哉？不过有朝廷耳。我黄帝子孙聚族而居，立于此地球之上者既数千年，而问其国之为何名？则无有也。夫所谓唐虞夏商周秦汉魏晋宋齐梁陈隋唐宋元明清者，则皆朝名耳。朝也者，一家之私产也；国也者，人民之公产也……然则吾中国者，前此尚未出现于世界，而今乃始萌芽云尔。"（梁启超：《少年中国说》，《饮冰室合集》之五，中华书局，1989，第9页）在这两段话中，梁任公明确指出的，就是我国从来都没有"国家"，也没有"国名"，有的只是朝廷而已。

② 罗新：《内亚视角的北朝史》，复旦大学中文系主办"魏晋南北朝文史论坛"，2013。

起。这一过程曲折复杂且内涵丰富,叙述这一过程又不是本文重点,好在已有不少学者进行过相关研究并有大量成果出现,这里就不拟多谈了。①

至于有人将当代中国的合法性与清朝统治的合法性联系在一起,认为"新清史"动摇了统一多民族国家的历史基础,也是一个很有意思的问题。这表明很多人对于共和政体与帝制的区别,对于公民与国家的关系与帝制下的臣民与朝廷之间的关系有何不同,对于创立共和国的民本思想等问题还是缺乏一些必要的了解。这种说法,也使一些西方学者感到惊讶,因为他们本来以为"统一多民族国家的历史基础"应该是中国共产党领导的革命胜利和1949年之后在巩固国家统一发展的努力下取得的种种成就,却没想到会与外国史学家们对清朝历史的解释做出这样的联系。

四 关于"新清史"的后设话语(metadiscourse):在21世纪如何书写中国的历史?

有人在谈到人大清史所编选的《清代政治与国家认同》论文集时,做过如下概括:

> 这部论文集充分体现了中国学者对"新清史"的态度,那就是"不敢苟同"。尽管大家都承认,"新清史"给清史研究带来了不少颇具启发性的论点,可以纠正以往研究中的若干偏差,但是——几乎所有中国学者谈到"新清史",都要加上一个"但是"——对于"新清史"刻意强调清朝与中国历代王朝的区别这一点,多持保留态度。②

说几乎所有中国学者谈到"新清史",都要加上一个"但是",未免有些一概而论。将"中国学者"作为一方,"美国学者"作为另一方,这并不符合事实,因为作为一种学术观点、一种研究范式,这样以国别来划分研究者的立场,本身就是不符合学术精神,也不利于学术的深入发展的。事实上,中国学者特别是年轻学者中,有不少人对"新清史"的态度相当积极,而美国学者中也有人对这种学说持不同意见,

---

① 其中尤以沈松侨的《我以我血荐轩辕——黄帝神话与晚清的国族建构》,《台湾社会研究季刊》第28卷(1977)和《近代中国民族主义的发展:兼论民族主义的两个问题》,《政治社会哲学评论》第3期(台北,2002)最为详尽并最具说服力。
② 江风:《新清史之争:超越政治,可能吗?》,《中华读书报》2012年8月22日第9版。

不仅何炳棣一人如此。①

也曾有一些学者对"新清史"做过概括性的论述。如王晴佳说:"'新清史'的研究,与当前西方史学界寻求突破和解构民族—国家史学这一近代史学传统的努力密切相关,而这一努力,又是他们希求突破西方中心论的史学研究模式(包括现代化理论)的一个重要部分。明清中国的研究,成了美国中国学家和中国历史研究者之间相互取长补短、斟酌商榷的最佳领域,因为他们有一个共同关心的课题,那就是如何用中国历史的事实,质疑和挑战西方模式的现代化发展途径。"②

引用这段话想要说明的是,对于如此重大和丰富复杂的问题,"新清史"学者也处于不断探索的过程中,也许在接触更多中国史料和现实之后,会有推翻定论的可能。而中国学者更是任重而道远,我们期待着有更多高水平、高质量的探讨这一具有根本性的问题的成果诞生。

对于本部分标题,亦即在 21 世纪如何书写中国历史的问题,我们提出几点我们的看法,以供同行们思考。

(一) 如何面对西方学术观念与理论的问题

有学者指出,"新清史"运用的理论、视角与方法,思考的问题与得出的观点,都是建立在西方的现代话语体系上。此话不错,但问题在于,有关"国家"、"民族"、"汉族"乃至"中华民族"这一系列的名词和概念,本来就是晚清时期的知识分子(无论革命派还是立宪派)接受西方理论和观念提出来的。所以,只因为"新清史"的出发点与西方的理论体系有关,就确认它不适用于对中国历史的解释,这种说法并没有多少说服力。

如何面对西方那些层出不穷、花样翻新、令人应接不暇的学术理论和方法,这个问题多年来或隐或显,在学术界却始终存在,在如何对待"新清史"的问题上变得尖锐和敏感起来。有人将其视为"不同文化背景的差异",认为中国学者迄今难以理

---

① 米华健在 2010 年中国人民大学主办的"清代政治与国家认同"会议上即明确宣称,所谓"新清史"并非一个学派。又如柯娇燕,虽然她的两部书(《孤军》和《半透明的镜子》)以及很多文章都被视为"新清史"的代表之作,但她自己对此却未必赞同。2010 年在接受中国学者采访时她曾公开表示:"现在从事清史研究的一些美国学者强调新清史,我对这个观点有些异议。新清史的主要观点是:一是,清朝是满族帝国,你要了解满清帝国的行为或看法,要先了解满族文化……我不同意他们的观点。我的观点是:要了解大清帝国,要先了解大清帝国的三个政府管理体系。新清史是要建立以满族为中心的历史,我觉得这是个错误……第二,我们看旗人是移民,当然他们学地方文化没有什么特别,也不能说他们完全变成汉人,因为他们还有自己的看法。我不是从事新清史研究的。我的观点和他们有很大的不同。我不同意他们的历史分析,他们特别重视满洲文化,不愿承认满洲文化改变了,中国文化不停地改变,当然满族文化也不停改变……"见汪立珍《美国著名满学家、清史专家柯娇燕教授谈满学与清史》,《满族研究》2010 年第 3 期。

② 王晴佳:《为何美国的中国史研究新潮迭出?再析中外学术兴趣之异同》,《北京大学学报》2012 年第 2 期。

解西方学术中不断挑战旧说,并将其视为学术基本精神的观念,相比之下,中国学者更愿意"沿袭"传统。① 也有学者提出,中国学者研究清朝史,有自己的独特优势,只有立足本国的历史、传统与实际,坚持研究的主体性,才能把研究不断引向深入。至于目前颇为流行的那种将西方理论方法观点盲目照搬,人云亦云,不加分析,对本国研究却抱着虚无主义态度的倾向,显然不值得提倡。

很多人同意这种说法,但笔者这里不肯苟同。这个问题,应该说包括了两层含义。

第一,所谓只有立足本国的历史、传统与实际,坚持研究的主体性,才能把研究不断引向深入,这种说法值得商榷。事实上,建立在异文化观察上的异文化研究,不仅是人类学的宗旨,这其实也是史学的原则,因为史学研究的是过去,而过去是任何今人也进入不了的另一个世界,恰如从事异文化研究的人类学家一样。所以有"历史是异邦"的说法。从这个角度来说,历史对于任何人,本国的也好,他国的也好,都是同样的异邦,都是公平的。如果认为只有立足本国的历史来坚持研究的主体性,那么是不是说,美国人不能研究中国史,中国人也不能研究欧洲史,甚至河南人不能研究河北人的历史呢?这无异于说,不同地域、不同国别的人之间很难有沟通的可能性,这当然是不符合事实的。

第二,虽然不是中国人,照样可以研究中国历史,但还应该承认的是,不同国家或者国内不同民族的学者,会有不同的问题意识,他们提出的问题,往往受到自己文化背景、民族背景的影响,不同国家、不同族群、不同文化背景下的学者,他们的"文化关怀"往往是不一样的。例如,民族、族群以及帝国等问题,是美国学界而不仅仅"新清史"学者一直关注的问题,并非针对中国。而中国学者也会有自己更关注的、与自己现实世界联系更紧密的问题,这并不奇怪。而不同的关怀,促使学者们从更多元的视角看待清朝的历史,应该说是一件好事,也是对中国清史研究的一种启发和促进。②

总之,当我们评判一项史学研究成果的好坏、一种新的研究范式或理论的成败时,标准应该首先是它在学术上的价值,具体地说,它征引的史料是否坚实可靠、它的分析是否规范合理、它的结论是否给人以启示,至于它是来自西方还是东方、中国还是外国、是否"建立在西方的现代话语体系上",反而应该列为其次。试问,马克思主义难道不是来自"西方"的理论吗,它难道由于是来自外国,就与中国的国情格格不入了吗?

---

① 王晴佳:《为何美国的中国史研究新潮迭出?再析中外学术兴趣之异同》,《北京大学学报》2012年第2期。
② 可参考朱政惠、刘莉《柳暗花明又一村——关于海外中国学研究与史学研究的对话》,《史学月刊》2013年第4期。

即以施坚雅为例，他以近代市场史、城市史、人口史为中心创建的研究模式尽管获得中国学者的广泛赞誉，有些也成为中国学者用来研究中国社会的重要范式，但对他的著作、对他创建的模式的质疑和批评，无论在美国还是中国乃至其他国家，都一直存在。对于这些批评，有学者认为"面对施坚雅，更应该反思的似乎是我们的知识和思维中究竟是什么缺席了，为什么会是这样"。① "西方学者可能不懂中国，更难以将中国国情穷形尽相，但是，施坚雅模式提醒我们，早应该对明清以来就有的认识框架进行反思。这种反思应该是多学科多层面的，尤其是历史学的反思必不可少，因为施坚雅模式的主要基石就是国人所称的中国近代史。"② 后者更多强调要反思自己研究的不足，持的是一种很为理性和客观的态度，也为学界所普遍认同并接受。我们认为，对于"新清史"，何不也参照一下这种态度呢？

对于这个问题，党为的说法在年轻一代中可能更具代表性：

> 由于我们现代的知识体系源于西方，目前我们生活世界中的一切似乎也只能在西方的概念框架中获得自我表述，原先只是作为一种他者的西方文化，如今在全球化时代之下，无论我们愿意与否，已经成为文化本身，成为我们的当代历史与现代经验的组成部分，从而当代中国的问题也变成完全是整个现代性文化自身的内部问题。我们无法跳出世界（历史）的语境讨论中国，更无法在西方之外建构出一个自给自足的中国。③

（二）超越政治，可能吗

有学者发表议论说："国内学者对新清史问题有所回避的关键，不是其所运用的范式、理论或视角，而是新清史学者所关注的问题及其得出的结论挑战了国内清史研究的既成观点。"④ 虽然说国内学者有所回避并不尽是事实，而且"新清史"学者所关注的问题的结论，正是来自他们所运用的范式、理论或视角，但他也确实指出了问题所在，那就是"新清史"挑战了国内清史研究的既成观点。这些既成观点，包括上述引文提到的"大一统"、"中国认同"以及"满洲汉化"、清帝国性质等，都是最根本性的、被中国史学界视为公论、多年来习惯于以这种公论进行思考、撰写文章并教育学生的问题。对这些问题提出挑战，颠覆了中国百姓从小学到的，从来都以为是

---

① 孙明：《另一种"历史"》，《中国图书商报》2001 年 12 月 20 日。
② 任放：《施坚雅模式与中国近代史研究》，载朱政惠主编《中国学者论美国中国学》，上海辞书出版社，2008，第 345 页。
③ 党为：《美国新清史三十年——拒绝汉中心的中国史观的兴起与发展》，上海人民出版社，2012，第 230 页。
④ 李爱勇：《"新清史"与"中华帝国"问题——又一次冲击与反应？》，《史学月刊》2012 年第 6 期。

最自然不过的常识,所以受到冷遇、质疑甚至提到政治高度进行批判并不奇怪。

将"新清史"学者的一些论点提到了"背后有政治目的"的高度,这是改革开放三十多年来,中国史学界对待西方各种学说、流派时比较少见的。尽管也有学者呼吁将这种讨论置于学术范围之内,但怀疑与反驳之声也不绝于耳,恰便似上引文章的标题:"'新清史'之争,超越政治,可能吗?"该文认为:

> 本书的编者曾在其他场合表示,希望将有关"新清史"的争论置于学术范围之内,避免将其政治化(《清朝的国家认同》序言),《清代政治与国家认同》这本论文集的出版,证明上述理想近乎自欺。"新清史"的某些重要论著至今还不能在国内翻译出版,一些论文还要因为"语境的不同"而作删节,甚至相关的学术活动也曾经受到来自不同方面的干扰,在如此剧烈的思想交锋之下,幻想将讨论限制在纯学术领域是完全不可能的。更现实的做法也许是,承认相关议题中的政治因素,但在讨论中分清楚哪些是学术的进路,哪些是政治的考量。①

这段话说得很诚恳,甚至也很大胆,所涉及的问题已经逸出了学术讨论的范围,对于单纯的学者来说,是一种善意的提醒,也就是说,当这个问题被提到"政治化"的高度以后,"新清史"对于清史研究本身来说究竟有没有意义已经不重要,重要的只是作为"中国"学者应该站的"立场"了。

笔者二人数十年治史的主要方向,都是清代八旗制度和满洲认同问题,却从未料到这个问题在今天会变得如此敏感。不可否认的是,清史本身确实早已政治化了,不仅是清史,所有的历史,包括像夏商周那么久远的历史,都带有很强的政治因素,这种倾向从20世纪开始,就已经成为难以改变的潮流。美国德州大学的李怀印教授在他撰写的有关中国近代史学史的新著②中说,自从"五四"以后,写历史变为一种要显示自己政治思想的途径,而不是自己对于过去的理解和解释。无论是20世纪30年代、50年代,还是70年代,无论是自由主义和现代化理论,还是马克思主义和革命理论,在很大程度上,20世纪的中国史学都变成了服从于政治的工具。李教授认为,在20世纪中国的两个领域(历史、政治)之间,从来没能取得一个比较良好的、稳定的平衡。80年代以后,中国的历史学家终于可以开始脱离开政治、相对自由地寻找相对客观的解释架构与方法论。直到90年代以后,与中国在经济上根本翻身的同时,以前的模式和典范被颠倒了,却仍然没有找到新的模式来代替它。

---

① 江风:《新清史之争:超越政治,可能吗?》,《中华读书报》2012年8月22日第9版。
② *Reinventing Modern China: Imagination and Authenticity in Chinese Historical Writing*. University of Hawaii Press, 2012.

李怀印认为，为解决这一危机，历史学进入一个新的阶段，即寻找可以被历史学恰当使用的模式的阶段，这个模式，就是全球化。我们同意李教授的意见，但还要强调的是，史学的全球化并不意味着它的去政治化，而是刚好相反，现在的政治家更加依赖历史，尤其是清史，来达到政治上的诉求，正因为如此，人们才开始将目光回溯到清朝，来寻找现代民族国家合法性的基础。

因此，无论在中国还是在国外，如何书写清史，就变成了一个比较复杂的问题。也就是说，正像这种政治化的气氛会给史学家带来某种困扰一样，"历史化"也同样会令政治家头痛，尤其是在如今这个中国历史进入全球化的时代。我们已经看到了，国内学者对于"新清史"的反应是各种各样、褒贬不一的，国外学者当然更是如此了。

尽管问题变得如此棘手，但书写中国历史的重要性也在日益凸显出来。每个国家的历史叙事对那个国家、对全世界都很重要，而世界上的强国更是如此。正如布朗大学德国历史教授巴托夫所说："当一个强国以它的过去作为决定国策的参考点（或者有如此的姿态），那么那强国的过去（或者对过去的理解）就要在世界事务中扮演重要的角色。"① 在当今中国，这正是"中华复兴"、"盛世修史"等口号背后的思路。

结　　论

正如我们在上文中阐述的那样，"新清史"提出的诸多结论虽然都给人以启发，但对于中国学术界的最重大的意义，或许还不在于它的这些结论，而在于它提出了诸多值得我们深入思考的问题。

像所有的新理论、新范式一样，"新清史"存在诸多问题和不足，国内外学者对它的批评和质疑也从未间断，其中有些针对的是某部具体著作、某个具体作者阐述的具体问题，也有些则是从整体上着眼的。

首先，虽然"新清史"提出以满文等非汉民族语言形成的档案史料的重要性，但他们中很多人自己也做不到这一点，至少他们很多研究的结论并不是来自这些非汉民族的史料而仍然是汉文文献。而且，由于真正能够运用满文或其他非汉文史料研究所出的成果并不多，所以直到现在，这些史料究竟有多么重要的价值，在哪些重大问题上是因利用了这些史料取得的突破，呈现得仍不够充分。

---

① 原文是："When a major power determines its policies (or at least claims to do so) by reference to its past, then this power's past (or its understanding of that past) assumes a central role in world affairs." 参见 Omer Bartov, "Time Present and Time Past: The Historikerstreit and German Reunification," *New German Critique* 55 (Winter 1992), p. 174。

其次,"新清史"的有些作者由于把握语言和文献阅读等各方面的限制,出现一些"过度阐释"的问题,举例来说,他们强调满洲皇帝与传统中原王朝的皇帝不同的时候,总好以蒙藏等族首领将其称为"大汗"为例,但仅仅凭借这个称呼,而不进而以相关制度、事件为证据,是不足以充分说明在这些族群中满洲皇帝的真实身份的。至于一些著作中出现的对史料理解、阐释的"硬伤"也在所不免。

再次,某些"新清史"学者过于强调清王朝的历史在中国历史中的特殊性,但事实上,正如罗新教授在《内亚视角的北朝史》一文指出的那样:"新清史所引发的'清朝是不是中国'的争议,容易给人一个错觉,似乎清代历史在中国历史中十分特殊,与其他历史阶段迥然不同。其实,中国历史中差不多一半的时间内都存在类似清朝的问题,而另外一半时间中国史又与内亚史有着无法切割不可分离的重叠……内亚史从来就没有、或绝少有可能不与中国史发生或浅或深的接触、交叉乃至重叠。完全脱离了中国史的内亚史,甚至不可能被记录、被叙述、被了解,而成为永久消失了的过去。"这个意见确实切中要害,只是要真正做到这点,亦即将对清史的研究与对清朝之前诸多王朝的研究贯通起来考察,是以个人或几个人之力难以做到的,需要清史学者与研究其他各断代史乃至内亚史等众多学科学者进行深入、广泛的交流,我们期待日后有越来越多学者加入到这样的合作之中。

最后,一些美国"新清史"学者与中国学者交流不够,对中国学者在这个领域的成果不甚了解,甚至茫然不知。

但是,"新清史"确实打开了一条路,一个新的视野,很多人从这个视角,已经看到了很多以前未曾关注的问题,无论中国学界对它采取什么态度,它造成的影响已经不可忽视。而"新清史"从面世到如今,已经走过了十多年,它究竟会不会到此止步,会不会继续发展,或者说,它是否还有未来,这取决于年轻一代尤其是中国的年轻一代学者对它的接受和理解程度。从目前来看,无论是中国年轻学者包括博士生、硕士生对"新清史"的关注程度上,还是从美国攻读中国史的学生的论文选题上,都可以看出"新清史"强劲的发展势头。尤为值得一提的是,学习满文满语、注重满文档案,已经成为国内外众多研习清史的学者和学生的共识,并在许多高校和研究机构得到了前所未有的重视。这种新局面,可能在经过一段时间之后,还会呈现得更清晰。此外,"新清史"还提醒从事清史研究的学者,要注意打破"古代史"和"近代史"的界限,因为要对清末民初那段历史有深入了解,不了解清朝前半期的和内亚的历史,是不可能做好的,反之也是一样,研究清朝早期历史的学者也有必要与研究近代史的学者更多地交往、沟通。

最后我们还想说的是,"新清史"提醒我们,在21世纪这样的全球化的世界里,中国的文化、中国的学术也必然像中国的经济一样走向世界。将中国历史的变迁从全球的、世界的角度来衡量和评价,已经不再是一种空谈,而是一个趋势,这是所有研究中国历史的学者,无论国内、国外的,都必然要面对的问题。目前,中国学界和西方学界对"全球化"的理解和认识还有相当大的甚至难以调和的距离,而且在诸多关键性的问题上短期内不仅难于达成一致,甚至无法对话。但是挑战毕竟已经是客观存在的事实,史学家是仍然埋首于自己研究的具体课题,还是自觉地把"小历史"与"大历史"结合起来,已经是希望"掌握国际学术话语权"①的中国学者必须思考的事。做出什么样的选择,取决于我们每个人对历史与历史学意义的基本观念和认识。总之,我们的历史是为谁而写,在未来的"后民族国家转向"的世界里,历史应该如何写,是本文在最后向我们自己也向我们诸位同行提出的问题。

本文写作得到众多朋友、同行的大力支持帮助,并在初稿写成后提出中肯的批评意见,特此致谢。

〔作者定宜庄(女),1948 年生,中国社会科学院历史研究所研究员;欧立德,1959 年生,美国哈佛大学东亚语言文明系教授〕

收稿日期:2013 年 6 月 6 日

---

① 原话参见马戎:"现在,国内有些清史学者已经在反驳美国的'新清史'。从国家的长远利益看,这是非常重要的事情,这里面包含着中国人如何掌握国际学术话语权的问题。"(《给少数民族更大的活动空间和更完整的公民权利》,《中国民族》2011 年第 9 期)欧立德在复旦大学文史研究院 2013 年 5 月 6 日的演讲中则回答:"在二十一世纪这样全球化了的世界里,期待中国的历史学家能够'掌握国际学术话语权'是不太实际的",按照他自己的解释,所谓"学术话语权"应该是多元的,而不应该、也不可能为少数人所垄断。也就是说,对于同一个历史事件或现象,可以从不同的角度做出多种多样的解释,所以,掌握某种话语权的说法,是不实际的。

·学科建设·

中国地图学史的解构

成 一 农

传统舆图是中国古代文献的重要组成部分,随着近年来各个重要藏图机构收藏的中国传统舆图的逐渐公布,以及在关于某些重要历史问题的研究中其独有的史料价值的日益凸显,中国传统舆图的研究越来越得到学术界的重视。不过与传统文献资料以及出土文献资料相比,中国传统舆图的研究依然处于起步阶段,几十年来虽然发表了大量关于中国传统舆图的研究论著,但在研究视角上一直没有取得突破,而且在大批舆图逐渐披露之后,以往研究中一些习以为常的基本观点开始受到质疑,如中国古代地图绘制是否真的运用了大量数学和测绘技术,其绘制方法是否与现代地图一样建立在数理基础之上,等等。① 而这些基本观点,在很大程度上来源于民国时期基于当时史学和社会思潮对中国地图学史的构建,这种构建在当时具有一定的学术意义,至少在很短时间内形成了对中国古代地图学史的一种整体认识和框架,可以将中国古代地图纳入世界范围内进行观察和分析,但可以想见的是这种构建不可避免地带有时代局限性,甚至在某种程度上可能错误地理解了中国的传统舆图,因此目前非常有必要对以往构建的地图学史重新进行审视,也许需要对以往这种构建出来的中国地图学史进行解构,从而使得今后中国传统舆图的研究拥有更为广阔的空间。下面就此进行分析。

一 民国以来构建的中国地图学史
—— 一部"准确性"不断提高的"发展史"

了解中国古代地图学史的研究者都会对中国古代地图学史留下一种印象,即中国

---

① 其中具有里程碑意义的著作就是余定国的《中国地图学史》(北京大学出版社,2006),虽然有学者为该书撰写了书评,但显然未能全面把握该书的主旨,对此本人将另撰文分析。

古代地图学中是地图绘制"准确性"不断提高的"发展史",或者说中国古代地图的发展史是一部不断追求将地图绘制的更为"准确"的历史。任何形式的历史都是构建的结果,那么在分析上述中国地图学史之前,需要了解这一中国地图学史构建的背景和大致过程。中国地图学史的构建起源于民国时期,完成于20世纪50年代,无疑应当受到近代史学演变的影响。

近代以来中国史学的各个方面都发生了翻天覆地的变化,这点毋庸置疑。当前史学很多研究领域的研究范式、基本方法,甚至重要的观点都是在这个时期奠定基础的。

在当时各种史学观念中,影响力最大的当属"线性历史观",按照王汎森的说法,"线性历史观"是一个不太容易界定但却很容易理解的概念,他进一步将其概括为"它(即线性历史观)认为历史发展是线性的、有意志的、导向某一个目标的、或是向上的、不会重复的、前进而不逆转的",[①] 这一观念至今在我们的历史研究中依然居于重要地位。这一观念的核心之一就是认为中国历史的发展与西方存在大致相同的前进路径,或者说世界各国的历史都有着相同的发展路径。关于这一问题可以参见王汎森《近代中国的线性历史观——以社会进化论为中心的讨论》。而且这种所谓的共同的发展路径,不仅历史整体的进程如此,而且各个专门领域的历史也是如此。

与此同时,五四运动时期对于科学的宣扬也对史学产生了重要影响,在各种关于史学研究理论和方法的文章中随处可见"科学"一词,似乎唯有追求科学才是史学研究的正确方向,而对于"科学"的追求似乎也成为当时被广大学者认同的人类共同历史进程中最为重要的"公例"之一,而且在很多学者心目中,中国的很多学术领域,尤其是那些与近代科学有关的学科的发展自古以来也应是朝向"科学"的,或是一种"科学性"不断提高的过程,甚至目前这种观念依然很具有影响力。

民国时期,一些学科正是在上述两种观念的基础上构建了其研究对象的历史,即以线性史观(进步史观)为前提,以科学性的不断提高作为研究对象发展的必由之路,并以此为基础,对一些能体现出进步和科学性提高的文献、材料、史实进行解读、阐释。在将近百年之后,我们的很多学科实际上有必要对这一研究理路进行检讨。当然,这方面最为典型的就是李约瑟的《中国科学技术史》一书,以及由此产生的"李约瑟问题",这里顺带提及的是,如果我们能论证上述两种观念不适用于构建相应学科研究对象的历史的话,那么"李约瑟问题"也就是成了假问题,本文分析的中国地图学史即是其中一例。

中国在近代之前,并不存在地图学这样的专门学科,当然也不存在地图学史这样

---

① 王汎森:《近代中国的线性历史观——以社会进化论为中心的讨论》,《新史学》第19卷第2期,2008,第2页。

的研究，更不存在关于地图学史的著作了。因此，当民国初年王庸开始整理国立北平图书馆所藏的数量众多的地图的时候，必然并无什么前人研究成果可以借鉴。但在当时的史学环境下，他应当也面临着如何评价这些地图，如何勾勒中国古代地图学史的问题。

在当时历史背景和史学环境下，王庸以西方地图学发展的"公例"来梳理中国的地图学史也是水到渠成的事情，而这种"公例"即是地图绘制中对"准确性"和"科学性"的追求，这一点王庸先生虽然没有明言，但在后来他撰写的《中国地图史纲》的字里行间实际上已经透露出了他对地图好坏的判断标准，如："（对于'制图六体'的记载）这是中国地图史上极重要的史料，因为从此以后，直到明季利玛窦的《世界地图》输入以前，这一千二三百年间的地图制作，在方法上没有跳出它的规格；而且大多数的地图，并不能按制图六体来认真制作。"[①] 这段文字已经显现出王庸先生对于地图好坏的判断标准，即那些不按照体现了准确性的"制图六体"的方法绘制的地图是"不认真的"。"……相形之下就不能不说裴秀和贾耽的制图工作主要是出于他们个人的努力，他们是中国地图史上划时代的人物。仅仅按分率画方的制图方法就并没有为一般官府的绘图工作者采用，直到清代，一般官绘地图还是画着山水和注着四至道里等等，不但没有什么改进，亦不画方，还比裴秀、贾耽等古地图幼稚而落后了"，[②] 显然在王庸心目中体现了"科学性"和"准确性"的裴秀和贾耽的地图要远远好于其他传统舆图。

又如对南宋王致远刻石的《地理图》的评价，王庸认为"但论其制图规格却比《华夷图》和《禹迹图》较差，大概是官府的传统绘法"，[③] 在这里王庸并未具体说明他认为《地理图》较差的原因，不过可以推想主要可能是因为《地理图》并不画方，而《华夷图》和《禹迹图》则与王庸推崇的贾耽有关，并且《禹迹图》又是"计里画方"的，由此地图的高下也就立现。

另外，从整本书来说，王庸推崇的是那些看上去绘制得较为准确的或者使用了某种代表了准确性的绘图方法如"计里画方"的古代地图，而将附有大量文字注记的地图认为是较差的，如"我们在前面已经屡屡讲到，当地图本身不能进步甚至退步时，往往在记注文字上加工而蜕化为地志的体制"，[④] 作者的判断标准非常明确。

而且就全书的内容而言，除了关于图经与方志的内容之外，大部分介绍的都是那些在绘图方法（也即能将地图绘制得更为准确的方法）上体现了重要进步的人物和地图，而对于其他存世的地图则着墨极少，这其实不仅体现了王庸先生对于地图好坏

---

① 王庸：《中国地图史纲》，三联书店，1958，第18页。
② 王庸：《中国地图史纲》，第50页。
③ 王庸：《中国地图史纲》，第57页。
④ 王庸：《中国地图史纲》，第70页。

的判断，而且还暗示着他勾勒中国古代地图学史的"公例"，即对于准确性和科学性的追求。

不过王庸似乎并未有意识地构建一部中国古代地图绘制的发展史，或者进步史，书中虽然重点分析了一些绘制"准确"的地图，以及一些能使得地图绘制更为准确的方法和这些方法的提出者，但并没有明确地将中国古代地图史划分为不同的发展阶段，而且在行文中我们可以看到他似乎也认识到除了那些"准确"的地图之外，中国还存在大量"不准确"的地图，而且这类地图还占据了主导地位，如"况且这些（汉代）地图，内容既甚疏，大概图画甚略而记注甚多，所以后来各书，亦多引它们的文字；这是中国古来一般地图的传统情况"。① 也许是王庸先生隐约感觉到了后来所谓的"李约瑟问题"，即为什么早在西晋，中国就已经提出了领先于世界的绘图学方法，但后来中国的地图绘制不仅未能取得明显的进步而且似乎还有所倒退？该书是王庸先生的遗稿，并未最终完成，因此我们也难以确定他对中国地图学史的整体看法，不过至少从字里行间来看，王庸先生并未刻意地将中国的地图学史构建为一部"发展史"。

可惜他的这种保留态度，并没有被当时的学者所认同，由此这在后来也成为一些学者对该书诟病的问题之一，即谭其骧在该书弁言中提到的"自《中国地理学史》出版以来，不少读者感觉书中讲到地理知识和地理学说的发展的地方较少，联系到时代背景和各时代科学文化的发展的地方更少，认为还不能满足学术界的要求。这是毋庸讳言的事实。《中国地图史纲》基本上也有此同病"。②

如果说王庸以"准确性"和"科学性"为标准，构建了一部中国地图史的话，那么李约瑟则在《中国科学技术史》中直接将中国古代地图称为"计量图"（《中国科学技术史》的这部分出版于1959年，稍晚于王庸的《中国地图史纲》），并在关于中国的标题中直接将中国的地图绘制称为"科学的制图学"。我们试看下列从该书中摘录出的文字和对人物的评价：

> 正当希腊的科学制图学在欧洲已被人们忘得一干二净的时候，这门科学却开始以不同的形式在中国成长起来。中国的制图传统是由张衡的伟大著作所开创的，并且从未中断地一直继续到耶稣会传教士来到中国的那个时候。③

"正如沙畹所说，这个人堪称中国科学制图学之父。这个人就是裴秀"；④ "裴秀

---

① 王庸：《中国地图史纲》，第17页。
② 谭其骧：《弁言》，王庸：《中国地图史纲》，第3页。
③ 李约瑟著《中国科学技术史》第5卷《地学》第22章，翻译小组译，科学出版社，1976，第96页。
④ 李约瑟著《中国科学技术史》第5卷《地学》第22章，第108页。

和张衡的制图法同天文现象相关联的程度究竟有多大呢？古代的中国人和希腊人在这一方面似乎并没有什么不同（主要是经纬度的测定）"。①

"制图学在唐代有了很大的发展"；② 贾耽的《海内华夷图》"应当是一幅亚洲地图。赫尔曼认为该图的比例尺是1：1000000。有人曾试图把贾耽的这幅大地图同巴黎天文台的卡西尼大地图相比，那是一幅直径长24呎并用极地方位角投影的地图"③；"唐代的地理学家很可能还曾经作过进一步努力，力图把地理坐标同天文坐标彼此结合起来"（实际上论述的是"分野"）；④ "唐代可能已经开始采用一种最原始的等高线了"⑤。

这样的文字在书中俯拾皆是，不再一一列举，尤其是在关于中国测量方法一节的开始部分，他论述道"现在我们必须再回过头来简短地谈谈中国的科学制图学的传统"，⑥ 直接表明了作者对于中国传统制图学的认识，即是"科学"的。在这些文字中，李约瑟不仅直接将中国古代的地图绘制建立在"计量"、"科学"的基础之上的（不仅对中国地图史如此看待，而且也用"计量"上的好坏来评判西方地图学史的发展，将 T-O 地图认为是一种倒退），并在此也构建了一个不断前进的中国地图学的发展史，这点从与中国地图学有关的各节的标题即可看出。在"比较回顾"一节中，李约瑟通过将中国、西方、阿拉伯三种文化中的地图进行关联分析，将中国地图的发展纳入了世界地图发展史中，也即中国地图的发展并不是相对独立的，是整个世界地图发展史（建立在科学、计量标准上的）中非常重要的一环，而不仅仅是一个组成部分。

王庸是公认的中国古代地图学史研究的开山鼻祖；虽然对李约瑟和他的《中国科学技术史》褒贬不一，但无疑两者在世界范围内都具有极大影响力，而且整部著作对中国古代的科学技术推崇备至，无疑也迎合了当时中国学者和普通民众的心理需求。由此，两者结合起来，基本上完成了中国古代地图发展史的构建，奠定了后来中国古代地图研究的视角和具体内容。

在这种构建的中国地图学史之下，此后中国地图学史的研究视角主要集中于分析中国地图"准确性"的具体体现和发展过程，在研究内容上则主要关注那些能体现这种准确性和科学性的地图和绘图方法，同时那些体现了准确和科学的地图则被认为是"好"的地图，代表了中国古代地图发展的主流，而那些不准确、缺乏科学

---

① 李约瑟著《中国科学技术史》第5卷《地学》第22章，第120页。
② 李约瑟著《中国科学技术史》第5卷《地学》第22章，第122页。
③ 李约瑟著《中国科学技术史》第5卷《地学》第22章，第123页。
④ 李约瑟著《中国科学技术史》第5卷《地学》第22章，第125页。
⑤ 李约瑟著《中国科学技术史》第5卷《地学》第22章，第129页。
⑥ 李约瑟著《中国科学技术史》第5卷《地学》第22章，第196页。

性的地图虽然没有被公然认为是"坏"的地图，但通常也被认为不如那些"好"的地图，甚至在某些研究者眼中与"好"的地图相比是一种倒退；此外，中国古代地图的测绘方法和数理基础也成为研究的重要内容之一；① 对于具体地图的研究而言，研究的重点除了具体的绘制内容之外，更多地是揭示这些地图中所体现的"准确"和"科学"，因此探讨地图的比例尺、符号等数理要素成为很多研究论文的主要内容。

当然，近年来一些学者已经提出了新的见解或者异议。如李孝聪《古代中国地图的启示》② 一文虽然类似于随笔，但却提出了非常重要的见解，即"要研究和使用过去时代编绘的地图，不但需要注意地图带给我们的史料价值，而且不应忽视编图者、绘图人当时对地理空间的认识，以及编图人和使用者的目的"，这种对地图编制和使用目的的重视，解决了一些中国传统舆图研究中存在疑惑的问题，如关于中国古代地图的正方向，之前学术界争论不休，但李孝聪从地图使用的角度出发，认为"地图的方位恰恰反映了制图者的文化观念……中国地图采用不同的方位，是中国制图工匠从使用目的出发的方位观"。而且作者更进一步地提出，"古代中国人的地图从表面上看，似乎不如西方人的地图那么精确，但是中国人的地图体现了相当明确的务实性"，这种对地图"务实性"的强调，对于中国传统地图的研究从"定量"的局限中走出来具有很好的指导意义。

余定国《中国地图学史》③ 是最新一部关于中国传统舆图研究的通论性著作，由于作者没有受过中国古代地图研究的系统训练，因此没有局限于以往从"科学"、"准确"等方面来研究中国古代地图的视角，因此该书与之前的所有论著不同，提出"综上所述，我认为传统中国地图学的定量解释不足以明了中国文化中地图的含义"，④ 研究中国地图，要把中国地图放到中国传统的文化背景下进行研究，"'好'地图并不一定是要表示两点之间的距离，它还可以表示权力、责任和感情"⑤。这种研究视角从本质上与李孝聪提出的注重中国传统舆图绘制目的和"务实性"是一致的。虽然该书在一些具体论述上仍有值得商榷之处，在一定程度上依然拘泥于对中国古代测绘技术的讨论，但他所提出的很多问题非常值得在今后研究中注意。

不过，这些观点并没有被学术界所重视或者认同，如对于余定国的观点，有学者就认为余定国的"这些观点对于中国地图学史的重建有一定的启发性，但是地图学

---

① 如葛剑雄《中国古代的地图测绘》，商务印书馆，1998。
② 李孝聪：《古代中国地图的启示》，《读书》1997年第7期。
③ 〔美〕余定国著《中国地图学史》，姜道章译，北京大学出版社，2006。
④ 〔美〕余定国著《中国地图学史》，姜道章译，第43页。
⑤ 〔美〕余定国著《中国地图学史》，姜道章译，第45页。

是一门实用学科,过分强调地图的艺术性和文学性,会淡化地图的特征,地图史的研究不免会失去研究重点",① 其中作者强调地图学是一门"实用学科",实际上主要是从现代地图学的视角入手强调地图的绘制应当基于数理要素和追求绘制的"准确"。作者还强调其写作的这篇论文"利用由今推古和由古推古两种视角分析了地图流传中的'多系并存'和'精亡粗存'的现象,并以地图三要素来区别古地图和山水画……"② 而其中强调的地图三要素,同样来源于现代地图,即数学要素、地理要素和整饰要素,显然作者依然认为中国古代地图发展的主流是对准确和科学的追求。关于"多系并存"和"精亡粗存"的问题后文会有所分析。

基于此,本文如果要对中国古代地图学史进行解构,那么必须回答这样一个问题,即中国古代地图发展史的主流是否以追求准确性为目标,或者其发展是否体现在地图绘制的"科学性"和"准确性"的不断提高,当然是否存在发展史也是一个需要思考的问题。对了回答上述问题,本文要对以往构建中国地图学史的一些基本问题进行重新评价和分析:

第一,"制图六体"是否在中国古代地图绘制史中具有实际影响力,或者其是否曾经被广泛运用?

第二,"计里画方"到底是什么?是否能使地图绘制得更为准确?

第三,以往评价很高,代表了中国古代地图"准确性"的地图,如《禹迹图》和《广舆图》到底使用哪些数据和哪种方法绘制的?《广舆图》的影响力是否来源于它的准确?

第四,利玛窦传入的世界地图以及康雍乾时期的大地测量和绘制的地图是否对中国传统地图的绘制产生了重要影响?

第五,中国古代日常使用的到底是哪些地图?

最后将上述五个问题结合起来,重新审视以往构建的中国古代地图学史。

二 对"制图六体"在中国古代地图绘制史中影响力的重新评价

以往大多数中国地图学史的研究论著中都给予裴秀提出的"制图六体"极高的评价,如李约瑟认为裴秀的"制图六体"中包含了"方格制图法",并将其中的"准

---

① 韩昭庆:《中国地图史研究的由今推古及由古推古——兼评余定国〈中国地图学史〉》,《复旦学报(社会科学版)》2009年第6期。
② 韩昭庆:《中国地图史研究的由今推古及由古推古——兼评余定国〈中国地图学史〉》,《复旦学报(社会科学版)》2009年第6期。

望"比拟为经纬度,同时认为"谈到地图的坐标网络同天文现象的关系时,立即就会引起这样的问题:裴秀和张衡的制图法同天文现象相关联的程度究竟有多大呢?古代的中国人和希腊人在这一方面似乎并没有什么不同……在经度方面,古代中国人也并不比希腊人差";① 陈正祥认为"此六者之间,既是相互联系的,又是相互约制的,可以说已经把今日地图学上的主要问题,都扼要指示出来了";② 卢志良认为"……以他创立的'六体'为理论指导,完成了两种在中国地图发展史上具有重要地位的地图的编绘",③ "'制图六体'的创立,在中国地图史上有着划时代的里程碑的地位和作用"。④

一些学者进一步认为裴秀的"制图六体"对中国古代地图绘制产生了重要影响,如喻沧认为"裴秀创'制图六体'并对六体之间的内在联系和整体性进行了精辟论述,除了当时不可能涉及的经纬线和地图投影外,几乎提到了地图制图学上所应考虑的所有主要因素,标志着中国古代地图制图理论体系的形成,且对后世的地图制图发展有深远的影响"。⑤ 侯仁之认为,它为中国"自古以来即已发达的地图制作,奠定了科学的基础","因此我们可以称裴秀是中国传统地图学的创始人"。⑥《中华古地图集珍》一书提出:"裴秀提出的制图六体,是对汉魏制图实践的理性总结,把古老的制图学奠基在科学的数学基础上,创立了我国中古时期地图制图理论。裴秀的制图理论,对我国后世地图编绘工作产生了深远影响。唐、宋、元、明间著名制图学家贾耽、沈括、朱思本和罗洪先都是按制图六体的原则来制图的。制图六体在世界制图学史上也具有划时代的意义,所以人们称裴秀为我国古代科学制图法的创始人。"⑦ 辛德勇虽然认为裴秀只是"根据绘图技术人员提供的资料来阐述所谓'制图六体'……而裴秀叙述'制图六体'的意义,便更多地体现为用文字记录了古代的地图绘制准则,使文人了解地图绘制原理,并自觉地加以运用",⑧ 剥夺了裴秀的首创权;但同时也认为"因此,从地图产生之日起,绘制地图的技术人员,就应当一直或不自觉或自觉地在奉行并传承着这些制图规则,只不过在具体制作地图时,其精细严整程度,往往不一定十分合乎理想的要求而已。这种制图原理,直到普遍采用西方

---

① 李约瑟:《中国科学技术史》第5卷"地学"第1分册第22章"地理学和地图学",第120页。不过现在一般认为裴秀的"制图六体"并不等同于方格图(即计里画方),如卢志良《"计里画方"是起源于裴秀吗》,《测绘通报》1981年第1期等。
② 陈正祥:《中国地图学史》,香港,商务印书馆香港分馆,1979,第12页。
③ 卢志良:《中国地图学史》,测绘出版社,1984,第46页。
④ 卢志良:《中国地图学史》,第49页。
⑤ 喻沧、廖克:《中国地图学史》,测绘出版社,2010,第58页。
⑥ 侯仁之主编《中国古代地理学简史》,科学出版社,1962,第19页。
⑦ 阎平、孙果清等编著《中华古地图集珍》,西安地图出版社,1995,第31页。
⑧ 辛德勇:《准望释义——兼谈裴秀制图诸体之间的关系以及所谓沈括制图六体问题》,《九州》第4辑,商务印书馆,2007,第269页。

制图方法之前，在中国始终相承未变"。① 需要注意的是辛德勇提出的观点与以往不同，其强调的重点并不在于"制图六体"，而是那些在裴秀之前就已经长期流传，并由裴秀总结的制图准则在绘图人员中的长期延续，当然本质上还是认为这些准则（也就是"制图六体"）在中国古代地图绘制史中具有深远的影响。

虽然对裴秀"制图六体"的解释，学界存在一些争议，② 但不可否认，仅从理论的角度来看，其在当时确实是先进的。不过，问题在于，这一理论是否如上述学者而言，对中国后来的地图绘制产生了重要影响。这一点实际上并没有学者进行过具体的研究，下面就对此进行一些尝试性的分析，来澄清"制图六体"在中国地图绘制史中的影响力。

（一）文献、舆图中对"制图六体"的记载

要确定"制图六体"的影响力，最为直接的方式就是查找文献和中国古代舆图的题记、叙录中对其记录、描述、阐释的情况，以及分析中国古代使用"制图六体"绘制的地图，下面一一进行介绍：

1. 文献中记载"制图六体"的情况

韩昭庆《制图六体新释、传承及与西法的关系》一文中，依据电子版《四库全书》和《中国基本古籍库》进行了检索分析，现对其结果摘引如下"以'制图之体'为检索词，四库中显示 14 条记录，又以'制地图之体'为检索词，另有 5 条记录，共 19 条。在古籍库中以'制图之体'可检索到 24 条记录，以'制地图之体'可以检索到 8 条，共 32 条，多出的条目数，多数是乾隆以后。检索结果显示，制图六体最初源自裴秀所做的《禹贡九州地域图》序，现存最早记录始自唐代，一条载于房乔的《晋书》卷三五《裴秀传》，另一条载于欧阳询《艺文类聚》卷六"；"四库 19 条记录中，13 条记载了制图六体的内容，其中 8 条同《晋书》，系利用'制图之体'检索词查出；另外 5 条系利用'制地图之体'检索的结果，源于《艺文类聚》。显而易见，后世文献的相异，系源于这两个文本"；"历代文献收录了制图六体的内容，但是一直到清代的胡渭才有对六体的解释，并作为他绘制《禹贡锥指》图的理论依据，其他文献或节选或全文照抄，很少评述，从一定程度上讲，制图六体得以传承更多的是因为它是裴秀的作品"。③

---

① 辛德勇：《准望释义——兼谈裴秀制图诸体之间的关系以及所谓沈括制图六体问题》，《九州》第 4 辑，2007，第 269 页。
② 参见胡渭注，邹逸麟整理《禹贡锥指》，上海古籍出版社，1996，第 122 页；王庸《中国地图史纲》，商务印书馆，1959，第 18 页；辛德勇《准望释义——兼谈裴秀制图诸体之间的关系以及所谓沈括制图六体问题》，《九州》第 4 辑，第 243 页；韩昭庆《制图六体新释、传承及与西法的关系》，《清华大学学报（哲学社会科学版）》2009 年第 6 期；等等。
③ 韩昭庆：《制图六体新释、传承及与西法的关系》，《清华大学学报（哲学社会科学版）》2009 年第 6 期。

韩昭庆的归纳和分析基本正确，不过有两点需要纠正和补充。

第一，韩昭庆的检索结果并不全面，在电子版《四库全书》中按照"六体"和"裴秀"作为关键词检索，将检索到更多的内容，共有 50 条记录。不过韩昭庆得出的结论，即子部类书类收录得最多，这点是正确的，共有 21 条，这显然与类书的特征有关。其他各部中，集部中只是在总集类才引用全文，其他各类中只是简单地提到"六体"这一术语或者裴秀所绘的舆图；经部著作中提到"制图六体"的很少，大都出现在与《禹贡》有关的著作中；史部，只是在《晋书·裴秀传》、与裴秀籍贯有关的《山西通志》中引用了全文，此外《经义考》中引用全文是因为这是与《禹贡》有关的内容，《通志》则是基本上抄录的《晋书·裴秀传》，其他各书仅仅提到裴秀所绘舆图和"六体"。因此，关于六体的论述之所以被各书全文抄录，主要是因为：（1）其是与《禹贡》有关的内容；（2）是裴秀撰写的文字；（3）类书。就内容而言，不外乎是对《晋书·裴秀传》或《艺文类聚》的摘引、对"六体"以及其所包含的术语的引用，直至清代胡渭的《禹贡锥指》才第一次对"六体"进行解释。

第二，胡渭在《禹贡锥指》中虽然对"制图六体"进行了解释，但并未用来作为其绘制地图的理论依据，这点他自己叙述得也很清楚，即"于是不揣孤陋，既作《锥指》，辄据《九州》、《五服》、《导山》、《导水》之文，证以《地志》、《水经》，参之诸家传记，略做朱思本意，计里画方，为图四十七篇……但使东西无易面，远近不相背，说之所及，以图证之，图之所不及，以意会之，辨正方位，存其梗概而已"，① 也就是依据文献，使用计里画方的方法绘图，而且只是示意图；又"右《禹贡图》四十七篇，皆余所手摹也。凡九州之疆域山海川流之条理，原隰陂泽之形势，及古今郡国地名之所在，八方相距之远近，大略粗具，而独恨晋图既亡，诸地记道里之数，无以得准望远近之实也"，② 则明确说明没有使用"六体"。此外，根据研究 47 幅图中有 16 幅是艾南英《禹贡图注》的翻版。③

《禹贡锥指》中最为关键的实际上并不是胡渭对与六体的解释，而是他的一些感慨，现摘录如下：

> 古之为图者，必精于句股之数，故准望纂綦不差……后之撰方志者，以郡县废置不常，而无暇以句股测远近之实。其所书唯据人迹所由之里数，而高下、方邪、迂直之形一切不著，虽有精于句股者，亦孰从而测之。故四至八到之里数，

---

① 胡渭注，邹逸麟整理《禹贡锥指》，第 16 页。
② 胡渭注，邹逸麟整理《禹贡锥指》，第 122 页。
③ 参见胡渭注，邹逸麟整理《禹贡锥指》，第 5 页。

与准望远近之实，往往不相应，此图之所以难成，而地理之学日荒芜也。今杜氏《通典》、《元和郡国志》、《太平寰宇记》、《九域志》等书皆于州郡之下，列四至八到之里数，可谓详矣，而夷险之形不著，吾未知其所据者，著地人迹屈曲之路乎，抑虚空鸟道径直之路乎？至于近世之郡县志，尤为疏略，其道里亦未必尽核，况可据以定准望邪！昔人谓古乐一亡，音律卒不可复。愚窃谓晋图一亡，而准望之法亦遂成绝学。呜呼惜哉！①

从上述文字中我们可以得出以下两点认识：（1）至少在胡渭的时候，已经和我们现在一样，不清楚"制图六体"的具体含义了，而且由于裴秀所绘地图的散佚使得"准望之法亦遂成绝学"，也就是"六体"的具体内容很早之前就已经不为人所知了。（2）至少胡渭认为绘图的数据主要来源于总志和方志，否则不会在文中一再强调这两者所记录的材料的粗略和数据的性质，由此也可以认为在当时绘制地图并没有进行相应或者专门的实地测量。（3）至少明清时期的方志中所记府州县之间的距离是道路距离，对于唐宋时期各种地志中所记载的距离，胡渭无法做出判断。②

2. 传世舆图及其相关资料中记载"制图六体"的情况

就流传至今的宋元时期的各种舆图来看，在相关的序跋、题记中都没有提及"制图六体"，如《九域守令图》的图记、朱思本《舆地图自序》、乌斯道《刻舆地图序》。明代的全国总图也基本如此，如权近《历代帝王混一疆理图志》、叶盛《水东日记》中的"释清俊《广舆疆理图》"、罗洪先《大明广舆图序》和《跋九边图》、③《乾坤万国全图 古今人物事迹》的图记、《杨子器跋舆地图》的跋文、陈组绶《皇明职方地图大序》，等等。

现在所能见到的较早提到"制图六体"的大概是叶春及的《惠安政书》，其在《惠安政书自序》中记"晋人图具六体，其于广轮，彼此道里、高下、方邪、迂直，详矣"，④ 不过从其后文所记具体的绘图方法来看，并没有采用"制图六体"；而且从其所绘制的万历《永安县志》和《惠州府志》的地图来看，虽然进行了实地测量，但绘图时使用的也只是计里画方的方法，无法证实其在绘图时使用了"制

---

① 胡渭注，邹逸麟整理《禹贡锥指》，第123页。
② 关于唐宋时期地志中所记距离是否为道路距离，可以参见曹家齐《唐宋地志所记"四至八到"为道路里程考证》，《中华典籍与文化》2001年第4期；后文所引汪前进《现存最完整的一份唐代地理全图数据集》（《自然科学史研究》1998年第3期）也有相似观点。
③ 以上文字可以参见杨晓春《〈混一疆理历代国都之图〉相关诸图间的关系——以文字资料为中心的初步研究》，见《〈大明混一图〉与〈混一疆理图〉研究——中古时代后期东亚的寰宇图与世界地理知识》，凤凰出版社，2010，第77页。
④ 叶春及：《石洞集》卷三《惠安政书自序》，文渊阁《四库全书》本。

图六体"①。

方志中关于舆图的部分也极少提到"制图六体"。现在所见记载"制图六体"的方志大都编纂于清代，而且主要集中于清代中后期，如（乾隆）《宁夏府志》"图考"记"自裴秀为《舆地图》标其六体，后世图地里者，表毫厘、计赢缩，其法益精"；②（道光）《博兴县志》"条例·重修博兴志条例十则"记"古者献地必以图，其绘法不传。惟晋裴秀请定六法，曰轮广、准望、道里、高下、方邪、迂直，为得古人遗意。开方法始《周髀》，唐贾耽《九州华夷图》、明罗洪先《广舆地图》、本朝胡渭《禹贡锥指》、顾景范《方舆纪要》皆宗之。其制先为开方图，而后绘地形其上，广袤宽狭不待言而瞭然，诚地理家不易良法也"；③（道光）《重修胶州志》"重修胶州志凡例十则"记"七曰法古以辨体。今之方志，最失古义者，莫舆图与艺文若也。晋裴秀言地图之体有六，一分率、二准望、三道里、四高下、五方邪、六迂直。唐贾耽《九州华夷图》、明罗洪先《广舆地图》、本朝胡朏明《禹贡锥指》、顾祖禹《方舆纪要》皆法此义，为开方图，诚不可易之规也"④ 等，其中基本上只是对裴秀"制图六体"的简单记录。

因此，从现有材料来看，传世舆图及其相关资料中同样缺乏对"制图六体"的记载，少量的记载不仅非常简略，而且理解并不全面。

3. 用"制图六体"绘制的地图

是否存在用"制图六体"绘制的地图？这是非常难以回答的问题，不过至少从目前的研究情况来看，在现存舆图中难以确定某幅地图是使用"制图六体"绘制的。甚至裴秀在其序文中提出"制图六体"的《禹贡地域图》，一些学者也认为其很可能并不完全是依据"制图六体"绘制的。如王庸认为"裴秀的图是否把全国各地方的比例、方位以及道里之类，都一一画得正确呢？我想是不可能很正确的，因为以当时中国之大，既不能往各处去实际考察，又不知道现在的测量方法；无非根据新旧图籍的记载和少数旅行所到的地方，依'六体'的标准，在图上作许多纠正工作而已"，⑤也即"六体"的运用只局限于"纠正"；余定国认为"当然我们并不否认在裴秀的地

---

① 参见胡邦波《万历永安县志和惠州府志中的地图研究》，曹婉如主编《中国古代地图集（明代）》，文物出版社，1995，第92页。中国古代府州县图的绘制方法缺乏记载，但在北京图书馆收藏的清代后期（王一帆考订为同治年间）《广东全省舆图局饬发绘图章程》中详细记载了一种采用步测道路距离与罗盘测定方位相结合的绘图方法，具体可以参见这一档案（http://res4.nlc.gov.cn/home/search.trs?method = showDetailMulti&resourceid = 7&id = 312001000396&searchWord = %28 + bookname%3D + %27%E7%BB%98%E5%9B%BE%E7%AB%A0%E7%A8%8B%27 + + %29）以及王一帆《中国传统地图绘制中的"道里法"》一文（未刊）。

② 乾隆《宁夏府志》"图考"，台北成文出版社有限公司，1968，第20页。

③ 道光《博兴县志》卷一"条例·重修博兴志条例十则"，台北成文出版社有限公司，1976，第17页。

④ 道光《重修胶州志》"重修胶州志凡例十则"，台北成文出版社有限公司，1976，第38页。

⑤ 王庸：《中国地图史纲》，第19页。

图学理论中，定量方法是一个很重要的部分，这对裴秀达到地图与实际情况之间的吻合是极重要的；但是在实际应用上，裴秀好像十分依赖文字的材料，以达到上述之吻合，所以我们不能否认文献考证研究的重要性"。①

此外，还需要提及的是，以往认为沈括在裴秀六体基础上提出了"七法"，并绘制了《守令图》，但实际上七法并不是在裴秀基础上的扩展。②而且，依据"六体"绘制地图，需要进行大量的实际测绘工作，而这种测绘活动在中国古代可能从来没有进行过（参见后文叙述）。

从上述三点来看，文献、舆图等材料都缺乏对"制图六体"的记载，更毋庸说对其的论述了，甚至我们也难以确指用"制图六体"绘制的地图，但是仅此我们并不能否定传统观点认为的"制图六体"在中国地图绘制史中所具有的影响力，因为对于上述现象可以有两种截然不同的解释：第一，"制图六体"确实非常具有影响力，并且在舆图绘制中成为一种准则。基于这种传统观点可以进一步认为，由此其已经成为一种大家习以为常的方法，因此没有必要记载和解释。第二，"制图六体"并不为古代大多数绘图者所了解，在中国古代舆图绘制中基本没有应用，影响力不大，因此很少被提到。这两种解释都有一定的合理性，也都存在一些的缺陷，下面对这两种解释分别进行分析。

（二）对两种解释的分析

1. "制图六体"在舆图绘制中成为一种准则，具有很强的影响力，由此使其不需要在文献等材料中进行论述或者记载

要对这一解释进行论证较为困难，因为缺少直接的证据，大致只有两种勉强的、不太直接的论据：

（1）可以认为中国传统文献，主要是由士大夫撰写的，因此轻视对技术的记载，关于这点可以参见魏根深《中国历史手册》③中的分析，由此关于舆图绘制的方法就难以成为传统文献记录的内容。

但这一论据的缺陷在于《四库全书》中收录了很多子部著作，其中一些记载了大量中国古代的科学技术，例如著名的宋应星的《天工开物》。另外，通常情况下重要的、具有影响力的理论，在相关文献中至少应当有所记录和解释，但实际上除了不断地重复抄录和简单提及之外，在清初之前基本上见不到对"制图六体"的解释和进一步的阐释。而且即使文字材料中没有相关的内容，那么在保存下来的大量舆图中也应当有所记录，然而事实上在保存下来的传统舆图以及相关材料中对"制图六体"

---

① 余定国著《中国地图学史》，姜道章译，第115页。
② 参见辛德勇《准望释义——兼谈裴秀制图诸体之间的关系以及所谓沈括制图六体问题》，《九州》第4辑，2007，第261页。
③ 魏根深：《中国历史手册》第7篇《技术与科学》，北京大学出版社，待刊。

的记录甚至要远远少于文字材料。

对这一缺陷也可以进行如下解释,即无论是在文字材料还是在传世舆图中,除了"计里画方"①和"制图六体"之外,基本没有记载任何绘图方法,由此也就可以推测中国古代不记载舆图绘制的方法是一种传统。不过,这并不是一种强有力的解释,因为有可能在中国古代并未形成系统的、复杂的制图方法,所以并不需要对制图方法进行记录。

对于这一问题,辛德勇也提出了一种解释,即"从裴秀讲述'制图六体'之第二段内容以下使用术语的混乱情况,可以看出,裴秀本人对于地图绘制理论,并不十分精通,甚至可以说还颇有些隔膜。假如是由一位从事实际技术操作的制图技术人员,来撰文阐述这些理论,不大可能出现这种情况。由此可以推论,所谓'制图六体',应当是裴秀依据绘图技术人员准备的相应材料,铺叙修饰成文,予以表述出来……从地图产生之日起,绘制地图的技术人员,就应当一直或不自觉或自觉地在奉行并传承着这些制图规则,只不过在具体制作地图时,其精细严整程度,往往不一定十分合乎理想的要求而已";②还有辛德勇对胡渭所说"志家终莫知其义"进行的解释,即"他(即胡渭)所说的'志家'大致可以相当于现在所说的地理学家。虽然这些'志家'或地理学家,大多根本无法理解裴秀的'制图六体',可是绘制地图的方法,却一直沿承上古以来的旧规而没有发生改变。这一历史事实,可以充分说明,按照这样的制图原理来绘制地图,自另有一技术层面的传统和传承途径,并不依赖裴秀的理论阐释而存在"。③由这两段论述来看,辛德勇主要强调"制图六体"所依据的绘图准则很可能只是流传于绘图技术人员之中,而不被"志家"所了解。这一解释当然也有成立的可能性,但也存在问题。首先,我们确切地知道一些"志家",如朱思本、罗洪先、胡渭、刘献廷等都是亲自或者至少是熟悉舆图绘制的,因此如果真的"另有一技术层面的传统和传承途径",他们也至少应当是知晓的。其次,如果"另有一技术层面的传统和传承途径",同时所有现存文献、舆图都没有记载和解释,清末以来的学者也不了解,也有些不可思议。毕竟舆图不同于那些曾经失传的工艺品,直至清末依然存在采用传统绘图方法绘制的地图,因此不留下蛛丝马迹的可能性不大。总之,辛德勇的观点虽然存在成立的可能,但可能性并不大。

总体而言,这一论据成立的可能性极小。

---

① 不过,"计里画方"仅仅是制图方法,单凭"计里画方"是无法绘制地图的,还需要获得绘图数据的方法。
② 辛德勇:《准望释义——兼谈裴秀制图诸体之间的关系以及所谓沈括制图六体问题》,《九州》第4辑,2007,第268页。
③ 辛德勇:《准望释义——兼谈裴秀制图诸体之间的关系以及所谓沈括制图六体问题》,《九州》第4辑,2007,第269页。

（2）虽然在清初之前的文献和舆图材料中基本没有对"制图六体"的解释和进一步的分析，但在叙述中国古代地图发展史或者涉及重要绘图方法的时候，一般都会提到裴秀或者他的"制图六体"。如：《旧唐书·贾耽传》载贾耽进"陇右山南图"表云："臣闻楚左史倚相能读《九丘》，晋司空裴秀创为六体，《九丘》乃成赋之古经，六体则为图之新意。臣虽愚昧，夙尝师范，累蒙拔擢，遂忝台司。虽历践职任，诚多旷阙，而率土山川，不忘寤寐。其大图外薄四海，内别九州，必藉精详，乃可摹写，见更缵集，续冀毕功"。① 值得注意的是，《九丘》和六体，在很多追溯古代地图的文献中都有提及，这种叙述方式可能成为一种"范式"。丘濬《拟进大明一统志表》："臣等章句腐儒，草茅贱士，叨蒙拔擢，岂能如楚左史之读《九丘》，黍效编劇；窃自比晋司空之创六体，莫能称诏，深虞玩愒之尤。"②

另外一种常见的引用方式就是从裴秀或六体出发，然后依次叙述朱思本、罗洪先等，具体可以参见上文所引清代中后期的方志。

由此而言，可以认为在古人心目中，裴秀及其"制图六体"在地图绘制史中的地位还是很高的。不过问题在于，地位很高并不等于具有很大的影响力，两者之间并不完全一致，因为可能由于至少自唐代贾耽以来就对这一绘图方法推崇备至，后人因袭这一说法，但实际上已经不了解具体如何应用。因此，这一论据有一定道理，但也算不上强有力，而且也无法真正解释为什么文献和舆图中缺乏对"制图六体"的记载。

除了支持这一解释的上述两种论据之外，还需要阐明这种解释所存在的问题，主要的问题有二：

其一，如上文所述，我们找不到明确使用"制图六体"的方法绘制的地图。当然，也许存在这样的地图，只是我们没有发现而已，因此这一问题并不算十分致命。

其二，韩昭庆所说对"制图六体"的解释自胡渭始，基本是正确的。而且除了胡渭之外，确实也难以见到其他的解释。现在，可以查到还有四库全书本《山西通志》卷一七"山川志"序言中的简要归纳，即"昔柏翳著《山海经》十八篇，又著《岳渎经》，为志方舆者之宗。六国时，尸佼著书二十篇，言九州险阻，水泉所起，《吕氏春秋》多采其说。至晋裴秀《禹贡图》十八篇，盖测高量深之法于是乎备矣"，③ 在这里其只是着重强调了"制图六体"中的高下。而且从胡渭的行文来看，

---

① 《旧唐书》卷一三八《贾耽传》，中华书局，1975，第3784页。
② 邱濬：《重编琼台藁》卷八"拟进大明一统志表"，文渊阁《四库全书》本。
③ 《山西通志》卷一七《山川》，文渊阁《四库全书》本。

他应当没有见到在他之前和当时存在的其他对"制图六体"的解释。不仅如此，清初刘献廷在《广阳杂记》中记"自晋颁作'准望'，为地图之宗，惜其不传于世"，①虽然他混淆了裴秀和他的儿子裴颜，不过从《广阳杂记》中记录了很多关于舆图绘制的内容来看，刘献廷对于地图绘制也是非常熟悉的，因此其所说"惜其不传于世"，至少说明他没有看到过关于"制图六体"的解释。刘献廷和胡渭生活的时代基本上属于清代前中期，因此可以认为至少在这一时期已经不存在对于"制图六体"的解释了。实际上，问题比想象中的还要严重，因为清初人们所见到的古代著作的数量远远超过现代，由此当时所有关于"制图六体"解释的著作全部散佚，并且甚至提及这些解释的著作也全部散佚，这是难以想象的，因此可以大致认为即使中国古代存在对"制图六体"进行解释的著作，其数量大概也极其有限，而且至少在清初这种方法已经不为人所了解了。如果考虑到一种技术的流散需要缓慢的过程，那么显然难以让人信服裴秀的"制图六体"在"舆图绘制中成为一种准则"。

综上来看，上述两种能支持虽然文献、舆图中缺乏对"制图六体"的记载，但其在舆图绘制中具有深远影响力的论据，都不具有很强的说服力，成立的可能性都较小。根据现有材料，只能认为古人认为裴秀的"制图六体"在地图（绘制）史中具有很高的地位，但这并不等同于具有很强的影响力。同时这一解释的缺陷却非常致命，即至少在清初，裴秀"制图六体"的具体内容已不为人所知，而且现在也难以确指用"制图六体"绘制的地图。

2. "制图六体"并不为古代大多数绘图者所了解，在中国古代舆图绘制中影响力不大

与前一种解释相比，这一种解释比较容易被理解，逻辑上也较为合理。这一解释还有着大量的证据：

（1）就制图六体本身而言，如果对其应用需要进行大量的测绘工作。具体来说就是要确定"制度六体"中的"道里"的数据，即大量的道路距离数据在中国古代是否真的在实践中通过运用"高下"、"方邪"和"迂直"来转换为直线距离。至少从现有资料来看，这点是存在疑问的。如果"制图六体"应用于地图测绘的话，那么在绘制各种地图，尤其是绘制全国总图之前，必定需要为了校正数据而进行大规模的测绘工作，其测绘规模甚至要超过使用经纬网数据绘图的测绘规模，但是在文献中既没有这方面的记载，也没有相应的数据资料存世，甚至也看不到这方面的蛛丝马迹。

（2）不仅存世的文献以及地图的题记、序跋，而且那些曾经较为详细地叙述了地图绘制方法和过程的学者，如叶春及和刘献廷都没有具体叙述"制图六体"或者提到具体的应用。

---

① 刘献廷：《广阳杂记》卷二，中华书局，1997，第55页。

(3)上文提到的至少在胡渭和刘献廷的时代已经不了解制图六体的具体内容，也佐证了"制图六体"在当时地图绘制中影响力并不大。如果"制图六体"曾经运用于地图测绘，并且在中国地图测绘中占有重要地位的话，那么就不会存在到了清初难以理解"制图六体"，从而需要胡渭在《禹贡锥指》中长篇大论进行解释的情况了，也不会存在韩昭庆提到的"乾隆以前还没有对制图六体的性质形成一个统一的认识"的现象，也不会出现清末光绪年间绘制《会典图》时遇到缺乏这方面人才的问题了（这点参见后文叙述）。而且在前文对《四库全书》所收各书引用"制图六体"的分析中也可以看出，古籍中对"制图六体"的引用，实际上仅仅是对文字的摘引，而不是在理解之上的叙述。

(4)一些重要的舆图，并不是使用制图六体绘制的。这点参见后文的分析。当然并不能排除某些区域图和涉及地理范围较小的专题图是采用"制图六体"绘制的，不过就目前来看，我们还难以确指使用这一方法的地图。

(5)地图绘制的目的在于使用，而不是为了准确，这点可以参见前文所引李孝聪《古代中国地图的启示》。从现存地图来看，中国存在数量众多的附有大量文字的地图，这些附属于地图的文字中有很多是对地理要素的描述，比如道路的距离、山的高度，等等。从使用的角度来说，这比表示两点间的直线距离用"制图六体"绘制的地图更为实用（"制图六体"中没有说明如何在图中表示地形以及如何测量方向），因为使用这样的地图，行人由此可以判断大致需要的路程时间和决定每天住宿的地点。而当前保存下来的大多数地图都属于这种附有大量文字说明的地图，因此可以认为从现存舆图来看，"制图六体"并不占据主导，至少"制图六体"并不是中国舆图绘制唯一的一种传统。

此外，还要对这一解释的缺陷进行分析。这一解释存在的最大缺陷就是我们现在看到的舆图只是古代曾经绘制的舆图的一小部分，大量地图已经散佚，[①] 因此理论上存在古代曾经有用"制图六体"绘制的舆图的可能性，尤其是某些区域图和涉及地理范围较小的专题图。不过，就现在掌握的大量明清时期的舆图来看，难以确定其中存在使用"制图六体"绘制的舆图。

此外，文献的散佚也是这一解释可能存在的缺陷，不过上文已经对此进行了分析，即大概可以认为即使中国古代存在对"制图六体"进行解释的著作，其数量应当极其有限，而且时间也当较早，至少在清初这种方法已经不为人所了解了。

总体而言，"制图六体"不为古代大多数绘图者所了解，因此在中国古代舆图绘

---

① 虽然这方面，至今没有学者进行过整理研究，但从各种文献资料来看，散佚的舆图数量应当是非常多的。今后应当对文献中所记录的舆图进行整理，以估算当前现存舆图（元代之前）占文献中所记舆图总数的大致百分比。

制中影响力不大，由此文献和舆图中缺乏记载。这种解释存在多种论据，而且缺陷也不致命，因此成立的可能性较大。

（三）总结

在上述两种解释中，第一种解释成立的可能性极小，第二种解释成立的可能性较大，而且即使存在早期的用"制图六体"绘制的地图或者相应的解释，也不能证明"制图六体"曾经具有很强的影响力。要彻底否定第二种解释，只有早期曾经存在大量用裴秀"制图六体"绘制的地图（或对其进行解释的著作）并且后来全部散佚的情况下才能成立，这种可能性显然极小；或我们今后通过研究发现当前存世的舆图中存在很多用"制图六体"绘制的，这点从当前的研究来看可能性并不大，而且考虑到至少在清初学者已经不了解"制图六体"的含义了，因此可能性就更小了。退一步讲，即使小概率的事件发生，那么大概也只是适用于清代之前的情况。

总体来看，根据上述分析，可以认为裴秀的"制图六体"对于中国古代舆图绘制的影响很可能是非常小的，至少可以认为并没有产生重要的影响。

三 什么是"计里画方"，以及"计里画方"是否代表地图绘制的准确性？

自王庸和李约瑟开始，对"计里画方"在中国古代绘图史上的地位基本上都给予了极高的评价，如李约瑟就将中国的"矩形网格"（即"计里画方"）与西方的经纬方格相比照；① 王庸虽然没有直接评价"计里画方"，但基本上将其等同于"分率"（即比例尺）而给予了较高的评价，如对贾耽《海内华夷图》的评价是"图以'一寸折成百里'，可见他同裴秀一样，讲究'分率'，是画方的……所以贾耽的绘图方法，在原则上不过继承裴秀，没有新的创新，但在中国地图史上，还是杰出的、划时代的"。② 对朱思本《舆地图》的评价是"朱图大概是根据他自己的经历，在比例、方位以及距离上用功夫，仿佛现代测绘地图是测定经纬度和三角点，是地图的基本工作……因此我推想朱图的内容，地名或者不甚详细，但他所定的'图廓'却是相当正确的"。③ 此外，胡邦波认为"这种我国古代地图学传统的制图方法，在世界地图学发展史中占有重要地位"，"它（计里画方）具有方位投影和按比例缩小的性质，

---

① 但中国的"矩形网格"只不过是绘图（不仅是舆图还包括绘画）时一种掌控比例和方向的方法，而与地图的测绘无关。持类似观点的还有阎平、孙果清等编著《中华古地图集珍》，西安地图出版社，1995，第31页。
② 王庸：《中国地图史纲》，第46页。
③ 王庸：《中国地图史纲》，第68页。

所表示各地物之间的距离是水平直线距离，符合西晋杰出的地图学家裴秀提出的六项制图原则——'制图六体'"①。同时，在以往的地图学史著作中，也给予使用计里画方绘制的地图较高的评价，如《禹迹图》、《广舆图》等。这些研究虽然将"计里画方"与中国古代地图的准确性联系起来，但地图的准确与否涉及多种因素，最为直接的就是绘图数据，单纯的"计里画方"并不一定能使地图绘制得准确。下面即对这一问题进行分析：

（一）什么是"计里画方"

现存舆图中最早明确使用"计里画方"绘制的就是保存在陕西省博物馆和江苏镇江市博物馆分别为刘豫阜昌七年（1136）刻石和南宋绍兴十二年（1142）刻石《禹迹图》。此外，有学者认为西晋裴秀绘制的《方丈图》和《禹贡地域图》即是计里画方的，②确实也有这方面的依据，《北堂书钞》卷九六"方丈图晋诸公赞云：'司空裴秀以旧天下大图用缣八十匹，省视既难，事又不审，乃裁减为《方丈图》。以一分为十里，一寸为百里，备载名山都邑，王者可不下堂而知四方也'"；③《隋书》卷六八《宇文恺传》"爰诏下臣，占星揆日，于是采嵩山之秘简，披汶水之灵图，访通议于残亡，购《冬官》于散逸，总集众论，勒成一家。昔张衡浑象，以三分为一度，裴秀舆地，以二寸为千里，臣之此图，用一分为一尺……"④根据上述文献，裴秀所绘地图使用了"计里画方"，这一推论成立的可能性非常大，不过"一分为十里，一寸为百里"、"二寸为千里"这种类似于近代比例尺的概念，与"计里画方"之间还是存在微小差异的（参见下文）。

那么下面需要明确的是，什么是"计里画方"。对于这一问题有学者进行了一些解释，如胡邦波"计里画方是在地图上按一定的比例关系绘成方格网，并以此来控制地图上各要素的方位和距离的一种制图方法"，⑤卢志良也有完全相同的定义。⑥这是我们现代人的定义，古人的定义也与此近似，如胡渭在《禹贡锥指》中指出"今按分率者，计里画方，每方百里、五十里之谓也"，⑦刘献廷则从具体绘制的方面给出解释，即"紫廷欲作四渎入海图，取中原之地。暨诸水道，北起登莱，南至苏松，西极潼关为一图。苦无从着手。余为之用朱墨本界画法，以笔纵横为方格，每方百里，以府州县按里至填之。府州定而水道出矣"。⑧嘉庆《溧阳县志》中也有着相似

---

① 胡邦波：《我国古代地图学传统的制图方法——计里画方》，《地图》1999年第1期。
② 如王庸：《中国地图史纲》，第21页。
③ 《北堂书钞》卷九六"图九"，中国书店，1989，第367页。
④ 《隋书》卷六八《宇文恺传》。
⑤ 胡邦波：《我国古代地图学传统的制图方法——计里画方》，《地图》1999年第1期。
⑥ 卢志良：《"计里画方"是起源于裴秀吗？》，《测绘通报》1981年第1期。
⑦ 胡渭注，邹逸麟整理《禹贡锥指》，上海古籍出版社，1996，第122页。
⑧ 刘献廷：《广阳杂记》卷三，中华书局，1997，第158页。

的观点:"《溧阳新志》首列全图,据今封域所作也。县东西百里,南北百五十里,乃旧图东西反三倍,南北真形全失,览者迷。方今先画方格,每格十里,以纸覆之,山川、城镇、方隅距里准格丁列,于晋裴秀所论六体差得大意,惜未获准望耳。"① 总体来看,"计里画方"实际上就是通常所说的控制网格,绘图时在纸上先绘制好网格,然后将数据按照比例折算后绘入图中。这种方法的好处在于容易控制制图的比例和方位,因此绘制出的地图上的各个地理要素比不使用"计里画方"绘制的地图摆放得更为准确。不过,将数据按照比例尺折算之后,绘图或者复制地图时也可以不使用计里画方的方法,这一推测存在一些依据。如《广舆图》是计里画方的,参照《广舆图》绘制的《大明舆地图》除了《舆地总图》之外,各分幅图都没有画方,但与《广舆图》相比,两者地理要素在图中的位置大体相同。

需要强调的是,"计里画方"的方法并不为中国古代舆图所独有,中国古代重要的绘画种类——"界画"和建筑工程图中也使用这一方法,而且使用的范围也非常广泛。

"界画"亦称"屋木",主要以亭台楼阁及宫室等建筑物为主要表现对象,因绘制时一般须用界尺引线作画,故而得名"界画"或"界作",界画讲求比例尺,如(宋)李廌《德隅斋画品》中记界画"以毫计寸,以分计尺,以寸计丈,增而信之,以作大宇。皆中规度,曾无小差"。② 此外,刘献廷也直接将使用"计里画方"的绘图方法等同于界画,除了上文所引的材料之外,《广阳杂记》中还有另外一条材料,即"壬申春日,于茹司马署中,与虞臣卧地看《楚地全图》。图纵横皆丈余,不可张挂,而细如毫发。余既短视,立则茫无所见,遂铺图于地,而身卧其上,俯而视之,楚地全局,见其梗概矣。命虞臣执笔于侧,书身所经历诸水道,所恨者无界画则里至不能详尽耳"。③ 从《广阳杂记》中多处与地图有关的内容来看,刘献廷对舆图绘制是较为熟悉的,他将舆图中的"计里画方"等同于界画应当并无问题。

清代保存下来的样式雷图档中也存在大量画方的情况,术语称为"抄平子",即地形测量,用白灰从穴中即基址中心向四面画出经纬方格网(不是经纬度),方格尺度视建筑规模而定;然后测量网格各校点的标高,穴中标高称为出平,高于穴中的为上平,低于穴中的称下平,最终形成定量描述地形的图样则称为"平格"。

通过上述分析可以认为,"计里画方"即是绘图时使用的控制网格,带有一定比例尺的含义,但其并不是中国舆图所独有的方法,在中国古代绘画和建筑工程图中也大量广泛地使用。下面的一个问题就是使用"计里画方"的地图是否真的比不用"计里画方"的地图绘制得更为准确。

---

① 嘉庆《溧阳县志》,台北成文出版社有限公司,1983,第18页。
② [宋]李廌:《德隅斋画品》,文渊阁《四库全书》本。
③ 刘献廷:《广阳杂记》卷二,第55页。

(二) 用"计里画方"绘制的地图真的准确吗?

准确只是一种相对的标准,这里的准确指的是与不使用计里画方的地图相比,问题也可以转化为:是否"计里画方"代表了一种准确性?

从上文的分析来看,计里画方实际上只是一种绘图方法,而不涉及绘图使用的数据,这是以往中国传统舆图绘制和"计里画方"研究所忽视的。关于计里画方所使用的数据,以往主要有两种观点:李约瑟直接将计里画方等同于经纬网,因此也就认为绘图时使用的是经纬度测量数据;另外一些学者认为使用的是直线距离数据,如胡邦波认为"它(计里画方)具有方位投影和按比例缩小的性质,所表示各地物之间的距离是水平直线距离,符合西晋杰出的地图学家裴秀提出的六项制图原则——'制图六体'。"① 但这两者都没有直接的文献证据,下面分别进行分析。

1. 中国古代舆图绘制时是否使用了经纬度数据

正如李约瑟所说,中国古代确实很早就掌握了测量经纬度的基本方法,而且至少在唐代就进行了一定范围的经纬度测量工作,在元代也进行过"四海测验",不过值得注意的是,与西方不同,中国没有保存下来一套经纬度数据集,而在西方,早在托勒密的《地理学指南》等著作中就有着大量的经纬度数据。不仅如此,在西方的早期地图中就清晰地标明了经纬度,但中国至少现存的受到西方影响之前的传统舆图中没有一幅体现出其绘图数据来源于经纬度,也没有文献记载曾经为了绘制舆图而进行过经纬度测量。

《明史》中有一条材料可以证明至少明代政府机构中没有保存这样的数据:

> 今各省差数未得测验,据《广舆图》计里之方约略条列,或不致甚舛也。南京应天府、福建福州府并偏东一度,山东济南府偏东一度十五分,山西太原府偏西六度,湖广武昌府、河南开封府偏西三度四十五分,陕西西安府、广西桂林府偏西八度半,浙江杭州府偏东三度,江西南昌府偏西二度半,广东广州府偏西五度,四川成都府偏西十三度,贵州贵阳府偏西九度半,云南云南府偏西十七度。②

通过这段文字可以认为,当时并没有为了确定经度而进行测量工作,只是利用《广舆图》所载的距离数据推测了各省府的经度。试想如果明代政府曾经进行过经纬度测量的话,那么就不会采用罗洪先私人绘制的《广舆图》,用"计里画方"折算直线距离并推算经纬度了(关于《广舆图》的绘图数据参见下文)。这再次验证了,中国古代虽然掌握了经纬度的测量方法,但未能进行大范围的测量工作,更不用说用这些

---

① 胡邦波:《我国古代地图学传统的制图方法——计里画方》,《地图》1999年第1期。
② 《明史》卷二五《天文志一》,第364~365页。

数据来绘制地图了。

2. 绘图时是否使用了直线距离数据

与上一个问题相同，中国古代确实很早就掌握了测量高度和直线距离的方法，而且也提出了"制图六体"这样将道路距离折算成直线距离的方法，这一点在各种地图学史著作中或多或少地有所论及，如李约瑟《中国科学技术史》第五卷《地学》①、余定国《中国地图学史》、②葛剑雄《中国古代的地图测绘》③，等等。④ 但是掌握方法与应用于舆图测绘并不存在直接联系，而且根据现有资料来看，这些测量方法极有可能没有运用于地图的测绘。

首先，如果是通过测量方向、高度和直线距离来获得绘图数据，也就是要使用"制图六体"的话，那么必须进行大量相对位置的测量，其测量规模可能要远远超过对于经纬度的测量，但是在文献中却难以找到关于中国古代进行全面直线距离和方位测量的记载；其次，对于中国古人而言，除了一些工程之外，大范围、大尺度的直线距离并没有太多的实际意义，各种文献、志书中所记录的道路距离反而更切合于实际需要，这正是李孝聪所说的中国古代舆图绘制的务实性和实用性；再次，也是最为关键的就是，在古代文献中找不到一套中国古代某一时期可以直接用于地图绘制，包含地理要素之间直线距离以及方位的数据集；最后，中国古代一些著名的全国总图是由私人绘制的，比如朱思本的《舆地图》、罗洪先的《广舆图》，先不论个人是否有能力进行如此规模的测绘工作，且在这些地图保存下来的前言后记中我们看不到他们曾经进行过测绘工作，其中大都只是记录了他们所使用的文献资料和参考过的地图。

因此，以前学者关于中国古代测量技术的讨论，并不能证明中国古代地图测绘时运用了这些技术，两者之间不存在直接的必然联系，当然并不排除在小区域地图中使用这些测量方法的可能。

3. 中国古代地图绘制时所使用的数据

总体而言，中国古代地图绘制使用的应当是道路距离和代表方向的四至八到，在绘图时直接用道路距离表示直线距离，而且这种数据所标示的不是某一地理要素的绝对位置（经纬度就是一种绝对位置），而是一种与周边大量地理要素相关的相对位置，如与所属府州的位置关系，与周边各县的位置关系，同时由于是道路距离，因此数据之间的相互矛盾大量存在。这种误差就不是方格网可以控制的了，而且古人也已经意识到了这一问题，如《广阳杂记》"自晋颁作'准望'，为地图之宗，惜其不传于世。至宋朱思本，纵横界画，以五十里为一方，即'准望'之遗意也。今之《职

---

① 李约瑟：《中国科学技术史》第5卷《地学》。
② 余定国：《中国地图学史》。
③ 葛剑雄：《中国古代的地图测绘》。
④ 此外，还有阎平、孙果清等编著《中华古地图集珍》。

方图记》,即用此法,非此则方向里至皆模糊不可稽考。然其事甚难,至十里一方,则竟无从着手。四至八到,方方凑合,求其毛发不爽,难矣。今之舆图,奉旨所写,如此已足。彼若为界画,是自穷之术也"。① 从这段叙述来看,用计里画方来绘制地图,由于数据之间的矛盾层出不穷,甚至刘献廷最后感叹如果用这种方法来绘制地图是自寻烦恼。

在《广舆图》中存在这样的典型例证,即《北直隶舆图》中永清与东安之间的位置关系。②《北直隶舆图》将永清县绘制于东安县的东侧,而实际上应当在东安县的西侧,但两者的位置关系,文献中有着明确的记录:永乐《顺天府志》卷一二"大兴县"下载"南至东安县界门家庄六十里,自界首到东安县治九十里,共计一百五十里;至寺垡店一百二十里,自界首到永清县治四十里,共计一百六十里",仅由这条来看,东安县和永清县都位于顺天府的南侧,只是永清县稍远;同卷"永清县"条下载"东至东安县北隐村界三十六里,自界首到东安县治一十二里,共计五十里";卷十四"东安县"条下载"西至本府永清县界横亭村一十二里,自界首到永清县治三十八里,共计五十里",由此很容易判断东安县位于永清县的东侧。

《北直隶舆图》中错误产生的原因,正是来源于对于相对位置的处理,以及极坐标投影法(参见下节的介绍)中要求县级政区的定位首先应当考虑与上级政区的相对位置关系。可以大致推测这一错误产生的原因,即东安县位于顺天府以南 150 里,但又位于同属顺天府的固安县东南 100 里,因此将东安县绘制于顺天府以南偏东;而永清县的定位首先要符合大兴县(顺天府)以南 160 里,但又要符合位于霸州东北 60 里,而按照绘制顺序霸州在图中已经定位位于大兴县正南,因此将永清县标于大兴县的东南而不是正南。由此造成本应位于东安与固安之间,东安县西侧的永清县,被标于东安的东南。

关于中国古代舆图中使用的数据和绘图方法,参见下文的分析。不仅如此,大多数专题图以及很多全国总图只是示意图,很可能只是在这些道路距离和四至八到的基础上对地理景物的大致体现。结合到计里画方,其实就是将各种志书中所记录的道路距离和方位距离按照比例折算,然后用"计里画方"的方法绘制为地图。

那么下面一个问题就是,如何评价使用"计里画方"的地图的准确性。显然,数据类型已经决定了使用"计里画方"绘制的地图,就现代意义而言,是绝对不准确的。甚至也无法认为"计里画方"绘制的地图相对准确,因为与不使用"计里画方"的地图相比,很多情况下我们无法判断两者准确的程度,而且这个问题似乎也

---

① 刘献廷:《广阳杂记》卷二,第 55 页。
② 具体可以参见成一农《〈广舆图〉绘制方法及数据来源研究(一)》,《明史研究论丛》第 10 辑,故宫出版社,2012。

没有太大的意义。

还需要明确的一点是,"计里画方"在中国古代舆图绘制中使用的并不广泛。刘献廷提到"紫廷欲作四渎入海图,取中原之地。暨诸水道,北起登莱,南至苏松,西极潼关为一图。苦无从着手。余为之用朱墨本界画法,以笔纵横为方格,每方百里,以府州县按里至填之。府州定而水道出矣"。① 这即是一旁证。而且,如果计里画方是一种常见的绘图方式的话,那么明末以后对于《广舆图》也不会给予那么高的评价了,对于《广舆图》的推崇恰恰说明在明代后期,"计里画方"的方法已经不太为人所知,或者使用的并不多了。而且,从当前保存下来的传统舆图来看,无论是在全国总图,还是区域、专题图中,使用计里画方的并不多。而且甚至到了清代,在各种区域,尤其是专题图中计里画方使用的也不多,当然这很可能与地图的性质有关。② 对此王庸也有着相似的观点:"仅仅按分率画方的制图方法就并没有为一般官府的绘图工作者采用,直到清代,一般官绘地图还是画着山水画的注着四至道里等等,不但没有什么改进,亦不画方,还比裴秀、贾耽等古地图幼稚而落后了。"③

(三) 结论——对"计里画方"的再评价

总体来看,首先"计里画方"这一方法并不为中国古代舆图所独有;其次,由于数据的问题,"计里画方"并不代表地图的准确性,只是能在绘图时更好地控制地理要素的空间布局,而且也并不代表地图绘制的准确与否;最后,"计里画方"在中国古代舆图中使用的并不广泛。综上而言,"计里画方"只是绘图(地图、图画、工程图)时的一种方法,并不能使地图绘制得更为准确,以往对其的评价显然过高了。

四 《禹迹图》的绘图数据和绘图方法

关于中国古代舆图绘制的数据,以往的学者极少关注这一问题。最早注意到这一问题的是汪前进,他在《现存最完整的一份唐代地理全图数据集》④ 中提出"虽然历史上流传下来大量高水平的地理全图,但迄今尚未找到一份具体用来绘制这些地图的原始数据集,也不清楚古人如何绘制成这些地图",作者在这里提出了一个非常重要、明显,但在之前中国古代地图研究中被忽略的问题。作者通过分析认为《元和郡县图志》中的方向和里程数据就是用来绘制地图的,并认为这是一种极坐标投影

---

① 刘献廷:《广阳杂记》卷三,第158页。
② 本人推测,专题图或者区域图中绘制的内容通常不多,而且多有文字说明,对于地理要素相对位置的控制要求并不严格,因此不太需要使用计里画方的方法。
③ 王庸:《中国地图史纲》,第50页。
④ 汪前进:《现存最完整的一份唐代地理全图数据集》,《自然科学史研究》1998年第3期。

法，而且这种绘图数据和方法不是孤立现象，为中国测绘史上所普遍采用。虽然该文并没有彻底解决中国传统舆图的绘制问题，比如两点间的道路距离在绘图时是否以及如何转换为图上的直线距离，但却为中国传统舆图绘制的研究提供了崭新的视角。他的这一观点还存在一些旁证，如宋代《九域守令图》的题记就记录其绘制时参考了《九域志》；明代《杨子器跋舆地图》的题记中记载其参考了《大明一统志》等。

本人也认为中国古代的全国总志和地方志等地理志书是舆图绘制的重要参考资料，但问题在于，地理志书中记载的这种数据以及汪前进提到的"极坐标投影法"，其数据特点就是地理要素位置的确定主要依赖要素之间的相对位置（距离和方向）关系，数据之间不仅相互依赖，而且这种依赖关系绝大多数情况下并不是单一的，一个地理要素通常与很多其他地理要素之间具有数据上的依赖关系（即"四至八到"）。这种数据结构，不仅由于相对位置关系的复杂性会使得数据之间矛盾百出，而且随着极坐标投影的逐级叠加也会使得数据误差被逐渐放大。

本节即以传统认为代表了宋代地图绘制准确性的《禹迹图》为对象，验证汪前进推测的中国古代地图的绘制方法和绘制数据，并分析中国古代绘图时如何解决这种绘图数据中必然存在的矛盾。

《禹迹图》是现存唯一一幅宋代使用"计里画方"的方法绘制的全国总图，由于"计里画方"可以比较容易地测量出各点之间的方位和大致距离，因此可以与志书中记载的方位、道路距离进行对照。这一时期保存下来的全国总志有唐代的《元和郡县图志》，宋代的《太平寰宇记》和《元丰九域志》，因此这三者就成为我们复原《禹迹图》绘制方法和绘制数据的主要文献材料。

需要说明的是，从研究方法而言，这是一种逆推的方法。就绘图资料而言，我们并不能确切地判断《禹迹图》的绘图者使用的就是上述三部全国总志，只能假设其所用的绘图材料很可能与这三部总志相关，或者存在一些相似，因此本文最终的分析目的是要确定：是否可以利用这三部全国总志绘制出类似于《禹迹图》这样的地图。

由于篇幅所限，这里不可能进行全方位的分析，只能针对某些局部对《禹迹图》与三部总志的关系进行分析，主要分析行政区划（以《太平寰宇记》"关西道"为例）、海岸线（以山东半岛为例）。此外，由于《禹迹图》中没有使用标明治所位置的符号，只是用文字标识，因此难以准确地判断用于计算距离的起止点（由这点来看，当时的绘图者似乎也不在意两点间距离的准确与否），因此只要道路距离和方位不存在极大的偏差（一个方格以上），就可以认为两者基本相合。

（一）行政区划——以《太平寰宇记》所载"关西道"所在区域为例

下面表1以京兆（唐代的长安）为中心，列出三部总志中所记录的《太平寰宇记》"关西道"各府州之间的位置关系（由于《禹迹图》中没有县级政区，因此删除了三部总志中与县级政区有关的位置关系）。

表 1 《元和郡县图志》、《太平寰宇记》和《元丰九域志》中记载的《太平寰宇记》"关西道"各府州之间的位置数据

政区治所	《元和郡县图志》	《太平寰宇记》	《元丰九域志》
京兆府（长安）	东至东都八百三十五里。 东南至商州二百六十五里。 西南至洋州六百三十里。 西至华州一百八十里。 南取库谷路金州六百八十里。 西取凤翔府二百四十里。 正西微北至邠州三百里。 西北至坊州三百里。 正东微北至同州二百五十里。	东至东京一千二百七十里。 东至西京八百五十里。 东南至商州二百八十里。 西至华州一百八十里。 南取库谷路金州六百四十里。 西页微北至凤翔府二百四十里。 正西微北至邠州三百里。 北至坊州三百里。 正东微北至同州二百五十里。	东京一千二百五十里。 东至本府界九十五里，自界首至华州八十五里。 西至本府界一百六十一里，自界首至凤翔府一百四十八里。 南至本府界四十三里，自界首至金华州（一）百五十七里。 北取库谷路金州八十三里，自界首至耀州九十里。 东南至本府界一百五十里，自界首至商州四百九十五里。 东北至本府界一百四十五里，自界首至同州一百二十里。 西南至本府界一百七十五里，自界首至洋州四百九十五里。 西北至本府界一百七十五里，自界首至邠州一百六十里。
同州	西至上都二百五十里。 东至东都六百五十里。 西至长安二百八十里。 南至华州七十里。 西北至坊州二百八十里。	东至东京一千二百里。 西至西京六百五十里。 西至长安二百八十里。 南至华州七十里。 西南至京兆三百一十里。	东京一千一百里。 东至本州界六十里，自界首至河中府一十里。 西至本州界三十里，自界首至华州四十里。 南至本州界九十六里，自界首至华州三十五里。 北至本州界五十二里，自界首至鄘州四十里。 东南至本州界六十六里，自界首至河中府十五里。 东北至本州界二百五里，自界首至同州一百三十五里。 西南至本州界四十里，自界首至华州三十五里。 西北至本州界一百七十五里，自界首至坊州一百七十里。
华州	西至上都一百八十里。 东至虢州二百八十里。 东北至同州七十里。 南至商州山路二百七十里。	东至东京约九百八十里。 西至西京约六百一十里。 西至长安一百八十里。 东至陕州二百八十里。 南至商州二百八十里。 北至同州六十里。 东南至虢州一百六十里。 西南至金州一百六十里。 东北至河中府一百五十里。 西北至耀州二百五十里。	东京一千一十里。 东至本州界九十里，自界首至陕州一百七十里。 西至本州界五十里，自界首至京兆一百里。 南至本州界五十里，自界首至商州二（江浙本俱作二，通鉴引九域志作一）百三十里。 北至本州界一十里，自界首至同州四十里。 东南至本州界九十里，自界首至虢州一百里。 西南至本州界一百七十里，自界首至京兆一百里。 东北至本州界七十里，自界首至河中府十五里。 西北至本州界七十里（江浙本七十下有二字），自界首至耀州八十里。

续表

政区治所	《元和郡县图志》	《太平寰宇记》	《元丰九域志》
凤翔府	东至上都三百一十里。 东至东都一千一百七十里。 东北至邠州二百三十里。 南取大白山路至兴元府六百里。 西南至陇州二百五十里。 西至陇州一百五十里。 西至陇州一百五十里。 北至泾州二百二十里（校勘记：泾州八到作二百五十八里）。	东至东京一千五百八十里。 东至西京一千二百七十里。 东至长安三百一十九里。 南取大白山路至兴元府六百里。 西至陇州一百五十里。 北至泾州二百六十里。 东至京兆府一百七十五里。 西南至凤州一百四十里。 西至泾州二百里。 东北至邠州二百二十里。	东京一千五百八十里。 东至本府界一百二十里，自界首至京兆府一百七十里。 东至本府界三百六十六里，自界首至陇州一百一十四里。 西至本府界三百六十六里，自界首至陇州一百一十四里。 南至本府界二百六十里，自界首至京兆府九十里。 北至本府界一百六十九里，自界首至洋州四百五十里。 东南至本府界一百一十五里，自界首至凤州一百六十里。 西南至本府界一百一十五里，自界首至泾州九十里。 西北至本府界二百四十里，自界首至邠州六十七里。 东北至本府界二百四十里，自界首至渭州八十里。
耀州		正东偏南至东京一千二百里。 正东偏南至西京八百里。 正东至长安一百八十里。 东至同州一百六十里。 南至永兴军一百六十里。 北至坊州一百八十里。 东至华州一百八十里。 西北至邠州一百八十里。	东京一千二百里。 东至本州界七十八里，自界首至同州一百二十里。 西至本州界一百六十里，自界首至邠州一百里。 南至本州界六十九里，自界首至京兆府一百里。 北至本州界八十五里，自界首至坊州一百七十五里。 东南至本州界八十五里，自界首至渭州九十里。 西南至本州界八十里，自界首至京兆府九十里。 西北至本州界八十里，自界首至坊州九十里。 东北至本州界八十里，自界首至邠州一百里。
陇州	东至上都四百六十五里。 东至凤翔府一百三十五里。 东至长安四百二十里。 西至凤翔府二百四十里。 南至凤州山路四百三十里。 北至秦州二百四十里。 北至原州三百六十里。	东至东京一千七百五十里。 东至西京一千二百二十五里。 东至长安四百二十五里。 西至凤翔府二百三十里。 南至凤州山路四百三十里。 北至秦州二百四十里。 西至泾州一百六十五里。 东北至泾州一百六十里。	东京一千七百五十里。 东至本州界一百里，自界首至凤翔府三十二里。 东至本州界九十里，自界首至秦州一百五十七里。 西至本州界六十里，自界首至凤翔府九十里。 南至本州界六十里，自界首至泾州九十里。 北至本州界六十二十里，自界首至凤翔府一百四十五里。 东南至本州界一百一十五里，自界首至凤州一百四十五里。 西南至本州界一百二十七里，自界首至凤翔府一百四十五里。 西北至本州界五十八里，自界首至凤翔府一百二十三里。 东北至本州界五十八里，自界首至渭州一百二十里。

续表

政区治所	《元和郡县图志》	《太平寰宇记》	《元丰九域志》
泾州	东南至上都四百八十里。东南至东都一千三百四十里。东北至宁州一百五十里。北至原州城三百二十里（考证："北"上当有"西"字）。北至庆州三百二十三里。南至凤翔二百五十八里。西南至邠州一百八十里。西南至陇州一百八十里。	东南至东京一千七百里。东南至西京一千二百五十里。东至长安四百五十里。	东京一千七百里。东至本州界六十五里，自界首至邠州一百三十里。西至本州界一百里，自界首至渭州一百一十里。南至本州界三十里，自界首至凤翔府一百四十里。北至本州界一百四十里，自界首至原州四十里。西南至本州界一百四十里，自界首至陇州一百五十里。西北至本州界三十里，自界首至原州四十五里。
原州	东南至上都八百里。东南至东都二千六百五十里。东至会州三百二十里。西至会州三百九十里。南至秦州四百六十里（考证：宜作西南）。正西微南至临洮军六百二十里。北至灵州五百里。	东南至东京一千七百九十四里。东南至西京九百四十四里。东南至长安四百五十里。	东京一千七百九十里。东至本州界一百五十里，自界首至宁州四十里。西至本州界九十五里，自界首至镇戎军六十六里。南至本州界七十里，自界首至渭州六十里。北至本州界九十里，自界首至环州一百五十里。西南至本州界九十五里，自界首至泾州二十里。东北至本州界八十里，自界首至德顺军一百里。西北至本州界九十五里，自界首至庆州五十五（浙本作五十一）里。
庆州	东南至上都八百七十里。东南至东都一千五百四十里。东北至延州四百四十里。西至会州六百九十里。东至宁州一百二十七里。南至盐州五百九十里。西至鄜州三百二十里。西南至泾州三百四十里。北至盐州六百四十里。西北至灵州五百七十二里。	东南至东京一千八百四十里。东南至西京一千四百六十里。东至长安九百七十四里。东至鄜州三百九十里。东至宁州一百二十七里。南至原州一百二十七里。北至盐州五百九十里。西至鄜州三百四十里。西南至泾州二百九十里。东北至延州六百四十里。	东京一千九百里。东至本州界一百六十里，自界首至鄜州一百里。西至本州界九十里，自界首至原州九十里。南至本州界三十六十里（浙本作：七）十里。北至安州三百六十里（可能安州当为盐州）。西南至本州界九十里，自界首至宁州三十里（钱本三作四，户本作四）。西南至本州界一百里，自界首至原州八十里。西北有本州界六十里，自界首至环州一百二（江本作三）一十五里。

续表

政区治所	《元和郡县图志》	《太平寰宇记》	《元丰九域志》
宁州	东南至上都四百五十六里。 东南至东都一千二百里。 东至坊州二百二十里。 西至泾州一百五十里。 南至邠州一百四十里。 北至庆州一百二十里。 东北至延州三百九十里。 南至邠州一百四十里。	东南至东京一千八百里。 东南至西京一千二百一十四里。 西南至长安四百一十里。 东至坊州二百四十五里。 南至泾州一百四十里。 西至庆州一百二十里。 北至庆州一百一十三里。 东至邠州一百二十七里。 西至泾州一百八十里。	东京一千八百里。 东至本州界二十五里,自首至坊州一百一十五里。 西至本州界四十五里,自首至泾州七十五里。 南至本州界七十五里,自首至邠州四十五里。 北至本州界六十里,自首至庆州六(江浙本作:七)十里。 东南至本州界一百四十里,自首至坊州一百里。 西南至本州界二十五里,自首至邠州一百里。 东北至本州界七十五里,自首至鄜州一百七十五里。 西北至本州界四十里,自首至原州一百五十里。
鄜州	东至东都四百七十里。 东南至东都九百五十三里。 东至丹州一百八十五里。 南至坊州一百一十里。 西至庆州三百九十八里(考证:官本作"西",案:"西"作"西",今改,它本"作"东")。 北至延州一百五十里。	东京一千二百里。 东南至西京九百五十里。 东至慈州一百里。 南至坊州一百四十里。 西至庆州三百九十里。 北至延州一百五十里。 东至宁州一百五十里。 西至宁州一百五十里。 西北至丹州一百一十里。	东京一千五百里。 东至本州界二(江浙本俱作:三),首至隰州二百一十里。 西至本州界八十里,自首至庆州一百二十里。 南至本州界十三里,自首至坊州延州一百一十里。 北至本州界一百六十五里,自首至延州一百二十里。 东南至本州界六十八里,自首至同州七十里。 西南至本州界十里,自首至宁州七十里。 东北至本州界六十五里,自首至延州三十五里(三,江浙本俱作:一;《太平寰宇记》:北至延州一百五十里)。 西北至本州界一百一十里(吴本、周本作:三)百里,自界首至隰州一百里,自首至丹州一百一十里。
坊州	东至上都三百五十里。 东至东都九百里。 东至同州二百一十里。 西北至邠州一百六十里。 北至丹州二百六十里。 北至鄜州一百一十里。	东至东京一千四百九十里。 东至西京八百六十里。 南至长安三百六十里。 东至丹州二百六十里。 西至宁州二百二十里。 南至同州二百四十里。 北至鄜州一百一十里。 东南至邠州一百五十里。 西至庆州二百八十里。 西至丹州一百六十里。	东京一千三百里。 东至本州界七十里,自界首至同州一百六十里。 西至本州界七十五(浙本作:一百五十)里,自界首至宁州一百一十里。 南至本州界四十五里,自首至同州六十里。 北至本州界六十里,自首至鄜州六十里。 东南至本州界九十一百二十五里,自界首至邠州一百四十里。 东北至本州界九十(浙本作八十)里,自首至鄜州一百一十里。 西北至本州界六十(浙本作:一百)里,自界首至鄜州一百六十(浙本此下有一"字")里。

续表

政区治所	《元和郡县图志》	《太平寰宇记》	《元丰九域志》
丹州	西南至上都五百五十里。 东南至东都九百二十里。 东至同州二百五十里（考证，"东"亦作"南"）。 西至鄜州一百八十里。 南至鄜州二百六十里（考证："南"上脱"西"字）。 北至延州二百五十里。	东至东京一千三百五十里。 东南至西京九百二十里。 西南至长安二百五十里。 东至慈州界黄河岸八十里，自黄河岸东至慈州六十五里。 南至同州二百二十里。 西至鄜州一百八十三里。 西南至鄜州二百八十里（八、万本、库本皆作八十）。 北至绥州二百六十里。 西南至坊州二百六十里。 东北至延州四百二十里。	东京一千三百五十里。 东至本州界一百二十五里，自界首至隰州一百八十五里。 西至本州界一百二十五里，自界首至鄜州七十五里（通鉴引志文：丹州西至鄜州）。 南至本州界八十九里，自界首至同州二百七十里。 北至本州界三十里，自界首至延州一百一十里。 东南至本州界六十里，自界首至坊州中府三百七十里。 东北至本州界一百二十里，自界首至隰州三百一十五里。 西北至本州九十里，自界首至延州一百一十五里。
延州	西南至上都六百七十四里。 东至东都一千二百里。 东至隰州三百六十里。 西至鄜州一百八十里。 东南至庆州四百四十里。 西南至鄜州一百四十里。 西北至夏州四百四十里。	东南至东京一千五百里。 东南至西京一千一百里。 西至长安九百里。 东至隰州三百五十里。 南至鄜州一百五十里。 西至庆州四百五十里。 北至夏州三百八十里。 东至慈州二百九十里。 西南到鄜州一百三十里。 东南到绥州三百二十里（校勘记，东南应为东北）。 东北至隰州黄河界二百二十里，自黄河至隰州一百四十里。	东京一千五百里。 东至本州界三百五十四里，自界首至庆州一百二十里。 西至本州界一百四十五里，自界首至鄜州一百十五里。 南至本州界一百五十里，自界首至鄜州一百十五里。 北至本州界三百二十里。（一百，江本作二百，浙本作四百。《元和郡县志》：西至夏州四百里，《太平寰宇记》：北至夏州四百里）。 《元和郡县志鉴》：西北至夏州四百里。 东南至本州界二百二十里，自界首至隰州三百五十四里。 西南至本州界一百二十里，自界首至坊州一百四十里。 东北至本州界一百，至绥德城三百三十里。 西北至有州二百（吴本作三）六十四里。

续表

政区治所	《元和郡县图志》	《太平寰宇记》	《元丰九域志》
灵州	东南至上都一千二百五十里。东南至东都二千二百七十里。东南至盐州三百里。南至庆州六百九十里。西南至凉州九百里（考证：宜作"西北"）。	东南至东京二千二百三十里。东南至西京二千一百一十里。东南至长安一千二百五十里。东至盐州三百里。南至宁州五百里。西南至凉州九百里。东南至庆州六百四十里。东北至丰州九百三十七里。西南至丰安一百八十里。	环州：西至灵州四百六十里。镇戎军：北至灵州五百三十五里。西北灵州四百二十五里。
盐州	南至上都一千五百里。东南至东都一千七百五十里。东北至经略军四百里。南至庆州四百五十里（考证：庆州入到云：五百七十二里）。西北至灵州三百里。西北取乌池黑浮图堡私路至灵州四百里。	东南至东京二千四百二十里。东南至西京二千二百五十里。南至长安一千四百里。东至绥州六百八十里。南至庆州五百五十里。南至会州八百里。北至宥州一百四十里。东北至延州四百三十里。西南至原州二百里。西至灵州三百里。西至夏州四百里。	环州：东北至盐州三百七十五里。
夏州	东至上都一千五十里。东南至东都一千八百五十里。东至银州一百八十里。南至延州四百五十里。西南至盐州三百里。西北至丰州七百五十里。	东南至东京一千四百六十里。东南至西京一千一百五十里。南至长安二百里。东至银州二百里。南至延州三百八十里。西至灵州五百五十里。《旧记》云西至盐州三百里。《旧记》云西至安北府八百里。东南至庆州四百九十里。南至绥州四百里。东北至胜州六百里。西至丰州七百五十里。	麟州：西至夏州三百五十里。西至夏州一百八十里。延州：东至夏州二十三里（一百，江本作二百，浙本作四百）；北至夏州四百里；《太平寰宇记》：北至夏州三百八十里；《元和郡县志》：西北至夏州四百里。

续表

政区治所	《元和郡县图志》	《太平寰宇记》	《元丰九域志》
通远军		东南至东京约二千里。 东南至西京一千六百八十里。	东京二千五百四十里。 东南本军界六十里,自界首至秦州二百四十五里。 西南本军界一百里,自界首至岷州一百六十里。 南至本军界二百二十里,自界首至秦州四百一十二里。 东北至本军界五十里,自界首至岷州四百六十里。 西北至本军界四十里,自界首至熙州二百(户本作一百)三十二里。
保安军		东至东京一千七百四十里。 东南至西京一千三百五十里。 西南至长安六百里。 南至延州敷政县界一百一十里,至延州一百五十里。 东北至番部羗(客多)族一十里,至宥州八十里。	东京一千七百一十里。 东南本军界二百四十里,自界首至延州一百八十里。 西南本军界二百一十里,自界首至庆州二百里。 东南至本军界五十里,自界首至延州一百里。 西南至本军界四十五里,自界首至延州一百里。 东北至宥州二百里。 西北至宥州一百五十里。
绥州	西南至上都一千里。 东南至东都一千四百里。 东至石州二百七十里(考证:"七",石州八到作"三")。 西至夏州三百六十里。 西南至延州二百三十里。 西北至银州二百六十里。 东南至太原五百九十里。	东至东京一千七百四十里。 东南至西京一千三百里。 西南至长安一千里。 东至石州界黄河一百二十里,河上有孟门关,东去石州九十里。 西南至延州三百四十里。 北至夏州三百六十里。 西至银州一百六十里。 西南至夏州四百里。 东北至隰州黄河为界西北黄河为界一百五十里。 东北至银州一百四十里。	

续表

政区治所	《元和郡县图志》	《太平寰宇记》	《元丰九域志》
银州	西南至上都一千六百里。东南至东都一千四百里。东南至石州黄河一百六十里。西至夏州一百八十里。东南至绥州一百四十里。西南至麟州三百六十里。东北至麟州三百里。	东南至东京一千八百二十里。东南至西京一千二百四十百里。西南至长安一千二百六十里。南至夏州一百八十里。东南至绥州二百四十里。西南至夏州二百三十里。东北至胜州二百六十里。东至麟州三百里。	麟州：西南至银州一百八十里。
麟州	西南至上都一千四百六十里。东南至东都一千五百三十里。西南至岚州四百四十里。东北至胜州四百里。西南至银州三百里。	东南至东京一千九百三十里。东南至西京一千五百三十里。西南至长安一千四百八十里。东至岚州二百里。西南至银州一百里。东至胜州四百里。	东京二千五百里。东至本州界六十一里，自界首至司岚军一百四十九里。西至夏州界一百四十五里，自界首至石州三百三十里。南至本州界五十里，自界首至丰州一百二十里。北至本州界一百一十里，自界首至银州一百八十里。西南至本州界六十三里，自界首至岚州一百九十里。东北至本州界一百一十三里，自界首至府州五十七里。西北至夏州一百二十里。
胜州	西南至丰州一百五十三里。东南至麟州四百里。西南至岚州九百里。南至银州七百里。北至丰州（考证：丰州作"东"至胜州五百二十里，按方舆，里数未知孰的）。彼宜作"东南"，"宜"作"西北"。	西南至东京二千二百五十里（校勘记：西南宜作东南）。西南至西京一千八百三十里（校勘记：西南宜作东南）。西南至长安一千八百六十里。正东至黄河四十里，去朔州四百二十里。西至安北府一百五十里。正北至黄河二百里，去受降城八里，去单于府一百二十里。东南至合河关五百里，去岚州二百三十里。西南至夏州九百里。东北至黄河四十里，云州四百里。	

续表

政区治所	《元和郡县图志》	《太平寰宇记》	《元丰九域志》
府州		东南至东京二千一百二十里。 东南至西京一千七百二十里。 西至麟州一百五十里。	东京一千七百里。 东南本州界三十里,自界首至火山军二十里。 西至本州界六十二里,自界首至麟州五十八里。 南至本州界四十一百四十三里,自界首至岢岚军九十里。 北至本州界二十二百二十五里,自界首至丰州三十里。 东南至本州界二十三十里,自界首至火山军二十五里。 西南至本州界二十三十里,自界首至岚州二百八十里。
宥州		东南至东京二千四百四十里。 南至长安一千四百九十里。 东北至盐州泽一百四十里为界,以东北至夏州八十里。	延州:西至宥州二百(吴本作三百)六十四里。 庆州:东北至宥州四百六十里。 环州:西北至宥州三百五十里。 保安军:北至宥州二百二十里。 东北至宥州二百七十里。
丰州(故丰)	南至上都一千八百里。 南至东都一千二百一十里。(考证:官本作"二千一百九十里",此误) 东至胜州二百三十里。 西南至灵州九百里。 东南至夏州七百五十里。	东南至东京二千八百一十里。 南至长安一千八百九十里。 东南安北都护府一千五百里。 东南至夏州一千五百里。 东南至灵州九百里。 西北渡河至受降城八十里。	(新丰州)东京二千二百二十三里。 东南本州界二十里,自界首至府州一百里。 南至本州界三里,自界首至府州九十五里。 东南至府州界一(江浙本具有:它本俱无。界一作府州一,它本作一),百二十一里。自界首至麟州二十五里,自界首至麟州一百二十五里。
天德军	天德旧城,在西城正东微南一百八十里。 西取乞远镇故落盐池经夏州至上都一千八百里。 西渡河至丰州一百六十里。 西北至横塞军城一百里。 西南至新宥州二百八十里。 东南至受降城二百里。	经夏州至长安一千八百里。 东南至中受降城二百里。 西渡河至丰州一百六十里(西,《元和郡县图志》作西南)。 西至西受降城二百里。 西南至中受降城一百八十里。	

中国地图学史的解构

续表

政区治所	《元和郡县图志》	《太平寰宇记》	《元丰九域志》
东受降城	城南至上都一千八百六十里。 城东南至东都取单于路二千一百二十里。 东至东受降城三百里。 西北至天德军二百里。 南至麟州四百八十里。	南至长安一千八百六十二里。 东南至洛京取单子路二千一百二十里。 东至朔河四百里。 西南渡河至胜州八百里。 西北中受降城三百里。	
中受降城		南至长安一千八百六十里。 东南至洛京取单子路二千一百二十里。 东至东受降城三百里。 西北至天德军二百里。 南至灵州四百里（灵州,《元和郡县图志》作麟州。校勘记认为灵州应为麟州）。	
西受降城	城南至上都一千八百八十里。 东南至东都取单子路二千二百五十里。 正东微南至天德军一百八十里。 东南渡河至丰州八十里。	南至长安一千八百八十里。 东南至洛京取单子路二千二百五十（五百,库本同,万本作二百五十。同《元和郡县图志》）。 正东微南至天德军一百八十里。 东南渡河至丰州八十里。	
邠州	东至上都三百里。 东（北）[南]至坊州三百一十六里。 东至宁州一百四十里。 西至泾州一百八十里。	东至东京一千五百六十二里。 东至西京一千一百六十里。 东至长安三百二十里。 东至坊州二百八十五里。 北至宁州一百四十里。 西至泾州一百八十里。 西南至凤翔府三百里。 西北至泾州一百八十里。	东京一千七百里。 东至本州界一百里,自界首至耀州一百里。 西至本州界一百二十五里,自界首至泾州一百五十里。 南至本州界一百二十二里,自界首至京兆府一百七十里。 北至本州界五十里,自界首至宁州一百七十里。 东南至本州界六十里,自界首至京兆府一百六十里。 西南至本州界一百二十里,自界首至凤翔府一百六十里。 东北至本州界一百二十里,自界首至庆州一百五十里。 西北至本州界一百三十五里,自界首至原州九十里。
环州			东京二千一百里。 东至宥州三百五十里。 西至本州界一百二十里,自界首至泾州一百三十五里。 南至本州界一百六十里,自界首至庆州一百五十里。 北至本州界一百六十五里,自界首至宁州一百七十五里。 东南至本州界一百三十里,自界首至原州七十里。 西南至盐州三百六十五里。 西北至灵州四百六十五里。

首先，我们要确定这一地区中最高行政级别治所城市的位置。如果《禹迹图》是在唐代地图上改绘的，那么京兆府（长安）理所应当的应该作为绘制地图的原点，也就谈不上与上级治所城市的位置关系了。如果是宋代绘制的地图，那么就需要确定其与东京开封和西京洛阳的位置关系，《太平寰宇记》记其"东至东京一千二百七十里"、"东至西京八百五十里"；《元丰九域志》记"东京一千二百五十里"。此外，《元和郡县图志》记"东至东都八百三十五里"。虽然存在一些细微的差异，但三者关于京兆府（长安）至洛阳、开封的距离大致相同。查《禹迹图》，其位于西京正西大约 8.5 个方格左右，位于东京正西大约 12.5 个方格左右，与文献记载的道路距离和方位基本一致。

从表 1 来看，图中其他各治所城市的位置关系极为复杂，每一个都对应于多座城市，要厘清彼此之间的位置关系非常困难，尤其是这些文献记载的都是道路距离和大致的方位，要使得某座治所城市的定位符合所有的位置关系基本是不可能的，这也是利用"四至八到"或者说道路距离和方位来绘制地图时必然存在的问题。此外，如果仅仅以京兆府为基点，标绘其他治所会存在以下两点问题：一是很多治所缺乏与京兆府的相对位置关系（《元和郡县图志》除外）；二是仅仅以京兆府为基点绘制，那么虽然治所城市与京兆府的相对位置关系与文献符合，但各治所城市间的位置关系极有可能与文献记载的数据存在很大的偏差。

基于此，我们可以做出如下假设，古人在处理这些数据时，应当会采取一些简便的方法，即首先确定与京兆府存在直接位置关系数据的那些城市；然后以这些城市为基点，确定其他治所城市的位置；与此同时，还要大致符合与距离最近的治所城市的位置数据，并进行尽可能的调整。下面按照这一思路逐一进行分析：

耀州：《太平寰宇记》"正南至长安一百六十里"；《元丰九域志》"南至本州界六十里，自界首至京兆府一百里"。图中的位置基本符合。

同州：《元和郡县图志》："西至上都二百五十里"；（京兆府）"正东微北至同州二百五十里。"《太平寰宇记》："西至长安二百八十里"；（京兆府）"东北至本府界一百三十里，自界首至同州一百二十里。"图中位置与《元和郡县志》的记载最为相合，其他各文献所载在方位上稍有偏差。

华州：《元和郡县志》"西至上都一百八十里"；《太平寰宇记》"西至长安一百五十里"；《元丰九域志》"西至本州界五十里，自界首至京兆府一百里"。虽然《元和郡县志》所载较其他文献多了 30 里，但与图中位置基本相符。与周边的其他治所城市的位置：与同州的位置关系符合《元和郡县志》的记载（东北八十里），但与《太平寰宇记》和《元丰九域志》的记载在方位（北）和距离（60 里）上都存在差异。与其他周边治所，商州、耀州等都与文献所记存在一些差异。

泾州：《元和郡县志》"东南至上都四百八十里"；《太平寰宇记》"东南至长安

四百五十里"。图中其位于京兆府西北,但又不是呈对角线的西北,距离经过折算大约为 5 个方格。同时其周围的渭州(《元丰九域志》,西至渭州 160 里)、原州(《元丰九域志》,西北至原州 80 里)、宁州(《元和郡县志》,东北至宁州 150 里)、陇州(《元丰九域志》,西南至陇州 240 里;《元和郡县志》,西南至陇州 180 里)庆州(《元和郡县志》,北至庆州 323 里)等都与图中所绘大致相当。泾州与周围绝大部分治所的相对位置关系都基本正确,因此可以推测泾州可能是绘图时绘制这一地区其他府州位置的基点。

邠州:《元和郡县图志》"东南至上都三百里";《太平寰宇记》"东南至长安二百八十二里";《元丰九域志》"东南至本州界一百二里,自界首至京兆府一百五十里"。图中其位于京兆府西北,但又不是呈对角线的西北,距离经过折算大约为 3.5 个方格左右,存在差异,但与泾州的方向和距离(《元和郡县志》"西北至泾州一百八十里")基本符合。

凤翔府:其定位则较为复杂,《太平寰宇记》"东至东京一千五百八十里","东至西京一千一百七十里";《元丰九域志》"东京一千五百八十里";《元和郡县志》记"东至东都一千一百七十里",三者基本相同。但在《禹迹图》上,凤翔府位于东京以西偏北大约 17 个方格,西京以西偏北大约 13 个方格,与上述文献记载存在较大差异。这说明无论是《禹迹图》的底图为唐代或者北宋,都不是依据上述文献所记的位置关系绘制的。再看其他一些位置关系(参见表 2)。

表 2 凤翔府的位置关系数据

用于定位的治所	《元和郡县志》	《太平寰宇记》	《元丰九域志》	图中位置
京兆府(长安)	西 310 里 正西微北 310 里	西 319 里	西 283 里	西偏北 4.5 个方格
邠州	西南 230 里	西南 220 里	西南 222 里	西南 1 个方格多些
兴元府	北 600 里	北 600 里		北偏东 8 个方格左右
凤州	西北 280 里	西北 240 里	北 240 里 西北 240 里	西北 4 个方格左右
陇州	东 150 里	东 150 里	东 150 里	东 1.5 个方格
泾州	南 220 里(258)	南 260 里	南 200 里	南 2 个方格
洋州			西北 700 里	北 8 个方格左右

由表 2 来看,图中凤翔府与京兆府的距离与文献记载存在较大差异,不过在方位上,《元和郡县志》的记载与图中是一致的。在与其他治所城市的相对位置关系上,其与陇州和泾州在距离和方位上都相符合,而这两者都是距离凤翔府最近的治所。不过,其中陇州位于凤翔府以西,似乎不太可能先定位距离京兆府较远的陇州,然

后再定位较近的凤翔府,而且图中陇州与京兆府的位置关系也与文献所记不合(参见下文)。因此可以推测凤翔府的位置是协调了京兆府、泾州的位置关系的结果,即泾州位于京兆府西北,同时又位于凤翔府以北2个方格的位置,因此不得已将凤翔府的位置向西多标了一个方格,而泾州则标得稍微偏南,没有位于京兆府对角线的位置上。

陇州:《元和郡县图志》"东至上都四百六十五里"。《太平寰宇记》"东至长安四百六十五里"。而图中所绘陇州至京兆府为大约6个方格,两者存在较大差异。但如上文所述,陇州与距离其最近的凤翔府的相对位置关系是正确的,因此凤翔府很可能是绘制陇州的基点。之所以没有将泾州作为基点,是因为从文献数据来看,凤翔府和陇州都位于泾州以南,难以处理;而从凤翔府与陇州的相对位置关系来看,陇州位于凤翔府以西,因此图中的绘制与文献资料的记载做到了尽可能的契合。此外,陇州与秦州(《太平寰宇记》的数据为陇州以西340里,但与《元丰九域志》的240里不合,怀疑后者传抄过程中出现了脱漏)相合,陇州可能是绘制秦州的基点;但与渭州(《元丰九域志》,陇州西北165里)在方位和距离上存在稍许差异。

原州:《太平寰宇记》记载"东南至长安五百四十里",但图中其与京兆府之间大致为对角线的东南向关系,不过存在少许偏差,图中其与京兆府之间的直线距离大约为6~7个方格,因此两者只能说大致相符。不过如上文所述,其与泾州的相对位置关系是正确的(《元和郡县图志》中记载两者之间的距离为320里,应当是错误的),且其与原州相比,更接近于京兆府,因此泾州作为绘制原州的基点的可能性较大。

庆州:《元和郡县志》"东南至上都五百七十里";《太平寰宇记》"东南至长安五百六十四里"。图中庆州并不位于与京兆府呈对角线的西北方向,存在稍许差异;两者距离大约为7个方格,也存在一些差异。此外,与泾州的相对位置是正确的(《元和郡县志》泾州条),与鄜州的相对位置也基本正确(东至鄜州390里);与灵州的相对位置存在稍许差异(西北至灵州640里,图中并不是准确的对角线,距离大致为7个方格);与宁州在方向和距离存在稍许差异(南至宁州120里);与延州、原州、盐州的相对位置存在极大差异。此外,其与环州的相对位置基本准确(西北至环州180里),而且其与京兆府的距离较环州近,因此庆州可能是绘制环州的基点。

宁州:《元和郡县图志》"东南至上都四百五十六里";《太平寰宇记》"东南至长安四百五十三里"。图中其基本位于京兆府对角线的西北方向,距离大约5个方格,两者基本相符。图中其与泾州的关系,只与《元和郡县志》泾州条中的记载相符。因此,以京兆府或泾州为基点绘制宁州的可能性都存在。与图中相比,其与坊州的位置（东至坊州 320 里），方向正确，但距离存在差异；其与邠州的位置（南至邠州 140 里），方向正确，但距离存在差异；其与庆州的位置（北至庆州 120 里），距离大体正确，但方向存在差异。

坊州：《太平寰宇记》"南至长安三百六十里"，与图中位置大体相符。虽然其位于耀州以北，但三部总志中并无其与耀州的位置关系数据，因此可以认为坊州应当是以京兆府为基点绘制的。其与同州（《元和郡县图志》东南至同州 250 里，《太平寰宇记》和《元丰九域志》分别为 275 里和 270 里）、鄜州（北至鄜州 150 里）、丹州（《元和郡县图志》东北至丹州 260 里）的位置关系都基本正确。可以推测，坊州可能是绘制鄜州和丹州的基点。

鄜州：《元和郡县图志》"东南至上都四百七十七里"；《太平寰宇记》"东南至长安五百里"。而图中鄜州绘制在京兆府正北微微偏东 5 个多方格的位置上，因此京兆府似乎不是绘制鄜州的基点。其与坊州、庆州、延州的位置基本相合，而坊州与京兆府的距离更近，此外其与丹州的关系为"东北至丹州一百一十里"（《太平寰宇记》、《元丰九域志》为 120 里），而图中其绘制于鄜州正东偏北 1 个方格多些的位置上。丹州这一位置的确定可能正是基于丹州位于坊州东北 260 里，鄜州位于坊州正北 150 里，丹州位于鄜州东北 110 里（120 里），这三者协调的结果。

丹州：《元和郡县图志》"西南至上都五百五十里"；《太平寰宇记》"西南至长安五百五十里"，与图中所绘方向和距离皆存在很大差异，其定位见上文"鄜州"条。此外，其与绥州（北至绥州 308 里）、延州（西北至延州 212 里）基本相合。

延州：《元和郡县图志》和《太平寰宇记》所记其与京兆府的方位和距离皆于图中不符。文献所记其与距离其最近的鄜州的距离、方位与图中皆相符，参见上文"鄜州"条。此外其与绥州的相对关系（西北至绥州【绥德城】330 里）与图中所绘（西北，大约 3.5 个方格）大致相合。

绥州：《元和郡县图志》和《太平寰宇记》所记其与京兆府的方位和距离皆于图中不符。其定位参见上文"丹州"和"延州"条，其绘制可能是以丹州为基点，并参考了与延州的相对方位。

银州：《元和郡县图志》和《太平寰宇记》所记其与京兆府的方位和距离皆于图中不符。图中其与距离最近，且与其相比距京兆府更近的绥州的相对位置关系，符合《太平寰宇记》的记载（"南至绥州一百六十里"），不符合《元和郡县图志》的记载（"东南至绥州一百六十里"），因此可以推测其应当是以绥州为基点，采用《太平寰宇记》的数据绘制的。

麟州：《元和郡县图志》和《太平寰宇记》所记其与京兆府的方位和距离皆于图中不符。图中其与距离最近，且与其相比距京兆府更近的银州的相对位置关系，符合《元和郡县图志》和《太平寰宇记》的记载（银州位于麟州西南 300 里），《元丰九域志》中将距离记载为180里,显误。因此,其应当是以银州为基点绘制的。

府州:《太平寰宇记》所记其与京兆府的方位和距离皆于图中不符。图中所绘与文献中所载与其距离最近的麟州的方位关系（麟州以西150里）相合,因此其应当是以麟州为基点绘制的。

丰州:只有《元丰九域志》记载了丰州的四至八到,其中"东南至本州界三里,自界首至府州一百二十一里";"西南至本州界二十五里,自界首至麟州一百一十五里",即其正位于府州西北向延伸对角线与麟州东北向对角线的汇合处,这与图中所绘完全一致。

胜州:距离胜州最近的当为新丰州,但是《元丰九域志》中没有胜州的材料,而《太平寰宇记》和《元和郡县图志》中所记丰州为旧丰州,因此可以用于绘图的是文献资料中记载的与其距离最近的府州和麟州的数据。《元和郡县志》"西南至麟州四百里",图中所绘方位一致,距离超过3.5个方格,两者基本相合,因此胜州应当是以麟州为基点绘制的。

环州:按照上文分析,其绘制基点应当为庆州,《元丰九域志》在"南至本州界一百二十五里,自界首至庆州五十五里";"东南至本州界六十五里,自界首至庆州一百五十里"。从图中所绘来看,其采用的是东南方向的数据,而没有采用正南方向距离较短的数据。

盐州:按照上文的分析,绘制盐州的基点很可能是环州和延州,《太平寰宇记》"东南至延州五百三十里";《元丰九域志》环州条:"东北至盐州三百七十五里。"图中延州与环州位于东西向水平的直线上,而从盐州所标位置来看,恰好位于延州、环州两点连成的水平直线上中分点垂直向上的直线偏西的位置,也就是距离环州的距离要比延州近。经计算,其与环州的距离大致为不到4个方格,与延州的距离为4.5个方格。因此,其与环州的距离与文献相符,与延州的距离存在一些差异,不过可以认为很可能是这两个数据协调的结果。

灵州:与灵州距离最近的为环州和盐州,《元和郡县志》"东南至盐州三百里";《元丰九域志》（环州）"西北至灵州四百六十五里"。这两条资料实际上是矛盾的,因为由此灵州位于盐州和环州的西北,在图上无法进行表示。但由于环州是绘制盐州的基点之一,因此在绘制时,以环州作为基点的可能性更高,从图上位置来看,灵州位于环州西北,距离为大约5个方格,与《元丰九域志》的记载大致相合。但如此绘制,盐州与灵州之间的方位和距离就与文献的记载存在差异。

宥州:唐代有新旧两座宥州,《元和郡县图志》记旧宥州"废宥州,在盐州东北三百里。在夏州西北三百里"。新宥州"东南至夏州三百二十里。西南至废宥州三百里。东至麟州六百里。西南至灵州六百五十里。东北至中受降城五百六十里。南至盐州六百里"。与地图相比，图中所绘应为旧宥州，新宥州应当更在其北侧。不过从图中所绘来看，其与"在盐州东北三百里"的记载相符，而不符合"在夏州西北三百里"的记载，因此可以推测其绘制应以盐州为基点。

夏州：距离其最近的应为宥州和银州，《元和郡县图志》载"东至银州一百八十里"，《元丰九域志》"东至银州二百里"，与图中距离大体相当，但方位不合。《元和郡县图志》"西南至盐州三百里"，与图中所绘方位和距离相去不远，也与《元丰九域志》所记"东南至绥州四百里"相去不远，可能是两者调和的结果。但完全不符合"南至延州三百八十三里"、"西至灵州五百五十里"的记载，因此可以认为绥州和盐州是绘制夏州的基础，而这两者与夏州的距离要比延州、灵州近很多。

故丰州：故丰州与其他各治所距离都很远，《元和郡县图志》中记载了三个数据："东至胜州五百三十里"；"西南至灵州九百里"；"东南至夏州七百五十里"。《太平寰宇记》的数据与此相同。图中所绘位置与三个数据无一完全相合，其中与夏州的距离大致相合，但方位只是正南偏东一些；图中与胜州的横向距离大约为6个多方格，直线距离大约为7个方格；与灵州的距离大约为10个方格，方向大体相当，稍偏西了大约1.5个方格。因此可以推测这一定位似乎是以与夏州的距离确定了南北向的间距，然后再协调灵州、夏州各自与故丰州的方位，以其与灵州的方位为基础稍向西偏，这样使得夏州没有位于故丰的正南，从而符合"东南"的记载，而且也使得距离胜州的距离不至于过远。

西受降城：《元和郡县图志》和《太平寰宇记》都记载为"东南渡河至丰州八十里"，与图中所绘相合。

天德军：《元和郡县图志》和《太平寰宇记》"西受降城"条记"正东微南至天德军一百八十里"，《元和郡县图志》又记"天德旧城，在西城正东微南一百八十里"，与图中所绘方位、距离都存在差异。但《元和郡县图志》又载："西南渡河至丰州一百六十里"，这与图中所绘大致相合，因此可以认为"故丰"是绘制西受降城和天德军的基点。

中受降城：距离中受降城最近的为天德军和东受降城。《元和郡县图志》和《太平寰宇记》记"东至东受降城三百里"，"西北至天德军二百里"，与地图相对，显然与文献中所记其与天德军的距离、方向是相符的，而与东受降城的方位、距离都存在一些差异，因此其绘制基点应为天德军。

东受降城：上文已确定其绘制当与中受降城无关，那么距离其最近的当为胜州，《太平寰宇记》记"西南渡河至胜州八里"，与地图相比，方位正确，距离不符，但镇江本《禹迹图》则将东受降城与胜州绘制的更为密近，而且《禹迹图》中没有用点标绘府州的具体位置，因此这一误差可能是绘制时造成的。

总体来看，汪前进所提出的"极坐标投影法"大致是成立的，但在具体绘图中有着以下更为细致的原因：（1）绘制某一治所时，如果其与京兆府之间存在其他治所，那么很多情况下会采用其中距离所绘治所最近的治所作为绘图时的基点，由此其在图中的位置往往会不符合与京兆府之间的位置数据；（2）绘图数据有时会综合某一治所的多个位置关系数据。

实际上，利用方志中的数据来绘制地图可能有着多种方式，不一定必须采用极坐标投影法，本人在授课时让学生在没有参看《禹迹图》的情况下，按照他们的思路的来用《元和郡县图志》中的数据绘制地图。第一组学生绘图时以长安为中心，逐条绘制，数据有矛盾时以方位数据为主，道里数据作为参考；第二组学生绘图时，标定的位置要符合大部分，或者至少一半以上的材料，此外东西南北的方位数据并不认为是正方向。从他们所绘两幅图来看，与《禹迹图》也大体相似。

（二）黄河与海岸线——以山东半岛为例

此外，利用上述三种全国总志也大致能绘制出《禹迹图》中的海岸线与黄河，因为篇幅的问题，这里仅以山东半岛为例进行说明，今后当另撰文叙述。

在具体分析之前，首先要需要明确绘图顺序，即应当先绘制海岸线和河流，还是先绘制各级治所。对于这一问题，文献中没有相关的直接记录，只是刘献廷在《广阳杂记》卷三中提及"紫廷欲作四渎入海图，取中原之地。暨诸水道，北起登莱，南至苏松，西极潼关为一图。苦无从着手。余为之用朱墨本界画法，以笔纵横为方格，每方百里，以府州县按里至填之。府州定而水道出矣"。[①] 按照刘献廷的方式，绘图的顺序应当是：首先，在纸上绘制出"计里画方"的方格线。其次，绘制府州县。最后，依据府州县绘制出水道。这种绘制顺序也符合中国古代文献中绘图数据的实际情况，因为无论是在全国总志，还是在地方志中，河流、海岸线都记载于府州县之下，因此理论上，在确定府州县的位置之后，将文献中所载河流、海岸线与府州县之间的道路距离数据，按照"计里画方"折算成图上距离后，按照所载的方向标绘在地图上，然后将这些点连在一起，经过一些曲度的修饰即可绘制出海岸线和河流。反之则不可行，主要是因为，海岸线和河流是一条线，即使在图上确定了海岸线和河流的起点和终点，但除了与府州县的距离之外，没有其他可以参考的绘图数据，也没有海岸线（河流）各段之间的距离和方位数据，因此脱离开府州县，无法绘制出海岸线与河流。因此在理论上，刘献廷的方法可能是中国古代绘制海岸线与河流唯一可行的办法。

就海岸线而言，利用《太平寰宇记》能大致绘制出与《禹迹图》相似的山东半岛的轮廓（参见表3）。

---

① 刘献廷：《广阳杂记》卷三，第158页。

表3　《太平寰宇记》中与山东半岛海岸线有关的材料

莱州	西至大海二十九里。北至海五十里。东南至海二百五十里。西北至海二十一里。
莱州	（莱州,掖县）海水,在县北五十二里。
莱州	即墨县,东南二百三十里。海,在县东四十三里。又在县南百里。
登州	东至文登县界大海四百九十里。
登州	西至大海四里,当中国往新罗、渤海大路。
登州	北至大海三里。
登州	黄县,西南五十三里。大海,在县北三里。
潍州	北至海一百二十里。
潍州	（潍州,北海县）海水,在县东北百二十里。

按照以上数据，以《禹迹图》上绘制的莱州、登州和潍州为基点，在以下位置标绘一些绘制山东半岛海岸线的基本点：

莱州以西 0.3、以北 0.5、东南 2.5、西北 0.2 个方格处分别标绘一点；在莱州东南 2.3 个方格处再东 0.4 个方格处标绘一点；在莱州东南 2.3 个方格处再南 1 个方格处标绘一点。

登州以东 5 个方格处标绘一点；登州以西、以北不远处各标一点；登州西南 0.5 个方格处标 1 点。

潍州以北 1.2、东北 1.2 个方格处各标一点。

然后将各点连接起来并进行一些修饰即可以绘制出半岛的形态，与《禹迹图》的山东半岛相比，两者在大致轮廓上是相似的，如莱州以西向内的凹陷，登州与莱州之间的凹陷、登州以北的凸出，当然也存在一些明显差异，如山东半岛的东部大致少了一个方格，没有体现出《禹迹图》中山东半岛南侧向内的凹陷，但多出了一个向南的凸起。需要提及的是，这里的复原没有使用任何方志材料，而绘制《禹迹图》时必然存在大量的图经和方志可以参考，因此可以在细节上进行更多的修饰，而且即使如此，本文的复原也可以说明仅仅使用方志材料就可以绘制出与《禹迹图》相似的山东半岛，完全不需要使用直线距离数据（参见图1）。

(三) 总结

通过上文分析可以看出，利用当时的总志中的材料，也就是道路距离和四至八到，即可以绘制出与《禹迹图》相似的地图。

此外就《禹迹图》的准确性而言，今天蓬莱市（也就是登州）距离山东半岛最东端的直线距离大约为 174 公里，而图中所绘的方格约为 6 个也就是大约 600 里，相当于今天的 324 公里（唐里约等于今天 540 米），两者差异极大，显然图中所用的数据不会是直线距离数据，而且也说明以往认为《禹迹图》的海岸线绘制得较为准确

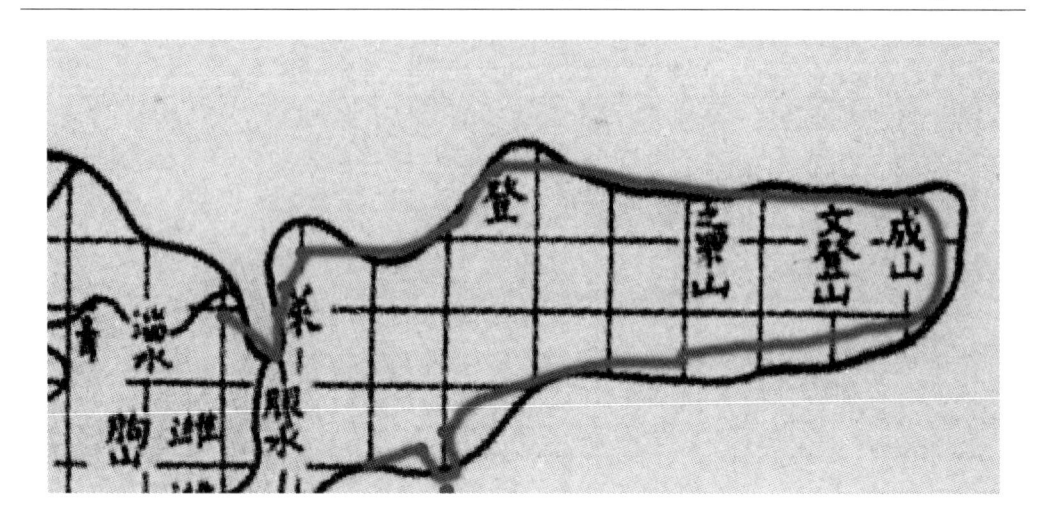

图 1　用《太平寰宇记》资料绘制出的山东半岛

是一种视觉上的错觉。

不仅如此，今天从西安至正北黄河的距离大约为 700 多公里（Google Earth 数据，下同），但在《禹迹图》中表示为大约 20 个方格，也就是大约 2000 里，约等于今天的 1080 公里；此外，从银州至灵州，今天的直线距离大约为 300 多公里，但《禹迹图》中表示为大约 9 个方格，也就是大约 900 里，相当于今天的 486 公里。这些数据之间差异很大，说明《禹迹图》在绘制政区时使用的也应当不是直线距离，而且证明了《禹迹图》对于政区的绘制也是不准确的。

五　《广舆图》的绘图数据和绘图方法以及《广舆图》影响力的来源

（一）《广舆图》的绘图数据和绘图方法

此外，本人还曾复原了《广舆图》的绘制数据。[①] 根据复原，可以证实《广舆图》与《禹迹图》相似，是以方志中记载的道路距离和四至八到为基础数据，按照极坐标投影的方法绘制的，同时也说明《广舆图》的绘制既没有经过大地测量，也没有使用裴秀的"制图六体"。

由于采用的是道路数据，以及模糊的方位数据（也就是四至八到），因此《广舆

---

① 成一农：《〈广舆图〉绘制方法及数据来源研究（一）》，《明史研究论丛》第 10 辑；成一农：《〈广舆图〉绘制方法及数据来源研究（二）》，《明史研究论丛》第 11 辑，待刊。

图》绘制得非常不准确,而且还存在不少错误,比如上文提到的顺天府的永清县,而且与一些之前的地图,如《杨子器跋舆地图》、《大明混一图》相比,实际上难以确定《广舆图》绘制的是否更为准确。

从使用的角度来看,《广舆图》的总图和各分幅图以及专题图中都没有绘制最具实用性的道路,至少从现代的角度想象不出该图的实用价值,大概只能用于了解大致的地理形势、府州县的分布以及某些山脉的大致位置、河流的走向,等等。换言之,其使用价值应该只局限于作为读史、读书的辅助,成为士大夫论述古今得失的工具,至多可以作为制定某些宏观政策的参考材料。这一猜测也得到《广舆图》一些序跋的证实,如罗洪先《广舆图序》"其后往来京师,从交友人,闻天下缓急大势,始知考次古今名人经略之迹,独恨于山川险易、郡邑联络,有不得尽闻者,则既无以即其形实以究其当时趋避取舍之所在,况得校论其失得哉!"又如韩君恩《刻广舆图叙》"观兹图,计里画方形实毕具,天下之象,尽是矣。随图纪载,方略备陈,天下之势,审是矣。按图以索,不必足迹遍天下也,一披阅之间,而四海、九州宛在目前,无烦搜罗尽古今也。一讨论之际,而经制绥驭如指掌上,经世君子执此以往如持左券,又焉往而不利哉。昔者,禹纪《禹贡》,后世之辨方者祖之;周公作《周礼》,天下之谈王道者准焉。要皆其书有切于世道,故世不可少如此。矧斯图,广大悉备,视《禹贡》为加详,简要详核比《周礼》尤明,尽独可少哉"。实际上,其绘制目的与《杨子器跋舆地图》跋文中所述"若京师、若省、若府州县、若卫、若所、若卫所之并居府州县者,若内外夷方之师化与宾界者,势同异其形。远近险易,一览可视,愿治者常在焉,则用人行政,谅能留意",并无二致。

因此,从使用的角度而言,《广舆图》没有必要绘制得非常精准,毕竟只是表现全国的大势而已,当然其所使用的数据也决定了其不可能绘制得十分精准。在《广舆图》的一些序跋中虽然对其"计里画方"的绘图方法给予很高的评价,但并没有强调由此带来的细节上的"精准",而强调的是由此可以清晰、准确地表现天下大势,如霍冀撰《广舆图叙》中"天下虽大,指掌千里,经纬之迹,若是乎具在是也。君子曰:是图也,其义有四焉。其一,计里画方也。计里画方者,所以较远量迩,经延纬袤,区别域聚,分析疏数,河山绣错,疆里井分,如鸟丽网而其目自张,如棋布局而卦自列,虽有沿革转相易移,而犬牙所会,交统互制,天下之势,尽是矣"。而且,后世以《广舆图》为基础绘制的很多地图并没有在意该图的准确性,而是随意地进行变形、修改,如明新安朱绍本、吴学俨、朱国达、朱国干等编制的《地图综要》,虽然以《广舆图》为基础,但是从总体绘制技术来看,则较比《广舆图》粗糙。以《天下舆地分里总图》和《广舆图》的《舆地总图》相较,虽然都是"每方五百里",但不仅海岸线失真较大,而且河流的走势也有失真,尤其是西南地区的河流,地名的标绘也不准确。由此来看,《地图综要》与《广舆图》只是形似而已,作者并没有刻意地去遵从《广舆图》的"准确"。甚至《广舆图》一些后期版本也是如此,如嘉靖四十三年(1564)吴季源刊本,就将《舆地总图》中画方的纵线和横线任意减少了一半,但仍注为"每方五百里"。显然,《广舆图》的准确性,并不是他们所真正在意的。即使是后来影响较大、评价较高的万历本《广舆图》也不是对嘉靖本的"复制"(增加了表示城市位置的符号),某些局部存在明显差异,如福建部分,福州(图中标为福建)与兴化府以及泉州的相对位置,泉州与漳州的相对位置。

此外,根据上文分析,罗洪先在《大明广舆图序》中对朱思本《舆地图》的评价,即"偶得元人朱思本图,其图有计里画方之法,而形实自是可据,从而分合,东西相俟,不至背舛",实际上阐释的也是该图总体上的准确,而不是具体细节绘制得非常"精准"。

(二)《广舆图》影响力的来源

那么,为什么《广舆图》在当时具有如此大的影响力,并且后世产生了大量以此为基础绘制的地图呢?原因可能有两点:

第一,使用了"计里画方"的绘制方法,因此便于距离的测量,当然其测量的应当是道路距离。

第二,与之前各种地图不同,《广舆图》是刻版印刷的,可以大量出版,而且翻刻也比较便利,因此易于传播,由此使其具有之前其他舆图无法比拟的影响力。实际上,我们还可以找到一些这样的例子,比如:

《大元混一图》出自南宋陈元靓所撰《新编纂图增类群书类要事林广记》,《大元混一图》是其中所收录的十二幅地图之一,但肯定不会是南宋编纂时所收录的,按照《事林广记》日本元禄十二年(1699)翻刻的元泰定二年(1325)本(应当是现存最早的版本)来看,原名应为《华夷一统图》。此后这幅地图不仅出现在《事林广记》的各种版本中,还出现在《新编事文类聚翰墨大全》中。

宋代的《历代地理指掌图》,这一图集的绘制目的,主要是为读史所用,这在作者自序中体现得非常清楚,即"古今舆地,披图了然,如亲履而目见之,庶乎可以不出户而知天下"①。后人也有相似看法,如宁宗时人费衮在《梁溪漫志》中记:"今世所传《地里指掌图》,不知何人所作,其考究精详,诠次有法,上下数千百年,一览而尽,非博学洽闻者不能为,自足以传远。"② 当然,从传统地图的研究视角来看,

---

① 宋本的自序为苏轼所作,北京大学图书馆藏明刻本的自序则为税安礼,既然目前已经认定该书为税安礼所著,那么这一自序当归于税安礼。

② (宋)费衮:《梁溪漫志》卷六,文渊阁《四库全书》本。

这幅图集中的地图显然绘制得极不准确，但该图在明清时期影响力是较大的，很多历史著作中都有所提及，如在关于《春秋》的各种注疏中多次引用到《指掌图》，只要检索一下《四库全书》即可以得出这一结论。

而且与上文分析的《禹迹图》同时代的《华夷图》，其与《历代地理指掌图》中的《古今华夷区域总要图》有着密切关系，大致有两种可能：一是两者虽无直接的继承或者参考关系，但都来源于相同的祖本；二是，《华夷图》可能源自我们今天所见《古今华夷区域总要图》（或者《历代地理指掌图》）更早的一个版本（可能是谭其骧等说的初刊本，也可能是更早的税安礼的未刊本），在这一更早的版本中"陵井监"尚未改为"仙井监"。两者之中，后者的可能性较大。

与《禹迹图》相比，以往认为绘制不准确的《华夷图》反而在南宋的影响力较大，如《玉海》卷九一记："乾道元年七月癸丑晚，御选德殿。御坐后有金漆大屏，分画诸道，各列监司、郡守为两行，以黄签标识职位、姓名。上指示洪适等曰：朕新作此屏，其背是《华夷图》，甚便观览。卿等于都堂亦可依此。"① 这一记载还有一旁证：《鹤林集》卷一九"论中原机会不可易言乞先内修政事札子"中记"孝宗思其难不惟其易，躬其劳不于其逸，故置恢复局，览《华夷图》，建国用使，开都督府……"② 可见《华夷图》在当时处理国家政务中也是一种参考资料。

该图还是当时士大夫了解天下大势、地理形势的辅助，如李纲在《梁溪集》卷二十四"次雷州"一诗中记"《华夷图》上看雷州，万里孤城据海陬。萍迹飘流遽如许，骚辞拟赋畔牢愁。沧溟浩荡烟云晓，鼓角凄悲风露秋。莫笑炎荒地迢僻，万安更在海南头"。③《朱子语类》记"先生谓张倅云：向于某人家看《华夷图》，因指某水云，此水将有入淮之势。其人曰：今其势已自如此。先生因言河本东流入海，后来北流，当时亦有填河之议，今乃向南流矣"。④ 此外《鹤林玉露》卷三中记"（赵）季仁因言：朱文公每经行处，闻有佳山水，虽迂途数十里，必往游焉……又尝欲以木作《华夷图》，刻山水凹凸之势，合木八片为之，以雌雄笋相入，可以折度，一人之力足以负之。每出则以自随，后竟未能成。"⑤

虽然两者影响力的差异并不能完全归结于《华夷图》及其祖本是刻板大量印刷的，但也不失为一旁证。

---

① ［宋］王应麟：《玉海》卷九一"器用·屏障"，江苏古籍出版社、上海书店，1987，第1662页。
② ［宋］吴泳：《鹤林集》卷一九，文渊阁《四库全书》本。
③ ［宋］李纲：《梁溪集》卷二四，文渊阁《四库全书》本。
④ 《朱子语类》卷二"理气下天地下"，文渊阁《四库全书》本。
⑤ ［宋］罗大经：《鹤林玉露》卷三，文渊阁《四库全书》本。

总体而言，《广舆图》在明末以及清代前中期的影响力，并不完全源于其绘制得准确，而很可能来源于它的形式，即刻版。

六 对康雍乾时期大地测量与地图绘制影响力的评价

在分析这一问题之前，先介绍一下利玛窦绘制的世界地图的影响力，关于这一点黄时鉴和龚缨晏有着细致的研究，[①] 余定国在《中国地图学史》中也有着相似的看法。总体而言，以利玛窦为代表的耶稣会士传入的地图，虽然采用了更为准确的绘制方法，确实扩大了中国传统"天下图"的绘制范围，但是并没有对中国地图的绘制产生太大的影响。

康雍乾时期利用传教士，采用西方绘图技术绘制了在当时而言非常准确的一系列地图（即《康熙内府舆图》、《雍正十三排图》和《乾隆皇舆全览图》），但从各种迹象来看，这批地图对中国传统地图的绘制并没有产生太大的影响，关于这方面余定国已经进行了一些论述，[②] 本人在其基础上补充几点论据：

首先，在绘制这些舆图的同时，清朝日常事务中使用的依然是传统绘图方法绘制的地图，只要翻阅各藏图机构所藏这一时期绘制的大量河工图、城市图、行宫图等即可明了。甚至清道光十二年（1832）董方立、李兆洛依据这批测绘地图编绘的《皇朝一统舆地全图》大量发行之后，这种情况依然没有太大改变。

其次，当时的很多学者，包括一些绘图者实际上对于经纬度的概念并不了解。如《皇朝一统舆地全图》同时使用了经纬网与方里网，其原因李兆洛在例言中记为："原图依《内府》，以天度经纬分划，天上一度当地上二百里，然纬度无赢缩，而经度自赤道迤北以次渐窄，则里数不可凭准……今依《灵台仪象志》实测，通南北画为每方百里，以取计里之便，而以虚线存天度之经纬，使测天者仍可依傍，其纬度则每度分为二，以应地上百里……"由此来看，他其实对经纬度的概念并不完全理解，反而认为计里画方更为实用，但实际上两者完全基于对大地平面的不同认识，是全然无法套叠的。实际上这一问题早在《雍正十排图》中就已经出现，《雍正十排图》主要基于《康熙内府舆图》，后者主要采用"正弦曲线等面积伪圆柱投影"，图中的经纬网为斜交，但《雍正十排图》的一些版本中则将经纬线改成直角相交的方格网，显示出当时对于经纬网和投影的认识非常模糊。

---

① 黄时鉴、龚缨晏：《利玛窦世界地图研究》，上海古籍出版社，2004。
② 余定国著《中国地图学史》"译者序"，姜道章译，第199页。

最后，清末光绪年间绘制《会典》图时首先遇到的一个问题就是缺乏专业的测绘和绘图人员，[①] 如果康雍乾时期的地图对此后中国古代地图的绘制有着巨大影响力的话，就不应当出现这样的问题。而且需要说明的是，当时要求各省实施经纬度测量和地形测量，并且要求各省图在可能的情况下使用圆锥投影，但后来虽然各省确实测量了一些经纬度，不过很不精确，至于圆锥投影，只有广东省在图集前加了一幅圆锥投影总图，甘肃在图集之外另绘一圆锥投影的《经纬度总图》，其他各省仍然是计里画方法再加上几条经线而已。这一情况实际上反映了直至《光绪会典舆图》绘制完成之时，经纬度的测量依然很不普遍。

综上而言，康雍乾时期的地图测绘虽然成果丰硕，但对于中国古代的地图绘制并没有产生巨大的影响力。这其实是一个非常值得思考的问题，请参见结论部分。

七　中国古代日常主要使用的地图类型

上文分析了《禹迹图》和《华夷图》的绘图数据和绘图方法，大体而言，两者肯定是不准确的，而且绘图者也应当知道这样绘制出来的地图不准确，但也许这也是当时绘图者所能采用的最好的绘图数据和绘图方法了，所以从这个层面上讲，这样的地图也具有一定的追求"准确"的意味，或者体现了绘图者对于"准确"的努力，只是这种绘图方法，似乎直至康雍乾时期甚至之后依然没有什么改进（关于对康雍乾时期绘制的《皇舆全览图》影响力的评价，参见上文），或者说似乎当时大多数人已经对此满足了。不过要记住的是，这种绘图方法至少自宋代以来使用将近千年的时间，因此如果将中国古代地图的这段历史描述为一种"发展史"显然过于勉强了。

不过真正的问题并不在这里，问题在于从现存明清地图来看，即使这样的勉强可以认为是对于"准确性"有所追求的地图似乎也不占据主流，这一点只要翻阅近年来出版的各种图录，如李孝聪《欧洲收藏部分中文古地图叙录》、[②]《美国国会图书馆

---

① 对此参见中国第一历史档案馆《光绪朝各省绘呈〈会典·舆图〉史料》，《历史档案》2003年第2期。其中如光绪十六年（1890）十二月《盛京将军裕禄等为请奉天测绘舆图展限事片》中记"而开方计里，尤须算学深通，奉省官绅中素日究心地理、精于测绘者实难其选"；光绪十七年1891二月二十三日《广西巡抚马丕瑶为请广西测绘舆图展限事片》："无如边省地方究心地理兼精测绘者实不易得，即访有一二稍通测绘之人，又因沿边竖界紧要，派往绘画，势难兼顾"；光绪十七年八月二十六日《江西巡抚德馨为请江西测绘舆图展限事片》："且有就志书旧图照样绘画，不知计里开方者沿讹袭谬，舛错殊多。推原其故，盖因舆地乃专门之学，又须兼通算法，一时遴访难得其人"；光绪十七年十二月二十六日《湖广总督张之洞等为请湖北测绘舆图展限事奏折》："惟州县谙悉舆地之学者甚少，又无测绘仪器，以故茫然无从下手"；光绪十九年（1892）八月二十日《安徽巡抚沈秉成为请测绘安徽舆图展限事片》："安徽本省亦少熟谙地理兼工测算之人堪以胜任其事。"

② 李孝聪：《欧洲收藏部分中文古地图叙录》，国际文化出版公司，1996。

藏中文古地图叙录》、① 北京图书馆善本特藏部舆图组编《舆图要录》,② 曹婉如主编的 3 卷本《中国古代地图集》,③ 以及以大连市图书馆所藏舆图为主的《中国古地图精选》;④ 阎平、孙果清等编著的《中华古地图集珍》;⑤《中国古地图珍品选集》;⑥ 郑锡煌主编的《中国古代地图集·城市地图》⑦ 等即可得出这样的印象。

就各种实用性的专题图而言,其中大部分似乎并不讲求绘制得精准。大部分黄河图、运河图采用长卷的形式,因此并没有统一的正方向,方向随时发生着变化。如收藏在浙江省博物馆的《京杭道里图》,绢本彩绘,绘制于清乾隆十六年(1751),表现的则为康熙时期的地理景观。该图采用了中国古代传统的立体象形符号表示与鸟瞰式形象画法,描绘了从北京到杭州的大运河沿途城市、山脉、河流、桥梁、村庄等地理景观。图幅纵 79 厘米,横 2050 厘米,也就是长卷的形式,从这一形式来看,这一地图肯定不具有统一的方向。

而在明清时期广为流行的海防图、航海图、驿铺图,其中大部分也都是长卷形式的,也没有统一的正方向,如对明清时期海防图的绘制产生重要影响的郑若曾的《筹海图编》,全书共有文字 20 余万,其中有图 114 幅,一般采用文随图的方式,图文并茂,叙说详尽。所绘地图上方为海,下方为陆,不画方,没有固定方位。

再如,台北故宫收藏的明代的四幅驿铺图,即《太原至甘肃驿铺图》、《岳州至龙州驿铺图》、《南京至甘肃驿铺图》和《四川省四路关驿图》,根据考订这四幅驿铺图应当是兵部绘制的,具有很强的实用性,但这四幅地图都是长卷式的,没有统一的正方向。

因此,仅就方向这点而言,这些地图就已经不符合所谓"科学"和"准确"了,因为由于全图没有正方向,也必然使得大多数地理要素之间难以保持正确的方位关系。需要说明的是,这一问题当时的绘图者必然是知道的,但显然他们没有在意。

某些专题图,如河工图、城市图、道里图、园林图中标出了正方向,但在所有这些图中至今未曾发现一幅标出了比例尺或者能用来在图中测出距离的标识。在这里可

---

① 李孝聪:《美国国会图书馆藏中文古地图叙录》,文物出版社,2004。
② 北京图书馆善本特藏部舆图组编《舆图要录》,北京图书馆出版社,1997。
③ 曹婉如主编《中国古代地图集(战国—元)》,文物出版社,1990;曹婉如主编《中国古代地图集(明代)》,文物出版社,1994;曹婉如主编《中国古代地图集(清代)》,文物出版社,1997。
④ 刘镇伟主编《中国古地图精选》,中国世界语出版社,1995。
⑤ 阎平、孙果清等编著《中华古地图集珍》,西安地图出版社,1995。该书除了图录之外,还对中国古代地图发展史进行了梳理。
⑥ 俞沧主编《中国古地图珍品选集》,哈尔滨地图出版社,1998,收录了从公元前 475 年至 1911 年的各类地图 166 幅。
⑦ 郑锡煌主编《中国古代城市地图集》,西安地图出版社,2005。收录了大量城市舆图,并在图录之后附有多篇具有学术价值的研究论文。

以假设，如果中国古代这些具有很强实用性的地图是基于测绘资料，用某种追求准确性的方法绘制成图的，那么就不可能出现上述情况，因为如果不标出比例尺的话，地图使用者就无法从地图准确性出发来获得所需要的距离数据，那么实测也就失去了意义，因此这也再次旁证了准确性并不是中国地图绘制所追求的主要目标，而且也没有经过现代意义的测绘。从这一点而言，以往对于某些古代地图比例尺的测算也是毫无意义的。

此外，还有地图符号，确实在现在看到的一些明清舆图中出现了使用一些符号来表示某些地理要素的情况，甚至《广舆图》和《杨子器跋舆地图》中已经类似于今天的地图，将使用符号直接单独列出。但在绘图时使用符号似乎并不能说明什么问题，自绘画诞生之初，这种情况就已经存在，甚至在今天儿童绘画中也能看到这样的情况。退一步讲，符号的使用自秦末放马滩地图即已经出现，但直至清末我们依然看不出有什么本质的变化，《广舆图》和《杨子器跋舆地图》中类似于今天地图图例的符号，一直没有普及，因此似乎谈不上什么"发展"，也难以说存在朝向"科学"的地图绘制方法的发展。

总体而言，上文分析的使用道路距离和四至八到作为绘图数据的《禹迹图》和《广舆图》在中国古代地图中依然是少有的情况，中国古代的大部分地图都是示意图并配以相应的说明文字，也就是以"图像＋文字"作为表现方法（但这并不等于说"图像＋文字"就是中国古代的地图），当然也许绘制时也会参考道路距离和方位数据，但并不一定要在图中表示得非常准确，这也许才是中国古代地图的主流。

在这里还需要回答韩昭庆引自海野一隆的观点，即地图流传过程中"多系并存"和"精亡粗存"的问题。

"多系并存"肯定是正确的，但问题在于对于中国古代地图而言，"多系"中的哪一系占据主导，从上文的分析来看，至少不能说那种追求地图绘制准确性的"系"是中国古代地图的主流，很可能那种形象、示意并配以大量文字说明的地图才是中国古代地图的主流。

"精亡粗存"本身也并无问题，但问题在于什么是"精"的地图，其实海野一隆也并没有将"精"的地图定义为是绘制准确的地图，他只是说是"大型而又精细的地图"，也就是图幅很大、绘制内容详细、绘制精美的地图。从现在保留下来的地图来看，民间广为流传的确实是那些绘制内容简单或者易于复制的地图，其实由此也就可以理解刻本地图影响力为什么会那么大了。现在国家图书馆和台北博物院收藏的一些源自清代内廷的地图，图幅巨大、绘制极为精美，如著名的《大明混一图》，如实复制确实难度极大，流传肯定不广。因此"精亡粗存"并不能用来证明（其实也仅仅是旁证）中国古代可能存在大量绘制准确的地图。

八 结论——应当重新构建的中国地图史

上面的分析,首先认为以往作为科学、准确的中国古代地图学史的基础的"制图六体"在中国地图的绘制中并没有太大的影响力;其次提出单纯的"计里画方"并不能代表地图的准确性,也不能使得地图变得准确;再次,在汪前进的基础上,实证了某些中国古代全国总图的绘制数据基本是以全国总志和地方志中所记录的道路距离和方向数据为主,而且以往认为是中国古代地图准确性代表的《禹迹图》和《广舆图》都是用这类数据绘制的,并分析了《广舆图》的影响力并不一定来源自其绘制的准确;再次,通过分析认为,绘制准确的利玛窦世界地图和康雍乾时期的地图实际上对中国地图绘制的影响力并不大;最后,提出那些示意性质的,配以文字的地图才是中国地图的主流。由此我们可以认为,中国古代地图的主流实际上并不在乎绘制的准确性。由此,以往构建中国地图发展史的基础,即"准确"、"科学"都是难以成立的,基于这种基础构建的中国地图学史远远偏离于中国古代地图学史的实际情况。

而且,以往这种以科学、准确为基础构建的地图学史本身也存在很多难以解释的问题,如:

第一,自裴秀"制图六体"之后,中国的地图学理论在近1300多年的时间内没有太大的发展,这是不可思议的。当然,这也是李约瑟《中国科学技术史》所带来的"李约瑟"问题。在寻找这一问题的答案过程中,我们更应当思考,作为这一问题来源的我们所构建的整个地图史(科技史)本身是否存在根本性的问题。

第二,中国古代确实掌握了可以使得地图准确的测绘方法,而且无论是利玛窦,还是清代康雍乾时期在外国传教士协助下进行的大地测量,都将先进的测绘方法传入中国,但它们的影响力又逐渐消散。如果中国古代地图史是追求"科学"、"准确"的话,那么就不应当存在这一现象。

第三,更为有趣的是,与现在看起来更为"精准"的地图存在的同时,那些"不精准"的地图依然广为流传。仅就这点而言,我们就不得不考虑中国古人绘制地图的目的是什么,以及在他们心目中地图实现使用目的所应采用的技术手段是什么了?显然,"准确"、"科学"并不是这两个问题的唯一答案。

此外还有"发展史",这也是需要讨论的问题,"发展史"的含义是:研究对象在选取的某种标准之下是不断进步的。就以往构建的地图学史而言,其选取的标准是"科学"或者"准确性",不过从上面的分析来看,很难说中国古代地图在目前有现存地图可以研究的一千年中存在什么根本性的进步,也就是说难以构成一种"发展史"。

其实所有问题的核心在于以下三点：

第一，如何定义"地图"。以往的研究，包括现在大多数中国古代地图的研究者大都习惯在研究中使用现代地图的定义，但这种定义，也就是用比例尺、符号这种代表准确性或者数学、量化的表达方式来界定地图，实际上是用地图的一种表现形式来界定地图，而不是用地图的内涵来界定地图，从出发点上就错了，这也是现在教科书中地图定义的最大问题。地图应当是人与地理环境互动的结果，当然具体的定义还需要讨论。

第二，地图是对地理环境的客观反映，还是主观认识。以往的研究通常认为地图是对地理环境的客观反映（用数学和计量方式），但实际上地图应当是对地理环境的主观认识，即使现代地图依然是主观认识的结果而不是客观反映。除非是摄像，绘制地图总要选择在地图上绘制的内容，同时放弃大量不需要绘制的内容，这种选择显然就带有了主观色彩。即使近年兴起的 Google Earth，看似是使用卫星影像构成的地图，但不同缩放比例下优先选择表现的内容，以及最大比例下用文字标识的内容，实际上都是绘图者或者使用者主观选择的结果。就这一点而言现代地图与中国古代地图只是程度上的差异而已。

第三，绘制地图的目的是什么。这是一个非常简单的问题，答案应当就是——使用。显然，"使用"与"准确"之间不能画等号。只要能满足使用的要求，准确与否是次要的问题。结合第二点，那么在不同的使用目的之下，认识"客观世界"并描绘出来的方式也就不同，不同的使用目的下对于"准确与否"的要求也就千差万别。

理解了上述三点，实际上也就理解了以往构建的中国地图学史中存在的根本问题，也就完成了对过去建构的中国地图学史的解构。在解构之后，我们当然需要重新构建一种或多种中国古代的地图学史，同时构建的这些"地图学史"是否是"发展史"，主要取决于我们能否确定一种正确的"标准"。

〔作者成一农，1974年生，中国社会科学院历史研究所副研究员〕

收稿日期：2013年3月1日

古代乡村聚落形态研究的
理路与方法

鲁西奇

一 中国古代乡村聚落形态研究的两种理路

历史学领域对中国古代乡村聚落形态的关注与研究，主要有两种理路：一是从日本东洋史学界关于"都市国家"或"邑制国家"的理论预设出发，主要对先秦至魏晋南北朝时期特别是秦汉时期乡村聚落形态的考察，着眼点是古代中国是否存在着由以"城居"为代表的集聚居住方式向以"散村"为代表的分散居住方式的演化；二是从所谓"村落共同体"的理论预设出发，主要是对明清以来乡村聚落形态的分析，着眼点是传统中国乡村是否存在相对自治的"村落共同体"。这两种研究理路从不同的理论预设出发，对具体问题展开讨论，所涉及的历史时段，前者侧重于先秦至魏晋南北朝时期特别是秦汉时期；后者侧重于宋元明清民国时期，特别是晚清民国以来。

第一种研究理路，大致可追溯到20世纪50年代甚至第二次世界大战以前。50年代，学者宫崎市定相继发表《中国上古时代是封建制还是都市国家?》、《关于中国聚落形体的变迁》、《中国村制的成立——古代帝国崩坏的一面》等论文，系统提出所谓"都市国家"的假说，认为应把商周至汉代的历史，"看做是都市国家的成长、发展和解体的过程"，其中殷商至春秋是所谓"由城市形成国家"的时期，战国到西汉前期是"多数大城市发展的时代"，同时也是都市国家解体、领土国家形成并解体以及古代帝国形成的时期。[①] 宫崎市定概括说："都市国家本来是独立自治的团体；

---

① 〔日〕宫崎市定：《中国上代は封建制か都市国家か》，《史林》第33卷第2期，1950。后收入氏著《アヅア研究》第三卷，同朋舍，1970，第139~154页；《关于中国聚落形体的变迁》，参见刘俊文主编《日本学者研究中国史论著选译》第3卷，中华书局，1993，第1~29页；《中国村制的成立——古代帝国崩坏的一面》，参见中国科学院历史研究所翻译组译《宫崎市定论文选集》上卷，商务印书馆，1963，第33~54页。"都市国家"说得到贝塚茂树、宇都宫清吉、增渊龙夫、伊藤道治等学者的赞同和补充论证，虽然其具体表述和论点不尽相同。请参阅江村治树《古代城市社会》，参见佐竹靖彦主编《殷周秦汉史学的基本问题》，中华书局，2008，第20~47页。

中国古代实际上存在的很多都市国家逐渐被兼并，过渡到战国时代的领土国家，后来这些领土国家也解体了，出现了秦汉古代帝国的大统一；可是古代都市国家的遗制到汉代还残存着，形成了汉代社会的特点。"① 在这一论说体系中，研究的重心当然是城市（邑、国等都市），讨论的核心问题是邑、国居住人群的构成、结构与功能、性质及其演变等，指向则是中国古代国家的性质。但是，"都市国家的成长，必须以高度发达的集村型聚落形体为前提"。所以，在《关于中国聚落形体的变迁》一文中，宫崎乃着意论证"中国古代社会乃是极端集中的聚落形态"这一观点，以说明以农民为主体的农业都市是古代都市国家的基础。由于受到资料限制，他主要立足于汉魏六朝的文献记载，从作为"古代都市遗制"的汉代聚落，去推知更古时代的聚落情形，认为在汉代，"不论是亭是乡，还是乡以上的县，都是指的一个个的聚落而言，本来是古代都市国家的遗制。虽然失去了政治上的独立，但外形直到汉代还保留着；它周围环以城郭，是稠密的聚落，很多的农民住在里面，只有烧炭的和渔夫是例外，人民很少住在城外的。城里也是依道路划分为几个区域，一区就是一里，大致以百户人家为标准。所谓县、乡、亭，都不外是包括若干个里的城郭都市，虽有大小之差，但差别是很有限的"。他进而推测：汉代以前的"里"，并不是自然村落，而"是城里的一个区域，像唐代城里的坊那样，周围环以墙垣，里中的人民只能从被指定的里门出入"。"古代的里制具有很强的自治的意义。里中的父老居于指导的地位。"② 这样，宫崎就描述了古代中国以农民为主体的各色人群大都居于有围墙环绕的、大小不一的各种"都市"之中的图景。

不仅如此，宫崎还进一步论证说：在汉帝国的崩溃过程中，农民由于各种各样的契机离开了城郭，在远离城郭的乡野里形成了新的聚落——临时性的坞与永久性的村（邨），"在整个中国，过去的小型城郭渐渐为人民所抛弃，终于成为后世方志中所载记的故城，代之而起的则是各地更小的散村。这种村落的保护者往往是豪族，不过以同姓同族聚居而互相扶助者居多"。③ 这样，宫崎就构建了一个汉魏南北朝时期农村从古代城市中离析出来并逐步成长、乡村居住形态从以县、乡、亭、里城郭为中心的"城居"逐步过渡到主要表现为"散村"形态的分散居住的一整套阐释体系。与此同时，曾经主要是农业城市的古代城市，在后汉至六朝时期，作为政治、军事与工商业城市的性质浓厚起来，特别是到了"五胡"统

---

① 〔日〕宫崎市定：《中国村制的成立——古代帝国崩坏的一面》，参见《宫崎市定论文选集》上卷，第 33～54 页；引文见第 33 页。
② 〔日〕宫崎市定：《中国村制的成立——古代帝国崩坏的一面》，参见《宫崎市定论文选集》上卷，第 33～54 页；引文见第 34、36 页。
③ 〔日〕宫崎市定：《关于中国聚落形体的变迁》，参见《日本学者研究中国史论著选译》第 3 卷，第 25 页。

治的时代，在重要的城市里配置了游牧族的军士，其军事性质乃更趋加强。这样，遂形成"作为行政治所、并拥有较大数量人口的城郭都市，与脱离城市而散布于田野的村落"之间的对立。①

应当承认，日本学者关于先秦至汉魏六朝时期乡村聚落形态的研究，无论具体观点如何，基本上都是从"都市国家"论这一假说出发的；反对其说者也多从聚落的形态入手，讨论先秦至秦汉时代的乡村聚落，究竟是如宫崎市定所说的那样以居于围墙之内的农业都市为主，还是以主要被称为"里"、具有民间共同体性质的自然集落为主。②当然，在研究过程中，不同的学者从不同角度不断地丰富这一论说的具体内容，增加了社会控制、地域社会等考量指标，或受到"村落共同体"理论的影响，更着意于从聚落形态方面探究乡村聚落内在的自律性和自治传统，由此又与传统中国乡村聚落的实质究竟是"自然村"还是"行政村"的讨论结合在一起。中国学者的讨论，无论其出发点如何，也都或多或少地受到这些论点的影响。如侯旭东先生在综论先秦至两汉时期乡村聚落的变化过程时说："自先秦至秦汉，百姓居住场所经历了由集中在封闭有围墙的聚落（城居）到逐渐以城居与生活在无围墙聚落（散居）并存的变化。早先这种有围墙有门定时开闭的封闭聚落多位于规模较大的城邑内，出现乡里编制后，这种聚落则成为'里'。""至晚从战国末年开始就已出现了百姓脱离封闭聚落，另找居所的现象"，就形成了一些没有封闭围墙的、分散的聚落，并不断增加。而"这些散居聚落尽管是自发形成的，拥有自己的名称，却也不会脱离官府的控制，亦应被编入'乡里'体系而隶属于'某乡'，且具有'某某里'的称呼"。③他所描述的，实际上也是中国古代乡村聚落存在一个由封闭的"城居"向分散的"散居"演变的过程。而邢义田先生则强调："秦汉农村聚落内空间布局形态非一，不像文献中描述的那样整齐划一。""城邑中的里经过规划，格局较为整齐一致；乡野农村即使纳入里的编制，其分布与内部布局仍然更近乎随水土之宜而存

---

① 〔日〕宫崎市定：《六朝时代华北の都市》，参见所著《アジア论考》卷中，朝日新闻社，1976，第103~128页。
② 对宫崎的主张提出系统批评的，应以池田雄一为代表。他在《中国古代の聚落形态》、《中国古代の"都市"と农村》、《汉代の里と自然村》、《马王堆出土〈地形图〉の聚落》等系列文章（并收入氏著《中国古代の聚落と地方行政》，汲古书院，2002，第65~156页）中，对宫崎说提出了系统批评，认为秦汉及其以前的"里"主要是自然村落，没有或较少有土垣围绕，规模也不甚大，基本可视为散村。〔日〕堀敏一强调秦汉时代的"里"在性质上是行政村，但是在自然村的基础上设定的，实际上也是不同意宫崎的论点。参见堀敏一《中国古代の里》，参见氏著《中国古代の家と集落》，岩波书店，1996，第155~207页。
③ 侯旭东：《北朝的村落》，见氏著《北朝村民的生活世界——朝廷、州县与村里》，商务印书馆，2005，第26~59页，引文见第42~44页。另请参阅侯旭东《汉魏六朝的自然聚落——兼论"邨"、"村"关系与"村"的通称化》，参见黄宽重主编《中国史新论：基层社会分册》，台北联经出版事业股份有限公司，2009，第127~182页。

在的农业聚落。"他说:"从春秋战国以来,列国统治者为了更有效掌握人力物力资源,一个总的大趋势是将本来行于'国'中的乡里制,透过分层负责的郡县统治体系,逐渐推行到国外之'野',终于模糊了国、野的界线。"① 这里暗示,在秦汉之前,在围墙围绕的邑、国之外,还存在众多分布于"野"的散居聚落,乡里制本仅行于"国"中,后来才推广到"野"。

第二种研究理路,应当追溯到20世纪三四十年代以来日本学者关于传统中国"村落共同体"的讨论。众所周知,日本近世的村社,一般拥有相对独立的自治传统:村民共有的山林、湖泽、水利设施等皆属村社所有,村民在一些重要生产活动中互相协作甚至共同组织生产活动,有共同的祭祀(社);村中一般设有庄屋、组头和百姓代,负责村落事务并充当村与领主交涉的带头人,村中各户的户主组成的议事机构"寄合"是村社最高的权力机关。这样的村社就是一种高度自治的社会实体,即"村落共同体"。② 村落既然是一种具有机能的社会组织,在村落形态与空间布局等方面势必有相应的体现。因此,在探讨村落经济与社会结构时,就必然会涉及其形态与空间结构的分析,其中的核心问题有二:一是集村状态下,村落的布局特别是公共设施在村落中的位置;二是散村状态下,"村落共同体"是否存在,以及如果存在,包括若干散村的"村落共同体"是如何形成并运作的。因此,日本学者有关村落形态的研究,基本上是立足于村落社会经济生活及其结构的,一般将村落的空间结构视为其经济社会结构在地理空间与形态上的表现。

因此,当20世纪上半叶日本学者开展中国传统乡村社会经济的研究时,自然而然地就把日本的村社共同体作为一种参照系,用它来观察、比照中国乡村社会,从而提出了传统中国乡村是否存在"村落共同体"的问题,而且把他们研究日本村社的理路同样应用于传统中国乡村聚落的研究中。在著名的"满铁"调查资料中,大多详细记录了调查各村(均为集村)的空间形态和布局,其重要参与者平野义太郎(主张传统中国存在"村落共同体"的代表人物)还发表了《北中支における農村聚落の鳥瞰》一文,对华北地区乡村聚落的形态作了概括。而在有关传统中国是否存在"村落共同体"的论争中,双方也都围绕自然村与行政村、集村与散村等问题展开讨论。③ 直到最近,日本很多学者关于传统乡村

---

① 邢义田:《从出土资料看秦汉聚落形态和乡里行政》,收入氏著《治国安邦:法制、行政与军事》,中华书局,2011,第249~355页,引文见第334~335页。
② 参阅郭冬梅《近代日本的地方自治和村落共同体》,《日本学论坛》2004年第1期;《关于中日"自治传统"的比较分析》,《日本学论坛》2005年第1期。
③ 李国庆:《关于中国村落共同体的论战——以"戒能-平野论战"为核心》,《社会学研究》2005年第6期;〔日〕丹乔二著《试论中国历史上的村落共同体》,虞云国译,《史林》2005年第4期。

聚落形态的考察，关注点仍然是村落内部的关系及其是否构成"村落共同体"的问题。① 在这一系列讨论中，滨岛敦俊的研究最引人注目。他在讨论明清时期"乡村一级"的祭祀系统时，指出："作为探讨村落一级共同祭祀、信仰的前提条件，我们有必要弄清楚该地的村落、聚落的形态、结构。"② 所以，他首先从费孝通所描述的开弦弓村的聚落形态与其村落的共同惯例出发，然后以苏州府长洲县相城镇和盛桥镇为例，对长江三角洲低乡地区的集聚村落和高乡地区的散居村落进行了细致的考察，进而分析集村地区与散村地区社会关系网络的差异，认为在集村地区，地域社会关系网络的重要单位是"村"；而在散村为主的低乡地区，整合地域社会关系网络的根据则是"地块"。他的研究虽然已远远超出"村落共同体"理论的本初内涵，但其所关注的中心问题，即对"村落居民的共同性"的关注，则是一脉相承的。

中国学者有关明清以来特别是近代以来乡村聚落形态的分析，也基本上是从乡村社会的建构、控制与秩序的立场出发的。在《近代冀鲁豫乡村》之第一部分《乡与村的社会结构》中，王福明指出：华北大部分村庄始于明代；村庄之规模，清末民初，定县每村平均约有81户稍多，华北大部分村庄为百户以上的大村落；村落的外观，是房屋集结在一起，周围或筑有土墙。19世纪后半期，围绕着村庄的维修和祭祀，村落内部发起自治组织，村落渐渐取代里社成为乡村生活的基本单位。乡村组织是在村落发展到一定阶段、一定规模、原有的官方组织已不足以维持和调节村落内部的生活秩序之后才产生的。③ 显然，王福明是把乡村聚落的形态与乡村组织结合在一起加以考察的，这与日本学者有关"村落共同体"的研究理路是一致的。王庆成先生主要依据方志等地方文献以及西方人士在华旅行的记述，探讨了晚清时期（19世纪后半叶）华北地区村落的外部形态，认为北方村落规模多为中小村落，百户以上大村不占多数；若干村落环筑土墙或设立"庄门"，很多村落在村内、村外掘井、立庙。他细致描述了村落的街巷、房舍结构和道路交通情况，并摹录了一些显示当时村落形态的村图。他的研究虽然很重视村落形态与空间结构的考察，但出发点仍然是把村落看作在乡村社会中发挥独特作用的自然单位，是为研究华北的社会经济史奠定基础的。④ 章英华、范毅军、黄忠怀诸氏关于明清时期华北地区村落形态与社会变迁的研究，虽然路径各有不同，具体论点相差较大，但其出发点与思考路径，基本上也都

---

① 参阅〔日〕津田良树《中国江南沿海村落的民家について——浙江省宁波市象山县东门岛の民家を中心に》，《日本建築學會計畫系論文集》，第73卷，第625号（2008年3月），第683～688页；〔日〕深尾叶子：《中國陝西省北部農村の人間關係形成機構》，《東洋文化研究所紀要》第144册，2002，第75～114页。
② 〔日〕滨岛敦俊：《明清江南农村社会与民间信仰》，朱海滨译，厦门大学出版社，2008，第129～164页。
③ 从翰香主编《近代冀鲁豫乡村》，中国社会科学出版社，1995，第61～76页。
④ 王庆成：《晚清华北村落》，《近代史研究》2002年第3期；《晚清华北乡村：历史与规模》，《历史研究》2007年第2期；《晚清华北的集市和集市圈》，《近代史研究》2004年第4期。

是社会经济史的，即试图从村落形态的形成与变化，观察乡村社会的变化历程。①

人类学学者和受人类学影响的历史学者，关于村落社会结构及其形成过程的考察，也往往从村落的空间形态与结构出发。林美容关于台湾汉人聚落可从其血缘性，区分为一姓村、主姓村与杂姓村的著名研究，就是以富田芳郎关于台湾乡村聚落可分为南部的集居型、北部的散居型和中部的迁移型为基础的。② 在关于草屯镇土地公庙的研究中，她通过分析土地公庙的信仰内涵，区分现已团聚在一起的各"角落"（部落、自然村）的本初面貌与其分界，并由土地公庙的位置考察土地公所保护及管辖的范围。③ 这种通过祭祀圈观察村落空间范围与结构的方式，对于村落形态的研究具有重要的方法论意义，而其出发点，则仍然是乡村社会及其变迁。

显然，上述研究理路都有强烈的理论预设，是为了探讨特定的理论问题而开展对乡村聚落形态的研究的，其所关注的，主要还是乡村聚落在王朝国家的政治进程及社会的结构化过程中所表现出来的形态及其所发挥的作用，并非历史时期不同人群的居住方式与生活方式。这些研究当然是非常重要的，但是，我们思考的出发点，却并非完全在上述研究理路的脉络里，而是历史上曾经生活在乡村区域范围内的那些人群（主要是农民），究竟是在怎样的环境中，采用怎样的居住方式，以作为自己生产生活之基础的。换言之，是历史上的人们怎样在土地上"安顿"自己的。我们更着意于把乡村聚落看作为乡村人群的生产生活空间，关注乡村人群的生活方式。正是从这个立场出发，近年来，我们主要以长江中游地区为中心，尝试着进行了一些有关古代乡村聚落形态的探讨。④ 本文即在此前实证性研究的基础上，就古代乡村聚落形态研究的主要问题、展开讨论的方法，谈一点我们的看法。

---

① 参阅章英华《清末民初华北农村的村落组织和村际关系》，《中央研究院民族学研究所集刊》第72期，1991。范毅军：《华北农村聚落的形成及其土地问题：河北丰润县米厂村、昌黎县梁各庄、平谷县大北关三个村的个案研究》，收入许倬云等编《第二届中国社会经济史研讨会论文集》，台北，汉学研究资料及服务中心，1983，第317~354页；《由两份村图管窥清末华北基层社会的一些断面》，《新史学》第19卷第1期，2008，第51~104页。黄忠怀：《整合与分化：明永乐以后河北平原的村落形态及其演变》，复旦大学博士学位论文，2003年；《从聚落到村落：明清华北新兴村落的生长过程》，《河北学刊》2005年第1期；《明清华北平原村落的裂变分化与密集化过程》，《清史研究》2005年第2期；《明清华北村落发展与近代基层制度变迁》，《浙江学刊》2006年第2期。
② 林美容：《一姓村、主姓村与杂姓村：台湾汉人聚落型态的分类》，《台湾史田野研究通讯》第18期，1991，第11~30页。
③ 林美容：《土地公庙——聚落的指标：以草屯镇为例》，《台湾风物》第37卷第1期，1987，第53~81页；《草屯镇之聚落发展与宗族发展》，《中央研究院第二届国际汉学会议论文集·民俗与文化组》，"中央研究院"，1989，第319~348页。
④ 鲁西奇：《散居与聚居：汉宋间长江中游地区的乡村聚落形态及其演变》，《历史地理》第23辑，上海人民出版社，2008，第128~151页；收入氏著《人群·聚落·地域社会：中古南方史地初探》，厦门大学出版社，2012，第57~115页。鲁西奇、韩轲轲：《散村的形成及其演变：以江汉平原腹地的乡村聚落形态及其演变为中心》，《中国历史地理论丛》2011年第4期。

二　集村与散村：聚居还是散居？

"聚"的本义，是"会"、"集"，引申为邑落，即集中居住的村落。《说文》释"聚"，谓："会也……邑落云聚。"① 《史记·五帝本纪》记舜耕历山、渔雷泽、陶河滨，"一年而所居成聚，二年成邑，三年成都"。② 聚与邑、都并列而规模较小，显然是集居的聚落。张守节《正义》释作"谓村落也"，虽大致不误，但未能指明其为较多人户集中居住的意思。《汉书》卷五一《枚乘传》录枚乘谏吴王濞书，中谓："舜无立锥之地，以有天下；禹无十户之聚，以王诸侯。"③ 以"十户之聚"与"立锥之地"并提，意在强调"十户之聚"是较小的"聚"，一般的"聚"要多于十户。凡此，都说明"聚"是指集中居住的居民点，大抵不能低于十户，"十户之聚"是小"聚"。"落"字从"艸"，本有零落、离散之意。《说文·艸部》："落，凡艸曰零，木曰落。"④ 《史记·汲郑列传》"此两人中废，家贫，宾客益落"句下司马贞《索隐》称："落犹零落，谓散也。"⑤ 藩篱所环绕之草庵居室亦得称为"落"。《文选》卷一二郭景纯（璞）《江赋》"于是芦人渔子摈落江山，衣则羽褐，食惟蔬蘸"句下张铣注曰："落，庵屋之类，言其作屋于江滨山侧，为庵也。"⑥ 同书卷二六范彦龙（云）《赠张徐州谡》"轩盖照墟落"句下吕向注曰："墟，居；落，篱也。"⑦ 所以，中文语境下的"聚落"，本义就包括了集中与分散两种居住类型，也就是集村与散村两种形态。《汉书·沟洫志》录哀帝时贾让上书，谓战国以来沿河筑堤，堤内"填淤肥美，民耕田之。或久无害，稍筑室宅，遂成聚落。"⑧ 其所说的"聚落"，即包括规模较大的集村（聚）与较小的散村（落）。

在西文语境下，"聚落"的语义，主要是指安顿，英文的"Settlement"与德文的"Siedlung"，均含有"安顿在土地之上"的意思，而法文的"établissment humaine"则主要指人类的建造物，含有"形态"的意义。⑨ 其所强调的，都是人们在土地上安顿、居住的形态或方式以及由此而形成的景观，而其核心则是人类为居住而形成的建

---

① 许慎：《说文解字》，中华书局，1963，第169页。
② 《史记》卷一《五帝本纪》，中华书局，1959，第34页。
③ 《汉书》卷五一《枚乘传》，中华书局，1962，第2359页。
④ 《说文解字》，第23页。
⑤ 《史记》卷一二〇《汲郑列传》，第3113页。
⑥ 《六臣注文选》卷一二，郭景纯（璞）《江赋》，中华书局，1987，第244页。
⑦ 《六臣注文选》卷二六，范彦龙（云）《赠张徐州谡》，第488页。
⑧ 《汉书》卷二九《沟洫志》，第1692页。
⑨ 陈芳惠：《村落地理学》，台北，五南图书出版公司，1984，第1页。

造物在地表之上的展现方式，亦即集中抑或分散。正因为此，当19世纪中期德国地理学家梅村（A. Meitzen）在考察德国北部的农业聚落时，就根据土地区划、住宅布局、道路网等构成要素，首先将聚落分为集村（Haufendorf）、孤立住宅（Einzeldorf）两大类型。后来，施吕特尔（Otto Schlüter）将他的分类进一步科学化，正式提出了集村与散村的分划。法国地理学家白兰士（Vidal de la Blache）在1922年出版的《人文地理学原理》一书中，也把村落分为集聚与分散两种类型，并且从自然与人文两方面，阐明其产生的因素。① 他的弟子白吕纳（Jean Brunhes）与德芒戎（Albert Demangeon）均沿着同样的理路，特别重视集中与分散两种聚落形态，并着意阐明其地理意义，分析其形成的过程和原因。②

因此，历史乡村聚落地理研究的第一个问题，就是考察研究区域内的乡村聚落，究竟是以集村为主，还是以散村为主。所谓集村与散村，主要是根据农家房舍集合或分散的状态来区分的，至于集聚与分散的程度，则可以因不同时期、不同地区的文化或自然环境而异。③ 集村，即集聚型村落，就是由许多乡村住宅集聚在一起而形成的大型村落或乡村集市，其规模相差极大，从数千人的大村到几十人的小村不等，但各农户须密集居住，且以道路交叉点、溪流、池塘或庙宇、祠堂等公共设施作为标志，形成聚落的中心。集村形态本身也有农家集合疏密程度的差异，但通常农家集中于有限的范围，耕地则分布于所有房舍的周围，每一农家的耕地分散在几个地点。宅上除了供农家居住的房屋之外，也包含附属建筑物（牲畜棚、围墙、篱笆等）、庭园、菜园以及环绕房屋栽种的林木（住宅林）。村落所属的耕地往往开阔而无遮掩，分别属于聚落中的农家。散村，即散漫型村落，每个农户的住宅零星分布，尽可能地靠近农户生计依赖的田地、山林或河流湖泊；彼此之间的距离因地而异，但并无明显的隶属关系或阶层差别，所以聚落也就没有明显的中心。④ 最典型的散村是一家一户的独立农舍，所谓"单丁独户之家"；而最典型的集村则当是聚族而居、多达数千人的大村落，或市廛繁庶、工商业发达的市镇。

集村与散村的根本区别并不仅在于人口多少及其空间规模的大小，更在于其各

---

① 陈芳惠：《村落地理学》，第13、15、23页。
② 〔法〕白吕纳：《人地学原理》，李旭旦、任美锷译，钟山书局，1935，第119～166页；〔法〕阿·德芒戎：《农村的居住形式》、《法国农村聚落的类型》，参见氏著《人文地理学问题》，葛以德译，商务印书馆，1993，第140～192、279～317页。
③ 对乡村聚落地理的研究，一般是在传统农业经济的定居背景下展开的。原始粗放农业状态下的不定居住、居住在船上的水上人家（疍民）、游牧人群的季节性移居和季节性定居，都不能形成稳定的居住景观（聚落），也就很难说得上对其形态进行分析。当然，不定居住、船居、游牧人群的冬营地或夏营地，也都可以看作广义的"聚落"，只是我们暂时未将其包括在讨论范围之内。
④ 左大康主编《现代地理学辞典》，"乡村聚落形态"条，商务印书馆，1990，第699页；陈芳惠：《村落地理学》，第114～132页。

个民居之间及其与所依赖的田地、山林、湖泽之间是呈现出集聚、互相靠近的趋向，还是表现出离散的趋向。"在（集聚）村庄的景观中，房屋群聚在一起，这多少有点加强了耕地上的孤寂感；村庄与其土地似乎是截然分开的。在散居的景观中，房屋不远离耕地，房屋相互间的吸引力，远小于房屋和田地之间的吸引力。农庄及其经营建筑物都建在田地附近，而且每块耕地的四周，常有围墙、篱笆或沟渠。甚至那些被称作小村（hameau, Weiler, hamlet）的小房屋群，似乎也应当一般地看作散居的形式，因为它们几乎总是意味着房屋和田地是靠近的。"① 换言之，集聚村落本身表现出集聚化倾向，而村落与田地、山林之间则相距较远；散居村落各农户之间相距较远，而每个农户都尽可能地靠近其耕种的土地、赖以为生的山林湖泽。如果一个聚落的大部分居民均程度不同地脱离了农业生产，其生计主要不是依靠田地、山林或湖泽，那么，这样的聚落即不再属于乡村聚落，而应被视为"城市"。

采用怎样的居住方式，是集聚居住（形成大村）还是分散居住（形成散村或独立农舍），对于乡村居民来说，至关重要，它不仅关系到他们从事农业生产的方式（来往田地、山林或湖泊间的距离，运送肥料、种子与收获物的方式等），还关系到乡村社会的社会关系与组织方式，甚至关系到他们对待官府（国家）、社会的态度与应对方式。德芒戎注意到：聚居地区与散居地区人们的生活习俗乃至心理状态都会有很大差别。他指出：

> 每一居住形式，都为社会生活提供一个不同的背景。村庄就是靠近、接触，使思想感情一致；散居则"一切都谈的是分离，一切都标志着分开住"。因此就产生了维达尔·德·拉·布拉什所精辟指出的村民和散居农民的差异："在聚居的教堂钟楼周围的农村人口中，发展成一种特有的生活，即具有古老法国的力量和组织的村庄生活。虽然村庄的天地很局限，从外面进来的声音很微弱，它却组成一个能接受普遍影响的小小社会。它的人口不是分散成分子，而是结合成一个核心；而且这种初步的组织就足以把握住它……"因此，从散居人口到聚居人口，有时存在着精神状态和心理状态上的深刻差异。A·西格弗里德非常机敏地指出这一点：在分散农舍地区，是"在篱笆或树行后面有点怕和人交往的离群索居，不信任人的个人主义"，对外人怀有敌意，和对外来思想意识的一种不可渗透性；在村庄地区是集体行动的便利，配合的意识，外来影响的渗透和传播。②

---

① 〔法〕阿·德芒戎：《农村居住形式地理》，参见氏著《人文地理学问题》，第140～192页，引文见第146页。
② 〔法〕阿·德芒戎：《农村居住形式地理》，参见氏著《人文地理学问题》，第192页。

一般说来，在中国传统社会中，集聚村落的居民之间的交流相对频繁，关系相对紧密，从而可能形成相对严密的社会组织结构；同时，由于居住集中，官府也易于控制，国家权力对集聚村落的渗透也就相对深入、广泛。而在分散居住的区域，各农户之间的来往、交流与互相依靠均相对少一些，彼此之间相对疏远，其社会联结方式与社会组织结构则要复杂得多；官府控制散居村落的难度较大。因此，探究某一区域范围内的乡村居民究竟是聚居还是散居，不仅有助于我们更好地理解不同地理环境下人们对环境的适应与改造，更是考察其社会经济生活方式、社会组织方式等问题的前提。

当然，某一区域内的乡村聚落以集村为主，并不意味着这一区域就没有散村；而在一个散村占据主导地位的乡村区域，也一定会有规模较大的集村，甚至是集市乃至市镇。实际上，在一个特定区域内，集村与散村两种类型的聚落，可能并不是相互排斥的，而是相互补充的。在江汉平原腹地，我们曾观察到：一些位于自然或人工堤防上的村落规模较大、历史较为悠久，已表现为集村；而分散在低洼湖区墩、台之上的农家，则往往移居不久，一般表现为独立住宅或两三户聚合的小聚落，显示出高度的分散性。① 同一区域内集村与散村的差异，反映出聚落成立在时代上的早晚：一般说来，规模较大的集村形成较早，而分散的小村则可能是从集村中分立出来的或者由后来者新建的，形成较晚。集村与散村的混合分布，不仅反映了各村落在发生学上的差异，更反映了地区开发和社会变迁的历史进程。

那么，怎样考察古代某一地区的乡村聚落是以散居为主、还是以聚居为主呢？

滨岛敦俊在考察江南乡村社会及其变迁时，曾主要使用地方志特别是市镇志的有关记载讨论不同地理面貌特别是地形下聚落形态的差别。苏州府长洲县北部的相城镇位于阳澄湖的北岸，与常熟县境相连，地势低洼，属于"低乡"。民国19年（1930）成书的镇志《相城小志》卷三《户口》记载了各聚落的名称及其户口统计的详细统计数字，全镇共有8334户、30033人，村名中含有"街"的聚落共有三处：陆巷176户，相城241户，消泾125户，合计542户。除此三街之外，还有69个村7792户，平均每村113户，其中最少的村落有40户，最多的村落有223户。从地理学的聚落形态上看，属于典型的"集聚村落"，即集村。滨岛据此判断说："经历了清代前期的人口膨胀期后，江南三角洲圩田地带的村落平均户数可能在100户左右。"换言之，江南圩田区占主导地位的聚落形态是集村，其平均规模可能达到100户左右。而在开发较晚的江南三角洲东北部地区，即今上海郊区，则表现出明显的散居状态。滨岛使用了民国初年刊行的《盛桥里志》的材料。《盛桥里志》也记载有各个聚落的户口数

---

① 鲁西奇、韩轲轲：《散村的形成及其演变：以江汉平原腹地的乡村聚落形态及其演变为中心》，《中国历史地理论丛》2011年第4期。

据。这一带受长江南岸自然堤的影响，地势稍高，属于"高乡"。据《盛桥里志》卷三《舆地志》记载，清末民初，盛桥共有236个自然聚落、2449户、12148人。如果简单平均的话，每个聚落有10.38户。即使这个简单的平均值，也比相城镇少得多。考虑到其乡中心盛桥镇有86户，大村宅有140户，大曹家宅88户，赵家宅43户，除了这几个较大的聚落之外，其余的大部分聚落规模可能平均只有7、8户，而不满5户的极小聚落（包括只有一户的孤立庄宅在内）也占有76个。因此，这是一个散村占据绝对多数的地区。①

在分析随枣走廊地区的乡村聚落形态时，我们曾经使用同样的方法。枣阳县位于湖北省北部，是低冈丘陵地区。民国《枣阳县志》卷一三记载，清朝末年，枣阳县共有6249个集镇村落、85261户、394884口，平均每个集镇村落有13.64户、63.19人。其中阜阳乡每个居民点平均9.08户、43口，华阳镇为6.36户、31口，白水镇为5.67户、39口。考虑到这些平均数中包括了人口相当集中的聚居点——集镇，则每一自然村落大约只有三四户、二三十口人。据此，我们初步判断包括枣阳在内的随枣走廊低冈丘陵地区以散村为主导性的聚落形态。②

我们曾经仔细研究江汉平原腹心地带的乡村聚落形态及其演变历程。潜江县中部偏东的杨市公社（今为杨市街道办事处）位于东荆河东岸，北接潜江县城关镇园林镇，东邻沔阳县（今仙桃市），南与总口农场接壤；境内地势平坦，海拔高度一般在32米左右，曾长期受汉水、东荆河、（潜江）县河、通顺河溃口洪水的威胁。据《潜江县地名志》记载，全境共有348个自然村、5个自然镇，另有22个自然村被列入"消失地名"下，其中称为"某某台"的地名共有194个（在22个"消失地名"中，有18个以"台"命名）。在这些地名中，以单姓命名、称为"某家台"的村落共有142个，居大多数（73%），以双姓命名的村落有21个，称为六姓台、五姓台、三姓台、七姓台的各有1个。1981年，这些聚落的平均人口规模为约121人，以当时杨市公社平均每户约5.61人计算，每村约有22户。显然，这些自然村落最初都是由一户或两三户、四五户人家发展而来的。③

一些文献中的描述性记载也有助于我们确定一个地区以散村为主导性聚落形态。同治《汉川县志》卷一〇《民赋志》录嘉庆二十一年至二十三年间（1816~1818）任汉川知县的樊钟英所上"通禀汉川地方情形民间疾苦"云：

> 汉川地处襄江下游，形势低洼……素称泽国，除梅城、长城两乡地处高阜，

---

① 〔日〕滨岛敦俊：《明清江南农村社会与民间信仰》，第132~134页。
② 鲁西奇：《区域历史地理研究：对象与方法——汉水流域的个案考察》，广西人民出版社，2000，第512~513页。
③ 潜江县地名领导小组办公室编《湖北省潜江县地名志》（内部资料），1982，第135~162页。

其余尺属圩畈。每年泛涨,不破堤,仅厂畈被淹,若破堤,则坑内亦淹……民庐多居墩、台。墩者,乃民间锄土造筑而成。若水淹久,则墩、台亦多坍卸,故居民多造茅屋竹篱,略加墙垣。夏秋水至,则折屋移居,撑船远逃;春冬水退,则〔刘〕(于)茅索陶,亟其乘屋。①

一般说来,墩多系人工堆筑而成,规模略小;台则是自然形成的丘阜,规模比墩稍大,但二者并无根本差别,都是江汉平原腹心地带略高于周围的冈阜。由于平原湖区频受洪水侵袭,人们不得不选择地势稍高的天然丘阜作为相对稳定的居住点;在没有适当天然丘阜的地方,则集中人力堆筑成墩台,以作为栖身之所。康熙《潜江县志》卷二〇《艺文志下》录张承宇《秀野园记》称:"吾邑苦无山……凡筑室者,虑无不有事于畚锸,高高焉,下下焉,而后可居。"② 所谓"高高焉"即堆土为台,"下下焉"则是掘土成塘。1883年,英国商人阿奇博尔德·约翰·立德乘小帆船从汉口出发,经沌口进入长河,溯长河而上,辗转达沙市。经过汉阳县西境蒲潭一带时,他写道:"我们今天经过的地区,夏天是一个巨大的湖,孤零零的秃山像海岛一样在水面上只露出10至200英尺的山头。蒲潭村就建在其中一座山头上,与夏季的洪峰等高。"在蒲潭以西,沿途所经的地方景色十分单调,"打破这种单调景观的只有一些可怜的村庄,每隔三四英里,可以见到一个高出平原约10英尺的圆形土丘,丘顶上挤着十间八间泥屋"。③ 前者所说的是汉阳西境蒲潭、马影一带的低丘陵地带,蒲潭村所在正是一个自然残丘;而那些"高出平原约10英尺的圆形土丘,丘顶上挤着十间八间泥屋",则正是"台"或"墩"。

陕西韩城县西北部是山区,包括王峰、枣庄、桑树坪、独泉、薛峰、林源、盘龙、板桥、乔子玄等九个乡。其平均海拔600~800米,山峦起伏,沟壑纵横,村落多散布于山岭间的川道、坡地和梁峁间台地。据当地调查资料称:相传明清时期立村的约400余处,绝大多数为10户以下的散村,不少仅1~5户农居而已。民国13年(1924)修成的《韩城县续志》卷二《兵防》下录有吉廉锷撰《伏峰川道里记》一文,对韩城县西庄镇西北伏峰川道浅山部分的村落描述甚详悉:

  治北二十余里,西庄镇西北有川,曰伏峰川。川口路途窄小,崎岖不易行,北为牛鼻山,南为枝子庙。入川四里许,居民数家,曰赵家河。又行二里许,曰

---

① 同治《汉川县志》卷一〇《民赋志》,《中国地方志集成·湖北府县志辑》本(据同治十年(1871)刻本影印),江苏古籍出版社,2001,第9册,第240页。
② 康熙《潜江县志》卷二〇《艺文志下》录张承宇《秀野园记》,《中国地方志集成·湖北府县志辑》本(据光绪五年(1879)刻本影印),江苏古籍出版社,2001,第46册,第331页。
③ 〔英〕立德:《扁舟过三峡》,黄立思译,云南人民出版社,2001,第15~16页。

龙湾村，东有煤窑。又行三里，曰坪头村，隔川相对曰凤凰山，上有祖师殿。沿川而上约二里，曰涧东村，村西斜对晋公庙。上曰下庄村，村上有吴王砦，系秦时董翳所居，村下有水田百六十余亩，亦秦时所修。又行二里许，曰上庄村，村东有吴王墓，村西有严福寺，村下水田数十亩，系民国二年开修。盘道川与小长川汇合于此。由村南上二里许，曰汉岭村；北上七八里，曰道口梁；西北上曰韩家山，山北为保泉川，南为小场川；西南上曰砦子坪，上为盘道川，翻底桥在焉。伏峰川共长十余里，大小七八村，每村三四十家不等，土地狭隘，人情俭朴。①

虽然下庄村吴王砦及其村下水田为秦时所修的传说未必可靠，但伏峰川各村皆有悠久历史，并非明清时所建村落，当无疑问。各村户口，盖以赵家河为最少，仅"居民数家"；龙湾村，因为有煤窑的缘故，可能人口较多；下庄村和上庄村各有水田百六十亩、数十亩，应当相对富裕，户口可能也较多。在民国《韩城县续志》卷首所列纂志采访诸员中，吉廉锷被注明是"韩城县立高等小学堂甲等毕业，邑人"，则此文当撰写于民国初年，反映的是民国初年的情形。约七十多年后，20世纪80年代末，伏峰川各村的户口与耕地数虽然有较大幅度的增加，但规模仍然相对较小（平均每村37户）。此数村还都处于川口，更向山区伸展，村庄的规模越来越小。据统计，盘龙乡其余村落耕地多在100～200亩间，十余户人。在盘龙乡79个村子中，有45村人口在15户以下，28村在10户以下，13村在5户以下。② 显然，山区资源条件的限制乃是这些村落长期维持在较小规模水平上的根本原因。

三 古代乡村聚落的区位分析

在观察并分析研究区域内集村与散村的历史成因时，必然要涉及各个聚落的具体位置。这就是历史乡村聚落地理研究的第二个问题，即乡村聚落的区位分析。

地理学者界定一个乡村聚落的区位，主要依靠自然地理条件、交通格局两个指标。自然地理因素（包括地形、海拔高度、气候、水文等因素）与交通因素对聚落的影响乃至制约作用是非常明显的，前人也已作了充分的讨论，日本学者甚至根据村落所处地形地貌的差异，概括出谷底、谷壁下端、湖泊沿岸、谷壁、河阶、山腰斜坡、山麓斜坡、山脚山棱、山顶丘陵顶、鞍部山口、高原、山麓、冲积扇、台

---

① 民国《韩城县续志》卷二《兵防》，民国十四年（1925）韩城县德兴石印馆石印本，第3页B面～4页A面。
② 周若祁、张光主编《韩城村寨与党家村民居》，陕西科学技术出版社，1999，第43～45页。

地、沙丘地、盆地、冲积平原、平原、海岸、海岸海阶、海岸岛、沙洲等聚落类型。① 李旭旦先生在《白龙江中游人生地理观察》一文中，也按照聚落所处地形位置将白龙江流域的乡村聚落分成冲积平原聚落、冲积扇聚落、阶地聚落、山间盆地聚落、高谷聚落、高山孤屋、山隘小村七类。② 陈桥驿先生在研究绍兴山会平原及其沿海地区聚落的形成与发展时，主要根据地形，将历史时期山会地区的乡村聚落共分为山地聚落、山麓冲积扇聚落、孤丘聚落、沿湖聚落、沿海聚落、平原聚落六种类型，并认为"每一种地域类型的聚落，不仅有其特殊的自然环境，而且也有其特殊的聚落职能，即聚落居民所从事的主要生活活动"。③ 尹钧科先生在分析北京郊区村落的分布及其成因时，也主要是从地形、交通网格、河湖水道及其演变三方面展开的。④

但是，主要基于地形的聚落分类，虽然可以对长期以来聚落稳定地处于某些特定的地形位置上提供一种解释，但却无法回答，在地形条件基本未变的条件下，聚落的位置何以会发生变化；也无法解释在基本相同的地理条件下，何以会形成性质、规模均有很大差异的聚落？（比如同处于海岸线上相邻的两个村落，可能一个是渔村，而另一个则是农耕聚落）。同样，交通格局的分析方法，虽然可以解释某些位于道路交汇点的聚落，但对只是沿着交通道路却并不处于交汇点的聚落，不能提供有力的说明，更易于陷入道路与聚落孰先孰后的悖论中。最重要的是，地理区位与交通网络的分析方法，主要是研究者立足于自身对研究区域的认识而作出的解释，可能与聚落人群的实际生活及其对环境的感知是相脱节的。

人们选择某一位置建立聚落，首先考虑的是生存生活的需求：在这样的位置上，便于获取生活资源。所以，乡村聚落的区位，首先是指它在当地生计系统中的位置：其周围的耕地、山林、河湖水面或海面、草地，与聚落本身构成一种相对的空间关联。对于聚落的居住人群来说，这是最重要的区位关系。地形地貌、水文、气候等自然地理因素，是通过这个生计系统对聚落位置的选择与确定发生作用的。其次，聚落人群需要考虑的是与所在区域内其他人群的经济交往与社会联系，超出聚落所属生计范围的道路系统，正是在聚落间的交换和社会交往过程中形成并发挥作用的。所以，只有把地理条件、交通网络等因素，置入于聚落人群的生计、经济与社会系统中，才能真正理解它们与聚落位置之间的关联。

---

① 陈芳惠：《村落地理学》，第 74 页；〔日〕藤冈谦二郎：《人文地理学》，王凌云等译，南开大学出版社，1989，第 65 页；〔日〕佐佐木彦一郎：《人文地理学提要》，古今书院，1931，第 130～133 页。
② 李旭旦：《白龙江中游人生地理观察》，《地理学报》第 8 卷，1941，第 3～20 页。
③ 陈桥驿：《历史时期绍兴地区聚落的形成和发展》，《地理学报》1980 年第 1 期。参阅车越乔、陈桥驿著《绍兴历史地理》，上海书店出版社，2001，第 83～98 页。
④ 尹钧科：《北京郊区村落发展史》，北京大学出版社，2001，第 354～370 页。

在讨论江汉平原腹地的乡村聚落时，我们描述一个聚落的位置，往往使用"位于平原湖区、河湖岸的自然或人工堤防之上或湖区墩、台上"之类的表达，就包含了上述各主要指标：平原湖区是有关地形地貌的描述，位于河湖岸堤坊之上或墩台之上既指明了其在交通网络上的位置（因为河湖水系是传统农业时代江汉平原腹地的主要交通线路），也暗示了它在区域经济开发进程与土地利用系统中的地位（位于堤防之上的聚落可能形成较早、规模较大，并且是堤垸的建筑者和垸田的早期开发者，而居于墩台之上的聚落则可能形成较晚、规模较小，是垸田开发的后来者）。不仅如此，区位不同的聚落，在当地社会关系网络中也可能具有不同的地位。在汉川南湖垸，位于田二河镇东北的白果村是当地林氏宗族的发源地。民国四年（1915）修《汉川林氏宗谱》卷一八《世系》云：

> 汉川本泽国，值元季变乱，人烟寥落，田旷赋悬。洪武初，听客户插业，画土为疆，差兼官民，是称闸业。初祖秀一公避难由沔入川，卜吉于鸡鸣里斗步头之白果台，朋入六甲尹姓户册完粮，改姓尹。嘉靖中改复原姓。果台属南湖水口，山水汇合，风俗醇美，始基立焉。六世后，分居远近各村落，藉秀水为环抱，茔墓依之，耕读世业，衍于无穷。万历间，襄流泛溢，亦有避水患迁居城乡高原者。①

白果台即今汉川田二河镇斗埠头村所属之白果树自然村，直到民国时期，这里仍是南湖之滨（今南湖已垦为良田）。此台很可能即为林氏先祖所筑。六世之后，林氏人丁渐繁，遂散居于白果台、阳春台、台头（当即斗步头）、二房台、四屋嘴、五房堤（又作"五房台"）、七屋台、八屋湾、幺屋台等村落。白果台的地理区位并无特别之处，但它是林氏先祖最早的落脚处，也是南湖垸围垸的开端之处，更是汉川南湖林家的发祥地，所以，它在南湖垸的经济开发进程与社会关系网络中具有重要地位，而这种地位对于聚落的发展又有着非常重要的影响。②

在汉川县汈汉湖区，我们曾观察到这样的居住形式：一栋两间或三间的孤立平房（直到 2005 年，还很少见有楼房），坐落在湖边的堤岸上；房前岸上插几根木棍，挂晒着渔网；湖里停泊着一只小木船（有时会另有一只较大的水泥船）。康熙《汉阳府志》卷一《舆地志》"风俗"栏称：

---

① 汉川《林氏宗谱》，又题作"《汉川南湖林氏宗谱》"，或"《敦本堂林氏宗谱》"，凡有八修，余所见为民国四年刊之七修本。2008 年 5 月 29 日，鲁西奇、周荣在汉川田二河镇白果村林丑才先生（82 岁，曾任斗埠头区支部书记）家拍照。
② 鲁西奇：《明清时期江汉平原的围垸：从"水利工程"到"水利共同体"》，收入张建民、鲁西奇主编《历史时期长江中游地区人类活动与环境变迁专题研究》，武汉大学出版社，2011，第 348～439 页。

> 汉川四周皆水，湖居小民以水为家，多结茭草为簰，覆以茅茨，人口悉居其中，谓之茭簰，随波上下，虽洪水稽天不没。凡种蒔牲畜，咸在其中，子女婚嫁，靡不于斯，至于延师教子弟者。其同塚一带，土瘠民贫，西成之余，即携妻子乘渔艇，转徙于沔之南、江之东，采菱拾蛤以给食；至东作时，仍归事南亩。逐岁习以为常。嘉、沔之人苦之，然亦莫能禁也。①

今日所见散居于河湖之旁孤立房屋里的民户，大抵就是这些曾以茭簰、渔舟为家的渔户的后裔。据此，我们可以大致推知明清时期那些居于湖区的渔户（实际上也耕种田地）高度分散的居住状态。分散程度较之上岸渔户稍低的，是那些居于围垸腹心地带台、墩之上的农户。他们的房屋散布在平旷的田野中间，往往位于沟渠或较小湖塘的旁边，堆筑起台、墩；相隔十几米或数十米乃至数百米，在另一个台墩上住着另一户人家。几乎每户人家的台基边上均植有柳树，以便加固，附近会有一个堆筑台墩时取土而留下的池塘。在台与台之间，铺展着稻田或菜园。各个农户之间，会有弯曲的小径相连。这是居于围垸腹地台墩之上的人家与那些居于河湖岸边的上岸渔户最重要的差别：后者相互之间可能没有小径相连，即便有，也为荒草覆盖着，说明各个上岸渔户间的联系并不密切；而台墩之上的人家则不同，他们即便相隔数百米，仍互相看作"邻居"，属于同一自然村落。

在关于韩城县村落分布的研究中，研究者曾经考察村落与水系的关系。从所绘制的"村落选址与水系关系图"上可以见出，虽然有相当部分村落位于河流两岸（又以右岸为多），但韩城县的大多数村落，虽然都距水不远，却并不选择紧邻河水的河谷，而是距河水保持一定距离的塬上。何以会如此？一个解释是黄土地质不稳定，暴雨易造成山洪暴发，对塬边、河川边的村庄威胁甚大，极易造成塌方、滑坡等灾害。另一种解释是经济的，或生计的，认为村落的选址需要考虑村落与耕地的关系：因为耕地主要在塬上，所以村落的位置尽可能地靠近耕地。研究者在解释韩城村落的形成过程时说：韩城村落的形成一般分为四个阶段，第一阶段多选择背依塬、面向河川的平坦地段，或者选择塬上腹地居住。第二阶段，"由于生产发展和人口增加，居住地会向较高的塬上迁徙，这样，可得到平整的耕地并逐渐扩大，还能利用塬的自然地形，抵御盗贼与洪水"。第三阶段，在村落周围建立围寨，形成村落治安防卫体制。第四阶段，或者新建围寨，或者在原有围寨附近的平地上另辟新居住地，从而形成"村寨分离"的格局。② 显然，村寨位置的确定，首先考虑的是生计的需求（耕地与

---

① 康熙《汉阳府志》卷一《舆地志》"风俗"栏，国家图书馆藏，胶卷，抄录时示记下页码。乾隆《汉阳府志》卷一六《地舆》汉川县"风俗"下所记大致相同，文字略异。《中国地方志集成·湖北府县志辑》本（乾隆十二年刻本，据中国科学院图书馆藏钞本影印），江苏古籍出版社等，2001，第166页。
② 周若祁、张光主编《韩城村寨与党家村民居》，第32~37、64~65页。

水源），其次是安全的需要。

因此，对于历史时期乡村聚落所处区位的分析，绝非仅仅观察其所处的地形、水文等自然条件及其在交通道路网络中的位置，而是要将它放在更为复杂多元的社会经济乃至文化网络中加以定位。在广袤的平原上，地形地貌与水文等条件可能惊人相似，交通条件也没有根本性的差别，仅从自然条件与交通格局的角度进行分析，可能完全不能解释某一聚落何以处在其位置上以及它何以会与周围聚落不同，只有联系其所在区域的经济开发进程、经济格局特别是市场体系的形成以及社会秩序的建立、文化中心的建构等经济、政治与社会、文化因素加以探究，才能给出合理的解释。所以，乡村聚落的区位分析，首先当然是其生计区位（地形、水文等自然地理环境所提供的生计资源，以及聚落人群对这些资源的利用），其次是它在区域经济体系的区位（包括它在区域经济开发进程中的位置，及当地经济体系中的位置），再次是它在地域社会中的区位（包括它在行政管理或政治控制体系中的位置，以及当地社会关系网络中的位置），最后是它在当地文化系统中的区位（包括它在当地人群观念中的位置，以及地方文化系统对它的界定和述说）。只有把这些区位分析叠合在一起，我们才能真正理解一个聚落为什么会在它所在的那个位置上。

此外，许多学者强调风水对传统乡村聚落选址的影响乃至制约性意义。如李秋香在讨论徽州村落的选址时说："徽州的村落很讲究风水。村子的水口，在村子的下游。入村道路一般都溯溪河而来，水口便是第一道村口。据堪舆术，水口溪河左右应有小山或小高地错列夹峙，称'狮象把门'，不让溪河水'直泻无情'，以利'藏风聚气'。为了加强'关锁'，水口还常有文昌阁、关帝庙、桥、长明灯、牌坊和'文笔'之类，形成水口建筑群。"① 到乡村做调查，也一定会谈到风水，很多村落都会有自己的风水阐释。在大多数情况下，村中人都会说自己的祖先选了一个好风水的地方，并会有种种传说故事。但是，严格说来，风水只是一种"解释"，是从风水理论出发，对已经确立的村落选址作出的一种解释。换言之，是先有村落，后有风水的解释，而不是如村民所宣称的那样，是先看好了风水，才建立起村落的。风水的阐释与村落的建构是同步的，而绝大部分系统的风水阐释，是在村落形成之后。风水的阐释是村落的"文化"，就历史过程而言，是后起的。所以，同一个村落，关于其风水会有不同的说法，研究者也可以从不同的风水理论出发，给村落选址及其布局以不同的解释。因此，对村落选址的风水分析，主要是在文化层面上展开的。

---

① 李秋香：《中国村居》，百花文艺出版社，2002，第12页。

四 古代乡村住宅的形式及其空间布局

在构成乡村聚落景观的诸要素中，自古以来最受人注意的，就是住宅。德芒戎说：

> 在组成这个人造景观（指聚落——引者注）的所有要素中，没有比农民的住宅，即乡村的房屋更生动的了：它体现了人在建设中有永久性和个性的那一部分。人在那里安置财物、收获品、工具、牲畜、炉灶、家庭，人按照自己的爱好和需要来建造供每天使用的房屋。这是人亲手制造的、适应生活的产品。由于这种亲密性，它几乎是被赋予生命的一种创造物。它是经过许多世纪塑造的农村生活的体现……乡村的房屋不仅仅是景观中一个地方性的色调，它是一种劳动形式——法国固有的财富——的初级工场。①

换言之，乡村住宅不仅是农民居住、生活的地方，还是农民保存其全部（或大部）财物、生活用品以及生产工具、肥料等的场所，部分生产活动也直接在这里进行。所以，乡村住宅除了人们直接居住的房屋之外，还包括附属建筑（手工作坊、粮仓、牲畜圈或牲畜棚、围墙或篱笆）以及庭院、晒谷场、护宅林、池塘、井等附随设施等。

这样，考察历史时期乡村聚落的农家住宅，首先要弄清楚的，就是房屋的材料与外形。房屋是农家住宅的核心。使用什么样的材料建筑房屋（墙体与屋顶）、房屋采用怎样的外形（房屋的平面形状与立体形状）、建筑方法如何（版筑、土砌等），都反映了人类对环境的适应与利用，也在很大程度上反映了居住者的社会特性和文化取向。如《汉书·地理志》云：

> 天水、陇西，山多林木，民以板为室屋。及安定、北地、上郡、西河，皆迫近戎狄，修习战备，高上气力，以射猎为先。故《秦诗》曰："在其板屋"；又曰"王于兴师，修我甲兵，与子偕行"。及《车辚》、《四载》、《小戎》之篇，皆言车马田狩之事。汉兴，六郡良家子选给羽林、期门，以材力为官，名将多出焉。②

---

① 〔法〕阿·德芒戎：《法国的农村住宅：划分主要类型的尝试》，参见氏著《人文地理学问题》，第249~277页，引文见第249、251页。
② 《汉书》卷二八下《地理志下》，第1644页。

所谓"板屋",当是以木板构筑的木屋,不仅屋顶,连墙体也当是以木材拼合而成。当地居民以射猎为先,青壮年男子又多从军,以板屋为主体的住宅大抵不须具备农耕家庭常见的大庭院。颜师古注"在其板屋"句云:"《小戎》之诗也。言襄公出征,则妇人居板屋之中而念其君子。"男子出征在外,妇人居于板屋之中,心曲殷殷,"言念君子",正是青年夫妇小家庭的居室面貌。可以想见,这样的板屋大抵只有两三间,甚或只有一间,规模是较小的。我们从这段简单的文献记载中,已可大致窥见秦汉时期天水、陇西等六郡住宅情形之一斑。

其次,是房屋的结构,即房屋内部的空间布局,或者说是内部隔间的状态。房屋的内部布局(隔间)反映居住者的生活方式,是以建筑物观察人们生活方式的最佳途径。后藤久说:

> 旧石器时代的竖穴住居,还未达到空间分化的程度。然而,在新石器时代的住居之中,已经出现以入口处附近作为厨房与起居室,而里面则作为寝室的状况。也就是说人们已经注意到了洞口与洞里的气氛上的差异,前者有着开朗热闹的团圆之感,后者具有距离入口较远的安全感及静谧的感觉。萌生了空间区别的意识,于是人类的住居与其他动物的巢穴产生了区别。两房住居加上附属的前庭与门廊基本形式完成后,基于每个地区的气候与材料取得的便利性不同,进而衍生出五花八门的住居形态。①

较早的两房式住宅,一般由小的前室(厨房)和大的主室(寝室)构成,两个房间之间,由墙壁隔开。在出入口处,则逐步形成了前庭和门廊。在漫长的历史过程中,至少在黄河流域的部分地区,逐步形成了"一宇二内"的住宅结构。睡虎地秦简《封诊式·封守》记一个涉案的某里士伍"甲"有室"一宇二内,各有户,内室皆瓦盖,木大具,门桑十木"。这个"甲"的身份是士伍,大抵是下层军士,居于某里中。他有子女各一个,妻子已亡故,另有臣(当系家仆性质)一人,妾一人,则居于家中的共有五人。大女儿还没有结婚,小儿子称为"小男子",当皆未成年。妾应当是妻死后续纳的,时间当未久,故尚未有子女。这样的一个家庭,大概在秦代属于中等之家,所居住的一宇二内,瓦屋,应当是比较好的。②《汉书》卷四九《晁错传》录晁错所上守边备塞之策,建议募民常居边塞,官府"先为筑室,家有一堂二内,门户之闭,置器物焉"。③所谓"一堂二内"或"一宇二内",当即一间堂屋,两间

---

① 后藤久:《西洋住居史:石的文化和木的文化》,林铮顗译,台北博雅书屋有限公司,2009,第41页。
② 睡虎地秦墓竹简整理小组:《睡虎地秦墓竹简》,文物出版社,1990,第149页。
③ 《汉书》卷四九《晁错传》,第2288页。

内室，外有门，内有户。这应当是汉代民居的基本形式，所以晁错才以这种形式作为建设西北边塞移民住宅的蓝本。河南陕县刘家渠8号东汉墓所出小型陶院落，平面呈长方形，前后二进平房。大门在前一栋房的右侧，穿房而过，进入当中的小院。院后部为正房，房内以"隔山"分成前、后两部分，应为一堂一室。院之左侧为矮墙，右侧为一面坡顶的侧屋，当是厨房。这一院落大约接近汉代一般民居的布局。① 《太平御览》卷一七七《居处部五》"台"下引盛弘之《荆州记》云：隆中诸葛亮"宅西有三间屋，基迹极高，云是孔明避水台"。孔明避水处只有屋三间，无院落，是孔明的临时居处，而生活较苦的一般平民则可能多居此种住宅。

第三，是宅院的总体布局。如上所述，乡村住宅除了供家庭成员居住的房屋之外，还包括粮仓、牲畜圈、围墙或篱笆、晒谷场、护宅林、池塘、井等附随设施，这些设施的布局，特别是它们与房屋之间的关系，反映了人、物与牲畜之间的关系以及乡村住宅的职能和实质。德芒戎说：农村住宅的根本特性，"主要来自建筑物的由农业需要产生的内部所安排。农民的房屋要解决一个极其重要的问题，即人、牲畜和财物之间建立起什么样的相互关系"。也就是说，乡村宅院的布局是基于农业生产与生活需要而安排的，是对所在地区农业经济的适应。在这个意义上，乡村住宅是一种"农业工具"，"它从属于生产经营的特性，给予人、牲畜及物品以合理的位置。当要遮护耕作工具或收获品的时候，它在一个狭小的空间内形成一个紧密的整体；或是相反，当要保持一群数量相当大的牲畜的时候。它向牧场敞开和松散"。"农民是按照生产规模的大小来建造房屋的，这不仅造成建筑物占有的面积和空间有差异，而且还导致住宅本身布局不同。"在这些认识的基础上，德芒戎把法国农村住宅分成四大类型：简单房屋（把住宅的所有主要部分置同一屋顶下的布局）、紧靠式房屋（长方形的、围着一个院子的建筑物，肥料堆在院子中央，有一个巨大的谷仓）、疏开式房屋（适用于畜牧经济比重较重的情形，以牲畜为主的农村经济）、层叠式房屋（畜厩在底层，人的卧室在楼上，仓房在最高层）。② 这些类型分析，对我们考察中国历史上的乡村宅院，有着很重要的启发意义。

敦煌所出 P. 3121《年次未详（9世纪后期、10世纪）沙州□万子、胡子宅舍田园图》，形象地反映了在9世纪、10世纪之交敦煌城外乡村宅院的大致格局。③ 这张图上虽未绘出"宅"，但"门前圈"，应当就是宅门前豢养家畜的地方。考虑到牲畜圈距离家宅不会太远，所以所谓"门前圈"的门，就应当是宅门。换言之，这幅图

---

① 孙机：《汉代物质文化资料图说》，文物出版社，1991，第190页。
② 〔法〕阿·德芒戎：《法国的农村住宅：划分主要类型的尝试》，参见氏著《人文地理学问题》，第249～277页，引文见第254～255、276～277页。
③ 唐耕耦、陆宏基：《敦煌社会经济文献真迹释录》第2辑，书目文献出版社，1990，第487页；池田温：《中国古代籍帐研究》"后图"，第523页。

中所绘的圈、平水园、地，皆当在万子、胡子宅的前面。由图中下方所绘地块中注明"舍南地二十亩半"可知，舍，就在该图所绘的北面。在门前圈的东南方，有一个"井"。"平水园"，当是未书姓名的"平水"（管理渠道灌溉的官员）所有之园。东园，与门前圈之间，绘有一处"门"，说明二者是相通的（平水园与东园、门前圈之间无门相通，说明它不是属于万子、胡子的）。园、场、地，当是三种土地利用方式。园，种植蔬菜用的菜园；场，当即打谷场。二者可能为一地两用，亦可能是相邻的两块地。厅，是区别于宅舍、用于接待宴会宾客之所。① 这样，我们对中古时代河西地区乡村宅舍的布局就可形成一个大致的初步认知。

五 古代乡村聚落的形状与空间结构

在散居占据主导地位的乡村区域，农家的宅院与耕地紧密联系在一起，呈现出程度不同的分散性：有时农家房屋沿着道路或堤防、河湖岸线排列，在分散中保持某种秩序；有时房屋聚集成小群，两三家或三五家靠在一起，形成小村；有时是全面的分散，房屋散布在山间、谷地或田野间，每家都很独立，看不出什么规律性的排列。散村的分布及其所呈现出来的面貌，是地理学与社会学极好的观察与分析对象，但对于历史时期的散村，由于资料的限制，却很难展开探讨。

因此，历史乡村聚落地理有关乡村聚落平面形状与空间结构的探讨，主要是就集村而言的。1895 年，德国地理学家梅村（A. Meitzen）在考察德国北部地区的农业聚落时，将分布于易北河与威塞河流域的村落，根据聚落的平面形状以及居民住宅配置、道路体系等构成要素，区分为圆形村庄（Rundforf）、沿街（条状）村庄（Strassendorf）等几何类型，树立了乡村聚落形态的基本类型概念以及村落景观分类的标准。后来，施吕特尔（Otto Schlüter）将他的分类进一步科学化，奠定了村落形态分类的基础。② 在《法国农村聚落的类型》一文中，德芒戎主要使用万分之一的军用地图，对法国各地村庄的形状及其空间结构作了分析，然后区分出长形村庄、块状村庄、星状村庄等三种聚居类型和趋于分散的类型，并分析其成因，构成了以后聚落按其平面形状分类的地理学范式。③ 日本学者绵贯勇彦提出以村落内部空地的分配情况，结合住宅间的疏密程度来划分村落的类型。他指出，"内部空地包括房屋排列间的隙地、道路与广场。村落形态不仅受制于道路网或内部空地，而且在于住宅的形态

---

① 朱雷：《敦煌所出〈万子、胡子田园图〉考》，参见氏著《敦煌吐鲁番文书论丛》，甘肃人民出版社，2000，第 306 页。
② 陈芳惠：《村落地理学》，第 13~16 页。
③ 〔法〕阿·德芒戎：《法国农村聚落的类型》，参见氏著《人文地理学问题》，第 279~317 页。

及其相互间隔疏密程度的关系。这三者的相互关系组成了聚落或疏或密的结果"。①沿着这一理路，则可将集村按照农家房舍集合的疏密程度，区分为密集村和疏集村：密集村的农家宅地相邻，房屋之间的间隔短，房屋间仅以围墙相互隔开，形成较密切的状态。疏集村除了宅地本身较宽广之外，房屋周围有住宅林环绕，有的更间以庭园、菜园、晒谷场、牲畜圈等，使房屋的间隔大为拉长，形成较疏散的集合状态。集村中农家集合疏密的程度，与宅地面积、宅地内建筑物的配置状态、宅地相邻的方式等均有关。②

这些研究，固然给我们很多启发，但是，考察历史时期特别是中国古代乡村聚落的形状与空间结构，最切实可行的切入点，可能还是发生学的，即通过梳理村落形成与演变的脉络，分析其形态与结构。从聚落发生学的角度，一般将乡村聚落区分为自然发生的乡村聚落与计划设定的乡村聚落两种：前者系因聚落居住人口不断增加，自然分家营建新住宅所成，或者因有他人从外地迁来定居，慢慢扩大，经过较长时期而形成的；形态往往呈现出不规则的块状，聚落内的道路迂回弯曲，耕地与宅地的界线不是直线形的，而且无论耕地或宅地，区划均大小不一，内容复杂而缺乏统一性。后者通常由官方或民间经过策划，事先划定一定面积的土地，分别规划为耕地、宅地、道路、沟渠等用途与区划，然后再吸纳居民移居，一般会在较短期间内形成；其形态，依其秩序井然的土地规划，农家房舍均规则配列，全体呈现出统一性；其平面形状一般比较规整，方形、长方形比较常见，也有圆形。③ 显然，大多数军事移民及由政府组织的各种移民所建立的村落，都可以看作为计划设定的村落；而南方平原湖区及山地很多看上去漫无规矩的村落，都可能属于自然发生的村落。

当然，这是就村落起源与形成过程而言的。事实上，自然发生的村落，随着规模不断扩大，或者出于安全防卫的需要，或者出于村落内部建立或重构社会秩序的要求，或者出于官府或其他因素从外面施加的影响，也会开展并落实相关的规划：在散漫的村落周围围起了土垣，整理了村内的道路，甚至按照风水的要求配置村内的公共建筑和场地，并逐步形成关于村落布局的种种风水或宗族的解释。这样，自然发生的村落在其形态与空间结构上，也就被赋予了"规划"的内涵。计划设定的村落，在经过一定时期之后，由于居民的生计和发展需求，也势必发生变化：新住宅的建立未必再严格地遵守最初的规划，很可能突破原定村落界线（土垣或围墙等）的限制；"侵街"的现象时有发生；公共设施和场地受到破坏或侵占，功能发生改变；更为重

---

① 〔日〕绵贯勇彦：《聚落形态论》，古今书院，1935，第171、175页。
② 陈芳惠：《村落地理学》，第114~116页。
③ 陈芳惠：《村落地理学》，第112~113页。

要的是，原先设定的村落中心可能会随着居民生计方式与社会生活方式的变化而被放弃，出现"空心"现象。这样，计划设定的村落的发展也就表现为一种"自然"的过程。当然，其最初计划的基本结构或基础配置，依然可以长期左右聚落的总体形态。追溯某一个或某种类型的村落发生、演变的过程，探讨它如何从"自然发生"走向"规划布局"或者从"计划设定"走向"自然演变"，将可揭示出村落社会的丰富内涵。

那么，具体的研究究竟应从哪里入手呢？考古发掘的新石器时代聚落遗址，如半坡、姜寨、仰韶等，房屋整齐地排列着，表现出某些规律性；公共设施与场所位于聚落的中心或其他突出的位置；聚落周围围以土垣、壕沟；出现了明显的功能分区，可以清晰地分划出居住区、手工作坊区、墓葬区等。这些遗址所展现出来的聚落面貌，似乎是经过"计划设定"的。但我们很难想象这个聚落在"发生"之初就是如此，更可能的历史过程是在"自然发生"之上的"规划"。秦汉时期以土垣环绕的封闭的"里"应当是经过规划的聚落，而"聚"、"丘"则可能是自然发生的村落。但即便是有围墙的"里"，也可能经历过一个从"自然发生"到"设计规划"的过程。《史记》卷五《秦本纪》记商鞅变法，谓："（秦孝公）十二年，作为咸阳，筑冀阙，秦徙都之。并诸小乡聚，集为大县，县一令，四十一县。为田开阡陌。东地渡洛。十四年，初为赋。"① 这里的"并小乡聚"，很可能就是把原来分散居住在较小聚落（自然发生的）中的民户"归并"到一起，按照官府的"设计"，建立起有围墙的"里"。所以，秦汉时期在关中与西北地区频见的有围墙环绕的"里"，很可能是在商鞅变法后"并小乡聚"，经过官府规划设计而建立起来的（考另详）。

因此，对于历史时期乡村聚落形态及其空间结构的考察，最可靠的路径，应当是发生学的。陕西韩城县的集村，就其空间形态的展现而言，大致可分为四种：（1）线状的集村，即在一条道路的一侧或两侧布置住宅、宅院，道路或直或曲，有人称为路村。这类村落的规模较小，结构简单，其形成多半是先有路后有村建筑和场所。（2）长条状的集村，一般具有两三条平行的主要街道，村落形态在纵向的发育较横向更为充分。这类村落因受地形或其他因素制约，横向难以展开，故形成长条状村落，有的则是在线形村落基础上扩展而成的。（3）块状（团状）村落，村落形态的纵横两方面发育比较均衡，街路呈网络状。（4）组合式村落，一个村落被分成两个或两个以上的组群。如党家村即由村庄和泌阳堡两部分组成。韩城的很多村落都由村与寨（堡）两部分组成，有的村还有两个或两个以上的寨，而且这些寨平常也有人居住。② 这四种形态的村落，在形成时间上是存在先后关系的。一般说来，较简单

---

① 《史记》卷五《秦本纪》，第203页。
② 周若祁、张光主编《韩城村寨与党家村民居》，第82~155页。

的线状村落形成较晚，而组合式村落规模一般较大，形成时间也较长。换言之，这四种不同的村落形态，其实反映了村落形态形成与发展的过程，或者说是四个阶段：村落一般是由简单结构发展起来的，一户或数户人家居住下来，形成的自然是最简单的结构；随着一代代增殖人口，扩大规模，村落的结构也日渐复杂起来：条状的、块状的，然后是组合式的。其间，可能会经过若干次扩建和改造，除增筑宅院外，还涉及街路网的整治与改造。但村落的扩张和发展并非漫无节制的，经过一定时间的发展，达到一定规模，即进入村落的定型期。我们观察一个村落，中心部分未必是最早建成的，很可能相反，是后建的，因为村落的核心部分可能是发展后重新调整的结果。比如一些处于村落中心的公共建筑（如祠堂），很可能是后建的。建筑学家会强调此类公共建筑的中心位置，认为村落是围绕着这个中心规划、建设的。这种方向可能是错误的，一个村落的中心，应当是多次调整之后的结果。

讨论村落内部的空间结构，一般会集中考察两个方面：（1）公共设施与公共空间的位置。主要包括水井、池塘、溪边、磨坊等与村落生计相关的公共设施与公共空间，以及庙宇、祠堂、公所、牌坊等表现村落权力与信仰的建筑和场所。（2）街巷与住宅的布局。街巷是村落的骨架，特别是主要街道及其走向，决定了村落生活空间与社会空间的诸多方面。住宅的布局则是从空间角度探究社会关系的入手点，大规模集村中的阶级分化与社会结构有时可以在住宅的空间布局上得到形象与切实的反映。

六 区域分析、长时段观察与历史人类学阐释

由于乡村聚落形态的各方面，均程度不同地受到其所处地理环境的影响，带有鲜明的区域性；同时，在传统农业经济背景下，乡村居民的生产生活方式长期保持相对稳定，所以，研究乡村聚落形态及其演变，从区域入手，以长时段的视角，乃是切实可行的理路之一。

陈桥驿先生《历史时期绍兴地区聚落的形成和发展》一文，考察了历史时期绍兴地区聚落形成与发展的进程，特别着意于聚落的起源、环境、职能及其发展方向（如向集镇的演化）的分析。[①] 虽然陈先生主要侧重于聚落地理分布的分析，对聚落形态的考察仅限于少数城邑，并未及乡村聚落，但此文却是从长时段角度考察区域聚落演变的较早范例。张伟然在开展湖北历史文化地理研究时，将民居和聚落作为两项重要的文化要素，综合使用不同时段的文献记载，从民居的建筑材料、空间形态、地域分布、文化生态及聚落的外部环境、空间形态、地理分布等方面，开展探讨，对历

---

① 陈桥驿：《历史时期绍兴地区聚落的形成和发展》，《地理学报》1980年第1期。

史时期湖北地区乡村聚落形态的空间差异与演变，提供了一个大致的认识。① 尹钧科则以先秦至新中国成立以后北京郊区的村落为研究对象，从村落的起源与形成、规模和形态、地域分布、村落的迁移与合并等方面，综合运用各种方法，对北京郊区村落的形成、发展、变迁开展了长进段的考察。②

在《聚居与散居：汉宋间长江中游地区的乡村聚落形态及其演变》一文中，我们综合使用传世文献、出土文献与考古材料，结合实地田野调查所得认识，考察了自两汉六朝以迄隋唐两宋时期近1500年间长江中游地区的乡村聚落形态及其演变，认为：长江中游地区的乡村聚落当以分散居住的小规模散村为主，大部分时间范围内、大部分地区的乡村聚落都是平均规模在十户、二十户左右的散村，各村落的农舍均尽可能地靠近田地、山林或湖泊等村民生计所赖的资源，独立的农舍或由几家、十数家组成的小村落散布在广袤的山野、平原上。当然，散居的小村与集聚的大村乃至市镇之间并没有绝对的界线，分散居住的地区也一定会有集中居住的大村落和集镇。早在汉代，散居占据主导地位的长江中游地区就并不缺少户口规模超过百家的较大村落；东汉末年开始的长达数百年的社会动乱以及由此而引发的北方人口的南迁，使长江中游的部分地区特别是北部的南阳荆襄地区，聚落形态向以坞壁城堡为代表的集聚聚落演化，部分地区原有的南方土著居民也在此影响下逐渐建立了自己的集聚村落，而大部分土著居民（所谓"蛮"）则仍然保持散居山野的状态，从而形成了"巴夏居城郭，夷蛮居山谷"的分野；唐中后期以迄宋代，人口不断增加，社会经济相对稳定的发展，特别是工商业的发展，促使原有的集聚村落规模不断扩大，其突出表现就是市镇的形成、普遍及其规模不断扩大。然而，集聚村落（包括未脱离所在区域农业经济生活的大部分市镇）的扩大、聚居区域的扩展，并未从根本上改变长江中游地区以散居为主的乡村聚落形态：在星罗棋布的集聚村落（包括市镇）周围，散布着为数更多的散村和独立农舍，虽然不少散村随着户口的增加、住宅的密集化以及内部组织的逐渐紧密而进入集聚村落的范围，但也有不少农户脱离其原先居住的集村而另立小规模的散村，从而使散村得以保持其主导地位。③ 虽然该文仅探讨了汉宋时长江

---

① 张伟然：《湖北历史文化地理研究》，湖北教育出版社，1999，第100~169页。在此之前，张伟然曾从民居习俗与聚落景观的角度，主要引证诗文资料，讨论了唐宋时期湖南地区的聚落形态，认为唐宋时期湖南大部分地区的乡村聚落分布稀疏，规模较小，民居以草木结构为主，参见氏著《湖南历史文化地理研究》，复旦大学出版社，1995，第175~181页。类似的研究还有张晓虹：《陕西历史聚落地理研究》，《历史地理》第16辑，上海人民出版社，2000，第75~88页；另参见氏著《文化区域的分异与整合——陕西历史地理文化研究》，上海书店出版社，2004，第322~349页。

② 尹钧科：《北京郊区村落发展史》，北京大学出版社，2001。

③ 鲁西奇：《散居与聚居：汉宋间长江中游地区的乡村聚落形态及其演变》，载《历史地理》第23辑，上海人民出版社，2008，第128~151页；又参见氏著《人群·聚落·地域社会：中古南方史地初探》，厦门大学出版社，2012，第57~115页。

中游地区的乡村聚落究竟是以集村为主、还是以散村为主的问题，但我们相信，尽管有相当难度，但对历史时期长江中游地区乡村聚落的区位、乡村住宅形式、村落形态及其演变的考察，是完全可能开展的。

乡村聚落是乡村居民最重要的生产生活空间，选取什么样的地方建造自己的房屋、建造怎样的房屋、怎样安排自己的宅院，以及怎样处理房屋与耕地、左邻右舍（如果有的话）、村落中的其他设施（道路、公共设施）之间的关系，是农民生活中的大问题，甚至是与婚姻、生育等人生大事同等重要的事情。所以，研究历史时期乡村聚落的形态，必须努力站在历史时期研究区域内乡村居民的立场上，设想与他们处于同一种特定的历史、地理与社会情境中，复原并想象其生存、生产与生活的地理与社会空间，方有可能对其居住形式给予一种最大程度上符合历史实际的描述与解释。这就是所谓"走向历史现场"的历史人类学立场。陈春声先生曾经谈到历史人类学立场的区域历史研究，"既要把个案的、区域的研究置于对整体历史的关怀之中，努力注意从中国历史的实际和中国人的意识出发理解传统中国社会历史现象，从不同地区移民、拓殖、身份与族群关系等方面重新审视传统中国社会的国家认同，又从无时不在、无处不在的国家制度和国家观念出发理解具体地域中'地方性知识'与'区域文化'被创造与传播的机制"。[1] 这些原则，也同样适用于历史时期区域乡村聚落形态的研究中。

站在历史人类学的立场上研究历史时期乡村聚落的形态，可能提出若干饶有趣味的新问题和新阐释。比如，乡村聚落起源于定居生活，没有定居（至少是季节性定居）也就无所谓乡村聚落。那么，人们为什么会选择定居这种居住方式？早期的解释倾向于认为是农耕生活的需要导致了定居，并催生了聚落。但是，即使在早期游牧群落的文化中，也发现了至少是某种定居的倾向，一个以岩画或巨石冢为标志的礼仪或祭祀中心，像候鸟回游地那样相对固定的、每隔一段时间就会回来的地点。凡此，都引导我们去思考：定居，或较长时间的居住，并不一定起源于原始农业的发展，而很可能起源于人类早期的生活与信仰。芒福德说：

> 在旧石器时代人类不安定的游动生涯中，首先获得永久性固定居住地的，是死去的人：一个墓穴，或以石冢为标记的坟丘，或是一处集体安葬的古冢。这些东西便成为地面上显而易见的人工目标，活着的人会时常回到这些安葬地点来，表达对祖先的怀念，或是抚慰他们的灵魂。虽然当时的采集和狩猎的生产方式不易形成固定地点上的永久性居住，但至少死去的人可以享受到

---

[1] 陈春声：《走向历史现场》，《历史·田野丛书》总序，参见赵世瑜《小历史与大历史：区域社会史的理念、方法与实践》，三联书店，2006，第Ⅰ~Ⅶ页，引文见第Ⅲ页。

这种特权。①

固定的墓地，相对固定的礼仪与祭祀场所（与生产生活有关的巫术举行地），很可能是最终引导早期人类较长时间内居住于某一特定地点或有规律地回到这个地点的最重要的原因。

另外，即便是在农业经济已相当发达的明清时期，也并不一定所有从事农耕的乡村居民都采用定居的方式。明清时期，进入秦巴山区的移民在很长时间里仍然采取游耕和流动居住方式。严如熤《三省山内风土杂识》记载，进入秦巴山区的流民"不由大路，不下客寓，夜在沿途之祠庙、岩屋或密林之中住宿，取石支锅，拾柴作饭。遇有乡贯便寄住，写地开垦，伐木支椽，上覆茅草，仅蔽风雨。借杂粮数石作种，数年有收，典当山地，方渐次筑土屋数板，否则仍徙他处"。"棚民本无定居，今年在此，明年在彼，甚至一岁之中，迁徙数处。即其已造房屋者，亦零星散处，非望衡瞻宇、比邻而居也。"② 只有在当地取得稳定的生计来源，特别是取得了稳定的土地所有权或租佃权、建起了堰坝等水利设施之后，这些流民才会真正地考虑定居下来，死后不再回葬故里，甚至将祖先从故乡迁葬新居地。唯有如此，流民才真正在移住地扎下根来，建立起稳定的新聚落。③

又如，一般认为，聚居是人类最初的居住方式，血缘组织则是最早的聚落社会的骨架。而我们对汉水流域新石器时代文化遗址所反映的聚落状况的分析表明：新石器时代汉水流域的聚落是内凝式的，整个聚落的房屋、墓地、手工业作坊，紧密地聚集在一个规定的范围内。每个聚落的独立性或自给自足性十分明显，人们在聚落中居住、生活，组织生产和有关的经济活动，就是死后也以聚落为单位进行安葬。聚落的人口承载量是有限的，少则数十人，多则一二百人。④ 聚落与聚落之间的距离一般较远，距离最近者，也控制在各自的农业生产区不相接壤的原则上。聚落间没有明显的

---

① 〔法〕刘易斯·芒福德：《城市发展史——起源、演变和前景》，宋俊岭、倪文彦译，中国建筑工业出版社，2005，第5页。
② 参阅张建民《明清长江流域山区资源开发与环境演变》，武汉大学出版社，2007，第467～522页。
③ 参阅鲁西奇、杨国安、徐斌、江田祥《内地的边缘——明清时期湖北省郧西县地域社会史的初步考察》，收入陈锋主编《明清以来长江流域社会发展史论》，武汉大学出版社，2006，第431～494页，特别是第462～481页。
④ 从考古学角度复原某一遗址的人口数量，主要是根据墓地所出的人骨数量，结合同期居址的数量和面积大小来推算的。目前汉水流域所发掘的新石器时代遗址，尚无整体揭露者，且所发现的墓葬出土人骨也多保存不好，无法判明具体遗址的人口数量。因此，只能通过考察遗址面积的大小来作大致的推算。较为广泛的人类学比较研究表明，史前聚落与人口之间关系的粗略统计数据为：聚落人口密度约为1万平方米150人，个人平均生活空间约67平方米。以这一标准推算，淅川下王岗的史前人口约为90人，郧县大寺遗址的史前人口约为75人，而京山油子岭则有300人。但这样的推算实际上是非常危险的，其结果可能距事实非常之远。

性质上差别；相邻的聚落间可能有文化交往，甚至发生姻亲关系，但相互间不相隶属与依存，各聚落均是独立的。因此，至少在汉水流域，可以肯定，新石器时代的聚落最先是表现为散漫型的，以散居为主；只是到后来，随着史前农业的发展和社会组织的进步，才逐渐出现较大的中心聚落乃至城壕聚落，形成集聚村落；但即使在出现集聚村落的新石器时代晚期，散居仍然是汉水流域人类居住的主要形态。[1] 这种情况，大约到春秋战国时期也并未发生根本性的改变，只是后来随着人口的逐渐增加与地区经济的不断发展，才逐渐发展成为规模较大的聚居村落，并进而发展成为城。[2] 结合我们对汉宋时期长江中游地区乡村聚落形态及其演变的考察，可以相信，在长江中游地区，散居，而不是聚居，是人类最初的居住形式，也就是这一地区人类居住的原始倾向。由此出发，我们进而认为，从农业生产的角度来看，"位于田地中央的孤立居住的形式，是一种很优越的居住方法，它给农民以自由，它使他靠近田地，它使他免除集体的拘束"。[3] 因此，经济生活的需求，是导致散居作为一种原生居住方式的根本原因。

这样的认识与解释当然还有很大的讨论余地。有关历史乡村聚落形态的研究可能还刚刚起步，类似的问题还有很多，尚有待于深入细致的探讨。

〔作者鲁西奇，1965年生，厦门大学历史学系教授〕

收稿日期：2013年3月3日

---

[1] 鲁西奇：《新石器时代汉水流域聚落地理的初步考察》，《中国历史地理论丛》1999年第1期；鲁西奇：《区域历史地理研究：对象与方法——汉水流域的个案考察》，广西人民出版社，2000，第91~115页。
[2] 鲁西奇：《青铜时代汉水流域居住地理的初步研究》，《中国历史地理论丛》2000年第4期；《区域历史地理研究：对象与方法——汉水流域的个案考察》，第158~173页。
[3] 〔法〕阿·德芒戎：《农村居住形式地理》，参见《人文地理学问题》，第169页。

· 问题讨论 ·

近二十年秦人来源研究的新进展述评

史 党 社

秦人与周人一样,都兴起于西北的黄土高原,但比起周人的历史,秦人的历史更加神秘和波澜壮阔。从西周中期"秦人"得"秦"之名,一直到秦亡绵延不绝的600余年中,[①] 秦人由一个小的家族,逐步取得了附庸、诸侯的政治地位,最终建立了一个统一、广大的秦帝国,拥有300万平方公里以上的疆土,控制着数百万甚至上千万的人口。对秦人来源的研究,是一个重要而有趣的学术命题,学者进行了长久的探索,近些年已经取得了较大进展,本文拟对近20年秦人来源的研究做一述评。在探索秦人来源的时候,学者所说的"秦人",指的是秦人的核心族群,即作为统治者的秦人上层,是秦人的本体,而不是指更加广大的秦人的下层。后者虽也为"秦人",但主要指的是秦人本体控制下的西北"戎狄",以及西南、关东之民,这些人众,与秦人本体有着不同的族源。

一 西汉水上游、渭水上游秦文化的考古新发现和秦人来源研究

(一)西汉水上游、渭水上游秦文化的考古新发现

近20年秦人来源研究的进展,是随着新的考古资料的发现逐步深入的。考古学者在此方面的探索,也起到了领头羊的作用。新的考古发现集中在两个区域,一是西汉水上游的甘肃陇南市礼县一带,另一就是渭水上游的清水、张家川、秦安三县,行政区划属于甘肃天水市。

西汉水是嘉陵江的支流,发源于天水市南部,西流不到百公里后,在今礼县县城

---

① 按照"夏商周断代工程"所公布的年表,秦人得名的周孝王时代,大致为公元前891~公元前886年。参见夏商周断代工程专家组《夏商周断代工程1996~2000年阶段成果概要》,《文物》2000年第12期。

（城关镇）转折南流，在礼县雷坝乡附近转而东南流，进入陕西略阳县北部后，汇入嘉陵江。在礼县县城以上，河谷比较宽阔，宽度维持在1公里左右，个别地方比较狭窄，例如大堡子山一带；县城以南、石桥镇以下，则多高山深谷，地形狭窄崎岖。

1992～1993年间，礼县一带的古墓葬遭到了大规模的集体盗掘，其中以永坪乡赵坪村大堡子山秦君陵园被盗最为严重。不过，由于此次盗墓活动，却引来了秦文化的一些重要发现，重要的地点有永坪乡大堡子山秦君陵园、城关镇西山遗址和鸾亭山祭祀遗存、永兴乡圆顶山墓地等处。

1994年，甘肃省文物考古研究对大堡子山墓地进行了抢救性发掘，共发掘中字型大墓2座（M2、M3）、瓦刀形车马坑1座、中小型墓9座。在海内外流失以及公安机关缴获的器物中，还有来自大堡子山秦君陵园中的"秦公"鼎等器物多件，两座大墓的年代在春秋早期，墓主很可能是春秋早期的两位秦君，中小型墓葬的年代可能大多较大墓为晚。① 遗憾的是，两座大墓出土的文物散落到世界各地，资料至今没有正式发表。

1998年、2000年，甘肃省文物考古研究所、礼县博物馆发掘了大堡子山对面隔西汉水相望的永兴乡圆顶山墓地，第一次发掘中型墓2座、小型墓与车马坑各1座，第二次发掘中型墓1座。② 根据遗物判断，圆顶山墓地的年代当在春秋中晚期，墓主是秦的高级贵族。

2004年，为了探索早期秦文化的面貌，寻找秦人早期都邑西犬丘、③ 秦亭，以及秦先祖、先公的陵墓所在，由北京大学、国家博物馆、陕西、甘肃的学者组成了早秦文化联合考古队，对东起天水市天水乡，西至礼县江口乡，大约60公里长的西汉水上游干流，以及红河、永平河、燕子河、漾水河等支流的周秦遗址进行了全面的调查，工作范围主要在礼县境内进行，也涉及天水、西和等县市的部分地区。调查共发现含周秦文化的遗址37处、包含有寺洼文化的遗址25处。④ 其中的寺洼文化遗存，相对于20世纪80年代以前的调查和发掘，很多属于新发现。⑤ 周秦遗址的年代跨越

---

① 戴春阳：《礼县大堡子山秦公墓地及有关问题》，《文物》2000年第5期；礼县博物馆、礼县西垂文化研究会：《秦西垂陵区》，文物出版社，2004，第10页。
② 甘肃省文物考古研究所、礼县博物馆：《礼县圆顶山春秋秦墓》，《文物》2002年第2期；《礼县圆顶山98LDM2、2000LDM4春秋秦墓》，《文物》2005年第2期。
③ "西犬丘"，出自《史记·秦本纪》，本名应是犬丘。司马迁如此称谓，当是为了区别关中兴平的槐里犬丘，此"西"表方位，或即秦汉西县（今礼县）之名。为表达明确，本文从司马迁之称。
④ 在早秦文化联合考古队《西汉水上游周代遗址考古调查简报》（《考古与文物》2004年第6期）中，报道调查包含周秦文化的遗址38处、包含寺洼文化的遗址22处，与《西汉水上游考古调查报告》所说不同，本文采用后出的报告中的数据。后者参见甘肃省文物考古研究所等《西汉水上游考古调查报告》，文物出版社，2008，第5页。
⑤ 甘肃省博物馆：《甘肃西汉水流域考古调查报告》，《考古》1959年第3期；甘肃省博物馆：《甘肃古文化遗存》，《考古学报》1960年第2期；甘肃省文物工作队、北京大学考古系：《甘肃西和栏桥寺洼文化墓葬》，《考古》1978年第8期；赵化成：《甘肃东部秦和羌戎文化的考古学探索》，俞伟超主编《考古类型学的理论与实践》，文物出版社，1987，第145～176页。

西周、东周两个时期，文化面貌与关中和甘谷毛家坪遗址相同。通过调查还发现，西周晚期—春秋早期，是周秦文化最为发达的时期，还有三个遗址相对密集的文化中心区，西犬丘当就在此三个中心区里。① 对于与周秦文化共存的寺洼文化的面貌，由此也有了进一步的认识。

2004年，联合考古队在礼县县城西北侧的鸾亭山进行考古调查，并发掘了汉代祭祀遗址。鸾亭山位于西山北侧，与三个中心区之一的西山遗址隔刘家沟相望，但山势比西山更为高峻。山上的古代遗存，分山腰和山顶两个地点。山腰南侧的冲沟两边，发现有两个夯土台，东侧夯土台的南侧，则为周代墓葬区，钻探出81座墓。山顶有祭坛和其南侧的台地遗址，考古队在此处进行了发掘。祭坛近圆形，有房址、灰坑、夯土围墙、鹅卵石等建筑遗址，以及祭祀坑等遗存，所出遗物有西周、寺洼文化陶片，还有汉代瓦当、瓦片、钱币及祭祀用玉器、祭祀用动物骨骼等，内涵比较丰富，年代从西周延续到汉代。祭坛为西汉时代的，当为汉代"五畤"之一的西畤之所在，虽然现在还没有先秦时代的祭祀遗存的发现，但西周时代已有人在此活动则是无疑的，推测先秦时期的西畤，很可能就在此处。②

2005年，联合考古队在西山发掘了32座两周墓葬，其中西周时期6座，东周时期26座，还发现了房基5座、大量灰坑、动物坑（包括马坑7座、牛坑1座、狗及其他动物坑3座），出土了青铜器、陶器等众多遗物，资料尚未发表。③ 西山遗址面积大，遗存分布密集，被怀疑是秦人早期都邑西犬丘的所在，因此这里的高级别墓葬、城址等发现，意义十分重大。

2005~2006年，文化联合考古队在西山、大堡子山、山坪发现或确认了三座城址，其中西山城址的建造和使用年代可上伸到西周；大堡子山城址的建造年代不会早于西周晚期，大致在春秋晚期已经废弃；山坪城址按照城内采集的陶器标本，大致在春秋早中期。④ 这三座城址为犬丘的寻找，提供了重要线索。

2006年，联合考古队在此前甘肃省文物考古研究所工作的基础上，对大堡子山遗址进行了大规模的调查和钻探，面积达150万平方米，除了发现上述城址外，还发现夯土建筑基址26处，中小型墓葬400余座。发掘的有21号府库类建筑遗址、祭祀

---

① 早秦文化联合考古队：《西汉水上游周代遗址考古调查简报》。
② 早秦文化联合考古队：《2004年甘肃礼县鸾亭山遗址发掘主要收获》，《中国历史文物》2005年第5期；梁云：《对鸾亭山祭祀遗址的初步认识》，《中国历史文物》2005年第5期。
③ 赵丛苍、王志友、侯红伟：《礼县西山遗址发掘取得重要收获》，《中国文物报》2008年4月4日第2版；郭军涛：《礼县地区中小型秦墓的分期及相关问题研究》，西北大学硕士论文，2010，第6页。
④ 早秦文化联合考古队：《甘肃礼县三座周代城址调查报告》，北京大学中国考古学研究中心、北京大学震旦古代文明研究中心编《古代文明》第7卷，文物出版社，2008，第323~362页，图版7~15。

遗址（包括"乐器坑"1座、人祭坑4座、灰坑6座）、车马坑1座，以及7座中小型墓葬。① 祭祀遗址与墓葬出土有春秋时代的青铜器，其中"乐器坑"出土有成组的钟镈、磬等器物，有的带有"秦子"铭文。中小型墓葬主要分布于东城墙外侧的台地上，城内也有少量分布，但在20世纪90年代的盗墓风潮中，多被盗扰。这些墓葬的价值同样十分重要，联合考古队公布了其中5座的资料，资料比较完好的是其中的ⅠM25、ⅢM1、ⅢM2三座。② 由于这些重要的发现，大堡子山遗址被评为2006年全国考古十大发现之一。

在西汉水上游之外，考古工作的另一重点地区是渭水上游。在这里进行的考古学调查，是在2005年、2008年分两次进行的，主要地点为渭水北侧的支流牛头河流域。

牛头河发源于陕甘之间的陇山南麓，流经清水县境与天水市区后汇入渭水。近十多年来，牛头河流域关于"西戎"的考古发现有好几个重要的地点，如张家川回族自治县马家塬墓地，被认为是"戎王"的墓地。还有清水县白驼乡刘坪墓地、秦安县五营乡王家洼墓地，性质与马家塬墓地类似。这些墓地的年代在战国晚期—秦统一，材料虽然与探索秦人来源没有直接的联系，但仍可以提供重要的旁证。牛头河流域调查发现各类遗址117处，其中含西周至春秋时期遗存的31处，含战国时期遗存的12处，含汉代及其后遗存的12处。发现的31处含西周春秋遗存的遗址，有13处分布在清水县白沙乡至红堡乡的牛头河中游两岸，是整个流域周代遗存最丰富的区域。在这一区域，位于清水县城附近的李崖遗址不仅面积大而且文化堆积丰富，在整个牛头河流域以周代文化为主的遗址中是绝无仅有的。李崖遗址对于秦文化渊源和秦人来源的探索，除了毛家坪B组遗存的存在外，最主要的一点，就是寺洼文化与商周遗存同处一个墓地现象的存在，也打破了原来牛头河流域没有寺洼文化分布的认识。

2009年、2010年，联合考古队在李崖遗址进行了两次钻探和试掘，钻探面积约40万平方米，在遗址东部的一级台地上共发现墓葬80座左右、灰坑100多座，发掘竖穴土坑墓19座，灰坑40余座，并对遗址靠西处于二级台地上的白土崖古城进行了解剖，可确认此城为北魏时期的清水郡城。

李崖遗址发掘的19座墓，17座的葬式都是仰身直肢葬，其他2座中的M6下肢微屈，M9为二次扰乱葬。若按随葬品分，则可分为四类：第一类，陶器组合为周式风格的鬲、簋、盆、罐，部分陶鬲、陶簋具有明显的商式风格，一般为5~10件随葬

---

① 不包括21号建筑遗址中的春秋早期偏晚的ⅢM12、战国ⅢM11两座墓。
② 早秦文化考古联合课题组：《甘肃礼县大堡子山早期秦文化遗址》，《考古》2007年第7期；早秦文化联合考古队：《2006年甘肃礼县大堡子山祭祀遗址发掘简报》、《2006年甘肃礼县大堡子山东周墓葬发掘简报》，《文物》2008年第11期。

品，最少的仅1件，共13座墓。第二类，商周风格陶器与寺洼陶器共出，共出器物26件，多数为周式或具有商式风格的鬲、簋、盆、罐，其余3件为寺洼文化常见的马鞍口罐、素面簋、单耳罐，只有1座墓即M9。第三类，单出土寺洼文化陶器的，共4座墓。各出寺洼文化陶罐1件。第四类，无随葬品的，1座。19座墓除了葬式、随葬品的差异外，均为东西方向（西偏北）、头向西、直肢葬（只有1座M9为乱骨葬）、带腰坑殉狗，具有很大的一致性。发掘者推测，这些特征与礼县西山西周晚期铜礼器墓、宝鸡一带东周时期出铜礼器的秦国高等级贵族墓的葬俗完全一致，因而，这批墓很可能是早期秦人嬴姓宗族的遗存。有关这批墓葬的确切年代目前还有不同看法，初步判断大多集中于西周中期，个别可能为西周早期偏晚或西周晚期偏早，这有待于碳十四测年及进一步的研究。20世纪80年代发掘的甘谷毛家坪遗址秦文化墓葬的年代，最早不超过西周中期偏晚，礼县西山可至西周晚期，若对其族属的判定可以肯定的话，则李崖这批墓是迄今所见年代最早的一批秦族墓葬。最值得关注的是，随葬品中有相当一部分陶器具有显著的商式风格，如方唇分裆鬲、带三角纹的陶簋等，再加上腰坑殉狗的葬俗，表明早期秦文化与商文化有着某种渊源关系，再结合文献记载秦远祖与商王朝的密切关系，从而可以支持秦人、秦文化的"东来说"。①

除了上述两个区域的诸地点，2012年，联合考古队又在甘谷毛家坪遗址进行了大面积的发掘和钻探，据说在墓地和居址的发掘都有新的收获，目前资料还没有公布。

（二）有关秦人来源的新认识

学术界关于秦人的来源，历来有"东来说"与"西来说"的对立，二者相持了大半个世纪。

现代学者明确提出秦人东来者，大约以徐中舒先生为最早。1927年，徐中舒先生在他发表的清华研究院毕业论文《从古书中推测之殷周民族》中最早指出，传世师酉簋铭文中的"秦夷"，就是后来的秦人"嬴秦"，属于商周之际西迁的殷遗民。②随后，傅斯年先生有两篇文章提到了秦人的来源，一篇是《〈新获卜辞写本后记〉跋》，③一篇是《夷夏东西说》④。他在这两篇文章中认为，像殷人一样，具有卵生神话起源的民族，全为环渤海的东北民族和淮夷，而后世民族的同类传说，为与此为一源之分化。此类传说在东北地区分布持久而广泛，如殷商、橐离、高句丽、满，等

---

① "中国甘肃网"：《甘肃清水李崖西周遗址》。
② 王国维指导，原名《殷周民族考》，发表于清华大学《国学论丛》第1卷第1号，1927年。参见徐著《徐中舒论先秦史》，上海科学技术文献出版社，2008，第1~8页。
③ 原载中央研究院历史语言研究所《安阳发掘报告》第2期，1930年。收入刘梦溪主编《中国现代学术经典》傅斯年卷，河北教育出版社，1996，第356~392页。
④ 原载《中央研究院历史语言研究所集刊》外编第一种《庆祝蔡元培六十五岁论文集》，1933。收入刘梦溪主编《中国现代学术经典》傅斯年卷，第187~240页。

等，皆有此起源传说。① 傅斯年相信以下几点：第一，秦与"夷淮"同祖颛顼；第二，秦为嬴姓，嬴姓的共同祖先是伯益，秦赵嬴姓来自东方；第三，秦祖属东方少皞集团。关于秦人的来源，傅斯年认为，秦在在商代凭借殷人向西之势，从泰山以南地区向殷之西北发展。他在《夷夏东西说》中说："秦、赵以西方之国，而用东方之姓者，盖商代向西拓土，嬴姓东夷在商人旗帜下入于西戎。《秦本纪》说此事本甚明白。少皞在月令系中为西方之帝者，当由于秦、赵之祖移其传说于西土，久而成土著，后世作系统论者，遂亡其非本土所生。"傅斯年的这个看法，除了对卵生神话的理解，大致还是基于《秦本纪》，是从后者演绎而来的。由于傅先生在学界的地位和影响，他的《夷夏东西说》也堪称学术经典，其中关于秦人东来的论据也常被引用和演绎，以致许多学者认为傅先生是秦人"东来说"的首倡者，其实是不对的。

徐、傅两位先生之后，有许多历史、考古学者都论证了秦人的东方渊源，例如钱穆、顾颉刚、卫聚贤、杨宽、徐旭生、黄文弼、刘节、陈槃、邹衡、林剑鸣、韩伟、何汉文、段连勤、尚志儒、王玉哲、何清谷、黄留珠、史党社、李学勤等。② 当下，

---

① 在大约作于同时、发表于1932年的《东北史纲》第一卷《古代之东北》中，傅先生对东北系族群与中原的关系也有类似讨论。

② 钱穆：《西周戎祸考上——附辨春秋前秦都邑》，原载《禹贡》2卷4期，1934，收入《古史地理论丛》，东大图书出版有限公司，1982，第151～156页。顾颉刚：《中国疆域沿革史》，商务印书馆，2000，第20页；该书作于20世纪30年代，由顾先生拟订，实由史念海先生执笔；顾颉刚：《穆天子传及其著作年代》，《文史哲》第1卷第2期，1951年；顾颉刚：《鸟夷族的图腾崇拜及其氏族集团的灭亡——周公东征失事考证之七》，西安半坡博物馆编《史前研究（2000）》，三秦出版社，2000，第200～210页。按王煦华先生的编后记，本文作初稿成于1961年，1964年底改成。卫聚贤：《中国民族的来源》之"赵秦楚民族的来源"，《古史研究》三集，商务印书馆，1937，第49～58页。杨宽：《中国上古史导论》（1938），吕思勉、童书业编著《古史辨》第七册上，上海古籍出版社，1982，第92～97页。徐炳昶（旭生）：《中国古史的传说时代》，中国文化服务社，1943年初版（又《民国丛书》第二卷第73册影印)，本文引自广西师范大学出版社2003年版，第63～65、240页。黄文弼：《嬴秦为东方民族考》，《史学杂志》1945年创刊号。刘节：《中国古代宗族殖史论》，《民国丛书》第五编第19册影印1948年（上海）正中书局版，第102页。陈槃：《春秋大事表列国爵姓及存灭表譔异》，《中央研究院历史语言研究所专刊之五十二》，1969；本书引自上海古籍出版社，2009三订本，上册，第140页。邹衡：《论先周文化》，载氏著《夏商周考古学论文集》，文物出版社，1980，第297～355页。林剑鸣：《秦史稿》，上海人民出版社，1981，第14～20页。韩伟：《关于秦人族属及文化渊源管见》，《文物》1986年第4期。何汉文：《嬴秦人起源于东方和西迁情况初探》，《求索》1981年第4期。段连勤：《关于夷族的西迁和秦嬴的起源地、族属问题》，《人文杂志》编辑部编《先秦史论文集》，《人文杂志》1982年增刊。尚志儒：《早期嬴秦西迁史迹的考察》，《中国史研究》1990年第1期。王玉哲：《秦人的祖源及迁徙路线》，《历史研究》，1991年第3期。何清谷：《嬴秦族西迁考》，《考古与文物》1991年第5期。黄留珠：《秦文化二元说》，《西北大学学报》（哲社版）1995年第3期。史党社：《秦人早期历史的相关问题》，秦俑博物馆编《秦文化论丛》第6辑，西北大学出版社，1998。李学勤：《清华简关于秦人始源的重要发现》，《光明日报》2011年9月8日11版；李学勤：《谈秦人初居"邾圄"的地理位置》，《出土文献》第2辑，中西书局，2011；清华大学出土文献研究与保护中心李学勤主编《清华大学藏战国竹简》（贰）（上下册），下册第三章，中西书局，2011，第141～143页；李学勤：《清华简〈系年〉"奴之戎"试考》，《社会科学战线》2011年第12期。

处在秦文化考古和研究第一线的考古学者如赵化成、刘军社、牛世山、滕铭予、张天恩、梁云、路国权等，①都主张秦人东来。其中，邹衡先生是新中国考古界第一次提出秦人东来的学者，邹先生通过对考古与甲骨、金文资料的梳理，推测秦祖在商代后期大概已经从东方到了关中西部一带。②稍后有韩伟先生，他认为传统说法所言秦文化三标志因素——屈肢葬、洞室墓、铲脚袋足鬲，在秦文化中的存在是有历史阶段和条件的，并不是秦文化一以贯之的传统。③韩伟并认为，刘庆柱④所说的辛店文化为屈肢葬源头的说法，也是有失偏颇的，秦人也并不是西戎的一支，而应该来自东方，那些战国以后才出现于秦文化中的因素，应是此时进入到秦人之中的"西戎"人士所留。⑤赵化成先生曾主持甘谷毛家坪遗址的发掘以及附近的调查，发表了西周时期属于秦文化的33座墓葬和200平方米的居址资料，即"毛家坪A组遗存"；此外还有所谓的"毛家坪B组遗存"，即东周时期的戎人文化遗存。⑥他根据这些材料认为，墓西向的习俗，可能与西北地区的古文化有关；屈肢葬当是当地土著习俗的承继和发展。对于秦人的渊源，他认秦人在商代末年已经生活在甘肃东部了。对于秦人是否来自东方，他采取了审慎的说法，认为一时还难以下结论，但认为周公东征秦人于西方的说法是难以成立的。⑦近些年论证秦人东来的考古学者，走得最远、成果较多的当数西北大学的梁云先生。

秦人"西来说"的倡导者为王国维、蒙文通等人，时间与"东来说"不相上下。王国维在20世纪20年代初发表的《秦都邑考》一文中认为，"秦之祖先，起于戎狄"，就是今甘肃陇山以西之"西垂"，即汉之西县（今甘肃礼县），随后逐渐向东发展，此由其都邑犬丘、秦、汧渭之会、平阳、雍、泾阳、栎阳、咸阳之迁变可知，而秦人"既未逾陇之前，殆与诸戎无异"。⑧此后，蒙文通先生比王国维更加明确地提出秦为"西戎"，大概

---

① 赵化成：《寻找秦文化渊源的新线索》，《文博》1987年第1期。刘军社：《壹家堡类型文化与早期秦文化》，秦俑博物馆编《秦文化论丛》第3辑，西北大学出版社，1994。牛世山：《秦文化渊源与秦人起源探索》，《考古》1996年第3期。滕铭予：《秦文化起源与相关问题再探讨》，《中国考古学跨世纪的回顾与前瞻》，科学出版社，1999，第281~296页。张天恩：《礼县所见早期秦文化遗存有关问题刍论》，《文博》2001年第3期；张天恩：《甘肃礼县秦文化调查的一些认识》，《考古与文物》2004年第6期。梁云本方面代表性的论文是：《从秦墓葬俗看秦文化的形成》，《考古与文物》2008年第1期。路国权：《西周时期泾河流域是腰坑墓及秦族起源》，《咸阳师范学院学报》2009年第5期。
② 邹衡：《论先周文化》，《夏商周考古学论文集》，文物出版社，1980，第297~355页。
③ 韩伟：《试论战国秦的屈肢葬仪渊源及其意义》，《中国考古学会第一次年会论文集》，文物出版社，1979，第204~211页。
④ 刘说见下引《试论秦之渊源》，《先秦史论文集》，《人文杂志》1982年增刊。
⑤ 韩伟：《关于秦人族属及文化渊源管见》，《文物》1986年第4期。
⑥ 甘肃省文物工作队、北京大学考古学系：《甘肃甘谷毛家坪遗址发掘报告》，《考古学报》1987年第3期；赵化成：《甘肃东部秦和羌戎文化的考古学探索》，俞伟超主编《考古类型学的理论与实践》。
⑦ 赵化成：《寻找秦文化渊源的新线索》，《文博》1987年第1期。
⑧ 王国维：《秦都邑考》，《观堂集林》卷一二。

是犬戎的一支。在《秦为戎族考》①、《秦之社会》② 两文中，蒙先生认为，秦祖戎胥轩、申侯以及所娶之骊山女等，皆为戎人，别祖造父也是"北唐戎"之君，③自中潏以来秦一直居于犬丘，处诸戎之间。他还举了一些文献证据，所以"秦之为戎，固自不疑"。蒙文通先生以犬戎为"西戎"之总名，殷周间犬戎势力强劲，足以与周抗衡，穆王西征之戎，所居在汉安定郡界（今甘肃平凉、宁夏固原以北），则一部迁往河套。秦自大骆以来居天水西南之犬丘，又与犬戎关系密切，秦大约就是犬戎的一支。④

"西来说"的跟随者人数较少，主要有考古学者俞伟超⑤、刘庆柱⑥、叶小燕⑦，以及历史学者熊铁基⑧等人，还有一些海外学者⑨。

1949年以来，随着新的考古材料的发现，推动了对秦文化的研究和认识，因此学者们多以文化因素去探索秦人的渊源。20世纪30年代，苏秉琦先生在陕西宝鸡斗鸡台发掘了11座"屈肢葬墓"（早段的随葬有铲脚袋足鬲），但并没有指出这些墓葬的族属或国别，只说其似当是一种外来的文化，而它的主人若不是早已华化的外族，便是一支早已夷化的"华夏"。⑩ 1949年后在关中等地发掘的中小型秦墓数以千计，特别是70~80年代以来凤翔雍城等地的发掘，使人们认识到东周—秦代的秦文化，是不同于其他诸侯遗存的一种地域文化。80年代，北京大学与甘肃省的考古学者在天水市甘谷县的毛家坪，发掘了更早的年代属于西周的秦文化遗存，把秦文化的源头上推到了西周时代，也把秦文化的发现地域，由关中地区延伸到了陇山以西的"西戎"之域，⑪ 这是一个对秦人与秦文化渊源探索的标志性成果，成为1949年以来推

---

① 《秦为戎族考》为作者1933年在北大历史系任教所讲，载《禹贡》第6卷第7期，1936。按本文与《秦之社会》略同，收入《周秦少数民族研究》，龙门联合书局，1958，第22~24页。
② 蒙文通：《秦之社会》，《史学季刊》第1卷第1期，1940。
③ 《竹书纪年》记载穆王时北唐戎之君来献良马。
④ 蒙文通：《周秦少数民族研究》，第22~26页。
⑤ 俞伟超：《古代"西戎"和"羌"、"胡"考古学文化归属问题的探讨》，本文最初是作者1979年9月在青海考古学会和青海省历史学会联合举办的学术报告上的讲话，曾以《古代"西戎"和"羌"、"胡"文化归属问题的探讨》为题，刊于《青海考古学会会刊》1期，故发表年代当算作1979年。收入俞著《先秦两汉考古学论集》，文物出版社，1985，第180~192页。
⑥ 刘庆柱：《试论秦之渊源》，《先秦史论文集》，《人文杂志》1982年增刊。
⑦ 叶小燕：《秦墓初探》，《考古》1982年第1期。
⑧ 熊铁基：《秦人早期历史的两个问题》，《社会科学战线》1980年第2期。
⑨ 如日本学者佐藤长认为，秦祖戎胥轩和大骆都与申那样姜姓的羌戎通婚，再从秦祖的居地西犬丘、秦等来说，也在羌戎附近，故秦人大概是羌戎的一支。参见〔日〕佐藤长《中国古代史论考》，京都，朋友书店，2000，第202页。感谢秦俑博物馆陈洪博士协助翻译。
⑩ 苏秉琦：《斗鸡台沟东区墓葬》（节选），《苏秉琦考古学论著选集》，文物出版社，1984，第3~58页，引文见第42页。
⑪ 赵化成：《寻找秦文化渊源的新线索》，《文博》1987年第1期；甘肃省文物工作队、北京大学考古学系：《甘肃甘谷毛家坪遗址发掘报告》；赵化成：《甘肃东部秦和羌戎文化的考古学探索》，载俞伟超主编《考古类型学的理论与实践》。

动秦文化研究的一个重要节点;而近年对于西汉水、渭水上游的考古调查和发掘,又形成了秦文化研究和秦人来源探索的新高潮。

由于早期秦文化的探索,是以新的考古发现为动力的,一线的考古学者自然成了探索秦人渊源的主力军,但在考古学界,主张秦人西来的学者并不多,俞伟超、刘庆柱是主要的两位;现在的主流考古学者,大多主张秦人东来。可是,在20世纪90年代初期西汉水流域的考古发现之前,虽然主流考古学者主导秦人"东来说",但论据并不十分充分,这还是由于资料的局限。为了弄清楚秦人的族源,他们在西汉水、渭水上游寻找早期秦文化,上述秦文化的考古新发现,许多地点与西周之前的早期秦文化有关,例如西山、鸾亭山、李崖,等等。同时,那些西北"戎狄"的典型遗存例如寺洼文化、毛家坪B组遗存,也是十分重要的"参照物"。基于西汉水上游、渭水上游上述一系列的考古调查和新发现,学者们对于秦人来源,也有了新的进一步的认识。根据早期秦文化的特点,现在,多数的一线考古学者认为,秦文化与商、"东夷"等东方文化有着密切的联系,此点与根据文献"推演"的秦人来源记载可以对应,故秦人本来是东方民族。

综观20年来这些新的考古发现和研究,关于秦人来源研究所取得的新成果,具体集中在以下几个方面。

1. 进一步澄清了西汉水上游周秦文化与所谓"西戎"文化——寺洼文化的分布情况

20世纪80年代初期的毛家坪遗址的发掘,使我们认识到了西周时期的秦文化,现在看来,毛家坪的材料有以下缺陷:第一,墓葬级别较低;第二,范围局限于渭水流域,而对于文献记载的秦人重要的起源地——西汉水流域秦文化的情况,则资料较少,不甚明了。

所谓的"周秦"遗存,是一种审慎的叫法,实际上陇山以西渭水上游、西汉水上游许多的"周秦"遗存,就应属秦文化的范畴。此处的周秦遗存在西周晚期—春秋早期,有一个繁荣的阶段,显然与秦人的兴起有关。西周时期的秦文化与周文化器物上面貌相似,但葬俗差异大;西周晚期—春秋早期秦文化特征开始形成。

与周秦遗存比邻分布的是寺洼文化,这是我国古代西北地区有名的一支青铜文化,陶器以夹砂灰褐陶为特征,主要分布在洮河以东的甘肃东部,关中、陕北也有零星的发现,它的主人就是西北地区擅长畜牧的人群。1924年瑞典人安特生首次在甘肃临洮寺洼山发现此文化。[①] 1945年,夏鼐在寺洼山又发掘了6座墓葬,1949年发表了报告,正式命名为寺洼文化,并推测其为古代氐羌的文化遗存。[②] 寺洼文化的绝对

---

① [瑞典]安特生著《甘肃考古记》,乐森璕译(《地质专报》甲种第五号。附步达生著,李济译《甘肃史前人种说略》),农商部地质调查所印,1925年6月,第15~27页。在图版十所示的临洮寺洼山陶器中,1、2为马鞍口罐,3为袋足鬲(1为采掘,2、3自村民购得)。
② 夏鼐:《临洮寺洼山发掘记》,载氏著《考古学论文集》,科学出版社,1961,第11~49页。

年代，大致在公元前 1400～公元前 700 年，大约相当于商中期到西周春秋初期。① 对它的族属，此前夏鼐、② 俞伟超主"羌戎说"，③ 胡谦盈主"熏育戎狄说"，④ 赵化成则主"犬戎说"，⑤ 在此基础上，学者进一步认为，寺洼文化就是与秦人同居一地的"西戎"的文化。⑥

早年，西汉水流域就屡出周秦与寺洼文化的遗物，通过本次调查，发现这两种文化的遗址分布有明显的规律性，以县城近旁石沟坪、雷神庙遗址为界，包括这两个遗址在内的北部地区，最主要的是周秦文化的遗址，较少见寺洼文化遗址的分布；其南比较狭窄崎岖的地带，则主要是寺洼文化的分布区，基本不见周秦文化遗址。学者认为，西汉水上游寺洼文化与周秦遗存对峙分布，是与周秦遗存同时代的考古学文化，因此寺洼文化就是《秦本纪》所说的秦祖与之比邻相处之"西戎"的文化，二者的分布形势，正反映了商周时代秦祖"在西戎"的历史真实。⑦

在东周时代，所谓"西戎"的考古学文化，则有毛家坪 B 组遗存。此次调查，在西山、⑧ 大堡子山⑨都有毛家坪 B 组遗存被发现。除此之外，渭水上游、西汉水上游，基本都是秦文化的分布区。

必须指出，虽然学者已经知道，所谓的寺洼文化与毛家坪 B 组遗存，就是所谓的"西戎"的文化，但在古籍中意义宽泛的"西戎"，所使用的文化，应该不会局限于一种或数种文化类型，"西戎"文化当有不同的分支，面貌比较复杂。例如，在寺洼文化之外，所谓的"杨郎类型"，即与"西戎"乌氏有关，⑩ 但后者的文化面貌却与北方长城地带的草原文化关系密切。又如作为毛家坪 B 组遗存典型器物之一的铲

---

① 水涛：《关于寺洼文化研究的几个问题》，原载《西北史地》1989 年第 3 期，收入水涛《中国西北地区青铜时代考古论集》，科学出版社，2001，第 110～114 页；谢端琚：《甘青地区史前考古》，文物出版社，2002，第 190 页。
② 夏鼐：《临洮寺洼山发掘记》，《考古学论文集》。
③ 俞伟超：《古代"西戎"和"羌"、"胡"考古学文化归属问题的探讨》。
④ 胡谦盈：《论寺洼文化》，《文物集刊》（二），文物出版社，1979，第 139～153 页。
⑤ 赵化成：《甘肃东部秦和羌戎文化的考古学探索》，载俞伟超主编《考古类型学的理论与实践》。
⑥ 张天恩：《甘肃礼县秦文化调查的一些认识》。
⑦ 早秦文化联合考古队：《西汉水上游周代遗址考古调查简报》；张天恩：《甘肃礼县秦文化调查的一些认识》。
⑧ 在礼县秦文化博物馆，展出有色彩斑驳的铲脚袋足鬲，标牌所注为寺洼文化，按其器型、色彩，都与毛家坪 B 组遗存的陶鬲并无二致，故当属于毛家坪 B 组遗存无疑。
⑨ 在大堡子山，有所谓"第二类陶器"，属毛家坪 B 组遗存，年代在战国时期。早秦文化联合考古队：《甘肃礼县三座周代城址调查报告》，北京大学中国考古学研究中心、北京大学震旦古代文明研究中心编《古代文明》第 7 卷，第 323～362 页，图 15。
⑩ 宁夏文物考古研究所、宁夏固原博物馆：《宁夏固原杨郎青铜文化墓地》，《考古学报》1993 年第 1 期；罗丰：《固原青铜文化初论》，《考古》1990 年第 8 期；林沄：《夏至战国中国北方长城地带游牧文化带的形成过程（论纲）下》，《燕京学报》第 14 期，2003。收入林沄《林沄学术文集》（二），名为《中国北方长城地带游牧文化的形成过程》，科学出版社，2008，第 39～76 页。

脚袋足禹，其分布地从内蒙古中南部，一直到陕北、甘肃东南部、宁夏南部，一直延伸到河西走廊东部的沙井文化中，其主人也可能包括"戎"、"狄"、"胡"等多种人群，而不仅仅是东周时代的秦人。更为重要的是，从一个大的历史趋势来看，"西戎"一直处在不断"华夏"化的过程中，某些"西戎"使用周秦文化，也是可能的，故陇山以西某些所谓的"周秦"遗存，也不能完全排除其主人为"西戎"的可能，西汉水流域两种文化分布的图景，不一定就能完全代表整个陇山以西不同族群文化并存的情况。

西汉水上游礼县地区原来关于秦文化的发现，都是零星的，例如传世秦公簋，就传出礼县红河乡。整个西汉水流域的考古新发现，进一步证明早在西周时代，礼县一带就是秦人重要的活动地，此与《秦本纪》、《水经注》等文献的记载相吻合。在秦人兴起的过程中，"礼县时代"是非常重要的一环。

2. 认识到西周春秋时代秦人宗族与下层文化面貌的差异

1930年，傅斯年先生在《〈新获卜辞写本后记〉跋》一文中首先指出："秦赵嬴姓来自徐方，《史记》所载甚明白。盖秦之人民固可为来源自西者，而秦之公姓则来源自东。"傅先生认为秦人来自东方，秦人"公姓"即宗室，与大多属于下层的民众并不相同，后者当为西方人群。按照傅先生的思路下推，既然来源一东一西，"秦人"宗室与民众之间，文化上也必有差异。

考古学者曾经都注意到了秦墓中普遍存在的屈肢葬现象，并一度把它当做秦文化的特征之一。后来，又有学者认识到这只是秦人下层的文化特征，对屈肢葬以及与之并存的直肢葬的认识，有进一步的深化，如上文所举韩伟的观点。韩伟指出，秦人公室贵族使用直肢葬、而下层奴隶则使用屈肢葬。韩伟的观点受当时资料不足的局限，他所用的资料也主要是关中一带的，没有看到后来的甘肃东部西周时期的材料。笔者认为，虽然使用屈肢葬的是否都为奴隶，还须加以继续研究，但直肢葬与屈肢葬墓主身份有高低之别，现在看来确是客观事实，韩说在此点上还是基本得其实的，也从考古资料方面证明了傅先生的观点。

西汉水流域西山、大堡子山，以及宝鸡陈仓区南阳①等地高级别秦人公室墓的发现，使我们认识到，秦人宗室（即傅先生所说的"公姓"）的墓葬与下层——当即"西戎"那样的人众的墓葬，确实存在着很大的不同，如宗室的墓葬有殉人、墓主为直肢葬式、有腰坑，而下层的墓葬则无殉人，并采用屈肢葬，这比俞伟超先生所说的屈肢葬为秦文化的传统，又进了一步。两个族群在葬俗方面的相似之处，只有墓葬的东西向和墓主的头西向。秦人的宗室贵族与下层在物质层次的这种差别，应有不同的社会等级意义，或许也有一定的族群含义，这对于秦人"公姓"东来说，显然是一

---

① 宝鸡市考古工作队、宝鸡县博物馆：《陕西宝鸡县南阳村春秋秦墓的清理》，《考古》2001年第7期。

种有利的证据。这样的发现和研究，为探索秦人的来源，提供了比较可靠的基础。

3. 秦人宗室的文化与东方文化之间的联系被确认，秦人"东来说"得到更多的考古学证据的支撑

多年新的考古发现，不但使学者分清了秦人宗室与非宗室人众葬俗的差异，在此基础上，许多学者还认为，秦宗室贵族的葬俗，例如头西脚东的直肢葬、人殉、腰坑殉狗等特征，有的与东方商、夷文化有所联系，故当为秦人东来的证据。

大半个世纪以来，持秦人"东来说"的学者，所依据的主要还是文献资料。林剑鸣先生曾经从三个方面论述秦人与殷人一样，也是来自东方的。他列举了秦与殷人的相似性：共同的鸟图腾崇拜，共同的畜牧狩猎经济生活，第三个方面即是墓葬方面的考古材料。林先生注意到，东周时代的秦国墓葬，与殷商墓葬有不少共同之处。例如，殷制天子墓为亚字型，诸侯墓为中字型，有严格的等级界限。凤翔春秋时代秦公陵园墓葬，只有中字型、甲字形墓，绝无亚字形墓，临潼上焦村秦始皇陵陪葬墓也均为甲字形。从墓壁、殉葬等方面来看，秦墓与殷墓也有惊人的类似之处。林剑鸣因此推测，秦人与殷人祖先，"最早可能属于一个氏族部落或部落联盟，既然殷人早期活动于我国东方已成不疑之论，那么秦人的祖先最早也应生活在我国东海之滨，大约在今山东境内，这也是可以肯定的。"① 林先生的一些说法现在看来并不十分妥当，但核心观点还是可以肯定的。韩伟先生也注意到秦文化与殷周文化的密切联系，例如，文字、宫殿与宗庙建筑、陵园制度等方面。韩伟曾经主持过秦都雍城的考古工作，熟悉秦陵寝以及墓葬资料，在他的论著中，也与林先生一样，列举了陵寝资料。他认为，如果秦人是"西戎"的一支，那么就很难解释秦与殷周文化之间这么多的共同性，若认为秦是"西戎"的一支，还是缺乏有力的证据。②

在西汉水流域的西山、大堡子山秦宗室墓葬中，都可以看到一些与商相似的葬俗。如西山 M2003，为长方形竖穴墓，基本呈东西向，葬具为一棺一椁，椁底有腰坑，内殉一狗。墓主头西面北，仰身直肢，南北两个壁龛各殉一人（南壁龛并殉一狗），屈肢。随葬品有三鼎二簋等铜器，以及其他铜、玉、陶器、海贝，还有剑、戈等兵器。与之同处一墓地的 M2002、2004，墓葬大小、随葬器物级别较低，但墓主头西脚东、人殉、腰坑等基本特征与 M2003 还是相似的。大堡子山两座中字型大墓 M2、M3，具有上述一切秦人宗室墓的特征，其他的 9 座中小型墓，除了无腰坑殉狗外，也是如此。在西汉水流域之外，还有陈仓区南阳 M2 及 M3 春秋早期墓、八旗屯 76BM32 春秋中期墓、③ 长武上孟村 M27 春秋晚期墓④等材料，都可以说明头西脚东

---

① 林剑鸣：《秦史稿》，第 14~20 页。
② 韩伟：《关于秦人族属及文化渊源管见》，《文物》1986 年第 4 期。
③ 陕西省雍城考古队吴镇烽、尚志儒：《陕西凤翔八旗屯秦国墓地发掘简报》，《文物资料丛刊》（三）。
④ 陕西省考古研究所员安志：《陕西长武上孟村秦国墓葬发掘简报》，《考古与文物》1984 年第 3 期。

的葬式、人殉、腰坑殉狗等特征，应是西周春秋以来秦宗室墓的显著特征，其中的人殉、腰坑殉狗两项，又经常被学者当作与东方殷商等族相联系的证据。

按照这个思路，许多学者去寻找秦文化的渊源和秦人的来源，已经有了进一步的认识。例如，张天恩根据西汉水流域大堡子山、圆顶山的发现，认为这些材料"确认了有殉人的东西向仰身直肢葬带腰坑墓，是嬴秦公室贵族的丧葬习俗，对于进一步在陇山以西寻找西周或更早的典型秦人墓，树立了非常准确的标志。可以预料，这为将来发现和认定庄公及其以前的先公、公族墓葬，以及秦邑所在地，提供了有利的条件。同时，也为区分东周以后秦国公族及非公族墓，找到了一个标准。"对于其中的人殉制度，他认为早期秦贵族普遍以人殉葬和从葬，由于在周文化中没有这个传统，因此当是从商人那里继承而来的，东周时期秦人的人殉制度"无疑就是来源于秦西山陵区及更早的传统习俗"，《秦本纪》中记载春秋早期武公死后"初以人从死"是错误的。①

王志友根据礼县西山遗址M2003、大堡子山等地的发现，认为"屈肢葬是构成早期秦文化的因素之一，但不是早期秦族与秦公族的传统葬式，是融入秦文化系统的土著民族的独有葬式；早期秦族与秦公族的传统葬式则一直延续本民族的传统仰身直肢葬式"，②"头向西，仰身直肢、有腰坑、殉人的葬俗是早期秦人的传统葬俗，也是秦文化区别于周文化和当地土著文化的显著特点"。③

梁云分析了秦墓中的墓主头向、葬式、腰坑、殉狗、殉人等因素，发现直肢葬、腰坑、殉狗、殉人现象自上而下减少；相反，屈肢葬、无腰坑、无殉狗、无殉人的现象自上而下增多，头西向则是各个阶层共有的因素。根据他的分析，这些因素，除了具有社会等级的含义，也是具有一定的族群意义的，可能喻示着上层与下层不同的来源。他认为，腰坑殉狗的习俗不见于甘青地区的古代文化，而秦殉人的恶习则与周礼格格不入，春秋秦墓与殷商，以及山东春秋莒、齐等东夷墓葬都共同具有腰坑、殉狗、殉人等要素，证明秦之统治阶层与商和东夷有着较为紧密的历史渊源关系，是嬴秦"东来说"最为有力的证据。④

路国权对泾水流域，包括今甘肃东部平凉地区、关中北部的腰坑墓进行了考察，这些墓葬的年代集中在西周早期，其所具有的共同特征：腰坑、殉狗、较大的有殉人，他认为这是为周守边的殷遗民的墓葬。这一组特征与陕甘一带的秦墓相似，时空上也比较接近，二者应存在着内在的联系。其中，庆阳韩滩庙嘴、旬邑下魏洛出土带有鸟形族徽铜器的两座墓葬，很可能如邹衡先生所判断，是秦人祖先的墓葬。很可能

---

① 张天恩：《试说西山陵区的相关问题》，《考古与文物》2003年第3期。
② 王志友：《早期秦文化研究》，西北大学博士论文，2007，第16、19等页。
③ 王志友：《早期秦文化研究》，第290页。
④ 梁云：《从秦墓葬俗看秦文化的形成》，《考古与文物》2008年第1期。

在西周早期，秦人的祖先也参加了戍守北边的行动，为周王朝对付鬼方那样的族群。从世系上看，路国权认为这里的秦人应该属于居于晋西北的皋狼（按实当称孟增，皋狼为其所居）一支。①

上述学者在新的考古发现的基础上，都用考古学证据论证了秦人的东方渊源。这样的论证具有合理的地方：第一，论者所列举的考古材料是一组共存的证据，例如人殉、腰坑殉狗、墓主头西向、直肢葬等，这可以形成一个比较完整的"证据链"，特别是人殉、腰坑殉狗两项。第二，我们还可以观察到，秦人宗室之中，除了贵族的墓葬拥有这些特征之外，较低级别的秦人宗族墓葬也拥有这些特征，这些墓葬无铜礼器随葬，规模也较小，墓葬殉人较少或没有殉人，例如李崖的18座直肢葬墓、西山M2002和M2004、上孟村M16。秦人宗室的不同等级拥有共同的墓葬特征，这样就淡化了这些特征群的社会等级意义，而凸显了它的族群含义，对于论证秦人"东来说"是有利的。同样，在秦墓之中与直肢葬同时存在的还有屈肢葬，墓主身份也是有高有低，可以想象屈肢葬墓主的身份等级虽有差别，但他们的族群根源却是相似的。

4. 秦早期居地、都邑的推测

西周以前的秦都邑，有犬丘和秦两处。《秦本纪》记载西周中期秦祖非子居于犬丘，为周室养马有功，然后被封于秦为附庸。犬丘长期为秦人的大本营，也曾被戎人攻占，秦则是犬丘之外另一处重要据点。

非子所居之犬丘有两说，一是《世本》、徐广、李泰等皆以为秦汉槐里，地在今陕西兴平东南，另一犬丘，《秦本纪》称作"西犬丘"，在今甘肃礼县西汉水上游，郦道元《水经注》卷二〇"漾水"条有记载。王国维《秦都邑考》一文进一步论证西犬丘为秦汉西县所在地。近年在西汉水流域从事考古调查的学者，也相信西犬丘在西汉水上游。西汉水上游周秦遗址的分布，有三个明显的中心：六巴图—费家庄、大堡子山—赵坪、雷神庙—石沟坪，西犬丘应就在这三个中心之中，后者雷神庙—石沟坪包含的西山遗址，很可能就是西犬丘的所在地，因为这个遗址内涵丰富，不但有西周时期高级别的墓葬，还有城址的存在。比邻的鸾亭山上可能的西畤遗址的存在，大约也是个旁证。

非子被封附庸的秦，其地也有两说，一说在今甘肃清水县，从徐广、郦道元、李泰一直到近代的陈梦家先生都主此说；② 另一说在宝鸡市东今千河和渭水的交会处，李零等主此说。③ 近年发掘的李崖遗址，位于今清水县城北侧樊河和牛头河交汇处樊河西岸的台地上，这里的考古发现，使考古学者认为，李崖遗址很可能就是非子所封之秦。④ 这里已经发掘的19座墓，年代集中在西周中期，与非子受封年代差别不大，

---

① 路国权：《西周时期泾河流域是腰坑墓及秦族起源》，《咸阳师范学院学报》2009年第5期。
② 陈梦家：《西周铜器断代》上册，中华书局，2004，第285页。
③ 李零：《〈史记〉中所见秦早期都邑葬地》，《文史》第20辑，中华书局，1983。
④ 梁云：《非子封邑的考古学探索》，《中国历史文物》2010年第3期。

其所具有的东西向（西偏北）、墓主头向西、带腰坑殉狗的特征，具有很大的一致性，其中18座墓为直肢葬，1座为二次扰乱葬，都与西山、大堡子山等地秦人宗室墓葬相同。13座墓中出土的陶鬲、陶簋具有明显的商式风格。学者认为，李崖墓地给我们提供了器物、葬俗方面新的资料，年代恰又可早至西周中期甚至更早，因此被认为是秦人东来的最新证据。

笔者按，李崖墓地确实有许多奇特的现象，例如在发掘的19座墓中，除13座出周式器物的墓葬之外，还有周式或商式器物与寺洼的器物同出的1座墓（M9），单出寺洼文化器物的墓葬4座，按照当下考古学者的思路推理，这些现象应该是东来的秦人之类"入乡随俗"的结果，或是婚姻之类所造成。

我们还可以推测，由于其中李崖墓葬中商式器物的存在，若此处真如研究者所推测的那样，是非子封邑秦之所在，那么非子受封前所居之犬丘，当是关中的槐里犬丘，而不应是更在李崖西南一两百公里之外的西犬丘，秦祖既受商、周文化的浸染，就应该本在秦之东，然后到了西方。因此，非子受封之前所居犬丘到底为哪一个，是槐里犬丘还是西犬丘，两个犬丘的关系值得在此基础上做进一步思考。

（三）秦人来源探索所存在的问题

在当下的学术界，由于有考古资料的支撑，"东来说"具有了压倒性的学术地位，"西来说"则显得沉寂。我们赞赏考古学者的努力，他们的辛勤工作取得了很大的成绩，他们对"东来说"的逐步证明，也确实有相当的合理性。但是，笔者认为，在这个情况下，我们还是必须保持清醒的头脑，虽然考古材料的累积似乎越来越有利于"东来说"，其实论据还不够充分，也还远远没有到达可以下结论的时候。通过考古材料的论证，看似很"实"，但仍存有可以质疑的余地。

第一，所有的论证都建立在对文化因素分析的基础上。笔者认为，这个方法带有较强的主观性，牵涉到文化与族群这样一个理论性非常强的命题。虽然考古学与社会人类学都关心文化与族群的关系，但国内的考古学者对这一问题的认识却明显落后于社会人类学界，在两个学科最需要结合的这个关键点上恰恰发生了脱节，其表现为考古学者在分析一定文化与族群的关系时，往往有用第三者的眼光，把一定的文化因素"强加"给当时族群的嫌疑，忽略了当时"当事"族群的看法，即文化因素在"构建"族群时所具有的主观性。

在中国人类学、民族学界，对于具有"民族"意义的族群的定义，原来多遵从斯大林"几个共同"的界定，[①]注重的是一个族群诸如文化那样的客观特征。20世

---

① 斯大林在1913年发表的《民族问题与社会民主党》一文中认为："民族是人们在历史上形成的一个有共同语言、共同地域、共同经济生活以及表现于共同文化上的共同心理素质的稳定的共同体"。此文1914年出单行本时，改名为《马克思主义与民族问题》，《斯大林全集》第2卷，人民出版社，1953，第289~358页。

纪80年代以后,像挪威人类学家巴斯那样的新的族群理论被引入,这个理论的特征,是在重视族群的客观特征如文化、体质等之外,也重视族群成员的主观认同。① 这些理论的引入,使人们对文化与族群的关系有了新的认识:客观的文化特征,会对族群的主观认同发生作用,它们会影响、改变一个人或族群的主观认同。作为一种"根基性"的族群文化背景,客观的文化特征有时会促使族群认同的发生。同时,族群的主观认同,又可通过某些客观的文化特征反映出来。这些客观的文化特征,因此可以作为族群的"边界"标志,有学者称为"文化标识",② 或"主观的文化特征"。③ 但不是所有的文化特征都可以作为族群例如"秦人"的边界标志,只有那些被族群的知识、精英阶层所"认定"和强调、可以表达族群"身份"的文化因素,才可作为族群的"边界"。

在考古学界,一定的族群也被认定为文化类型的主体,例如,夏鼐先生对考古学文化所下的定义为:"考古学文化是代表同一时代、集中于一定地域内、有一定地方性特征的遗迹和遗物的共同体。这种共同体,应该是属于某一特定的社会集团(人们共同体)的。由于这个社会集团有着共同的传统,所以它的遗迹和遗物存在着共同性。"④ 其中就强调了文化是作为人类活动产物的属性。考古学者也重视文化与族群关系的探究,也能认识到"考古学文化与族属(人们共同体)的关系,是一个非常复杂的问题,如果处理不当,就容易引起不必要的失误",⑤ 但上述对于文化和族群关系的认识和表述,仍然是含糊不清的,并与社会人类学的族群概念发生背离。首先,这样的定义还是把考古学文化与"特定"的族群相对应,没有突出文化是可以跨越族群的,而同一族群也完全可以拥有不同的考古学文化。其次,"共同的传统"即共同的文化传统,这样的定义容易把文化的"共同性"归结于文化传统的自然延续,忽视了族群成员的主观认同在文化形成、传承中的作用。因为许多的文化因素是当时族群主观选择的结果,例如,西周春秋时代秦人模仿周式的礼器,就是因为秦人也自认为是"华夏"一员的结果。⑥

---

① 弗里德里克·巴斯在1969年出版的《族群和边界》一书的序言中,强调族群是一个主观认同的群体,是由族群成员主观归属和被认定的归属所决定的群体,族群性(Ethnicity)存在于族群的互动之中。参见Fredrik Barth, Ethnic Goups and Bundaries (Preface): The social Organization of Culture Difference, Illinlois, Waveland Press Inc, 1998。在中国,例如庄孔韶主编《人类学通论》中所说族群定义为:"族群是人们在交往互动和参照比对过程中自认为和被认为具有共同的起源或世系,从而具有某些共同文化特征的人群范畴。"山西教育出版社,2005,第339~340页。
② 〔美〕斯蒂文·郝瑞著:《田野中的族群关系与民族认同——中国西南彝族社区考察研究》,巴莫阿依、曲木铁西译,广西人民出版社,2000,第111页。
③ 王明珂:《华夏边缘——历史记忆与族群认同》,社会科学文献出版社,2006,第38页。
④ 夏鼐:《关于考古学文化的定名问题》,《考古通讯》1956年第4期。
⑤ 本刊记者:《"考古学文化研讨会"纪要》,《考古》2004年第1期。
⑥ 当然这种秦式的青铜礼器还有另一层意义,即社会身份等级的象征。

对考古学文化与族群关系认识的背离,使考古学者在判断某些文化因素的族群属性时,常常会发生误判,忽视当时的历史背景和文化主体的作用,以第三者的眼光看待当时的族群。可是,试想一下,连当时的族群都不认为是自己文化特征的那些因素,可以称作"秦文化"吗?因此,在判断一种文化因素的族群属性时,我们需要从当时的政治、族群关系出发,去分析这些因素是否具有族群的意义,分析它们是否被当时的族群作为标志。这些因素,对于探索秦文化的渊源和秦人来源,才是最重要的,而考古学者所认定的秦文化的那些"特征"因素,与这些因素可能并不等同或一致。

在此,保守的学术思想,或许是探索秦人来源的最大的绊脚石。

第二,在解释材料时,一些学者经常有明显的文献导向,把考古材料跟文献的对应当作考古工作的重要收获,并认为有此"二重证据",结论自然就是可信的,而不是求助于科学的理论思考。殊不知考古资料其实与文献是同一层次的东西,材料的累积,并不能改变其性质,都可看作不同的"文本",都是在不同的"情境"即政治、族群、资源分配情况下产生的,虽然可能有真实、合理的内核,但这些材料同时是具有很强的主观性的。

第三,以文化因素探索秦人来源,除了理论性较强外,牵涉的问题也比较复杂,有的学者对此估计不足,故一些研究结论往往经不起反问。

我们可以肯定秦宗室墓中腰坑殉狗、人殉等特征与东方商、夷的联系,但这些因素的传播过程还不甚明了:若说是秦人自东而西迁移带来,当然有一定道理,但必须注意的是,商周时代除了渭水中上游、西汉水上游的秦墓中有腰坑葬俗外,如上引路国权文中所统计,在关中北部泾水流域也有腰坑墓的存在,把这些腰坑墓的存在全部归结为秦人或其祖先所留,是说不过去的。或许,还有其他东南夷族人士所留,西周时代用东南族群去防守西北边疆,是正常的情况,由他们把原来的葬俗带到迁入地也是可以理解的。可是这样一来,西北地区腰坑殉狗葬俗的来源就复杂化了。还有,秦宗室墓中腰坑殉狗、人殉的葬俗,前者一般认为来源于商文化,但同时也是沣镐等地常见的西周葬俗,① 直到东周时代还零星存在;② 人殉则在长安沣西、宝鸡茹家庄国、房山琉璃河、浚县辛村、洛阳东大寺西周墓中,都有存在。③ 也就是说,这些因素也是周文化的特征之一,无论后来周人是多么诟病之。秦人既为周臣,那么从周文化的

---

① 中国社会科学院考古研究所:《1967 年长安张家坡西周墓葬的发掘》,《考古学报》1980 年第 4 期;中国科学院考古研究所:《陕西省宝鸡市茹家庄西周墓葬发掘简报》,《文物》1976 年第 4 期。
② 中国科学院考古研究所:《沣西发掘报告》,文物出版社,1962。属于战国早期的 M36、M61、M115 都有腰坑,其中 M36、M115 腰坑中同时殉狗。参见该书第 132 页;附录四:"客省庄的东周墓葬登记表"。
③ 北京大学历史系考古教研室商周组编《商周考古》,文物出版社,1979,第 215~218 页。

母体中"假借"了这些因素的可能就是一直存在的,而不一定都是人群迁移的结果。这个情况如山东地区商代的腰坑葬俗一样,也要分两种情况:一是如大辛庄那样的整体的文化迁移,即人群移动的结果;二是像前掌大和苏埠屯,是商文化影响的结果。① 那些作为"中介"的族群,不能排除就是关中的商朝旧邦。按照上博简以及其他文献的记载,商末关中附近与文王所伐商前所征服的邦国,有犬戎(居地当槐里犬丘)、丰、镐、密须等,按理,这些国家曾与周敌对,虽然目前的考古证据显得不足,但推测其使用商文化却是合理的。他们作为商文化的传承者,是有可能的,秦人也有可能从他们那里接受了商文化的因素。另一方面,在被征服后,他们的族群被派去戍边,把原来的葬俗带到了当地,也是可能的。这两种可能都说明了关中商系族群作为文化"中介"的重要性,如杨华就推测,西周时期甘肃的腰坑葬俗,与关中是有一定关系的。②

现在的考古学者大多还是习惯性地认为,那些东方的文化因素,是人群迁移带来的结果,而不是不同人群文化传播、"假借"的结果。可在笔者看来,后一种可能性仍然是存在的,如同上文所分析的关中商朝旧邦的作用那样。如果说由此就可得出秦人东来的结论,还需要找出更早时期,即非子之前的秦祖使用腰坑殉狗、人殉的证据,或许还应加上直肢葬、墓葬东西向和墓主头西向这样的证据。可是这样的工作还存在着难点,我们必须充分估计以此探索秦人来源时的复杂性。

首先说人殉,虽然研究者找出了一些"东夷"、赵那样的例子,但毕竟是一些间接的证据,况且,直系秦祖非子之前的地位可能并不高,或许不具备享有人殉的资格,这就为找出人殉的证据增加了困难。腰坑殉狗的葬俗西周中期之前倒是在泾、渭中上游都有存在,但却不能说明一定就是秦祖的,人员来源可能比较复杂。直肢葬,在路国权文中所统计的泾水流域西周时期所谓的"东来"(路文认为或即秦祖)人士的墓葬中,除了葬式不明者,皆为仰身直肢葬(只有一例为俯身直肢)。泾水流域的这类人群与秦祖同为"东来",则直肢葬可以作为秦人"东来"的证据。但是,泾水流域的腰坑墓大多为南北向,东西向只是少数,头向也是北向的居多,其次是东向,偶尔有南向的,但无一例是西向的,此与秦宗室墓葬的东西向、墓主头西向的特征相异,也可以由此否认路文推测的泾水流域的腰坑墓为秦祖所留的说法。墓葬东西向、墓主头西向,却是渭水中上游、西汉水上游秦宗室墓与屈肢葬的"秦人"墓共同拥有的特征,此点使秦人宗室与使用屈肢葬的"秦人"——学界一般认为的西北土著"西戎"的关系发生了纠结。推测东西向墓和墓主头西向,可能只是渭水中上游、西

---

① 张庆久:《山东地区腰坑墓葬俗探讨》,《四川文物》2008年第1期。
② 杨华:《论黄河流域先秦时期腰坑墓葬俗文化——兼说与长江流域同类葬俗的关系》,《华夏考古》2008年第1期。

汉水流域文化的一种地域特征，参照西周时期泾水流域"东来"人群多墓多南北向、墓主多头北向的特征，则渭水、西汉水流域秦祖墓葬东西向、墓主头西向的特征，可能就是从"西戎"那里学来的。

如此，寻找秦人渊源的文化因素，就只有腰坑、人殉、直肢葬这一组特征了。当前，按照这个条件去寻找秦文化与秦人的渊源，资料还是缺乏的，特别是西周中期之前的确切资料，如果找不出更早时期秦人腰坑、人殉、直肢葬的证据，那么这些材料就只能是非子受封后从东方学来的，而不是秦人本有的文化特征。以理度之，非子之族在受封后，地位与此前截然不同，必有一些表明其社会与族群"身份"的文化标志，即文化上会产生相应的变化，由于周戎文化的事实上的对立，以及非子为周臣的身份，则非子学习周文化以达到上述目的，就在所难免，西汉水流域西周晚期—春秋早期秦文化特征的出现和繁荣，已足可说明此观点。西汉水流域的证据虽多是陶器，级别较低，但可由此推测秦上层之"礼制"也必会发生变化，包青铜礼器、葬俗，等等。

总结起来，关于秦人来源的考古研究，虽然秦人"东来说"有越来越多的考古学证据支撑，但需要解答以下两个疑问：其一，是否作为秦人宗室文化的一些特征，是从周文化"假借"过来的，而不是古代人群自东而西的结果？其二，与上一点相联系，秦宗室文化所拥有的特征，是本有的文化传统的延续，还是非子以来秦人地位上升后向东方的模仿和学习？这一切问题的解答，都倚赖更多更早的考古证据的出现，以及新的思想方法下的思考。我们应该抛弃老旧的学术思想和学科隔阂，进行不同学科相结合的综合研究，而不应仅仅局限于考古学的范围内。并且，在具体的推理中，须重视多项选择的存在，而不是想当然。

二 清华简关于秦人来源的新发现

2008年，清华大学入藏了一批从香港坊肆购得的竹简，主要是经、史一类古籍，其中有一种保存良好的史书，共有一百三十八支简，分成二十三章，记述了从周武王伐纣一直到战国前期的史事，体例和内容近似西晋汲冢出土的《竹书纪年》，故整理者题为《系年》。《系年》的第一章至第四章述及西周事迹，说明周王室如何衰落，晋、郑、楚、秦、卫等诸侯国的兴亡，第五章以下叙述春秋到战国的史事，内容更为详细，2011年11月，作为竹简的整理报告《清华大学藏战国竹简》的第二辑发表。①

《系年》中有的地方说到了秦事，例如第六、第八章记载了秦穆公时史事，第十章记载秦康公时事，多述秦晋关系，还提到了崤之战等重要史事，与《左传》等古

---

① 清华大学出土文献与保护中心李学勤编《清华大学藏战国竹简（贰）》（上下册）。

籍的记载不尽相同。在记述楚史第二十三章中，还提到了秦简公七年（前408）秦、魏洛阴（今陕西大荔东）之役。在第三章中，有关于秦人来源的记载，最为重要：

> 周武王既克殷，乃埶（设）三监于殷。武王陟，商邑兴反，杀三监而立录子耿。周成王屎（始）伐商邑，杀子录庚耿，飞磿（廉）东逃于商盍（盖）氏。成王伐商盍（盖），杀飞磿（廉），西邋（迁）商盍（盖）之民于邾虐，以御奴虘之戎，是秦先＝（先人）。

文中记载，周灭商后，秦祖飞廉继续为商朝服务，武王死后参与纣子武庚禄父之乱，失败后逃回老家商奄，也就是今天的山东半岛一带，成王伐灭商奄，把其民迁往邾虐以抵御戎人，这便是秦人的祖先。

简文有几点与传统说法不同。文中记载飞廉死于东方，与《孟子·滕文公下》记载飞廉死于海隅相似，而与《秦本纪》记载的飞廉在山西为商服务，死后也葬在了山西霍山不一。① 还有，简文明确说秦祖为商奄之民，反周失败后被迫迁徙，为周守边。李学勤认为，《系年》记载的周成王平三监之乱把商奄之民西迁到"邾虐"，也就是秦人最早居住的地方。"邾虐"即是《尚书·禹贡》雍州的"朱圉"，《汉书·地理志》天水郡冀县的"朱圉"，在冀县南梧中聚，可确定在今甘肃甘谷县西南。在金文方面，询簋和师西簋都提到"秦夷"，还有"戍秦人"，来自东方的商奄之民后裔自可称"夷"，其作为戍边之人又可称"戍秦人"。② 按朱圉在《禹贡》中与鸟鼠、西倾等西方名山并列，其入《地理志》，也可能是因为秦人使之有名而已。大概由于这个原因，最近考古学者又去附近的毛家坪遗址进行发掘，以期找到相关证据。因此，这实是秦人"东来"的最明确的记载，③ 文献中原来是没有这样的记载的。早年顾颉刚先生曾经推测，秦为东方鸟夷一支，商亡后被迫西迁，在此得到了验证。④

秦人所御之"奴虘之戎"，李学勤推测，可能就是商代甲骨文中的"虘方"，《诗·大雅·皇矣》中的徂，史墙盘铭中的狄虘，《国语·晋语》中的翟柤，原本生活在泾水上游，受到文王、武王的征伐又迁到了渭水上游，秦人防守的就是这群人。

---

① 李学勤：《清华简〈系年〉及有关古史问题》，《文物》2011 年第 3 期。
② 李学勤：《清华简关于秦人始源的重要发现》，《光明日报》2011 年 9 月 8 日 11 版；《谈秦人初居"邾虐"的地理位置》。
③ 《系年》所记秦所防御之人群，名字称"戎"，虽然我们不会说"戎"一定如《礼记·王制》那样，指的西方之族，但商周"戎"多指西、北族群，则无疑问，故由此可说《系年》中秦祖被从东方迁往西方的记载，是明确的。
④ 顾颉刚：《鸟夷族的图腾崇拜及其氏族集团的灭亡——周公东征失事考证之七》，西安半坡博物馆编《史前研究（2000）》。

西周晚期以来，周室衰落"戎逼诸夏"，这群人又到了晋陕北部，春秋前期被晋献公伐灭。① 王伟认为，秦封泥有"奴卢之印"，可能与"甈奴"有关。②

竹简相传出于湖北，整理者推测，《系年》是楚人作品，大概作于战国中期的楚肃王（前380—前370年）或更晚的楚宣王（前369—前340）时，在秦相当于献公、孝公时期。整理者已经指出，《系年》的性质与《竹书纪年》类似，但记事有大段叙述，有如"纪事本末体"，③ 所述历史，跨度大而文字简略，显然是从别的材料整理、"辑录"而来，因此它的性质，应该就是讲义、教材一类东西，第一章起首就说"昔周武王监观商王之不恭上帝"，又在叙述各国史事时，具有概述的特质，都是明证。这些史料的学派特点并不明显，与上博简《容成氏》等具有一定学派特点的作品不同，但作为"史书"的特点却很显著，推测主人不会属某一学派，而应是官员，很可能就是史官、博士之类的人，他有条件读到列国的史书，把这些材料就整理出来，或给贵族子弟作为讲义、教材；或给统治者参考，如同《竹书纪年》发现在魏襄王墓中一样。

楚人编的史书中出现秦人来源的记载，由此可证这个说法大概是战国时代流行的。可与和它记载相异的《秦本纪》比较起来，飞廉之死与葬地，都与《秦本纪》矛盾；秦人东来，《系年》很明确，但《秦本纪》却没有说，只是说秦祖与商周王朝关系密切。我们知道，司马迁所写作《秦本纪》，利用的应是秦本土资料《秦记》、谱牒、传说之类，包括官方与民间的，如此，《系年》所代表的关于秦人来源的说法，很可能只是秦以外六国的看法，而《秦本纪》所记载的秦人早期历史，是司马迁整合秦本土资料的产物。为什么会产生这样的差别，自然与当时的国家、族群关系有关，牵涉到历史记录的主观性和情境性。

按秦在西周中期非子之时受封，至春秋初年又立国，已经于西方"戎狄"中生活很久，秦一直想向中原"靠拢"，以期摆脱自己的"戎狄"属性，而山东诸侯对其时常还是看不起，以"夷翟遇之"。④ 对秦人来源的不同阐释、重构，就是这个关系的反映。有一种可能是，秦人"为了掩盖他们被迫迁移的耻辱"，⑤ 而把这段历史故意删除、遗忘，而"编造"了另外一种"历史"，而真实的历史反倒被遗忘，战国秦汉时代，秦地已经找不出这类记载的踪迹，而只在秦之外存在（例如孟子所在的齐鲁或《系年》所出的楚）。清华简记载的这段历史，有可能因为流行在秦之外，故司

---

① 李学勤：《清华简〈系年〉"奴甈之戎"试考》，《社会科学战线》2011年第12期。
② 王伟：《清华简〈系年〉"奴甈之戎"再考》，清华大学简牍与出土文献保护中心编《出土文献》第3辑，中西书局，2012年
③ 李学勤：《从〈系年〉看〈纪年〉》，光明日报2012年2月27日第15版。
④ 《史记·秦本纪》。
⑤ 顾颉刚：《鸟夷族的图腾崇拜及其氏族集团的灭亡——周公东征失事考证之七》，西安半坡博物馆编《史前研究（2000）》。

马迁不能看到这些材料。从这个角度看,清华简所记的秦人来源,比《秦本纪》的记载更为可信。

不过话又说回来,清华简的记载怎么说还是战国时代的,其所遵从的还是战国以来的历史系统。自西周以来,三代以及不同族群的历史得到了不断的整合和重构,战国时代,"五帝"(黄帝、颛顼、帝喾、尧、舜)那样的古史系统已经相当完备,但其可信度已被古史辨学者批驳得七零八落,其"层累"的构建过程还是非常明显的。其中,有实力大国的祖源历史,经常被当时的史家当作谈论、夸耀、重新解释的对象,因此不全是历史的真实,有虚构的成分,我们现在解析时须特别注意。① 虽然,当时的史家在重构历史的时候,必定有一些现成的可用的材料,不可能完全是凭空虚造,而清华简的类似记载也有可能恰恰属于这些真实的"内核"、"质素",② 但对于这样产生的"历史",仍然不可贸然尽信。另外,如论者所指出,清华简《系年》又与《竹书纪年》相似,也可增加我们对它的可信度的怀疑。总之,在肯定清华简相关记载价值的同时,我们也须保持几分怀疑和警惕。

〔作者史党社,1966 年生,秦始皇帝陵博物院研究员〕

收稿日期:2013 年 3 月 3 日

---

① 对清华简秦人历史的解读,除了上述李学勤先生的系列文章,还有以下数种:田旭东:《清华简〈系年〉与秦人西迁新探》,中国秦汉史研究会等编《秦汉研究》第 6 辑,陕西人民出版社,2012,第 36 ~ 41 页;王洪军:《清华简〈系年〉与少暤西迁之谜》《北方论丛》2013 年第 1 期;王伟:《清华简〈系年〉"奴叔之戎"再考》,清华大学简牍与出土文献保护中心编《出土文献》第 3 辑。
② 徐旭生:《中国古史的传说时代》,广西师范大学出版社,2003,第 24 页。

走马楼吴简簿书复原整理刍议

凌 文 超

长沙走马楼三国吴简于1996年10月在湖南省长沙市五一广场走马楼古井群J22中出土,共计约10万枚,内容主要是孙吴嘉禾年间临湘侯国的行政"簿书"。[①] 这批简牍从出土伊始,就引起了中外学界的广泛关注和热烈讨论,其研究成果主要体现在以下两个方面。

其一,吴简新材料与传世文献的"二重证据"研究。这类研究或以吴简中出现的新词语和独特事物作为课题,结合传世文献开展研究,如吴简中出现的"丘"、"二年常限"田、"复民"、"给吏"、"限米"等。或围绕传统研究中的重大历史问题、遗留难题,利用吴简新材料提出新认识、新解答。如沉寂多年的吏民、丁中制、户调等社会经济史问题,以及近年来讨论较多的早期户籍、社会身份、乡里制度、土地制度等。目前,这方面的探讨在吴简研究中占主体地位,既奠定了吴简研究发展的基础,揭示了吴简的重要价值,又开启了汉晋之际社会经济史研究的新里程。

其二,吴简分类、集成研究。这方面的研究主要借鉴以往西北边塞简分类、集成的研究方法,或归纳简文格式、或根据简文内容,对吴简进行分类、集成,再以此为基础开展相关问题的研究。

这两类研究方式是当前简牍学研究中的主流。在这两方面的研究成果持续增长的同时,学界开始对这两类长期运用且行之有效的研究方法进行反思。首先,从历史问

[①] "簿书",与"簿籍"含义相近,指官文书簿册,如《续汉书·百官四》司隶校尉条:"簿曹从事,主财谷簿书。"(中华书局,1965,第3614页)《三国志》卷五二《吴书·顾谭传》:"每省簿书,未尝下筹,徒屈指计,尽发疑谬,下吏以此服之。"(中华书局1982年第2版,第1230页)同书卷五六《吕范传》:"权守阳羡长,有所私用,策或料覆,功曹周谷辄为傅著簿书,使无遣问。权临时悦之,及后统事,以范忠诚,厚见信任,以谷能欺更簿书,不用也。"(第1311页)《南史》卷七〇《循吏传·丘师施传》:"后有吴兴丘师施亦廉洁称,罢临安县还,唯有二十笼簿书,并是仓库券帖。"(中华书局,1975,第1715页)"簿书"一词在两汉六朝史书中较"簿籍"更为常见。

题出发选择吴简新材料进行研究，较为关注吴简的独特之处，对吴简中大量重复的一般性材料往往缺之应有的重视，以致它们很容易被选择性忽视。其次，分类、集成研究虽然重视吴简的系统性，强调对吴简应有整体性的认识，但分类和集成的结果与其簿书的原始状态仍有相当大的距离。如依收支结算程序对仓、库账簿中的简牍进行分类集成，就很容易将不同簿书中的简牍混合归拢在一起。

走马楼吴简原本应是以简册的形式弃置于井中，很多成坨竹简呈现出收卷状，如《竹简〔贰〕》附录"揭剥位置示意图"（简称"揭剥图"）呈现出简册样貌，简牍残存上下两道编痕，表明它们原来编连在一起，不仅如此，简牍在J22中的"摆放有一定的顺序，层层相叠，似有意为之"。① 只是，因久埋地下，编绳朽无，编连已失，腐蚀严重，长期受到挤压，堆积状况复杂，埋藏的目的亦不清楚，出土时还经受人为扰动，原来的簿书已是丧失编连的散简。② 要想全面而准确地把握吴简丰富的内容，理想的前提是，将这些片简零篇尽可能地恢复到簿书的原貌。然而，走马楼吴简是首批发掘于古井的简牍，其埋藏的环境、考古发掘整理的方式，与边塞简、墓葬简存在很大的差异，因此，其簿书复原整理缺乏可资直接、全盘借鉴的经验、方法，③ 仍需要在研究中不断摸索，并加以总结。

在这一方面，侯旭东先生最先利用揭剥图对嘉禾六年广成乡广成里"吏民人名口食簿"进行了复原，讨论了簿书的构成、形制及其反映的相关问题，复原后的簿书标本为进一步深入研究吴简户籍簿做了铺垫，提供了一些重要的线索。④ 侯文利用揭剥图复原吴简簿书固然具有导夫先路之功，但其所利用的揭剥图完整性和准确性较高，而采集简其他揭剥图残缺严重，扰乱明显，故这类揭剥图很长一段时间内乏人问津。此外，吴简考古学整理信息如盆号、清理号，⑤ 简牍遗存信息如简牍形制、编痕、笔迹等，皆有助于簿书的复原整理，但学界关注得不多，利用得不够。

有鉴于此，近年来，笔者尝试着综合利用走马楼吴简考古学整理信息和简牍遗存信息，对采集简中的嘉禾吏民田家莂、征赋与派役户籍簿、库钱账簿体系（含"襍钱入受簿"、"襍钱承余新入簿"、"襍钱领出用余见簿"）、两套作部工师簿、襍皮入

---

① 《长沙走马楼二十二号井发掘报告》，《长沙走马楼三国吴简·嘉禾吏民田家莂》，文物出版社，1999，第7页。
② 本文中，"簿书"是集合名词，而"简册"、"册书"是个体名词。换言之，"简册"、"册书"指的是特定的、独立的、单个的简册，而"簿书"则是同类性质简册的集合，指一类簿籍。
③ 簿书复原整理，是指以复原为基础的簿书整理。走马楼吴简簿书大多已朽散，成坨竹简较少，简册遗存信息亦有限，据之仅可以初步复原少数残存简册。这些初步复原的简册为簿书的进一步整理提供了依据，我们可以根据其内容、编连样式等，集成相关简牍。
④ 侯旭东：《长沙走马楼吴简〈竹简〉〔贰〕"吏民人名年纪口食簿"复原的初步研究》，《中华文史论丛》2009年第1期，第57～93页。
⑤ 宋少华《长沙三国吴简的现场揭取与室内揭剥——兼谈吴简的盆号和揭剥图》（《吴简研究》第3辑，中华书局，2011，第1～8页）对吴简考古发掘和室内整理的具体情况进行了综合介绍和说明。

受簿、库布账簿体系（含"库布入受簿"、"库布承余新入簿"等）、隐核波田簿等进行了较为全面的复原整理。① 兹不揣谫陋，试将研究思路和方法总结如下，期待抛砖引玉，为发掘吴简，乃至其他古井简牍簿书的复原整理与研究提供参考。

一 考古学整理信息

走马楼吴简簿书复原整理的依据主要有二：一是考古学整理信息，二是简牍遗存信息。先来分析考古学整理信息的作用。走马楼吴简由考古发掘和采集而来，目前学界主要对采集简部分开展了系统研究。采集吴简原处于 J22 北半部分，因机械施工遭到破坏，被铲掘当作渣土运走，倾倒在十里之外的湘湖渔场。这是一批经考古工作者探查清理而抢救回的简牍。整理者根据采集简的遗存情况进行清理、揭剥，分别绘制了揭剥图、盆号和清理号。

揭剥图是根据成坨竹简清理揭剥时的留存状态，绘制的侧视位置示意图。整理者根据采集成坨竹简的遗存情况，采用自上而下、从左至右分层揭剥，和由外往内、环绕揭剥两种方式进行清理揭剥。因清理揭剥方式的差异，揭剥图可分为分层、环绕以及分层环绕结合示意三类。虽然在清理揭剥过程中，难免存在观察与操作的失误，绘图时也根据各种需要作了适当的调整，但揭剥图还是基本真实而直观地反映了残存简册的留存状况。因此，以揭剥图为依据，我们可将对应的简牍大致整合为采集时残余簿书的状态，这为我们进一步考察簿书的编连、收卷和内容构成奠定了基础。

采集吴简共有 11 幅揭剥图，绝大多数为单个简册的中心或部分遗存，保留了许多简册原始编连的信息。其主要作用可以概括为以下三个方面：第一，以揭剥图为依据，考察简与简、简层与简层、甚至揭剥图与揭剥图之间的关联，有助于判定簿书的编连、收卷以及各组成部分的编排次序。探究揭剥图中各简层，以及相邻简层之间的联系，一般存在许多以地名、人名、亲属关系和文书语句关联的对应简。这些对应简的位置关系反映出简牍之间的编连关系。在分层揭剥的示意图中，倘若以中心简面

---

① 参见拙作《嘉禾吏民田家莂编连初探》，《简帛研究二〇〇七》，广西师范大学出版社，2010，第 225~245 页；《走马楼吴简采集"户籍簿"复原整理与研究——兼论户籍簿的类型与功能》，《吴简研究》第 3 辑，第 9~64 页；《走马楼吴简库钱账簿体系复原整理与研究》，第五届中国中古史青年学者国际研讨会论文，首都师范大学，2011 年 8 月；《走马楼吴简两套作部工师簿比对复原整理与研究》，《简帛研究二〇〇九》，广西师范大学出版社，2011，第 162~237 页；《走马楼吴简库皮账簿整理与研究》，《北大史学》第 16 辑，北京大学出版社，2011，第 16~45 页；《走马楼吴简库布账簿体系整理与研究——兼论孙吴的户调》，《文史》2012 年第 1 辑，第 53~110 页；《走马楼吴简"隐核波田簿"复原整理与研究》，《中华文史论丛》2012 年第 1 期，第 107~145 页。文中有关这些簿书复原整理的引例不另出注。

（直线表示简面，弧线表示简背）相对的简层为基准，将揭剥图划分为上、下部分，上、下部分的简层也大都以所属县、乡、文书类型和特定内容等为依据，集合为关联简群，一般具有层次性，且上、下部分简层大致呈现对应关系。而关联简群之间的位置关系则反映出簿书各内容的先后编排。不仅揭剥图内各简、各简层之间关系密切，而且多个揭剥图之间也可能存在对应关系，如揭剥图壹·图一和图二两坨户籍简就是从嘉禾四年小武陵乡征赋户籍簿中离散的，① 又如揭剥图叁·图二和图四、叁·图三和图五之间也因为内容对应而组合为同一个簿书，② 分别为某类户籍簿、仓米承余新入簿。

第二，揭剥图有助于我们判别簿书的内容构成，避免混淆不同簿书中内容、格式相近的简牍。采集简揭剥图除叁·图六由仓米简和户籍简混杂外，其他 10 幅揭剥图所对应的残存簿书内容单一，阑入简极少。即使存在阑入简，也因其形制、格式、内容迥异，一般排列在揭剥图外围而容易剔除。因此，揭剥图有助于我们判别不同的简册及其内容的构成。比如吴简户籍簿，由于不同简册的形制、格式、内容十分接近，对其分类学界历来争议纷纭。然而，采集简 5 幅户籍簿揭剥图中，壹·图一和图二、贰·图一、叁·图二和图四分别对应着 3 个不同的简册，这为我们探讨户籍簿的类型和功能，廓清相关争议提供了重要依据。又如揭剥图叁·图一中的师佐简与《竹简〔壹〕》中师佐简因格式的细微差异（简牍底端注记"见"、"留"等的有无）而可分属于两个簿书。

第三，揭剥图有助于我们探讨走马楼吴简在 J22 中简册的位置关系。走马楼吴简各简册在古井中放置的状况关系到古井简牍这类独特埋藏方式的探讨，揭剥图为相关研究提供了条件。如揭剥图叁·图七对应着"襍钱领出用余见簿"，但该图最下方 4 枚简为"隐核波田简"，属于叁·图八所对应的"隐核波田簿"，这两份簿书主要处于第 37 盆中，关系密切，它们原来在古井中应是放置在一起的。而揭剥图叁·图六中仓米入受莂和户籍简混杂，或许反映了某类户籍簿和仓米入受簿原来的放置位置接近。今后可以结合发掘简揭剥图，对简册在古井中放置状态展开全面研究，考察各簿书在 J22 中大致的排列情况，进而探讨其埋藏方式和目的。

如上所述，揭剥图是吴简簿书复原整理与研究最为基础也是最为重要的考古学依据，但采集简揭剥图也有其局限性。其一，采集简揭剥图数量过少，并未涵括采集吴简中所见的全部簿书，特别是大量出现的仓米入受簿、仓米领出用余见簿、库钱入受

---

① "揭剥图壹·图一"，即《长沙走马楼三国吴简·竹简〔壹〕》附录"竹简揭剥位置示意图"图一。以下类推。
② 邓玮光利用揭剥图叁·图三和图五对相应简册进行了复原尝试，参见邓玮光作《对三州仓"月旦簿"的复原尝试——兼论"纵向比较复原法"的可行性》，《走马楼吴简采集簿书的复原与研究》，南京大学博士学位论文，2012 年 5 月。

账簿、地僦钱簿、户品出钱簿、军吏簿、州吏簿等，皆未见相关的揭剥图。其二，采集吴简中成坨竹简的留存情况决定了揭剥图所蕴含原始遗存信息的多少。有的揭剥图所对应的留存简册保存比较完整，如《竹简〔贰〕》附录的揭剥图为嘉禾六年广成乡派役户籍簿的中心，呈现出环绕收卷的形状，该图比较完整而准确地描绘了广成里派役户籍簿留存原貌，循该简册收卷方式，按示意图编号排定各简的先后次序，并根据简文格式和内容关联进行微调，能较好地复原整理该里户籍簿。① 而采集简其他揭剥图所对应的简册非常残缺，简册编连经受的扰乱较为严重，仅按揭剥图编号编排各简次序就会与简册的实际编连相去甚远，复原的难度更大。虽然这些残缺严重的简册揭剥图，依然能为我们大致分析简册的编连、收卷和内容构成提供依据和线索，但是，要更为全面地了解吴简各簿书的基本情况，还需要以揭剥图为依据，初步复原整理出残余簿书，再利用其他有用的信息，在更大范围内对相应簿书进行有效的整理。

盆号是扩大吴简簿书整理范围的另一个重要而又比较可靠的考古学依据。考古工作者在建筑垃圾倾倒场抢救清理走马楼吴简的过程中，每发现一处，就将清理出来的简牍及时用大盆盛装，并按清理盛装的先后顺序对各盆进行编号，是为盆号。每盆中的简牍基本上皆属同一清理地点的采集简，相邻盆号则反映清理地点邻近。采集简在J22中的原始留存状况虽然遭到施工毁坏，但是，因同盆竹简出自同一采集地点，又因淤泥的粘连，关联性较强，这不仅从成坨竹简揭剥图中可以得到反映，而且同盆中往往聚集出现大量同类散简亦可说明。如作部工师簿Ⅰ中的师佐简绝大部分出现在第12盆，小部分出现在第13盆，在其他盆号中出现的非常少；而作部工师簿Ⅱ中的师佐简基本上出现在第25盆，其他盆号中只有零星出现。又如隐核波田簿中的简牍大部分集中在第37盆，少数在第36盆。可见，吴简采集简册的主体部分大多集中在单个盆号或相邻盆号。而发掘吴简部分，考古工作者分区揭取，同一区域内的简牍放置在同一盆中，同盆之中简牍间的联系显然更为密切。

据此，我们以揭剥图初步整理的残存簿书为基础，聚集同盆或相邻盆中的同类简，结合清理号和简牍遗存信息，进而可对该簿书进行比较全面的编排整理。如根据第37盆中的揭剥图叁·图七，可以对库钱账簿体系中残缺严重的"裤钱领出用余见簿"进行初步整理。考察第37盆及相邻的第36、38盆中的库钱散简，基本上也都从属于"裤钱领出用余见簿"。确定了这一簿书的基本内容，再分析其他各盆中出现的库钱散简，"裤钱承余新入簿"聚集在第12盆中，多个"裤钱入受簿"简册分别聚集出现在第5、8、28盆中。通过揭剥图和盆号的结合，我们基本上可以对库钱账簿体系进行较为全面的整理。盆号不仅为扩大簿书整理的范围提供了条件，而且为区分簿书体系中的不同简册提供了依据。

---

① 侯旭东：《长沙走马楼吴简〈竹简〉〔贰〕"吏民人名年纪口食簿"复原的初步研究》，第61~65页。

在利用揭剥图、盆号整理簿书的过程中，清理号也发挥了重要的作用。清理号是整理者逐盆清理竹简时为每枚简编制的简号，简号直接地反映了粘连竹简之间的关系。采集吴简出版号就是根据清理号进行整理的（请参见各书"凡例"），揭剥示意图编号也与清理号有着密切的对应关系（请参见各书附录"揭剥位置示意图"下"竹简整理编号与揭剥位置示意图对应表"）。因此，清理号不仅体现了成坨竹简清理揭剥的排列状态，也大致反映了零散竹简的粘连情况。我们在利用揭剥图进行簿书复原整理的过程中离不开清理号，在考察各盆聚集简的过程中，也需要根据清理号对连续出现的同类简进行分析。清理号有时还保存了非常重要的原始遗存信息。如吴简中一类以"凡口○事○　算○事○"为户计简的户籍簿中，因揭剥图残损、简牍编连扰乱以及关联依据不好确定，从中较难复原家户例证。然而，散简中连续清理号壹·10094、10093 和 10092 整齐地显示了一组完整的对应家庭简，[①] 这组家庭简因淤泥的粘结而未离散，经过整理者细致的清理而保留了下来。这为我们研究这类户籍簿的类型和功能提供了难得的完整家庭简例证。

走马楼采集吴简考古学整理信息揭剥图、盆号和清理号形象而具体地反映了吴简的采集原貌，为散简的复原整理提供了客观可靠的考古学依据，而发掘简更为翔实的考古学信息，必然会推动吴简簿书复原整理的长足发展。

二　简牍遗存信息

简牍遗存信息如简牍形制、编痕、笔迹、简文格式和内容等也蕴含了许多可供簿书复原整理的信息，在吴简簿书复原整理时值得深入发掘和有效利用。

简牍形制是简牍本身的形状和样式。简牍时代"以事之轻重为策之大小，以策之大小为书之尊卑"。[②] 吴简基层官文书也因簿书性质、内容、作用、制作等的不同，表现出复杂却有规律可循的形制。如汇集长沙郡中部各县工师及其家属的师佐简，简宽 1.2~1.5cm，比乡里户籍简（大多数在 1cm 以下）普遍要宽一些。田家莂和仓库入受莂因破莂不均，宽窄极不匀称，而以"入受莂"为根据制作的各类统计简，以及以"入受簿"为底账制作的上一级账簿如"承余新入簿"、"领出用余见簿"的形制却比较规整。可见，孙吴基层文书简也因行政级别的高低、簿记的流程而具有不同的形制。各类文书的形制差异虽大，但一般说来，级别越高、事情越重要以及记账归总，文书简的形制就越规整、美观、大方。因此，吴简的形制有助于我们判别不同类

[①] "简壹·10094"，即《长沙走马楼三国吴简·竹简〔壹〕》中出版号为 10094 的简。以下类推。
[②] 王国维原著，胡平生、马月华校注《简牍检署考校注》，上海古籍出版社，2004，第 18~33 页。

别的簿书。

简牍长度也值得引起重视。田家莂虽然存在编连，但长度差异颇大，如嘉禾四年完整券莂最长的有55.4cm（简4·206），而最短的仅有42.2cm（简4·264），相差长达13.2cm。竹简簿书长度的差异看起来并不明显，但测量同一简册，其中简牍的长度也不齐整，如揭剥图壹·图一和图二对应的户籍简长23.5~24.0cm，叁·图二和图四对应的简长23.0~23.3cm。而贰·图一对应的简长约23.5~24.5cm，该简册差异变动达1cm，甚至简贰·1728长24.7cm。简牍长度对于簿书整理的意义逐渐被揭示，以揭剥图贰·图一为例，鹫尾祐子根据该坨简长短差别，总结出两类格式，推测这两类简可能分属于不同的里。① 侯旭东先生受此启发，以简牍长短差异为依据，结合其他信息，将第16盆中的户籍简归类集成，在广成里之外，又整理出"嘉禾六年广成乡弦里吏民人名年纪口食簿"。② 同时，不同类簿书之间的长度差距则相对较大，如师佐简整体看来比户籍简短1cm以上，簿书之间简长的差异更为明显。由此看来，简长也可作为编排简册构成和判别不同簿书的重要依据。

此外，吴简木牍和竹简在形制上的关联颇值得注意。木牍一般长23~23.5cm，与竹简的长度基本相同，其编痕间距在7~8cm左右，与竹简编痕间距亦基本相等。这些形制相同、材质不同的简牍是否混为同一份簿书呢？从采集简"隐核波田簿"来看，该简册由文书和记账构成，皆由竹简编连而成，其中竹简文书的格式与木牍文书的基本相同，据此，吴简中的简册似也可以是木牍（官文书）和竹简（记账）的混编，军、州吏簿极可能就是这样编连的。③ 这为探讨吴简簿书的编连，特别是木牍和竹简之间的关系提供了新视角。④

编痕是简册编绳的朽存痕迹，它不仅是判断简牍是否编连的直观证据，也是研究简册具体编连的重要条件。吴简基本上有上、下两道编痕，简与简之间成"8"字形交错编连。⑤ 如果编痕比较清晰，可作为判定前后简编连的依据。由于簿书内简长并不齐整，上、下编至两端的间距，即使是前后简，也会有差别，因而难以作为判定依次编连的依据。而同一简册内，上下编的间距虽然变动不大，但非前后编连简的差别

---

① ［日］鹫尾祐子：《长沙走马楼吴简连记式名籍简的探讨——关于家族的记录》，《吴简研究》第3辑，第65~87页。
② 侯旭东：《长沙走马楼吴简"嘉禾六年（广成乡）弦里吏民人名年纪口食簿"集成研究：三世纪江南乡里社会管理一瞥》，第四届国际汉学会议论文，台北，2012年6月。
③ 侯旭东先生指出，吴简木牍一般有上下两道编痕，当与其他简编连成册，估计应是册书的首简。侯旭东：《三国吴简两文书初探》，《历史研究》2001年第4期。
④ 大庭脩认为，材料同一是复原册书的四个操作策略之一。［日］大庭脩：《汉简研究》，徐世虹译，广西师范大学出版社，2001，第10~13页。从吴简情况看，似乎不尽如此。
⑤ 萧静华：《从实物所见三国吴简的制作方法》，长沙市文物考古研究所编《长沙三国吴简暨百年来简帛发现与研究国际学术研讨会论文集》，中华书局，2005，第26~27页。

依然存在。不过，编绳以"8"字形交错编织简牍，在前后编连简之间交错，前后编连简连接处编痕位置应大体一致，两简连接处中栏的间距应基本相同。因此，根据内容、形制等初步判定的关联简，可通过两简相接处内侧编痕间距是否相等进行确认。同时，编痕间距的差异也是区分不同简册的依据，如作部工师簿Ⅰ编痕间距约7~7.5cm，而作部工师簿Ⅱ约8~8.5cm，两者差距比较明显。与编痕联系紧密的还有契口、刻线，如嘉禾吏民田家莂有的编痕处有契口，大木简及木牍简面留有细刻线，由于图版难以显示或显示不清，这是否与编连和内容分栏有关，还有待今后结合实物进行全面分析。①

简文笔迹也是判明不同类别簿书以及简册内容编排的重要依据。以笔迹为依据对簿书进行分析之前，有必要搞清楚簿书的制作者。如果簿书由一人或少数几人制作，笔迹就可作为区分不同简册、判别简册各部分内容编排的依据。如采集简揭剥图对应的户籍簿简文笔迹基本相同，而与师佐简的笔迹差异比较明显。又如"隐核波田簿"中存在2~3种不同的笔迹，② 不同的笔迹组合成简册中的不同部分。如果簿书成于众人之手，笔迹一般芜杂，这时，笔迹就很难作为判定簿书编排的依据。如吴简各种仓、库入受簿，甚至同乡丘入受莂的笔迹也不同，笔迹对于这些簿书整理所起的作用比较有限。另外，如果簿书制作者的书写风格大众化或写作工整，不同簿书之间的笔迹差异可能并不明显，这时笔迹也难以作为区分简册依据。如吴简户籍簿书写比较工整，即使类型功能不同的户籍簿，其笔迹也不易区分。因此，很多时候，笔迹只能作为区分简册和确认简册中各部分编排的辅助证据。

简文一直以来是簿书整理与研究的根本依据。简文大致可分为内容、格式和符号三个方面。首先谈简文内容。简文内容既是简牍学研究的主体，又是簿书复原整理不可或缺的根据。一般说来，簿书都是以特定内容为中心的简牍集合。简文内容反映了簿书的类型和性质，通过简文内容的对比分析，可以确认簿书的特征和功能，为簿书的分类提供基本依据。同时，简文内容的连贯性和关联性是分析简牍编连和簿书内容编排的重要途径。可以说，无论通过考古学整理信息，还是简牍遗存信息进行简牍簿书整理，都必须结合简文内容进行分析，简文内容是簿书复原整理的中心。

其次，简文格式历来是簿书复原整理的重要依据。不过，在运用简文格式集成同类简之前，很有必要率先判定簿书的性质。就吴简而言，这类基层簿书的书写要求可

---

① 孙沛阳《简册背划线初探》(《出土文献与古文字研究》第4辑，上海古籍出版社，2011) 发现多种文献类简册背面斜划线是竹书编连的重要依据。吴简以及其他文书类简牍背面是否存在这类划线，又是否可作为簿书整理的依据，还有待专门的考查和研究。

② 大庭脩认为，笔迹同一是复原册书的四个操作策略之一。〔日〕大庭脩：《汉简研究》，徐世虹译，第10~13页。从吴简情况看，笔迹同一似乎并非充分条件。

能并不严格，常见简文要素缺省，特别是券莂成于众人之手，又因征缴赋税同时存在多种方式，有时同一簿书内的券文书写格式多样化。如库入受莂样式根据不同的纳入者（编户民、吏）可粗分为二，券莂对同一税种（如调布）名称的书写也不一致。又如户籍簿中，吏民人名年纪口食等的记录比较整齐，然而，赋役注记则存在一些差别，甚至同一户籍簿中的赋役注记也时常阙如，如揭剥图叁·图二和图四对应户籍簿中算赋注记就时常阙如。又如户籍簿和作部工师簿中的总结简，或以"凡"起始，或以"右"起始，但两者皆表示总起，很多时候并无明显的区别。倘若以这些简文格式的细小差异作为依据，对简牍分别进行整理，有可能反映出的并非簿书的原貌。因此，在利用简文格式对走马楼吴简这类基层行政文书进行整理时，不仅应大致明确簿书的性质、内容，以及制作者对文书书写的影响，也应当集其细末而成其大者，在简文格式众多的细微差别中，总结出最能体现簿书本质差异的特征，以此作为簿书集成分类可信赖的依据。①

简文格式不仅是吴简简册分类整理的依据，也是簿书编连的研究依据。简文格式的显著差异有助于对同类簿书中的不同简册进行区分，如以户人简"○○里户人公乘"、户计简"凡口○事○ 算○事○"和户人简"吏民身份"、户计简"右○家口食○人"的格式差异作为依据，可将相应简牍分类为不同户籍簿；如以注记"见"、"留"等的有无作为依据可以区分两套作部工师簿；又如以是否记录纳入仓库内容作为依据，可以区分仓库入受簿和新入簿。不仅如此，简文的具体格式也有助于判定简牍的编连。如成组家庭简往往按"户人简"、"户口简"、"户计简"顺序排列；簿书则往往先后排列标题简，内容简和总结简；而文书一般有固定的用词和格式，如以"叩头死罪"等用语为首尾，以"诚惶诚恐"、"白"、签署日期为末尾等，因书写格式的固定而形成文书简的满书、留空形式等，这些都有助于我们排列简牍的先后次序。

再次，简文符号也是簿书复原整理经常利用的依据。吴简中常见的简文符号有同文符和点记。料核军、州吏莂簿、嘉禾吏民田家莂和仓、库券莂上皆书有同文符，而在其他类简文中未出现。因此，同文符很直观地反映了券书的契据性质，这为我们判别不同簿书提供了依据。又如仓库入受簿和新入簿的部分内容和格式基本相同，但前者记有同文符，说明其简为券莂，其简牍形制宽窄不均，简文笔迹繁芜，与新入簿差异极大。可见同文符为区分簿书的类别提供了直观的依据。吴简点记符号则多记在总结简"（集）凡"、"右"之前，对相应簿书内容进行统计。因总结简一般排在相应简之后，点记符号无疑也是分析簿书编连的直观依据。

---

① 永田英正认为，简牍的记载样式是简牍集成最重要的基准之一。〔日〕永田英正：《居延汉简研究》（上），张学锋译，广西师范大学出版社，2007，第37~39页。从吴简的情况看，以简文格式作为依据之前，还需确认其差异真实地体现了不同簿书的基本特征。

三　复原整理的原则

以上我们举例讨论了考古学整理信息和简牍遗存信息在吴简簿书复原整理中的作用。值得强调的是，这两类依据常常不是孤立地发挥作用，也并非全盘利用才可行，而是需要针对具体的研究对象，根据实际情况，从不同的角度，在各种信息中捕捉到可靠而有效的依据，进行复原整理。下面，本文就吴简采集簿书复原整理过程中，如何利用这两类依据谈谈我们的看法。

第一，要全面了解考古学整理信息和简牍遗存信息。在簿书分类或复原整理的过程中，首先应考察有哪些可以利用的考古学整理信息和简牍遗存信息，并考虑如何综合利用。在之前的研究中，许多研究成果未全面利用这两类信息，特别是对考古学整理信息的关注很不够。比如，在采集简户籍簿的分类研究中，一开始很少有研究成果利用揭剥图。其实，揭剥图为户籍簿类型和功能的分析提供了比较准确的考古学依据，有助于解决一些长年争议不绝的问题。又如，通过采集简盆号，我们能探寻簿书主体内容的集聚状态，然而，目前虽有许多以简文格式为依据集成簿书的研究，而利用盆号进行簿书整理的依然很少。因此，笔者认为，开展吴简簿书复原整理的首要步骤就是要占有丰富而合乎实际的考古学整理信息和简牍遗存信息，这是进行吴简簿书复原整理的基础和前提。

第二，要根据簿书的实际留存情况，综合运用考古学整理信息和简牍遗存信息开展吴简簿书的复原整理。吴简采集簿书复原整理是一个系统性的问题，因此，首先应协调考古学整理信息和简牍遗存信息之间的关系。我国简牍学研究有强调简文内容的传统，而对考古学相关信息的利用稍显不足。毋庸置疑，简文提供的信息最为丰富，同样不可否认的是，考古学整理信息为簿书的复原整理提供了相对客观的依据。因此，要实现简牍簿书复原整理的快速发展，就需要考古学整理信息和简牍遗存信息比翼齐飞、相得益彰地发挥作用。

第三，吴简簿书复原整理应坚持"从整体到局部"、"存小异求大同"和"由此及彼"的原则。"从整体到局部"是吴简簿书复原整理应坚持的首要原则。通过简文和形制，我们很容易从整体上了解吴简的内容。比如，因简文内容的不同，走马楼吴简按记载的对象可分为田家莂、仓米、库钱、库布、库皮、户籍簿、作部工师簿、隐核波田簿和其他各类特殊簿书；又因形制和材质的差异，吴简可分为嘉禾吏民田家莂和竹简两部分。按内容、形制进行大致分类，是从整体上初步认识吴简最便捷的途径，也为簿书的复原整理指明了大致方向。以此整体认识为前提，有助于我们更为细致地分析吴简的各个组成部分。由于揭剥图一般对应着残存的简册，簿书的主体内容聚集出现在单一或相邻盆号中，揭剥图和盆号为在同类简牍中判别不同简册楪提供了条件。根据簿书的实际留存状态，综合利用考古学整理信息和简牍遗存信息，不仅能在同类散简中辨别不同的简册，也能对简牍编连、内容编排和简文样式等进行有效的探索和总结，从而为簿书的复原或集成整理提供可靠的依据。在吴简簿书复原整理过程中坚持"从整体到局部"的原则，先全面感知吴简大概内容，再具体探究其簿书构成，有助于在大框架下协调各簿书之间的关系，为简册复原整理指明方向，从而避免"只见树木不见森林"、"以偏概全"的研究弊病。

"存小异求大同"是在吴简簿书复原整理过程中需要引起切实注意的原则。吴简同类简牍的简文格式往往大同小异，出现这种情况的原因需要仔细辨析，应分析这些格式不同的简牍是集中出现，还是混杂在一起；格式差异是否分别具有特殊的含义，是因制作者不同造成的，还是书写不严格的缘故。比如，采集吴简中，两套对应的作部工师簿因注记"见"、"留"等的有无而在各盆中分别集中出现，分属于两个簿书，"注记有无"这一格式差异就是区分两个简册的关键依据，我们可以据此对两个簿书分别加以复原整理。而仓库入受簿中的券莂，由于成于众人之手，且官府对这类券文书写的要求似不严格，由此造成券莂的形制不匀、简文格式存在诸多差异。然而，这些简牍在各盆中是混杂在一起的，应是混编在同一简册当中。由此可见，券莂之间某些形制、券文的细小差异可能并非区分簿书的依据。总的说来，在以简文格式为依据整理簿书之时，应坚持"存小异求大同"的原则，以切实反映簿书本质差异的简文格式为简册分类的依据。

"由此及彼"是拓展吴简簿书复原整理的必要途径。由于采集吴简保留的成坨竹简较少，以揭剥图为依据复原整理的簿书虽然最为可信，但这仅仅是吴简简册的一小部分。不过，坚持"由此及彼"的原则，在同类简牍中，一种簿书的确认，有助于其他簿书的整理。如库钱简格式多样，内容复杂，根据揭剥图叁·图七能大致复原整理"襍钱领出用余见簿"，确认该簿书内襍钱简的样式和内容的编排，就可聚集相应简而组合为簿书。而其他同类简，依据盆号、简文内容和格式等差异，也就比较容易分别组合为"襍钱承余新入簿"和"襍钱入受簿"两种簿书。由此可见，如果能够先确认一种簿书，通过"由此及彼"的研究方式，就有可能对该类简牍中的不同簿书，利用相关依据开展复原整理与研究。

四　意义

综合利用考古学整理信息和简牍遗存信息对吴简采集簿书进行复原整理，大致明确了采集吴简中簿书的种类及其构成。采集吴简按材质和形制可粗分为嘉禾吏民田家牍和竹简两大类。竹简簿书大致可分为五类：户籍簿、名籍簿、库账簿、仓账簿以及特殊簿书。这五类簿书又分别由多种具有特定功能的简册构成，如户籍簿涵括具有征赋、派役、限佃等功能的户籍簿；名籍簿含两套作部工师簿、户品出钱人名簿、私学簿、军吏簿、州吏簿、叛走簿等；库账簿含库钱账簿（袜钱入受簿、袜钱承余新入簿、袜钱领出用余见簿）、库布账簿（库布入受簿、库布承余新入簿、库布领出用余见簿）、库皮账簿（袜皮入受簿）；仓账簿含租税限袜米账簿（袜米入受簿、袜米承余新入簿、袜米领出用余见簿）、贷食簿、取禾簿等；特殊账簿如隐核波田簿、官牛簿等。以相对客观的吴简考古学整理信息和简牍遗存信息为依据，复原整理的各类簿书、简册，与过去主要以简文内容、格式为依据进行的分类相比，更加客观、可信。

吴简簿书复原整理具有重要的学术价值和现实意义。首先，近年来，古井简牍多批次大量出土，而吴简是其中最早的一批。古井简牍的遗存情况与边塞简、墓葬简不同，其发掘、整理也有自身的特色，而过去简牍簿书的复原与集成，主要集中在边塞简和墓葬简研究上，古井简牍文书学研究，[①] 无论是国内还是国外，相关学术积淀相对薄弱。开展吴简簿书复原整理与研究，建构吴简文书学，尽快更好地奠定古井简牍文书学形成和发展的基础，将有力地促进简牍学科的发展。

其次，将零散的吴简尽可能地恢复到簿书的原貌，使相关历史问题的探讨摆脱了以零散简牍作为论据的局限性，促使吴简研究从关注独特性简牍扩展至篇章的整体研究。面对失去编连且纷繁杂乱的残篇落简，简牍学研究以往比较关注特殊的简文，而忽视了这些简牍原本从属于某一簿书，在这一簿书中有着特定的位置和作用。因而，这类研究很容易放大单枚或数枚简牍的特殊性，对簿书却缺乏整体性认识。而簿书的复原整理，一方面，使得研究的对象不再是零散的、特殊的少数简牍，而是汇集同类散简、接近原始状态的簿书，使那些内容单调、格式同一的散简同特殊简牍一起，在簿书中发挥着应有的作用；另一方面，简牍学研究很多时候从研究者自身的学术兴趣出发，选择相关简牍作为论证材料，以问题为中心选材，很容易将原本不同类或多个簿书中的简牍拼凑在一起进行统计、分析，研究的结论有时难免会发生偏差。簿书的复原整理促使简牍学研究更加注重选材，不是随意地各取所需，而是在特定簿书之内分析材料，从而避免混淆不同簿书的内容。在簿书的框架下分析材料，也能有效地防止研究者对材料进行随意解读，使结论更可信。

最后，吴简采集簿书的复原整理，是发掘简进一步整理的前提，有利于传承经验，改进不足。不仅如此，近年来，随着基础建设的快速发展，简牍频出，其中多为抢救性发掘或零散采集简。这些简牍脱离了原始埋藏环境，但因原有器具的盛装、淤

---

① 简牍文书学研究，即从简牍文书本身入手，以考古学整理信息、简牍遗存信息为依据，以简册、簿书的复原、集成整理为中心，探索简牍文书制度，再以此为基础，对文书内容、作用开展研究。

泥的粘结等，仍带有遗存信息。采集吴简室内清理及簿书复原整理的经验对其整理与研究具有参考价值。

本文为国家社科基金青年项目"长沙走马楼三国吴简簿书整理与研究"（12CZS006）的阶段性成果。

〔作者凌文超，1982年生，中国社会科学院历史研究所助理研究员〕

收稿日期：2013年3月3日

实证与理论：近二十年宋"例"研究的两种范式

孙 健

在中国古代法律史上，宋代是一个重要的历史阶段，在此期间，"例"得到大量创制和编纂，成为一种重要的法律形式。相应的，在宋代法律史研究领域，"例"也就成为一个不容回避的课题。近年来，随着中国古代判例研究引起广泛关注，宋"例"研究取得了较丰硕的成果。然而来自史学界和法学界的研究者，受各自学科背景的影响，在学术主旨、治学方法等诸多方面，都或多或少地存在差异，本文便拟围绕这些差异，就过去二十年国内学界的宋"例"研究进行回顾与反思。需要说明的是，所谓的"回顾"，并不致力于包罗无遗、面面俱到的归纳，而是想举出一些实例，区分出过去二十年学界关于宋"例"研究的两种不同范式，凸显两派学者在研究中展现出来的不同的解释思路。

一 史学界与法学界的分野：实证研究与理论样式[①]

秉承各自的学科理念，史学界与法学界的宋"例"研究展现出不同的学术旨趣。史学界的研究侧重于对某一个时段内的具体制度、具体现象进行考证、剖析，通过爬

[①] 在中国法律史研究中，史学学者与法学学者在研究方法、治学理念等方面的差异，已引起学界广泛关注，如有学者曾指出，"在中国法律史学界，如今存在两种颇为对立的情绪——尽管两派学者没有公开予以讨论。法律史考证史家每每以自己能够判定真实的史料而自喜，有些轻视关注理论建构与意义解释的研究路数，认为那种征引几条史料，然后大肆发挥一通，乃是无根游谈，毫无学问可言。而重视法律史意义解释和法律史宏观理论的学者，也不时流露以意义解释和理论建构而得意，以为放弃意义解释和理论建构，法律史无疑成为'支离破碎'的史料堆砌，根本不能称之为法律史"。（徐忠明：《关于中国法律史研究的几点省思》，《现代法学》2001年第1期）另有学者撰文，对法律史研究中的两种倾向——"法学化的法律史"和"史学化的法律史"——进行区分，并就法律史未来发展的方向提起讨论。（胡永恒：《法律史研究的方向：法学化还是史学化》，《历史研究》2013年第1期）

梳基本史料，围绕具体问题展开讨论。在他们的研究中，宋"例"往往被视为一个自足的研究对象，就其性质、特点、作用、影响等问题进行考察，其目的在于探寻历史的真实性。这种治学取向在史学界的研究题目中便已有所体现，如郭东旭《论宋代法律中"例"的发展》、①戴建国《论宋代的断例》、②《唐宋时期判例的适用及其历史意义》③ 等，都是以宋"例"为中心的实证研究。

相比之下，法学界更注重法的形式的长时段流变趋势，提出具有普遍意义的宏观理论思考，对宋代法律形式的讨论仅仅是一个片断，服务其对中国古代法律的整体论断。在他们的研究中，法理分析是重点，史料的梳理、史实的考证，都围绕这一重点而展开。这种宏观取向在其研究题目中也表现得非常清楚，如武树臣《中国古代法律样式的理论诠释》、④ 汪世荣《判例在中国传统法中的功能》、⑤ 刘笃才《中国古代判例考论》⑥ 等。即便是关于宋代法律的专论，也是站在理论高度上，思考其在整个中国古代法律发展史上的一般意义，如何勤华《论宋代中国古代法学的成熟及其贡献》、⑦《宋代的判例法研究及其法学价值》⑧ 等。

通过对比各自的研究题目，史学界与法学界的学术分野已初现端倪，下面通过考察双方的一次论战，来具体分析二者学术主旨、治学方法的差别。武树臣先生在其研究中，归纳出关于中国古代法律样式的理论思考，提出中国古代的法律样式由西周、春秋的"判例法"发展为战国、秦代的"成文法"，最终呈现为西汉至清末的"混和法"，经历了"否定之否定"的漫长历程。中国法律样式的重心是混合法，它可以与西方两大法律样式（判例法样式、成文法样式）并称为世界三大法律样式。⑨

武先生的研究几乎跨越了整个中国古代，其主旨不在于探求一朝一代的细微史事，而是通过抓取各阶段的典型特征，提炼出关于法律形式的一般性理论。在武先生的研究中，宋代被归为"混合法"阶段，同属这一时期的还有汉晋以降迄于明清各朝。文中关于宋"例"乃至其他各朝"例"的讨论，都仅是其研究的一个标本，其意义仅是作为其"'成文法'与'判例法'在相互消长中走向平衡"⑩ 的结论的一个注脚。

---

① 载《史学月刊》1991 年第 3 期。
② 载氏著《宋代法制初探》，黑龙江人民出版社，2000。
③ 载《江西社会科学》2009 年第 2 期。
④ 载《中国社会科学》1997 年第 1 期。
⑤ 载《法学研究》2006 年第 1 期。
⑥ 载《中国社会科学》2007 年第 4 期。
⑦ 载《法律科学》2000 年第 1 期。
⑧ 载《华东政法学院学报》2000 年第 1 期。
⑨ 武树臣：《中国古代法律样式的理论诠释》，《中国社会科学》1997 年第 1 期；并参见氏著《中国传统法律文化》，北京大学出版社，1994。
⑩ 武树臣：《中国传统法律文化》，第 169 页。

武先生的观点引起学界广泛论争，而史学界与法学界的回应方式却迥然不同。史学界的回应建筑在严格的史料批判基础上。杨师群对西周、春秋能否称为"判例法"提出质疑，对武文引以为据的两条重要史料进行了重新解读。① 其一是《左传》昭公六年中"昔先王议事以制，不为刑辟"一句，武文认为文中"事"就是判例，"议"是选择、评判、研讨之义。② 杨师群认为这种解释缺乏历史根据，左传中的"事"并无"判例"的意思。其二是《尚书·召诰》中的一句话，"王先服殷御事，比介于我有周御事，节性，惟日其迈，王敬作所，不可不敬德"。武文解释为"先参照殷人的判例，逐渐形成我们周人的判例。在审判中要节制喜怒之情，因为判例的作用是十分久远的。王要谨慎地判决，不能失去民心"。③ 杨文指出这同样是对文本的误读，"御事"指执掌、管理政务之官员，绝不能等同于"判例"。这句话的意思是说，"王先治理殷国的遗臣，使他们能够亲近我们并和我周国治事诸臣一样为国效劳。要节制、改造他们的情况，使他们天天有所进步。成王也应恭敬谨慎，以身作则，不可不敬重德行"。④ 通过对武文中引用的重要史料展开批判，杨师群认为武文对史料存在严重的误读，在此基础上得出的结论是站不住脚的。

法学界的回应则侧重于理论方面，从理论范式入手，提出不同的见解。刘笃才先生认为，从春秋末期开始，成文法始终占据着统治地位，"混合法"时代的提法言过其实，判例在中国古代并不能够和成文法平分秋色。根据成文法和判例的关系变化，他将成文法产生之后的古代社会分为三个时期：战国至秦汉的放任时期，魏晋至唐宋的判例被拒斥时期，元明清判例被成文法吸纳而消亡的时期。⑤

刘文中，关于宋代成文法与判例关系的论述占据了较大篇幅。原因是在作者看来，宋代是一个重要的转折时期。成文法与判例之间存在着异质对立的关系，但解决的方法却并不一定把拒斥作为唯一的方式，成文法对判例既有拒斥的必要，又有吸纳的可能，其认识的转折是在南宋时期。南宋开始出现了用引"例"入法的方式解决例、法冲突的思想，这开启了明清成文法与判例互动关系的进程。刘文纳入了更多史学元素，更重视对历史文献的解读和史实的考证，但理论建构仍是第一位的，引用史料的目的，是抓取南宋时期法律样式的典型特征，以证明作者提出的理论。在本质上，刘文与武文展现出相近的学科背景和治学理念。

---

① 参见杨师群《中国古代法律样式的历史考察：与武树臣先生商榷》，《中国社会科学》2001 年第 1 期。
② 武树臣：《中国古代法律样式的理论诠释》，《中国社会科学》1997 年第 1 期。
③ 武树臣：《中国传统法律文化》，第 210 页。
④ 王世舜：《尚书译注》，四川人民出版社，1982，第 187 页。转引自杨师群《中国古代法律样式的历史考察》，《中国社会科学》2001 年第 1 期。
⑤ 刘笃才：《中国古代判例考论》，《中国社会科学》2007 年第 4 期。

这次论战清晰地展现了史学界和法学界学术主旨的分野，论战虽非围绕宋"例"展开，但就其展现的治学特点而言，却具有普遍性的意义。史学界侧重于法的内容的基础性实证研究，借助史料探寻史实，但疏于理论归纳。法学界重视法的形式的长时段演变趋势的考察，通过抓取各阶段典型特征，归纳出一般性理论，但对引以为据的史料却缺乏批判意识。随着学术的发展，各学科之间的对话越来越得到重视，史学界更自觉地援引法学理论，法学界也越来越注重史料支撑，彼此间的差距显著拉近。尽管如此，二者的研究仍各有特点，以下就围绕宋"例"研究中的具体议题试加分析。

二 宋"例"概念的界定：西方法学理论的介入与创新

近代以来的中国法律史研究，一直处于西方法学的宰制下，以西方法学的概念、理论、方法来审视和建构中国传统法律，成为当今法律史研究的主流范式。西方法学概念来源于其社会历史发展过程的经验，以之为模具套用于中国历史，必然会造成诸多误解和混乱。如有学者指出，中国传统法律与外国法律存在不同语境，拥有独特的法律命题、法律范畴、法律概念和法律术语，"故而如果我们不加批判地'挪用'西方法律的那套东西加之研究中国法律史，它的合理性与有效性都是值得认真考虑的"。[①]

然而，一些学者恰恰忽略了这一点。在有关宋"例"的研究中，一些研究往往径自将宋代法律体系中的"例"与西方法学中的"判例"概念等同起来，如有的文章题目为宋"例"研究，但文章开篇便提出"判例法自汉代有所肇端，在宋代大为发展，沿用至明清，与成文法相得益彰"，进而武断地宣称"宋代用例的发展就是中国特色的判例法"，[②] 显然是默认宋"例"等同于"判例"，而对概念间的重合与差异、在何种前提下可以互通等问题，缺乏审慎地界定。

两宋时期，"例"的内涵与外延都非常宽泛，由此衍生的词组包括"条例"、"断例"、"事例"、"成例"等，其具体指意存在着不同程度的区别。如条例指作为成文法的条令规则，事例指行政领域中出现并在后来作为裁决依据的行政先例，断例指司法领域的判决，成例指经过一定编纂程序的可供后来同类事件法律依据的判决和裁定。这些词组在特定语境都可简称为"例"，它与西方法学中的"判例"显然并不是直接对等的概念范畴，因此，在展开研究前，必须对研究对象进行准确的定位。[③]

[①] 参见徐忠明《关于中国法律史研究的几点省思》，《现代法学》2001年第1期。
[②] 赵旭：《论北宋法律制度中"例"的发展》，《北方论丛》2004年第1期。
[③] 参见刘笃才《中国古代判例考论》，《中国社会科学》2007年第4期。

有些学者已经注意到宋代各种"例"的技术内容与法律性质有所不同，如戴建国先生指出，宋代"例"主要可以分为两种，行政方面的例和刑法方面的例。① 郭东旭先生从调整对象和创制方式两个角度，对宋例进行区分。② 但由于二者都出身于史学传统，法学专业知识并非强项，因此其研究中的理论思考仍显薄弱，真正从法理角度出发，将讨论引向深入的，始于王侃先生。

王侃引用法学理论，对宋"例"进行了详细的考辨，其观点主要可以归结为以下几点：其一，宋"例"不是判例。原因一是"判例"在宋代尚未形成一个合成词组，"判"字在宋朝不作裁决讼狱讲，与审判联系不大；"断例"中的"例"是"例子"的意思，而非"断例即判例"。原因二是皇帝牢牢掌握着司法审判大权，"例"不是来自中央司法审判机关，而是出自君主，是皇帝的"特旨断狱"或"特旨裁决"。法司只有"引例拟断"，③ 即提出意见的权力，而无判决权。因此，无论是从当时还是现代的观点看，宋"例"都不是判例。④

其二，宋"例"不是法，不是法典，也不是法律形式。宋朝的"法"指律、敕、令、格、式、宣等，史料中"例"与"法"经常是对立的，臣僚经常要求废例守法或将可行之例修入法，这都说明"例"不是"法"。法是要公之于众的，而例则藏于吏手，二者的编修程序也有简繁之差。法是统治阶级意志的反映，代表统治阶级的根本愿望和共同利益，而例反映的主要是皇帝的个人意志。法的特征之一是国家用强制力保证施行，而例不引者不为罪。因此，从法的本质、特征、目的、作用等方面看，"例"不具备法的性质。⑤

其三，"例子"之"例"才是法。它具有以前事作为后事依据、标准的属性，可以被各机关援引使用。例子与断例、吏部例有明显的区别：例子出自皇帝的诏书，是由皇帝个人意志经由一定程序成为国家意志，具有法的性质；而断例、吏部例是皇帝的特旨，即皇帝的个人意志，是"出于法令之外"的。⑥

其四，宋代"指挥"并不来自中央机关，而是出自君主，是圣旨的一种。"指挥"所涉及的内容远远不止于法律，而是国家政治生活的各个方面。就法律方面讲，包括制定法条、规定刑名及补充、停废法律等。因此，"指挥"充实、完善了法律，它与不是法律的"例"内涵完全不同，作用完全相反。⑦

作者借用法学标准，对宋代史料进行检视、判断、区分，进而对宋"例"概念、

---

① 戴建国：《唐宋时期判例的适用及其历史意义》，《江西社会科学》2009 年第 2 期。
② 郭东旭：《论宋代法律中"例"的发展》，《史学月刊》1991 年第 3 期。
③ ［清］徐松辑《宋会要辑稿》刑法一之二五，中华书局，1957。
④ 王侃：《宋例辨析》，《法学研究》1996 年第 2 期。
⑤ 王侃：《宋例辨析》，《法学研究》1996 年第 2 期。
⑥ 王侃：《宋例辨析》，《法学研究》1996 年第 2 期。
⑦ 王侃：《宋例辨析续》，《法学研究》1996 年第 6 期。

性质进行细致的界定，为传统史学研究提供了新的视角，在法学与史学跨学科对话的道路上迈出了一大步，极大地推进了宋"例"研究的深入。然而，文章在史料的引用和解读方面，仍然存在不尽如人意的地方，对一些史实的认定也存在误解，影响了某些结论的说服力。

比如，在论述宋"例"不是判例的过程中，文章便显然存在对宋代史实认定有误的情况。作者所据的一大理由是，司法机关对死罪案件或情理可悯等案件只有"引例拟断"，提出意见的权力，而无最终判决权。但揆诸史实，宋代刑事审判制度规定，凡遇证据不足、犯罪事实不清、情轻法重或情重法轻的情况，需要申报中央裁决。① 申报时，要将以前的代表性断例一并奏上，以为参考。因此，适用断例与疑难案件的申报裁决往往是联系在一起的，这很容易使人误以为"断例"不能作为判决案件的法律依据。戴建国先生对王文观点进行了回应，列举了大量案例，证明根据"法院可以援引，作为审理同类案件的法律依据的判决和裁定"② 的定义，宋代的断例具有具体断案成例的特点，得出了宋代断例是一种判例的结论。③

王文认为，宋"例"不是法，不是法典，也不是法律形式，然而其依据的几条论据，存在着诸多对史料的误读。首先，作者指出，宋朝史料中，"例"与"法"经常并提而且是对立的。应该说这一观察极具洞察力，在宋人眼中，"法"与"例"往往是二元对立的。"有司既问法之当否，又问例之有无。"④ "一例既开，一法遂废。"⑤ "或例宽而法窄，则引例以破法；或例窄而法宽，则援法而废例。"⑥ 但问题是，应该怎样理解这里的"法"？王文显然是将之视为一般意义上的法律，才会得出宋"例"不是法的结论。然而事实上，这里的"法"当是指律、敕、令、格等成文法而言，即宋代所言"成宪"、"典宪"。因此宋人所谓"法"与"例"的对立，实际是指成文法与判例之间的矛盾，作者的解读显然与史料本意存在错位。

王文证明宋"例"不是法的另一论据，是上自皇帝下至百官，都曾屡屡发表"废例守法"的言论，如"臣僚屡有建请，皆欲去例而守法"，臣僚请"明诏中外，悉遵成法，勿得引例"⑦ 之类。但正如有学者指出，这种看法忽略了一个基本史实，即宋人反对的仅是"舍法用例"、"用例破条"的违法之举。对于正常的比附用例，法律明文规定是合法的，也是司法审判所必需的。同时还应注意，宋人反对用例，是反对滥用"不成法的惯例"，"不成法的惯例与经立法程序制定的断例是有区别的，

---

① 参见戴建国《宋代刑事审判制度研究》，《文史》第31辑，中华书局，1988。
② 《中国大百科全书·法学卷》，中国大百科全书出版社，1984，第87页。
③ 戴建国：《论宋代的断例》，载氏著《宋代法制初探》，黑龙江人民出版社，2000，第101页。
④ ［清］徐松辑《宋会要辑稿》刑法一之四九。
⑤ ［清］徐松辑《宋会要辑稿》刑法一之五三。
⑥ ［清］徐松辑《宋会要辑稿》刑法一之五八。
⑦ ［清］徐松辑《宋会要辑稿》刑法一之四七。

不能把两者混同起来"。在常法无正条时，断例可以引用，可以解决司法实际问题，这就证明断例具有法的效力，也是一种法。①

如上所述，王文引用法学理论检视宋代史料，对宋"例"概念进行驳正，开辟了一个新的思路。然而，囿于学科背景，其对史料及相关史实尚存在一定程度的误读，这也使其结论难以令人信服。史学界对王文质疑的焦点，就集中在对关键史料的解读及重要史实的认定上。以相关法学理论为纲，从基本史料入手，经过详尽的史料分析，史学界得出与王文截然不同的结论，从相关研究的进展看，其结论得到了更广泛的认同。

上述考察表明，史学界与法学界各自的长处与短板仍较明显，史学界对法学理论的应用尚嫌被动、生疏，专注于史料分析和史实考订，止步重要的法理问题和理论诠释；而法学界对史料、史实的分析常显薄弱，在史料运用、史实考证方面出现的失误，往往导致其理论归纳不能成立。尽管如此，史学与法学两个学科的交叉研究已成为学界共识，借助法学理论与史学方法的结合，相关研究愈加走向深入。刘笃才先生《中国古代判例考论》② 便是其中代表。

刘文首先对法律意义上的"判例"一词本身进行了反思，指出在"判例"概念的中外、古今对接中存在错位。"判例"这一概念来自于西方，如果将之原封不动地搬到中国，恐怕很难找到与之相吻合的法律现象，如何将中国的实际与之接榫，这是研究中国古代判例首先面临的问题。经过中国学界的重新定义，判例被定为"法院可以援引，并作为审理同类案件的法律依据的判决和裁定"，③ 既保持了西方概念的基本内涵，又符合中国的实际情况。

法律意义上的"判例"一词不见于中国古代文献，因此衍生出古今词语对接的错位。广为学者征引的"廷行事"、"决事比"、"法例"等概念，详究起来都并不能与"判例"完全对应。就"判例"与"例"的关系而言，"例"在中国古代外延宽泛，"判例"只是其中的一种。要想建立中国古代固有词语与"判例"之间的对应关系，需要对各自的内涵和外延进行合理的界定，而不能按照有利于自己的观点进行过度阐释。

作者注意到史料分析的重要性，对史料认真细致的鉴别和解读，是判例研究进一步深入的基础。通过分析从汉到明清各朝的史料，作者提炼出中国古代判例共同具有的一般性要素：其一，是在法律没有明确规定，或虽有规定但不适应案件的特殊情况，及不能满足统治者的特殊需要的情况下，通过变通的方式对某一案件做出的判

---

① 戴建国：《论宋代的断例》，载氏著《宋代法制初探》，第107、108页。
② 《中国社会科学》2007年第4期。
③ 《中国大百科全书·法学卷》，第87页。

决；其二，必须保持其自身的形态，即作为具体的判决而在其后的司法领域发生法律效力；其三，需要特殊的批准程序，只有在奏谳或者奏案程序中经过皇帝批准，被明示其具有法律效力，或者被实际援用作为生效的判决依据，才将其定性为判例。

与此前的研究相比，刘文在史学实证与法学理论的结合方面，显然更进一步，理论指导与史料支撑贯穿于文章始终。通过扎实的史料分析，作者提出对中国古代"判例"构成要素的理论思考，在西方概念与中国经验之间提炼出具有启发性的理论创新，最终推动了关于中国古代"判例"研究理论的深化。对史料的分析有一定的理论为指导，理论的拔高又有扎实的史料作支撑，史学与法学实现了较充分的对话。

三 对宋"例"地位、影响的评价：道德评判与理论观察

（一）宋"例"地位的判定："宋例地位高于敕律说"的反思

"例"在宋代法律实践中所处的地位，是学界广泛关注的焦点问题之一，早期成果倾向于这样一个共识：两宋时期，"例"的行用范围越来越大，作用和地位也愈来愈高，至南宋，"例"不但取得与敕律同等的法律效力，甚至已优先于敕律的适用。① 随着研究的不断深入，这种观点日益受到学界的质疑，直接的对话来自于史学界，学者主要从史料批判的角度，推翻前述观点的立论基础。

史学学者对前述观点的史料基础进行了重新检视。如《庆元条法事类》载，"诸敕令无例者，从律；律无例及例不同者，从敕令"。② 该条史料常被引用，作为宋"例"法律效力高于律、敕的依据。而此时研究者指出，前此对该条史料解读有误，原文中还有一条注文，用来解释该条中的"例"："谓如见血为伤，强者加二等，加者不加入死之类。"据此，文中的"例"应指条款正文而言，而非敕、律之外的断例。该条史料的意思是说：该敕令无相应条款者，从律；律无相应条款及条款不同者，从敕令。法律适用的次序是敕、令、律。通过对史料重新解读，研究者提出，宋代未曾规定过"例"优于敕律的适用，相反，一再强调只有常法无正条时方能用例，因此，"宋例地位高于敕律说"与史实不符。③

学界有关"例"在宋代法律实践中的地位的讨论，主要在史学界内部进行，他们共享着同一套话语体系和治学理路。法学学者则在这场讨论中缺席，由于他们的研究侧重于宏观理论的建构和法理辨析，史学基础相对薄弱，史料发掘和史实考证并非

---

① 参见郭东旭《论宋代法律中"例"的发展》，《史学月刊》1991年第3期。
② [宋]谢深甫编，戴建国点校《庆元条法事类》卷七三《检断·名例敕》，黑龙江人民出版社，2002。
③ 参见戴建国《论宋代的断例》，载氏著《宋代法制初探》，第98、99页。

其强项，因此很难对史学界发起的特定性的实证研究展开针锋相对的对话。就笔者所见，迄今尚未有专门性的成果对该问题予以直接、正面的回应。

尽管如此，在法学界有关中国古代法律样式的宏观归纳中，很多研究都涉及"例"、"法"关系的问题，从中可以总结出他们对宋代"例"地位的看法。如武树臣先生认为，宋代属于"混合法"的阶段，该阶段的特征是法律条文和判例处于同等重要的地位，只不过是在特定背景下会略有侧重而已。① 更多学者认为，在中国古代各种法律样式中，作为制定法的"律"始终占据着主导地位，"例"只是对"律"的补充。如有学者提出，秦汉以后，"律"被确立为根本法，在律、令、格、式、比、例等多种法律形式中，始终坚持着稳定的结构关系，即制定法典是最重要、最有指导作用的法律形式，其他法律形式必须根植于法典之中。法典和其他法律形式之间是互补的关系，但始终坚持的是其他法律形式对法典的补充，坚持法典在整个法律体系中的主导地位。② 这种研究虽不专指宋代而言，但显然是包括宋代在内的。

（二）宋"例"影响的定位："道德批判"立场的摒弃

对宋"例"地位的判定，与对宋"例"作用、影响的评价紧密相关。基于"宋例地位高于敕律"的认识，早期学界对于宋"例"在当时司法实践中的作用和影响以否定居多。如有学者指出，宋代特别是南宋时期，"例"的行用杂乱无序，造成严重的刑狱枉滥，给宋代法治带来不可治愈的弊端。用"例"行事便于官吏依倚生奸，徇私欺弊，造成"例"弊难革。宋代统治者本想用"例"加强统治，但却得到自乱其治的后果，这是宋代统治者为所欲为的一个必然结果。③

细究这种认识的推理脉络，可以发现其中隐含的宋代士大夫立场。如前所述，在宋人看来，"法"与"例"经常是二元对立的。"法"代表着一种理想化的、公正的、符合规范的政治伦理和统治秩序，官员以之辅佐君主，而类似于"例"这种细枝末节，应该由吏员处置。如司马光所言，"宰相以道佐人主，安用例？苟用例，则胥吏也"④。吏在宋代往往与政治黑暗联系在一起，他们的援例行为也易被视为一种"堕落行为"或"操控行为"，⑤ 致使"例"的行用被"塑造"为满足一己私欲而因缘为奸的反面典型。

类似的意思表述在史料记载中比比皆是。"法者，率由故常，著为会典，难以任情而出入；例者，旋次创见，藏于吏手，可以弄智而重轻。"⑥ "法者，率由旧章，多

---

① 参见武树臣《中国古代法律样式的理论诠释》，《中国社会科学》1997年第1期。
② 汪世荣：《判例在中国传统法中的功能》，《法学研究》2006年第1期。
③ 参见郭东旭《论宋代法律中"例"的发展》，《史学月刊》1991年第3期。
④ 《宋史》卷三三六《司马光传》，第10764页。
⑤ 参见马良伯撰《从律到例：宋代法律及其演变简论》，刘茂林译，载高道蕴、高鸿钧、贺卫方编《美国学者论中国法律传统》，清华大学出版社，2004，第331、332页。
⑥ ［清］徐松辑《宋会要辑稿》刑法一之五五。

合人情；例者，出于朝廷一时之予夺，官吏一时之私意。"① "法者，公天下而为之者也；例者，因人而立以坏天下之公者也。"② 士大夫的观点常常蕴含着强烈的道德批判意识，这种立场贯穿于史料记载中，如果不加甄别，很容易受其影响。正因如此，当研究者得出"宋例地位高于敕律"的结论后，便很容易进而论断宋"例"的行用破坏了法令法规的公正性，对宋"例"的作用加以否定。

然而需要思考的是，面对"例"在宋代的大范围应用，甚至"非例无行"③ 的状况，将之简单归结于统治者逞一时之私意、官吏侮文玩法以变乱成宪，对宋"例"一概否定，是否有失于偏颇？意识到这一问题，同时也缘于对"宋例地位高于敕律说"的摒弃，学界开始从另一个角度审视宋"例"的历史作用。

时至今日，"例"在宋代司法实践中发挥着重要作用，已逐渐成为学界共识。学者开始注意到此前囿于观察视角而被忽略甚至刻意回避的史料。如北宋张汝贤曰："按法之文而折中于理，谓有司之事，无条有例，或虽有条而文意未明，应用例以补之，皆在所司。"④ 司马光说，"从来律令敕式，有该说不尽之事，有司无以处决，引例行之"。⑤ "法所不载，故用例以相参，则事不失轻重耳。"⑥ 基于这些史料，学界对宋"例"的作用得出更加全面的评价，"例"是常法的补充，是宋代法律体系一个不可缺少的组成部分，判例所蕴含的司法灵活性能有效地维护法的稳定，对于弥补常法的不足，提高司法效率，都起到了重要作用。⑦ 这种看法显然较此前对宋"例"一概否定的观点更为合理。

与史学界相比，法学界的研究着眼于构筑宏观理论框架，而不执着于细微的史实考订，因此较少受到史料中主观意识的影响。基于对汉代以后"例"的地位的认定，研究者顺理成章地得出结论："例"在中国古代司法实践中发挥着重要作用。如汪世荣先生对判例在中国传统法中的功能进行了梳理，从判例对法律调整领域的扩展、对规则效力的强化、对法典立法技术的补充、对法律适用效果的保障等入手，将判例的功能归纳为法律规则的创设与规则效力的强化两大方面。⑧

还有学者提出，中国古代法律经由两条并行的路线发展成长：其一是设计生成的

---

① ［清］徐松辑《宋会要辑稿》刑法一之四七。
② 《宋史》卷一五八《选举四》，第 3715 页。
③ ［宋］叶适：《叶适集·水心别集》卷一五《上殿札子》，中华书局，1961，第 834、835 页。
④ ［宋］李焘：《续资治通鉴长编》（以下简称《长编》）卷三四七，元丰七年七月甲寅，中华书局，2004，第 8330、8331 页。
⑤ ［宋］李焘：《续资治通鉴长编》卷三五九，元丰八年八月癸酉，第 8583 页。
⑥ ［清］徐松辑《宋会要辑稿》刑法二之六九。
⑦ 参见戴建国《论宋代的断例》，载氏著《宋代法制初探》；《唐宋时期判例的适用及其历史意义》，《江西社会科学》2009 年第 2 期。
⑧ 汪世荣：《判例在中国传统法中的功能》，《法学研究》2006 年第 1 期。

理性主义路线，主要体现在律典的修订；其二是自然生成的经验主义路线，主要体现在成文法体系之外，通过创设及适用判例，逐步将其改造吸纳入法律体系中。历史上"以例乱法"的批评，虽不无切中时弊之处，但忽视了"例"在法律发展中的积极作用，难称公道。①

如上所述，在论及宋"例"的地位、作用等议题时，史学界与法学界展现了不同的学术理念。除治学方法的歧异外，二者在研究中所处的立场也有所不同。秉承中国史学传统，史学研究往往有意无意地承担起道德批判的责任，这使得研究者更易受到史料中士大夫立场的影响，得出主观化的结论。意识到这种倾向后，研究者才能够自觉地跳出道德评判的窠臼，从更加客观的立场出发审视史料，作出更为公允的评判。相比之下，法学研究的目的在于对中国古代法律现象提出理论性的思考，其对于史料的态度是尽可能地抓取其中体现的客观特征，而对史料中隐含的主观偏向不予置评，因此更易于保持中立。

四 宋"例"研究的反思

在有关宋"例"的研究中，史学界与法学界展现出不同的学术理路与治学方法，史学重视法的内容的实证研究，法学侧重法的形式的理论建构。在当今的学术研究中，多学科之间的对话越来越为人所重视，以此构建出超越传统手法的新理论与新方法，能够有效地推进研究的进一步深入。通过对宋"例"研究的回顾，可以看到在宋代法律史研究领域，史学与法学的交叉互动已经成为未来发展的一个方向。史学界更加主动、自觉地借鉴法学理论，用于指导对史料的解读和对史实的判断；法学界也更加注重夯实史料基础，提高对史料的鉴别、运用能力，为理论创新提供更加坚实的支撑。②

史料是史学研究的起点，而史料解读能力的高低，又不仅取决于史学修养，在很大程度上也受到其他因素的制约，更多地引用法学原理，借鉴法学界的解释方法与治学理路，会给史料的解读带来新的思路。以学界对宋代"因例立法"现象的解读为例，

---

① 刘笃才：《中国古代判例考论》，《中国社会科学》2007年第4期。
② 进一步加强史学与法学的合作，关涉到法律史学科的发展方向、方法论等一系列重大问题，已经为众多学者所关注，相关论述也非常丰富，代表性成果有徐忠明《关于中国法律史研究的几点省思》，《现代法学》2001年第1期；梁治平《法律史的视界：方法、旨趣与范式》，《中国文化》第19、20期，2002年；徐忠明《中国法律史研究的可能前景：超越西方，回归本土？》，《政法论坛》2006年第1期；邓建鹏《中国法律史研究思路新探》，《法商研究》2008年第1期；尤陈俊《"新法律史"如何可能——美国的中国法律史研究新动向及其启示》，《开放时代》2008年第6期；李祎恒、金俭《论法律史研究方法的路径选择》，《学海》2009年第5期；胡永恒《法律史研究的方向：法学化还是史学化》，《历史研究》2013年第1期，等等。

关于宋代"因例立法"现象，较常为学者引用的是《宋会要辑稿》中的一段记载：

> 前后臣僚屡有建请，皆欲去例而守法，然终于不能革者，盖以法有所不及，则例亦有不可得而废者，但欲尽去欲行之例，只守见行之法，未免拘滞而有碍。要在与收可行之例，归于通行之法，庶几公共而不胶。今朝廷既已复置详定敕令一司，臣以为凡有陈乞申请，于法诚有所不及，于例诚有所不可废者，乞下敕令所详酌审订，参照前后，委无抵牾，则著为定法，然后施行。如有不可，即与尽断，自后更不许引用。如是，则所行者皆法也，非例也。①

早期史学工作者深受士大夫立场的影响，对"因例立法"也以批判为主，研究者在评判史料反映的现象时，多引用宋人的评论，"昔之患在于用例破法，今之患在于因例立法……盖用例破法其害浅，因例立法其害大"，②"生奸之弊，莫此为甚"。③ 与此同时，对史料中显现出的"因例立法"的必要性、合理性则不置一辞，这种解读方式显然有失偏颇。

相比之下，法学界的研究者有着更广阔的视野，比较能够超脱于史料隐含的士大夫立场之外，对同一段史料产生了截然不同的解读方式。在他们看来，上述史料实际上肯定了例对法具有补充辅助的作用，批评了对判例一味拒斥的态度。根据该条史料，判例和成文法的对立不是绝对的，判例经过改造吸收，可以转化为"定法"，因此，"引例入法"是解决"例"、"法"冲突的有益方式。南宋"因例立法"无论在思想上还是实践上都是一个良好开端，开启了明清成文法对判例的吸纳过程，在中国古代法律发展史中具有积极作用。④

更多地借鉴法学原理，对于史料性质的判定、史料的应用也至关重要。上文提及，"例"在中国古代内涵广泛，与之相应，相关史料的意义、性质也各不相同，如果事先对研究对象缺乏精确界定，不同性质的材料混杂在一起的情况便会发生，给研究的进一步展开带来混乱。如有学者在论述宋代断例的编修时，认为《庆历编敕》和《嘉祐编敕》中皆附有断例，理由是《庆历编敕》中"别为总例一卷"，⑤《嘉祐编敕》亦如庆历体例。⑥ 然而正如有学者已经指出，这里所谓的"例"，皆是指编敕的修撰凡例而言，而非断例之"例"。⑦ 以此为依据论断两部法典中附有断例，不免

---

① ［清］徐松辑《宋会要辑稿》刑法一之五六。
② 《宋史》卷一五八《选举四》，第3715页。
③ 转引自郭东旭《论宋代法律中"例"的发展》，《史学月刊》1991年第3期。
④ 刘笃才：《中国古代判例考论》，《中国社会科学》2007年第4期。
⑤ ［宋］李焘：《续资治通鉴长编》卷一六〇，庆历七年春正月己亥，第3861页。
⑥ 郭东旭：《论宋代法律中"例"的发展》，《史学月刊》1991年第3期。
⑦ 戴建国：《论宋代的断例》，第96页。

得出错误的结论。

更有研究将刑法"例"的材料与行政"例"的材料混在一起。① 如有学者忆述宋代"判例"的发展,"宋初,除太祖以凌迟酷法惩治奸赃外,以后犯赃至死罪者,多处决配,这与法司滥引前例不无关系"。这一论断显然是针对宋初刑法"判例"而言,但其随后引用宋仁宗至和二年(1055)中书门下的奏言为据,却大成问题。奏言曰:"[臣僚]进至取旨,陛下至仁待物,多赐允从。既从之后则便以为例,援例者众,则法殆虚设。"② 查考原文,中书门下所言本是针对大臣请托保荐而发:

> 窃见近年臣僚有不循法律,以私党自任者,陈乞保荐,而执政之臣内防怨谤,外徇私情,明知违越,不敢阻难,必将所上表章进上取旨……乞今后中外臣僚保荐官吏、陈乞亲属、叙劳干进、援例希恩者,仰中书、枢密院、三司及所属官司,一例依前后条诏指挥,更不得用例施行,及进呈取旨,违者坐之。诏可。③

材料原意是认为皇帝对臣僚陈乞保荐太过宽仁,致使臣下纷纷援例,破坏了官僚制度的相关规定,建议稍加裁抑。试问这与"犯赃决配"有何关联?又怎么能够为宋代刑法"判例"的发展提供佐证?

综上所述,迄今为止的宋"例"研究中,史学界与法学界展现出各具特色的治学理念与解释风格,如何加强两个学科的交流互动,是促进学术发展必须考虑的问题。宋"例"研究属于中国法律史研究的范畴,其学科特性兼有史学和法学的成分,在某种程度上,这一领域内史学与法学的对话,可以还原为史料与法学理论的对话。法律史的研究要建筑在扎实的史料基础之上,史料的整理分析是展开学术研究的起点和基础,正如有学者指出的:"从事法史研究,史料可以说是最基本的,由史料过渡到史实,由史实得出解释,这是个最基本的方向。"④ 然而,法制史研究又不能止步于考订史料和厘清史实,而应有进一步的理论诠释。这种理论不应该仅仅是西方法学

---

① 有学者指出,中国古代的法律呈现出"诸法合体"的特点,因此所谓"刑法"、"行政法",显然也是近人根据西方法学的概念和原理而做出的区分,这样的区分从根本上忽视了中国法和西方法的巨大差异,削弱了中国法的主体性(刘昕杰:《"中国法的历史"还是"西方法在中国的历史"?——中国法律史研究的再思考》,《社会科学研究》2009年第4期)。因此,在中国古代法律史中,立足于现代思维的刑法与行政法的比较是否可以成立,仍须进一步思考。此处为了更清楚地凸显两类不同性质的史料,姑且援引这一区分方法。
② 参见赵旭《论北宋法律制度中"例"的发展》,《北方论丛》2004年第1期。
③ [清]徐松辑《宋会要辑稿》刑法二之三一、三二。
④ 黄源盛:《台湾的中国法制史研究》,载曾宪义主编《法律文化研究》第5辑,人民大学出版社,2010,第15页。

理论对中国史实的生硬套用，不应以将史文对应于某一西方概念为指归，那必然会滋生"西方中心主义"，引致中国法律史成为"西方法在中国的历史"①的困境。而是要以更准确地理解中国历史为目的，"对西方法律体系和法学理论进行中国化的解释和改造"，"实现创造性的转换"②，在西方理论与中国经验的基础上，提炼源于本国的具有启发性的新的理论范式。

本研究获得"2013 年度教育部人文社会科学研究——青年基金项目"（项目批准号：13YJCZH154）资助。

附识：衷心感谢匿名评审专家中肯的修改意见。

〔作者孙健，1980 年生，北京外国语大学海外汉学研究中心博士后〕

收稿日期：2013 年 5 月 5 日

---

① 刘昕杰：《""中国法的历史"还是"西方法在中国的历史"？——中国法律史研究的再思考》，《社会科学研究》2009 年第 4 期。
② 参见徐忠明《中国法律史研究的可能前景：超越西方，回归本土？》，《政法论坛》2006 年第 1 期。

"长城社会史"的提出

——16 世纪以来长城形象、研究之嬗变与未来之可能

赵现海

引 言

两千多年中,长城不断修筑,成为横穿中国北方的世界最大的军事工程,与中国历史演变关系极大,对北方地区生态、经济、政治、社会、文化面貌影响至深。对长城加以研究,是重新审视中国历史与北方社会的重要视角。虽然对长城展开现代意义上之学术研究较晚,但由于长城修筑关涉国家与民众之命运,自其修筑之始,便在庙堂、山泽成为公共讨论之对象,并借助商人、使节与军队之传播,也很早便在欧洲得到讨论。但中国大量记述与研究长城始于明后期,长城形象也借助传教士之书信,源源不断地传至西方。因此,16 世纪是中西社会成规模地记述与研究长城之开端,奠定了现代长城史研究之基础。本文亦将长城史之研究,追溯于此。本文在简单回溯 16 世纪以来东西方社会长城形象与研究脉络不断嬗变之基础上,重点考察了 20 世纪以来研究路径、观念、方法上的创造、变化与发展,并将其与世界历史变化趋势相结合,讨论长城研究流变背后的国家政治、意识形态、学科分类背景。

一 明清、民国时期长城地位之升降与中国长城史研究之开创

(一) 明清时期长城记述与研究之奠基

明朝在大规模修筑长城以前,已经开始绘制北边防御地图。但长城地图的全面绘制始于嘉靖时期大规模修筑长城之后。第一部长城图籍《九边图志》由兵部职方司主事郑晓撰绘,成书于嘉靖四年(1525)。[①] 虽然当时非常轰动,但后世湮没无闻。

---

① [明] 焦竑:《国朝献征录》卷四五《刑部尚书郑端简公晓传》(戚元佐),载吴相湘主编《中国史学丛书》,台北学生书局,1984 年再版本,第 1875 页。

明代最为著名的长城图籍是兵部职方司主事许论撰绘《九边图论》。许论于嘉靖十三年（1134）四月六日完成《边论》与《九边图说》，次年合刊为《九边图论》。《九边图说》残卷目前现存三门峡市博物馆，是目前现存第一幅长城地图，第一次用地图的形式全面展示了九边长城防御体系的整体面貌。受到许论的影响，大量长城图籍、长城地图先后问世。

入清以后，随着北族入主中原，开拓外边疆，无论是出于民族心理，或军事考虑，长城都成为被蔑视之对象。正是在清代，官方、民间长城印象最终合流，长城之负面形象从而成为近代社会以前之普遍常识。但另一方面，明长城所赋予清朝的庞大遗产，却是无法回避的。清朝建立之后，部分明朝遗民出于收复河山之政治考虑，开始关注山川地理、关隘城墙，长城也成为考察内容之一。比如顾炎武《肇域志》、《天下郡国利病书》，顾祖禹《读史方舆纪要》、梁份《秦边纪略》。顾炎武在《日知录》、《京东考古录》中，以《长城》或《考长城》，指出长城起源于战国时期经济、交通、作战方式的整体转变。受到明代以来大规模修筑长城导致孟姜女故事普遍流传之影响，指出孟姜女哭长城故事源自《左传》所载齐国杞梁妻故事，此后不断融入哭而崩城之因素，并逐渐与秦长城相关联。

乾隆时期，清朝统治已经稳固，明遗民也已凋零，学者开始对长城起源、修筑、分布、作用、传说开始进行较为细致的史地考证，长城史也从此进入成规模的研究阶段。比如乾隆时期姚鼐著《左传补注》，认为方城只是山地之名，并非长城之起源，这便辨伪了所谓长城起源于春秋时期的史料依据。光绪年间杨守敬与邓永修、饶敦秩在乾嘉考据的基础上，采用较为科学的方法，共同绘制了《历代舆地沿革险要图》，简称《历代舆地图》，首次全面绘制了长城的位置，对战国长城、秦长城、明长城均有标注。

总之，明清时代借助明长城的大规模修筑与孟姜女传说的普遍流传，形成了前近代时期长城记述、研究的一个高峰期，虽尚非近代意义上之学术专业研究，但已有成规模的记述与研究，不仅成为当前长城文献资料的主要载体，而且从研究对象、研究方法两个层面来讲，也已开后世长城史研究之端倪。从此意义上来讲，将明清儒者对长城之记述与考释视作近代长城史研究之前提与奠基，并不为过。

（二）民国前期长城形象的逐渐正面化与历史地理、简牍学、民俗学视角的引入

清末民初，虽然长城形象之负面性仍处主流，但随着大量西方探险家来到中国，考察西北边疆与长城，国人开始受其触动。出于整合现实政治需要的政治家充分觉察到了长城在新时代之文化象征意义与政治整合意义。1918 年，孙中山在《孙文学说》中，以长城为例，高度赞扬了长城是保存中华文明的史上最大工程。在这一时代背景下，长城形象逐渐向正面转变，学界也开始利用现代意义上的学术规范，对长城展开研究。

最早对长城展开现代意义上研究的学者是中国历史地理的先驱张相文。他关于长城的论文《齐鲁旅行记》最早发表在1910年《东方杂志》的第7期，对泰安齐长城的修筑年代进行了考察。1914年，张相文撰成《长城考》（《地学杂志》1914年第9期），纠正国人以长城皆为秦始皇长城的一般误解，指出今之所指秦长城，实为明边墙。张相文从现代历史地理学之视角出发，将文献与地理相对照，考察长城修筑过程、地理分布与建筑形式之学者，开创了历史地理学研究长城之源头，将之视为中国现代学术规范意义下长城史研究之开创者，并不为过。张相文之后，梁启超在1921年完成的《中国历史研究法》第五章《史料之搜集与鉴别》中，从史料学的角度，也以国人普遍地将不同时代形成之长城统称为秦长城为例，论述了史料鉴别之重要意义。稍晚于张相文的另一长城史研究开创者是王国维。王国维开创了长城史研究的两个方向，一是利用简牍研究西北汉晋长城边境军事组织与生活，开创了中国简牍学研究；二是对金界壕的研究。《金界壕考》（《燕京学报》第1期，1927）是第一篇讨论金界壕的论文，指出金代最初称界壕为边堡、界壕，皆无墙体，皆非长城。这一观点在很长时间内被奉为权威。1911年，罗振玉从法国汉学家沙畹处得到木简释文《斯坦因在新疆沙漠中发现的汉文文书》，与王国维一同考释，撰成《流沙坠简》，于1914年在东京出版。王国维对敦煌汉代长城走向、障燧布局、屯戍组织、西域史地等进行了考证。王国维针对当时"疑古"、"信古"两种偏狭的史料观念，提出"二重证据法"，这一研究便是典型的例证。

1926年中外学者共同组成西北科学考察团，黄文弼最早利用现代考古学的方法，对内蒙古地区遗存长城进行测量、挖掘，并依据长城修筑方式，周边遗迹与出土文物，判断长城分别形成于不同时代，并指出长城修筑的材料来源体现了就地取材的特点。这些在他的考察日记《黄文弼蒙新考察日记（1927~1930）》（文物出版社，1990）中有细致的记载。陆续出土的西北汉简大为推动汉代长城的研究。其中尤以劳幹的研究较为系统。1943年劳幹在四川出版了《居延汉简考释》释文三部，1945年又出版了《居延汉简考释》考证三部。

中国民俗学的开创者、奠基人顾颉刚开创了现代意义上孟姜女哭长城故事的研究，也最早将民俗学引入长城史研究中来，于1924年、1927年，先后撰成《孟姜女故事的转变》、《孟姜女故事研究》两文，发表于《歌谣周刊》第69号、《现代评论二周年增刊》，分别从历史系统、地理系统考察了孟姜女故事的时空流变，结合经典文献与民间传说，突破顾炎武受限于经典文献之不足，将"层累地造成的中国古史"的"疑古"思路贯穿入这一研究中，从而将孟姜女传说成功地与杞梁妻故事相衔接，得以勾勒其两千余年的变化脉络。

（三）民国后期边疆危机背景下长城地位的上升与研究之扩展

民国后期，由于中国不断面临日本之领土侵蚀，甚至亡国灭种之巨大威胁，长城作为中原王朝抵御游牧民族之"内边疆",吸引了大量学者的关注。这些学者往往利用历史文献,尤其是偏重地理记载之文献,对长城沿革、分布、走向与作用进行了不同程度的考察,从其学术背景、研究旨趣来看,大体属于历史地理学之系统,民国年间长城史研究最为兴盛之三支,除简牍学、民俗学之外,便以历史地理学为著了。

《地学杂志》1915年第3期载苏辛《明边墙证古》一文,是中国学者关于明长城最早之专题论文。顾颉刚在《现代初中教科书·本国史》(商务印书馆,1923～1924)中首次分段考察了中国古代长城之修筑。20世纪30年代,随着日本逐步加紧侵略中国,中国军民抗战情绪日益高昂,长城作为历史上抵御侵略之象征,其负面形象逐渐被忽略与淡忘,其形象已基本完全转向正面。第一部长城史研究专著是王国良编《中国长城沿革考》(商务印书馆,1931)。该书首次对中国古代长城修筑进行了全面研究,指出长城始修之背景是战国时开始吞并战争,长城是世界上最大的防守工程,是为防御北方胡族之南侵所筑。民国时期第二部长城著作是寿鹏飞撰《历代长城考》(氏著《得天庐存稿》之二,1941)。首次提出《诗经》所载朔方城是长城修筑之始,金界壕也是长城,对后世研究有不小影响。

专著之外,民国年间还发表了多篇长城史专题论文,其中尤集中发表于民国时期最为著名的历史地理刊物《禹贡》之上。1936年第1期载张鸿翔《长城关堡录》一文对张家口等地长城保存情况进行了论述。李漱芳《明代边墙沿革考略》(第5卷第1期,1936)考察了明代修筑边墙的过程。潘承彬《明代之辽东边墙》(第6卷第3、4合期,1936)则考察了边墙的多种形式。张维华自1937年起,先后在《禹贡》发表《齐长城》(第7卷第1、2、3合期,1937)、《魏长城》(第7卷第6、7合期,1937)、《赵长城》(第7卷第8、9合期,1937)(该文后还附有《中山长城》之简要考证)三篇长城论文,还在其他刊物发表两篇长城论文:《楚方城考》(《齐大季刊》第6期,1935)、《汉边塞考略》(《齐鲁学报》第1期,1941),对战国齐、魏、赵、楚长城与汉边塞修筑时间、修筑过程、起至地点、分布走向与防御作用进行了全面考察。后世对战国长城的研究,基本是在这一研究的基础上,利用考古及其他手段,加以修正与补充。关于长城范围,张维华在提出了非常全面的观点,指出历代所筑防边之城,或曰长城,或名障塞,或曰边墙,而清人称柳边。名虽不同,其意则一。最早对清代传教士测绘长城进行研究的是中国地质学的奠基人翁文灏。他于1930年撰成《清初测绘地图考》(《地学杂志》第3期),对始于康熙四十七年(1708)的长城测绘工作进行了初步的讨论。王庸《明代北方边防图籍录》(《国风半月刊》1933年第2卷第9期)专门调查了明代北方边防图籍撰述、沿革与版本流传。

在历史地理学的长城研究之外,其他学科也开始涉及长城研究领域,从而从而促进了民国时期长城史研究的多元化。著名建筑学家梁思成、林徽因最早从建筑学角度对长城展开考察,在1934年3月3日《大公报》上发表的《中国建筑史》讲义中,指出历代长城修筑方式、所用材料有很大变化。盛襄子《湖南苗瑶问题考述》(《新亚细亚》1935年第10卷第5期)。该文是最早以民族为主体讨论长城问题的论文,还是最早关注南方长城的一篇文章。1941年,李文信最早利用考古学方法,确定了建平县北部黑水村土城和老哈河两岸的"老边"是燕秦长城。1947年,李文信又首次考察金界壕,并撰成《金临潢路界壕边堡址》(载氏著《辽海引年集》)一文,从考古学角度,首次揭示了金长城之存在形式。

二 新中国成立以来长城地位的提升与长城史研究的全面展开

(一) 新中国成立初期长城地位的提升与长城研究的延续、变化

1949年后,长城进一步成为中国的象征,一系列国家标志性载体皆广泛采用长城形象。毛泽东发表的多篇长城诗词,尤其"不到长城非好汉"更是在全国范围内提高了长城的知名度与关注度。在这一时代背景下,新中国成立初期长城史研究一方面延续了民国时期研究之固有脉络,如张筱衡于撰成《梁惠王西河长城考》,1958年正式发表于《人文杂志》第6期,指出《史记》所载魏长城所经固阳为陕北鄜阳,而不是黄河以北的稒阳,魏河西长城止于韩城县黄河之滨。这一研究解决了魏国固阳今地的重大悬案,纠正了前人的失误。向达《西征小记》(《国学季刊》1950年第7卷第1期)将西汉河西长城提升至保障中西文化两千年交流之历史地位。杨宽撰《战国史》(上海人民出版社,1957),对民国时期长城始修于战国之普遍结论提出质疑,认为春秋时代楚修方城、齐筑矩防,皆为长城。陈登原《长城》(《国史旧闻》,三联书店,1958)虽然质疑清人胡渭齐长城始于春秋之观点,但却认为春秋赵简子时可能已修长城。

另一方面借助国内相对安定的环境,对长城开始进行考古与考察。李文信对河北、内蒙古、辽宁、吉林等省燕、秦、汉长城的分布、走向及构造特点进行了系统考察,撰写了《中国北部长城沿革考》(《社会科学辑刊》1979年第1期)。罗哲文于1940年师承梁思成、刘敦桢,采用了建筑学视角,撰成《临洮秦长城、敦煌玉门关、酒泉嘉峪关勘查简记》(《文物》1964年第6期)、《万里长城——山海关、居庸关和八达岭、嘉峪关》(《文物》1977年第8期),对中国古代长城所用材料加以概括。

在新中国成立初期学术研究与社会建设相结合的时代风气中,长城地区沙化史研究成为长城史研究之新领域。侯仁之陆续撰写《从人类活动的遗迹探索宁夏河东沙区的变迁》(《科学通报》1964年第3期)、《乌布布和沙漠北部的汉代垦区》(《治沙研究》1965年第7号)、《乌兰布和沙漠的考古发现和地理环境的变迁》(《考古》1973年第2期)、《从红柳河上的古城废墟看毛乌素沙漠的变迁》(《文物》1973年第

11期)、《风沙威胁不可怕,"榆林三迁"是谣传》(《文物》1976年第?期)、《我国西北风沙区的历史地理管窥》(《中国历史地理论丛》第1辑,1981)、《敦煌县南湖绿洲沙漠化蠡测——河西走廊祁连山北麓绿洲的个案调查之一》(《中国沙漠》1981年第1卷第1期)等论文,以西北地区残存长城、关隘、城堡、烽燧作为地标,指出长城附近历史上应为人类频繁活动的地区,目前却成为沙漠化之地,反映出我国古代西北地区在自然与人为因素的作用下,逐渐沙漠化。随侯仁之一同考察西北的王北辰撰写了《毛乌素沙地南沿的历史演化》(《中国沙漠》1983年第4期),不仅讨论了明代长城积沙之生态现象,而且首次关注长城地区的经济现象,讨论了清代长城以北"伙盘地"经济现象。指出长城是民族分布、生产方式与生活方式之分界线。姑且称之为"长城界限论"。

(二)长城地位的恢复与历史地理学视角下长城史研究的深入、扩展及长城生态史的产生

"文化大革命"中,除个别考古与考察之外,长城史学术脉络几乎被完全中断。"文化大革命"后,长城史研究逐渐回到正常轨道上来。1984年,由《北京日报》、《北京晚报》等六家机构共同发起"爱我中华、修我长城"活动,邓小平亲笔题词,在全国范围内掀起了保护、维修长城之热潮。1987年,长城被联合国教科文组织正式列入《世界遗产名录》,更是在全世界范围内提升了长城的地位。长城之文物保护与旅游开发逐渐展开。在这一时代背景下,长城吸引了学界越来越多的关注,开始较多地展开具体时代、具体领域之考察,其进步主要体现在史地考证的深入、研究路径的开辟与研究内容的扩展三个层面。在这其中,历史地理学扮演了十分重要的角色。历史地理学者借鉴考古调查之手段、发掘之成果,对长城展开普遍的田野考察,使长城史地考证成为国内长城史研究中最为精深的研究领域。这方面成果甚多,尤以关涉赵、秦长城走向之高阙方位之考证最为典型。根据实地考察,当前学者已否定了高阙位于狼山之结论,指出应位于大青山。如盖山林、陆思贤《阴山南麓的赵长城》(载《中国长城遗迹调查报告集》,文物出版社,1981)、夏子言《古高阙地望及赵北长城西部走向》(《赵国历史文化论丛》,1987)、鲍桐《高阙地望新探》(《中国历史地理论丛》1993年第2辑)、严宾《高阙考辨》(《历史地理》第2辑,1982)、何清谷《高阙地望考》(《陕西师大学报》1986年第3期)、李逸友《高阙考辨》(《内蒙古文物考古》1996年第1、2期合刊)、辛德勇《阴山高阙与阳山高阙辨析——并论秦始皇万里长城西段走向以及长城之起源诸问题》(《文史》2005年第3辑)都持这一观点。正是随着长城史地考证之深入,诸多关涉长城走向、分布之重要地点位置被一一钩沉呈现,从而为完整反映长城面貌的地图绘制提供了坚实基础。新中国成立后最为重要的长城地图绘制成果当数谭其骧主编的《中国历史地图集》。该地图集以杨守敬等《历代舆地图》为基础,吸收了1980年代以前之研究成果,除中山长城之外,

其他时代之长城皆被标注出来，其中尤以战国长城最为详细。

史念海《黄河中游战国及秦时诸长城遗迹的探索》（《陕西师范大学学报》1977年第4期）、《鄂尔多斯高原东部战国时期秦长城遗迹探索记》（《考古与文物》1980年第1期）、《再论关中东部战国时期秦魏诸长城》（《中国历史地理论丛》第3辑，1988年）系统论述了西北地区战国、秦朝长城位置、分布与走向，复原了魏国、秦国、秦朝长城之基本面貌，其中对魏西长城上郡位置、秦国"堑洛"长城形式之研究皆属独创。《西北地区诸长城的分布及其历史军事地理》（《中国历史地理论丛》1994年第2、3期）首次从军事地理的角度，从整体上分析了西北历代长城之修筑、分布与军事地理之关系。与侯仁之等人长城地区沙化史研究相映成趣的是，史念海发表了《黄河中游的侵蚀与原的变迁》（氏著《河山集》二集，三联书店，1981）、《历史时期黄河在中游的侧蚀》（同上）两篇论文，也以秦、明长城作为地理坐标，对西北黄土高原侵蚀地貌、黄河中游侧蚀现象之形成进行了研究。《历史时期黄河中游的森林》还考察了明代大同以至宁夏长城沿线森林的分布与破坏。后来学者沿着这一思路，借鉴西方生态史之研究理念，陆续撰写了一些长城生态史论文。

（三）其他学科视角下长城史研究"界限论"、"过渡论"理论的提出与实践

我国著名农学家王毓瑚发表《我国历史上农耕区的向北扩展》（《中国历史地理论丛》第1辑，1981）一文，借鉴了美国学者欧文·拉铁摩尔"长城过渡地带"理论，以长城为地理坐标，考察了战国以至清朝，随着农耕业之开拓，长城逐渐由游牧区、农耕区之分界线，转变为农耕、游牧过渡地带的历史变迁。姑且称之为"长城过渡论"。史念海《论两周时期农牧业地区的分界线》（《中国历史地理论丛》1987年第1辑）、《隋唐时期黄河上中游的农牧业地区》（《唐史论丛》第2辑，1987）认为长城是农业与半农半牧之分界线，细化了长城界限论研究。

余同元《明代长城文化带的形成与演变》（《烟台大学学报》1990年第3期）将长城在经济领域之界限、过渡意义进一步引申至民族、社会与文化层面，提出了"长城文化带"概念。指出不同时期长城之修筑，都标志着一条特殊的长城文化带之兴起，明代长城文化带是长城文化带的最后定型。

从建筑学视角出发，对明长城展开系统之考察与研究者是天津大学建筑系张玉坤及其门下弟子。作为《中国北方堡寨聚落研究及其保护利用策划》课题之成果，张玉坤及其门下十多位学人将文献考证与实地调研相结合，考察了东起辽东，西至榆林之明长城堡寨聚落，注重堡寨与周边地形之关系，指出明长城堡寨聚落在利用地形上，呈现了层次化防御特点，即实行"城套城"之设计。

与其他学科之长城史研究不同，民族学长城史研究很早便建立在与国外学者的对话，乃至争辩的基础之上。董耀会《对长城研究中民族问题的认识》（《长城学刊》1991年第1期）从理论上概括了长城史研究中民族问题的基本预设，即在长城研究

中应承认政权分立、民族矛盾之存在，但这种分立与战争是在中华民族、中国疆士整体框架下发生的。唐晓峰《内蒙古西北部秦汉长城调查记》（《文物》1977年第5期）对苏联学者瓦西里耶夫在《中国的长城》（载苏联《历史问题》1971年1月号）中所持长城是农业平原与游牧草原精细分界线，是中国历史上的稳定北方边界的观念提出批评。曹大为《凝聚中华民族的历史丰碑——评长城的历史作用》（《长城国际学术研讨会论文集》）指出长城是宏观上巩固边防、抵御北方游牧民族劫掠、拱卫中原的战略防线，并非就是位列最前沿的边境线，更非国界线。金应熙《作为军事防御线和文化汇聚线的中国古代长城》（《第十六届国际历史科学大会中国学者论文集》，中华书局，1985）则首次提出长城不仅是军事防御线，而且是南北人民突破限制，展开贸易与交流的经济、文化会聚线。李凤山在《长城——中国民族融合的历史纽带》（《长城学刊》1991年第2期）、《长城带民族融合史略》（《中央民族学院学报》1993年第1期）、《论长城带在中国民族关系发展中的地位》（《长城国际学术研讨会论文集》）中，提出"长城带"概念，指出长城位于农业、畜牧业两大经济文化腹心的南北交汇处，是中华民族多元统一实体形成的最早中心。不过也有一些学者持与主流立场不同之看法。邢义田《从古代天下观看秦汉长城的象征意义》（《燕京学报》新十三期，2002）指出秦汉将长城划于"皇帝之土"以外，对主张"普天之下，莫非王土"的皇权观念来说是一道羞辱的表记。

（四）长城观念的演变与长城研究理论体系的构建

张维华在其晚年编成之《中国长城建置考》（上编）中，仍坚持认为长城并不局限于墙体。他的这一观点被大多数学者所接受。长城史料问题也开始得到关注。唐晓峰《宋代地图上的长城》（《地图》2002年第5期）考察了宋代地图上的长城图例问题。赵现海《明代嘉隆年间长城图籍撰绘考》（《内蒙古师大学报》2010年第4期）、《第一幅长城地图〈九边图说〉残卷——兼论〈九边图论〉图版改绘与版本源流》（《史学史研究》2010年第3期）提出"长城图籍"、"长城地图"概念，首次专题研究了明代长城图籍，开创了长城史研究的新领域——长城图籍史，扩展了长城史研究的史料基础。

从长城本身出发所构建之宏观、整体性理论体系，始于罗哲文、董耀会所提出之"长城学"。二人合作之《关于长城学的几个基本理论问题》（《文物春秋》1990年第1期）对长城学产生背景、研究对象、研究范围、学科特征、与其他相关学科的关系、学科分类、方法论社会功能进行了系统论述。董耀会将论文修改后，于1992年发表于《山海关首届中国长城学术研讨会论文集》，进一步指出长城学是对长城进行综合研究的学科，是各学科有关长城部分的复合体。1991年董耀会还发表了《长城学发展的现状和未来》（载氏著《瓦合集——长城研究文论》，科学出版社，2004）一文，倡导从社会学的观点与角度，探讨长城在社会组织结构，以及在与之相适应的各种制度的产生和发展过程当中的作用。彭曦《十年来考察与研究长城的主要发现与思考》(《长城国际学术研讨会论文集》)认为长城学的研究对象包含两个层次：一是历代长城，二是长城所反映的中华文化。

三 西方世界长城形象之演变、记述与研究

(一) 20世纪以前西方世界长城形象与记述及初步研究

目前所见西方关于中国长城的最早记载可能始于公元4世纪，古罗马历史学家阿米安·马尔塞林《事业》载："在东方和距两个斯基泰地区以远的地方，有一用高墙筑成的圆城廓将赛里斯国环绕了起来。"[①] 很多学者认为"高墙筑成的圆城郭"便是指长城。葡萄牙人圣·方济各·沙勿略 (St. Francois Xavier) 在传统上被认为是第一位进入中国的传教士，他根据一位商人的描述，写出报告《一位先生向沙勿略神父提供有关中国的信息 (1548)》(〔葡〕费尔南·门德斯·平托等著，王锁英译，艾思娅评介《葡萄牙人在华见闻录》，澳门文化司署等出版，1998)，指出中国与鞑靼交界之地，筑有坚固之城墙。此后西方世界关于长城之记述不断增多，但大体将明长城之宏伟印象与秦始皇之伟大事迹相结合。

清代西方传教士利用各种机会，对长城进行了多种形式的考察与测量。1687年，法国人张诚来到中国，多次往返长城，成为所有传教士中对长城了解最多、最全面者，他将沿途经历写为《对大鞑靼的历史考查概述》，指出东西部长城建筑方式与材料有明显不同。[②] 张诚对长城的论述是在多次考察的基础而得出的确凿结论，已经接近于专业的学术讨论。清代西方传教士采取西方制图学方法，于1718年（康熙五十七年）完成了近代意义上中国第一幅全国疆域图——《皇舆全览图》。在这一地图的绘制中，长城成为纬度定位的坐标与绘制的标准。法国唐维尔依照费隐寄去的《皇舆全览图》，绘制了各种中国地图，使长城形象普遍为西方人所知。乾隆年间英国马戛尔尼使团访华是前近代时期中西最为著名的一次对话。作为马戛尔尼的副手，乔治-伦纳德·斯当东爵士于1797年出版了《英使谒见乾隆纪实》，指出长城在保护中华文明、抵御游牧民族具有积极作用，在古代世界军事建筑具有代表性与突出地位，显示了中国政府具有大规模动员与组织社会的能力。[③]

经过西人不断介绍、研究，长城逐渐以其年代之久远、工程之巨大、作用之伟大而为

[①] 〔法〕戈岱司编《希腊拉丁作家远东古文献辑录》，耿昇译，中华书局，1987，第71页。
[②] 载陈增辉译，许崇信校，杜文凯编《清代西人见闻录》，中国人民大学出版社，1985，第121~122页。
[③] 〔英〕斯当东著《英使谒见乾隆纪实》，叶笃义译，上海书店出版社，2005，第315~331页。

西方世界普遍所知,成为中国历史、文化之象征,是西人中国知识体系中之最重要一环。但步入18世纪以后,随着中国逐渐衰落、西方逐渐壮大,尤其是军人充斥的官方使团替代文化传播之传教士,成为东西方信息传递之主要纽带后,西人对中国之评价逐渐由正面转向负面,西方世界长城形象也相应经历了逐渐负面化之转变。在1756年出版的关于世界历史、文化之通史《风俗论》中,伏尔泰对长城还基本是持正面态度的。"就其用途及规模来说,这是超过埃及金字塔的伟大建筑。"① 但在晚年编撰的《哲学辞典》中,伏尔泰开始对东方文明展开更多的批判。"中国的长城是恐惧的纪念碑,埃及的金字塔是空虚和迷信的纪念碑。它们证明的是这个民族的极大耐力,而不是卓越才智。"

在西方世界开始对长城展开严谨研究的是英国退役军官亨利·裕尔于1866年完成的《东域纪程录丛》。指出秦始皇为抗击匈奴,在公元前214年建造长城,并将北方诸国建造的长城连接起来。西汉公元前102～前101年,李广利第二次征大宛后,长城被向西越过沙漠推展。晋武帝欲于塔里木河流域重造中国的影响,于肃州以外别造长城,辅以瞭望亭,与旧长城相连。② 揆诸史实,裕尔之研究实属专业之历史学研究成果了。不过当时西方的长城研究由于史料匮乏之关系,只能到此为止。西方长城史研究格局的形成与扩展,始于20世纪前后中亚探险热潮与社会科学发展所带来的新史料、新理论的巨大刺激。

(二) 20世纪前后西方探险家长城探险与研究

19世纪后期,中亚成为世界地理的最后一块拼图——"地理上最后的空白",从而吸引了西方各国探险家的接踵而至。探险家对古丝绸之路沿线古国遗址进行了考古发掘,同时还对西北长城进行了考察,而敦煌长城文书的发现更是直接推动了以研究汉晋长城防御军事防御与生活为内容的长城简牍学的形成。西方探险家发现的这一文书史料,以及从中亚审视中国边疆与历史的传统,都刺激了20世纪西方学者在"内亚"研究视野下,借鉴社会科学方法,利用考古与文书资料,考察中国长城起源,构建长城理论解释的一系列研究。而汉学家在考察、研究长城过程中,对长城所作正面之描述与赞颂,在相当程度上扭转了18～19世纪西方世界长城形象的负面化,西方世界长城主流形象从而自此以正面为主。

由于地缘政治的缘故,俄国人是最早关注、考察我国西北地区之探险家。马达汉是20世纪俄国考察中国之最著名人物,对于甘肃长城,马达汉一方面肯定了长城在中国古代历史上的防御作用,另一方面认为长城已经失去了军事意义。③ 1877～1880

---

① 〔法〕伏尔泰著《风俗论》,梁守锵译,汉译世界学术名著丛书,商务印书馆,2009,第244页。
② 〔英〕裕尔撰,〔法〕考迪埃修订《东域纪程录丛——古代中国闻见录》,张绪山译,中华书局,2008,第33、40页。
③ 〔芬兰〕马达汉著《马达汉西域考察日记 1906-1908》"致读者",王家骥译,阿拉腾奥其尔校订,中国民族摄影艺术出版社,2004,第11、361～362页。

年,匈牙利贵族贝拉·伊斯特万(Bela Szechenyi)率领考察团前去中国考察,曾考察长城,团员之一地理学家罗慈·拉约什(Lajos Loczy)据此于1886年撰成《论中华帝国自然状况及其省县》,1902年又撰成《中华天国史》(*A Mennyei Birodalomwak törtènete*, 115 – 116. p. Budapest, 1902),已谈到长城修建之问题。地理学家乔尔诺基·叶诺(Jenö Cholnoky)到过长城之南口、古北口、山海关,指出长城之步步西展,就是中国与匈奴势力强弱之契机,匈奴势力因此一蹶不振,不得不向欧洲逃窜,摇撼罗马帝国。

20世纪前后,西欧探险队掀起对我国西北考察之热潮。至迟于1899年,西欧探险家已考察长城,该年法国外交官伯宁(M. C. E. Bonin)对敦煌烽火台与墙壁遗址进行了考察。1907年,法国汉学家沙畹曾至陕西、山西、河北、东北等地考察,并拍摄大量长城照片,收录于1915年在巴黎出版的《华北考古记》(*Mission archeologique en Chine septentrionale*)。参加中外西北科学考察团之瑞典考古学家在内蒙古居延地区汉代烽燧遗址进行考古调查,共发现汉简一万余枚,被称为"居延汉简"。

以发现敦煌文书闻名于世的英国探险家斯坦因,于1906~1908年考察了甘肃长城,尤其是敦煌长城。归国后发表了关于此次考察的笔记《沙埋契丹废墟记》与正式考古报告《西域考古记》。① 斯坦因重点考察了敦煌境内两汉烽火台及其周边遗址、环境,指出汉武帝修筑长城改变了秦始皇时长城防御游牧民族的功能,成为汉朝大规模进攻西域的工具,是汉族、游牧民族之间的界限。通过将两汉修筑长城得以保障政权,而罗马帝国则被西进的匈奴灭亡之两相对比,可以看出长城具有重要的战略价值。通过对烽火台及其周边遗址的发掘,斯坦因发现了大量汉文木简展示了两汉时期长城地区长城防御与生活图景。1914年,斯坦因第三次到达中亚,考察了敦煌至额济纳流域之汉长城,并著《亚洲腹地考古记》。此次考察所获汉简,亦由沙畹弟子马伯乐(Henri Maspero)考释,1953年出版,书名为《斯坦因第三次中亚考察所获汉文文书》。

最早考察长城全程的西方学者是美国威廉·埃德加·盖洛(William Edgar Geil)。1909年出版了《中国长城》,对长城的起源、修筑、目的、作用及意义首次进行了全方面探讨,首次发现了青海长城,指出长城是两种文明、时代之分界线,限制内外民众之出入,也是中国形成中央集权帝国之标志,② 是西方学者关于长城之第一部专著;他提出的长城隔绝文明、时代之观点,姑且可视之为"长城界限论",是20世

---

① 本文所利用的《沙埋契丹废墟记》,新译名为《斯坦因中国探险手记》,巫新华、伏霄汉译,春风文艺出版社,2004。《斯坦因西域考古记》,向达译,新疆人民出版社,2010。
② 沈弘、恽文捷译,山东画报出版社,2006。

纪以前西方世界关于长城之普遍观念,但却很快受到社会科学化史学潮流之批评。

(三) 美国社会科学化史学潮流中的长城研究

20世纪以来,斯坦因、沙畹、马伯乐、盖洛借助考古发掘与实地考察之发现,开始对长城史进行专题、深入之讨论,开创了简牍学之传统,引领了世界范围内长城史研究之主脉。随着西方世界社会问题的日益突出,以研究与解决这一问题为目的的社会科学迅速发展,并向传统人学学科渗透,促使20世纪中期形成了所谓"社会科学化"的国际学术潮流,而具体至长城史研究领域,推动西方长城史研究社会科学化的是美国学者欧文·拉铁摩尔 (Owen Lattimore, 1900~1989)。

美国汉学家、蒙古学家欧文·拉铁摩尔于1934年出版了《中国的亚洲内陆边疆》(*Inner Asian Frontiers of China*) 一书,开创了西方长城史研究的新局面,是西方"社会科学化"长城史研究的开端。《中国的亚洲内陆边疆》(唐晓峰译,江苏人民出版社,2005) 一书吸收了美国边疆学派创始人弗雷德里克·J·特纳"边疆假说"理论与英国地理学家麦金德"陆学说"("大陆腹地说")理论,将之系统运用于中国北方边疆研究,提出了"长城边疆"、"边疆形态"("游牧人王朝"、"边境王朝") 等概念,全面讨论了长城边疆之起源、形成与作用,最早构建了关于长城研究的理论框架与解释体系——"长城边疆理论",深刻影响了西方,乃至国际长城史研究。"长城边疆"概念直接借鉴了特纳"边疆假设"理论。指出长城修筑之本意虽是在中国与蛮夷之间区分出一条界限,但长城走向之不断变化、中国历史过程之起伏、汉族对贸易之追求皆使固定之地理、政治意义上的线状边界拉伸为纵深的立体边疆。因此,如果说20世纪以前西方对于长城的定位是"隔绝",那么自拉铁摩尔的研究产生以后,便转变为"过渡"。在"长城边疆"地域范围的界定上,拉铁摩尔将长城内外之广阔地带共同界定为长城边疆。长城边疆之起源是拉铁摩尔重点讨论的问题。与长城主要是防御来自游牧民族的流行观点不同,拉铁摩尔指出中国人的向外扩张塑造了长城边疆。拉铁摩尔认为长城边疆社会有推动历史发展之强大的一面,将这一状况概括为"边疆形态"。当农业、游牧地带发生战争时,处于两个社会之间的边疆低级首领凭借对于农业、游牧地带都非常熟悉的优势,从而建立统一中国内地与草原地带的边疆形态。长城边疆形态最终成为中国融合、统一、扩张、进步之主要推动力。

(四) 林霨与后现代主义学术潮流中的西方长城史研究

长城边疆理论在第二次世界大战后一度成为西方长城史研究的主流范式,但在20世纪80年代开始受到后现代主义的挑战。利用后现代主义视角,对长城边疆理论展开集中批评的以林霨著《长城:从历史到神话》(1990) 最为著名。林霨首先从词源学的角度,从根本上颠覆了"长城"这一称谓的合理性。他指出中国古代文献中很少出现"长城"一词,目前英语"Great Wall"对应的中国古代建筑,包括了城墙、垣、塞、障、城,而甚少指代长城。因此,"Great Wall"更应对应"城墙",而非"长城"。明以前之"城墙"很早便已消失,目前"城墙"大多是明朝修筑的。因此西方长城史研究者一再指出的秦长城,其实只是明长城,并不能以明长城作为中国长城,尤其秦长城之普遍代表。不仅如此,中国古代各朝修筑之"城墙"并没有循着唯一之路径,而是存在一系列"城墙",它们根据不同防御需要而修筑。因此,只能分别考察不同朝代、不同时期、不同地段、不同战略层面的"城墙",而不能将之连接起来,构成一条独一无二之"长城",一体考察。林霨不仅反对长城边疆理论范式倡导的"汉族扩张论",而且指出中国古代并不存在一以贯之的对外政策。中国古代政权在处理游牧民族问题上,随着形势之变化,不断变换方式。长城之神话虽然根源于中国,但却离不开西方的推动。西方传教士对中国形象的勾勒激发了西方对遥远东方大国的想象,而长城成为这一想象的主要载体与对象。清朝灭亡以后,中国需要新的文化象征,虽然长城之压迫、专制的负面形象仍然存在,但孙中山将其最早定位为进步之象征。此后,长城成为中国人民族身份与自豪之象征。

林霨在对长城边疆理论范式解构的基础上,揭示了长城修筑过程的复杂性、多样性与变动性,纠正了以往那种过于强调地理空间,而相对忽视历史变化,过于强调文化象征,而忽视政治运作的研究的不足,但他的研究也在一定程度上走向了另一个极端,乃至否定了"长城"概念的合理性,因此受到诸多学者的反对。

(五) 人类学视野下的西方长城史研究

长城边疆理论范式遭到后现代主义冲击后,开始借鉴以研究不同文化脉络为内容的人类学视角,进行了一定程度的范式转型与方法调适。21世纪前后西方世界长城史研究,便呈现了人类学强势崛起之趋势。美国马萨诸塞大学高贝贝(Piper Rae Gaubatz)《长城之外:中国边疆的城镇结构及其转变》① 考察了长城地带的城乡发展模式,指出军镇向民镇转化是长城地带城镇形成之普遍现象。② 西方世界人类学视角下长城史之研究,尤其注重利用考古发掘之成果,深入发掘长城之多面性。比如美国普林斯顿大学教授狄宇宙(Nicola Di Cosmo)《古代中国与其强邻——东亚历史上游牧力量的兴起》(2002)讨论了公元前900年至公元前100之间中国北部边疆社会的变化过程。全书共分四部分,第一部分从考古学的视角出发,指出早期北部边疆社会并不存在明确的国界线,游牧文化,与华夏王朝在经济、技术与文化层面不断交流。第二部分从政治史的视角出发,指出战国长城的建立是华夏国家向迥异于周族世界的外族地域进行政治和经济渗透。第三部分从军事史的角度,指出秦朝建立后,向北方民族的征伐成为匈奴社会形成严格等级制度与强大凝聚力的催化剂,最终形成汉、匈

---

① 〔美〕Piper Rae Gaubatz(高贝贝): *Beyond the Great Wall: Urban Form and Transformation on the Chinese Frontiers.* Stanford: Stanford University Press. 1996.

② 唐晓峰:《长城内外是故乡》,《读书》1998年第4期。

对峙的边疆形态。第四部分，从历史文本的角度，以《史记》为例，讨论了华夏民族书写边疆的方式。从研究思路与学术观点来看，狄宇宙在长城边疆理论范式基础之上，在扬弃了林霨的长城防御论的同时，积极引入人类学视角之后，使长城研究显得更为丰富与细腻，这也是当前西方世界长城史研究之主流。

结论：长城社会史的提出与未来长城史研究的可能

综上所述，国际长城史研究呈现了同源殊途之变迁。在长城修筑不久之后，长城便以其规模之大、作用之巨，不仅在中国开始陆续得到记述与讨论，而且在世界范围内，也逐渐形成公共形象，成为中国之象征。16世纪至19世纪，伴随着明长城的大规模修筑，在世界范围内兴起了记述长城之潮流，并开始利用传统考证方式，对长城展开初步考察。19世纪以后，随着西方汉学逐渐发展，各国学者逐渐加入到长城研究中来，也是发展较快，与中国拉近距离之时期，对长城之史实叙述逐渐清楚而准确。但受制于理论、史料之缺失，以及传统史学之整体环境，这一时期西方长城研究之成绩仍然有限。中国学者则由于面临边疆危机，将研究视野投向更为边缘之"四裔之学"，对地处内边疆之长城关注反而降低。总之，在20世纪以前，中西方长城研究，受当时社会发展程度与学术整体水平之影响，基本仍属传统学术之脉络，对长城之关注尚限于文献记述与初步研究之阶段，研究手段仍是传统之文献考据，研究对象也基本集中于长城起源、修筑与作用等较为基本的层次，无论从研究内容、视野、方法来看，都呈现了很强之相似性，也即是说，东西方世界对于长城研究之起步基本是一致的、"同源"的。

20世纪前后，借助西方探险家之考古发掘所获得之新史料，以及日益兴起之自然科学、社会科学理论方法，西方长城研究开始从地缘政治出发，将长城与亚洲大陆地理、经济、军事、政治等多种因素相结合，构建起完整、丰富之长城研究范式，其中的代表便是拉铁摩尔开创的长城边疆理论范式。而这一时期中国学者开始上承乾嘉考据学派之长城研究，由张相文、王国维分别从历史地理、简牍史料角度，开创了中国现代意义上的长城历史研究。无论从研究理念、所用史料上，这一时期中国学者都体现了落后于西方，并向西方学习之学术特点。尽管部分开风气之先的精英学者开始自觉、主动地学习、借鉴西方长城研究之新兴潮流，并将其与中国传统学术之优长相结合，从而使民国初年之长城史既以内容翔实著称，又有理论之光彩，但就整个研究群体而言，仍然在史料上受限于传统文献之窠臼，在方法上延续传统文献考据之旧套，在视野上仍局限于长城本身，与西方长城研究实已拉开较大差距。总之，当20世纪前期西方世界长城史研究从汉学逐渐向中国学转变，研究方式逐渐社会科学化时，中国学者长城史研究仍基本局限于类似于西方之汉学阶段，甚至在研究方法与所用文献等方面都体现了继承乾嘉考据之时代特点。中西长城研究从而呈现"分流"之趋势。

第二次世界大战之后至20世纪80年代，西方长城边疆理论范式再度兴盛，无论从研究方法、水平及对国际长城史研究之推动作用来讲，都是当之无愧之国际长城史研究引领风潮之角色。中国学界只能在坚持传统之余，扮演追随与模仿之角色。20世纪90年代之后，受到后现代主义挑战之长城边疆理论范式，一度遭遇一定挫折，但在参照后现代主义问题意识与批评立场之后，经过融合与调适，逐步开始范式转型，利用人类学之视角，改变了以往过于强调宏观理论建构、忽视长城历史脉络之不足，开始多视角、细致地讨论长城之变化与角色之多样性。这一转型虽然使西方世界长城研究更为接近历史细节，但却导致理论整合、解释功能有所下降。新中国建立后中国长城史研究在经历多次动荡后，当前从数量上而言已成国际长城史研究之主体力量。并在具体研究基础上，借鉴西方社会科学理论，尝试提出一些理论概念，与西方世界长城研究水平之差距，已有所拉近。但目前中国长城史研究却仍存在相当严重之问题，且不论受到时代浮躁风气之影响，大量长城研究只是在低水平简单重复，严谨的学术研究凤毛麟角，即使就研究方法而言，受到学术断层与学术整体水平之影响，中国学者长城研究缺乏传统之积淀与不同学科方法之借鉴，虽然部分长城理论概念开始提出，但基本皆关注于扩展长城研究内容，而不及于研究方法之层面，尚处于不同学科各自为战之状况，跨学科之综合研究至今未能实现。"长城学"之提出虽然意义重大，但当前长城研究水平虽不足以支撑以长城为本位之研究，尚必须借助其他学科之理论、方法与资料。

那么，值此长城地位空前提升、长城关注大量增加、长城保护全面开展之时，国际长城史研究、中国长城史研究该走向何处，是当前值得思考的重要问题。尽管西方世界借助其学术整体水平之平台，在20世纪国际长城史研究中扮演引领角色，但长期来看，中国学者由于在语言、地理等各方面的有利条件，研究本国史微妙之历史文化体悟，以及国家、社会在关注、保护长城所提供的巨大动力，都将使未来长城史研究中心在中国。对于中国学者来讲，当前最为重要的便是借鉴西方各种可资利用之研究视角与方法，在最大限度地采用传世文献、考古成果，并实行田野调查，对长城分时代、分地区研究，深入考察长城不同时代、不同地区之不同历史脉络，充分揭示长城之本来历史面貌，在对长城具体历史进行详尽研究的基础上，尝试构建具有中国本土特色的理论解释体系。作为这一目标的有效途经，区域社会史是一项重要研究方法。

区域社会史反对将历史进行整体、均质之考察，能避免社会科学化史学过分注重理论之建构、忽视历史脉络多样性之弊端。区域社会史强调以某一可以自成独立区域之地区为研究对象,在整体史的视角下,从总体上把握这一区域历史发展之全面图景,弥补人类学视野下长城史研究具体于某一专题之不足,并为引入多种社会科学,甚至自然科学之理论方法提供了空间。如果将区域社会史之观念引入长城史研究领域,可以以某一部分墙体辐射之社会作为独立研究对象,在整体史视野下,考察长城历史与这一区域社会地理、经济、社会、军事、政治、文化等多层面之关系,从而将以往长城史研究注重墙体之研究,扩展至壕沟、镇城、营堡、城寨、墩台等所有长城防御设施之整体研究;将以往长城史研究偏重于长城物质文化内涵之研究,引申至包括物质内涵、非物质文化内涵在内,即包括各种设施、宗教场所、民俗传说等的一体考察;最大限度地利用传世文献,包括政书、文集、方志、舆图、家谱、碑刻以及口述传统等,在历史学本位的基础上,最大限度地利用所有学科,尤其是社会科学之理论方法,构建起长城全息图景的中层理论。本文姑且将之称为"长城社会史"。

长城社会史包含两个层面内涵:一方面是从研究内容而言,长城研究不再局限于长城本身与国家政治、军事、经济之关系,还包括长城周边社会之研究;另一方面,也是更为重要的一面,长城社会史强调整体史研究观念,利用社会史的观念方法审视、研究一切与长城有关之问题。长城社会史既解决了目前西方长城史研究中资料匮乏之困境,也解决了中国长城史研究理论匮乏之困境,将所有可以利用之其他学科理论方法,运用于长城史料之分析、解释与研究中去,从而依托中国历史研究脉络,结合西方学科中之普世观念与手段,构建中国本土的长城史理论体系。相信这一可供实际操作之中层理论可以促进西方理论与中国史料之结合,推进未来长城史研究之开展。

在研究方法上,长城社会史尝试打破学科藩篱,借鉴一切有助于解决问题之视角与方法,以增强研究的专业性与分析力度。比如拙著《明代九边长城军镇史——中国边疆假说视野下的长城制度史研究》(社会科学文献出版社,2012)在对明前期西北边疆地位进行分析时,引入了"地缘政治学"(Geopolitics)理论视角。"地缘政治学"源自古希腊语,最早由瑞典政治地理学家契伦(Rudolf Kjellén,1864~1922)在所著《论国家》(1917)一书中提出,他将地缘政治学定义为"把国家作为地理的有机体或一个空间现象来认识的科学",也就是说,地缘政治学关心的是地理与政治的关系,是二者的统一与结合,故又被称作"地理政治学"。不过学术界一般将德国地理学家拉采尔(Friedrich Ratzel)视为地缘政治学的开创者。拉采尔接受了达尔文进化论的影响,认为国家如同一个具有生命的"有机体",因此领土扩张是体现于保持国家生命力的因素之一,国家的成就在很大程度上依赖于空间(Raum)与位置(Lage)的相互联系与作用。契伦继承了这一思想,强调地理区域、自然资源、生态状况、领土面积和人口数量等空间因素在国家发展中的极端重要性。国家并非是受地理环境所影响,而是本身便是由地理因素构成的一种空间现象。地缘政治学最初强调地理环境论，历史的本质是由空间环境所决定，虽然民族、文化在地缘政治中扮演重要角色，但却皆根源于地理环境。但后来民族、文化等主观因素却在地缘政治学中扮演越来越重的角色，地理环境逐渐被加入民族、文化创造的内涵。地缘政治学将空间分为中心与边缘，这在麦金德提出"陆心说"之后，更为流行起来。"心脏地带"（Heartland）与"边缘地带"（Rimland）在20世纪逐渐成为西方世界国际战略与学术研究的核心概念。① 拙著借鉴"心脏地带"、"边缘地带"概念，并不局限于地缘政治学关于心脏地带、边缘地带之界定，只是利用其研究视角，指出中国古代存在上古、中古"西北边疆时代"向近世"东北边疆时代"转变之历史趋势，明朝是东北边疆时代之典型体现，东北边疆是明前期边疆经略之"首要地带"，西北边疆则由于明朝、北元、西域三方鼎足而立、各自为战之缘故，而成为经营次序在后、经营力度不足之"差缓地带"。

在对明朝北疆边防策略进行分析时，拙著借鉴了西方军事学中"纵深防御"（defense-in-depth）、"攻势防御"（offensive defense）与"前沿防御"（forward defense）概念，指出洪武时期明朝在前代长城区域分区驻扎，利用多种战术形式，其中包括太行山、长白山关隘防御体系，从而在瀚海以南，形成了具有广阔纵深、相机攻守的纵深防御（defense-in-depth）体系。永乐时期，面对再次崛起之蒙古势力，明成祖朱棣在武将能力下降，阵地防御多有失守的情况下，采取了亲自统帅、主动出击，消灭蒙古主力的方式，以为明朝北疆防御扫清障碍。这一军事方案属于攻势防御（offensive defense），即以进攻的方式达到防御的目的。洪武时期，明朝已在前代内长城区域小规模修筑部分地段墙垣。永乐时期，在进攻的同时，朱棣进一步在宣府、大同修筑墙垣，与关隘、营堡、墩台、壕沟相结合，构建了"关外"长城防御体系，以保障近边。洪熙、宣德年间，关外长城防御体系进一步完善，并实现了与火器的大规模结合。在进攻的同时，朱棣将前代外长城区域军事据点逐步内徙至内长城区域，即"二边"或"腹里"，以加强京师与内地之防御，可见朱棣政策属于攻防结合。由于内长城防御体系属于分散防御，因此明朝开始在二边地带如大同、宣府，大规模修筑营堡，既加强防御，同时在蒙古来袭时坚壁清野，以保障军民财产与生命。营堡防御强调利用地理空间，对蒙军实行分割、包围，加以歼灭的战略，属于纵深防御（defense-in-depth）。同时，营堡防御强调在防御之同时，积极出击、迎战，又称"弹性防御"、"积极防御"。营堡防御在明前期北疆防御体系中，由于工程较小、兼具攻守，与明初倡导之主动进攻理念有所契合，从而成为主流防御体系。

明朝大规模修筑长城肇始于正统年间辽东提督王翱、都指挥佥事毕恭修筑河西长城。河西长城充分利用地形，与营堡、壕沟与边墙充分整合，起到了防御兀良哈、鞑

---

① 参见〔英〕杰弗里·帕克著《地缘政治学：过去、现在和未来》，刘从德译，新华出版社，2003。

鞯之作用。由于终明一代,兀良哈只是充作蒙古南下之侧翼,因此辽东长城之筑,并未在朝廷引起太大争议。因此直到榆林明长城修筑之前,明朝北疆防御体系仍以营堡防御为主。榆林明长城修筑之后,边墙、镇城、营堡、城寨、墩台充分结合,既吸纳了"前沿防御"优长,得边墙阻隔之功,同时挪移城堡,遏守要冲,并且在兵力分布上,一直存在沿墙"摆边"与聚守营堡之争执,榆林守军在整个明中后期,一直保持纵深防御之特点。总体来看,榆林明长城防御体系综合了纵深防御与前沿防御,仍属纵深防御,并未丧失境内主动作战之灵活性。

在对明朝撤离阴山边疆过程与榆林防御建设的讨论中,拙著借鉴了"大战略"(grand strategic)与"战略文化"(strategic culture)理论。"大战略"理论最早由英国军事理论家利德尔·哈特(1895~1970)提出。利德尔·哈特继承了德国著名军事理论学家克劳德维茨"战争是政治通过另一手段的继续"的观点,指出"战略"是对武装力量的领导,而"大战略"或者称高级战略,其任务在于调节和指导一个国家或几个国家的一切资源,以达到战争的政治目的;而这个目的,正是由基本政策,即国家政策所决定的。因此,为贯彻大战略,不仅包括对武装力量的利用,还包括对经济、政治、心理等手段的总体应用,后者更是值得优先考虑的工具。也就是说,大战略的真正目的并不是寻求决战,而是要尽量削弱敌人的抵抗能力,破坏其稳定性,创造有利的战略态势,从而以最小的军事消耗和最低限度的损失使敌人屈服,这便是大战略的核心内容——"间接路线战略"。大战略关心的不仅是战争本身,还包括未来的和平与发展,军事胜利本身并不等于政治目的的实现。因此,当战争一方并不抱侵略对方之目的时,可以采取最为经济的办法,以达至有限的战略目的,保障当前与将来皆可抵御外来的侵略,只要安全威胁解除了,战争目的便达到了,不顾一切的追逐胜利是最为危险的。但这一观念容易反过来导致产生长期阵地防御的思想,致使国家全部力量消耗殆尽。节约兵力与求取胜利的最好方法,是在高度机动性前提下的攻守兼备。英国军事理论家富勒《战争指导》继承了"大战略"理论,指出:"大战略的真正目标应该是一种有利的和平,而并不要求将对方完全歼灭。反之,它却希望能消灭或减轻战争的成因。"[①]

但在20世纪70年代后现代主义思潮影响之下,国际政治关系理论中现实主义学派所强调的"客观"、"科学化"与结构性等开始受到质疑与挑战。以往大战略理论强调国家追求权力与实力的理性主义立场开始受到越来越多的挑战。接受新思潮之新现实主义开始兴起,认为人类的行为存在一个社会化的过程,反复互动而模塑成规范,并不完全按照利益和势力平衡行事,具有不同历史背景、文化传统和价值观念的决策者对待同样之形势,很可能有不同的利益取向。由于世界上存在多种不同文化脉

---

① 〔英〕富勒著《战争指导》,李磊、尚玉卿译,广西人民出版社,2008,第349页。

络，因此不同国家战略文化也并不相同，呈现多元化之特征。① 这便促使更多的学者开始思考大战略选择中的非理性主义因素。美国战略理论家约翰·柯林斯（John Collins）在1973年出版的《大战略：原则与实践》一书中，在大战略框架下明确延展了"道义"内涵，指出大战略还包括意识形态、生活模式、道义等层面。② 美国军事史专家杰克·史奈特则提出"战略文化"（strategic culture）概念，用于揭示战略决策中集团或者个人所受历史传统、文化体系与价值倾向之影响，即虽然当前看来属于决策过程的非理性主义层面，但在当时的时代背景下，却是自然而然的内在逻辑结果。20世纪90年代异军突起的以观念、文化、身份认定为出发点的建构主义学派，指出战略文化指在有关威胁和使用武力问题上，国家行为体所特有的长期的一套信仰、价值体系和行为习惯，它们主要根植于各个国家特有的地缘政治环境、历史经验和政治文化体制。影响最大的战略文化概念是美国学者肯·布斯所称"战略文化指在有关威胁或使用武力问题上，国家的传统、价值、态度、行为模式、习惯、象征、成就，以及适应环境、解决问题的特殊方式"。③ 为避免战略文化研究出现不着边际的泛论，90年代以来战略文化研究学者努力使战略文化拥有具体内容，从而界定战略文化是一种行为典范（Paradigm），为大战略设定优先次序。虽然在历史研究中运用文化视角，容易形成文化性，而非历史性判断，但在充分考察历史客观性之后，对其背后的时代价值、文化倾向加以审视，有助于揭示虽然无形，但更为深层、更为久远的历史逻辑。

与西方现代军事理论家所持观点相似的是，中国古代统治者始终将战争作为关系政权存亡之大事，与国内政治一同考虑。《左传》载："国之大事，在祀与戎"，反映出先秦时期中国古代已十分强调"慎战"思想。作为中国最负盛名之兵书，《孙子兵法》开篇即云："兵者，国之大事，死生之地，存亡之道，不可不察也。"明朝在撤离阴山边疆与榆林军事方案的讨论中，亦充分考虑到国内政治之多种因素，体现了与"大战略"观念相契合之决策理念。明前期之所以陆续放弃东胜、兴和、开平，便与巩固"靖难"政权、保持财政平衡等内政因素直接相关。明朝在榆林地区最早实行的两种方案：榆林营堡纵深防御与"搜套"攻势防御最终让位于榆林长城立体防御，便源于明朝保持西北社会安定与河套边防威胁之间的平衡，避免边防问题影响西北内政。长城方案得以通过并普遍开来，根源于长城方案改良了营堡防御遏制蒙军机动性之不足，是当时最能协调、兼顾西北边疆防御与社会稳定的方案，是各种不完善策略中相对最为符合明朝国家最高利益者。以上边防决策皆明确反映出明朝在处理重大边防问题

---

① 曾瑞龙：《战略文化与中国战争史研究的前景》，香港中文大学"新世纪的中国历史学——挑战与思考"学术研讨会论文，2002。
② 〔美〕约翰·柯林斯著《大战略：原则与实践》，中国人民解放军军事科学院译，战士出版社，1978。
③ 宫玉振：《中国战略文化解析》，军事科学出版社，2002，第4页。

时，皆将之与内政因素一同考虑，从而在整体上保持军事服从、服务于政治之基本立场与原则，以确保整个政权的最大利益，体现了明代边防策略中的理性主义取向。

但另一方面，榆林防御方案之推出与选择，又是明朝不同部门之间政治斗争、权力博弈的结果，体现了明代边防决策受到了现实政治的影响。营堡防御基本是明朝开国以来军事传统与北疆地理条件结合之结果，体现了军队系统充分利用地形，灵活作战之战略思想。"搜套"方案是职司国家兵政，以获取重大军事成果作为部门功绩的兵部所强力主张之方案，充分体现了兵部在明代国家政治中之职责与利益。而长城方案则充分体现了户部、地方官员之利益。户部职司国家财政，"搜套"长期无果之结局，首当其冲受到最大威胁者便是面临财政压力之户部。西北巡抚虽肩负边疆安全之责，但同时负有安抚地方之任，故而面对营堡防御与"搜套"方案所带来的西北社会安全与社会稳定之威胁时，首先考虑的便是如何在边疆防御与社会安定中间寻找一个两全方案。因此，户部、西北巡抚是反对"搜套"方案的主体力量，也是主张改良营堡防御，推广长城方案的政治群体。可见，榆林军事方案之推出与选择，与明朝国家利益、政治斗争密切相关，是理性主义与现实政治互动、博弈之结果。

在明代边防决策的整个过程之中，政治文化作为长期沉淀、普遍影响之"集体无意识"，一直影响、支配明朝各种边防方案出台、竞争与最后结果的整个过程，并无形中决定了各种边防方案次序的安排与最后命运。相对于政治行为、制度、观念，政治文化是政治系统中更为长久、深层与稳定的政治层面，相应更为准确地代表了基本的政治立场与原则，故而是政治决策中最后的依据与价值。或者说，政治文化在政治决策中扮演了最后的推动角色与影响因素。从榆林军事方案之推出与选择历程来看，明朝在"搜套"方案冲击了西北社会秩序之时，果断选择终止，替代以长城方案，这一选择背后的逻辑是国内秩序之安定优先于边疆安全之威胁。这一选择表面看来立竿见影，维护了西北社会之安定，但长远来看，长城防御与主动出击孰优孰劣，还有进一步思考之余地。无论如何，明中后期北疆防御策略都大体呈现了相似之逻辑，最终导致明末财政压力与社会动乱。那么，这一逻辑的立场与观念是什么呢？揆之中国古代，《尚书》作为中国最早之史籍，便记载："民惟邦本，本固邦宁。""攘外必先安内"，"内政优先边防"，一直是中国政事处理之基本原则，这体现了中国古代一种久远的政治、军事思想。如果从西方军事学观点来看，便是一种"内政优先边防"的"战略文化"。

〔作者赵现海，1978年生，中国社会科学院历史研究所副研究员〕

收稿日期：2013年3月3日

·书 评·

关于"中国路径"源头问题的新思考

——《中国古代国家起源与形成研究》的意义和启示

王 和

有关"中国路径"问题的讨论,是近年来中国学术界普遍关注的一个热点。对于先秦史领域的研究来说,这一问题又与中国国家起源和文明形成问题紧密相连。而且从一定意义讲,更是二十多年来中国国家起源和文明形成研究深入发展的必然结果——如果说,在 20 世纪 80 年代后期所发起的"夏商周断代工程"和"文明探源"工程的初衷,不过是为了论证中华文明也有不亚于古埃及文明那样的"五千年文明史"的话,那么随着学术环境与问题意识的转变,后来的深入则逐渐具有了阐释中国独特的历史演进道路的意义。学术界为此多次开会讨论,并由此而涌现出一批卓具新意的学术著作。

2009 年,沈长云、张渭莲两位教授撰写的《中国古代国家起源与形成研究》由人民出版社出版。该书的内容十分丰富,既有详瞻的理论阐释,又有独特的实证分析——恰如李学勤先生在序言里所说,该书的突出特点是实现了两个整合:一是理论与史实的整合,另一是历史与考古的整合,且皆具有突出的新意。故刚一问世,便受到学界的普遍好评。亦因此,其所具有的学术意义便值得我们认真梳理。本篇书评的目的便在于此。同时,笔者也想借此机会,阐释一下对于导致人类历史发展多样化原因的看法。

不过,在探讨该书的意义之前,有必要首先弄清改革开放以来先秦史研究学术环境与问题意识的转变。

一 对"中国路径"探讨的史学本体论意义

就理论阐释而言,近年来的中国学术界之所以能够形成对于"中国路径"问题的热烈探讨,其前提是我们已经对"具有中国特色的历史发展道路"这一认识耳熟能详,且予以认同。地球上世界范围内的人类历史是一个多样化的进程,不同地域、民族和国家的发展道路各具不同特点——这种观点在今天多数史学工作者的头脑中已成为类似于公理般的常识。然而回顾历史便不难发现：实现这一看似并不复杂且浅显易懂的理论共识的过程，实际上非常曲折而艰难。

自20世纪初期开始，从史学本体论的范畴来说，相信不同地域、国家和民族的人类社会的历史发展是一个多元的和多样化的过程，认识到世界上并不存在放之四海而皆准的发展道路和发展模式——这样一种新的历史观，便逐渐取代了19世纪以前那种视不同地域、国家和民族的人类历史为同一的、线性发展的进化史观，而日益成为一种新的主流史观。这是20世纪以来，世界范围的历史学科在本体论领域的最大进步和变化。①

导致这一进步与变化发生的最根本原因，既在于因人类所依存的客观历史环境的改变，也在于因现代以来历史学科的逐渐成熟所促成的史学工作者对人类历史本身更准确、更深刻的把握。因为事实已经再清楚不过地告诉我们：人类历史上的确并不存在一个同一的、依次演进而一程不变的发展模式，不同地域、民族和国家的人类社会，其发展道路、模式、速度和水平，的确都大不相同甚至天差地远。

从我们今天的角度去回顾历史，这样一种观念与认识的变化应当是十分自然的。因为稍作厘清便不难发现和证明：人类历史发展道路与模式的多样性是一个确切无疑而又一清二楚的事实，它既不深奥难懂也不玄妙费解，理解这一点实无任何碍难之处——只要具有起码的实事求是态度，并以这种态度去观察与分析历史，看一看世界各地人类社会发展的过程与现状就可以了。故人类对历史的探究一旦从最初的盲目简单认识之中清醒过来，而以进入科学时代之后新的思维和实事求是的态度去认识历史，得出这一结论便是顺理成章的事。相反，认识不到这一点恰恰是不可思议的——既然大量无可辩驳的事实一清二楚地摆在那里，我们何以认识不到？！

然而十分遗憾的是，在中国大陆，这样一种变化的出现却非常之晚，远远落后于国际学术界的发展。特别是20世纪后半叶，当许多国家和地区的学者已经在深入地探讨人类历史发展多样性的表现及其原因的时候，我们却仍然固守着陈旧的观念，一味在自己的封闭圈子里自说自话，而对国际学术界进行的关于人类历史发展多样性的诸多探讨完全不予理睬：不是将它们简单地批判为"反动的唯心史观"，便是视同它

---

① 史学认识论的发展另当别论。一般所讲历史哲学自19世纪末期到20世纪以来，从思辨的历史哲学发展到分析的、批判的历史哲学的转向，其实是就历史哲学的不同领域而言的：前者说的是史学本体论，后者说的则是史学认识论——或如今天新的分类法所表述：前者说的是历史理论，后者说的则是史学理论。这样的判定虽然可以概括这一时期历史哲学发展的基本特征和史学工作者关注点的转移变化，但从内容和范畴来讲却并不十分准确。故笔者以为：将史学本体论的发展与史学认识论和方法论的发展变化分别讨论，也许更为恰当。拟于适当时候对此问题另做专门探讨。

们似乎根本就不曾发生和存在。①

关于不同地域、民族和国家的人类的历史发展是否存在一种共同的模式和整齐划一的必然性的问题，很多老一代的史学工作者由于深受"五种社会形态"学说的影响和制约，将之视为一种对所有地域的人类社会普遍适用的、依次演进而概莫能外的真理；从而不是从实际的研究结果，而是从先验的理论框架出发去认识中国历史。郭沫若在《中国古代社会研究》的"自序"中所说"中国人不是神，也不是猴子，中国人所组成的社会不应该有什么不同"，并因此而将"国情不同故历史进程不同"的说法视为"民族的偏见"②的观点，以及由此而对中国古代社会发展进程所做的判断："周代的社会历来以为是封建制度，然与社会进展的程序不合，因在氏族制崩溃以后，如无外来的影响，必尚有一个奴隶制度的阶段"，③就是一个典型的例子。

这在过去，在我们的认识与观念被局限和禁锢于"世界都一样"和"中国不但必然而且应当和世界一样"的19世纪思维时，我们得出这样的判断是十分自然的。只要简单地回顾一下20世纪中期以及其后相当一个时期的历史，便不难发现中国大陆史学界在那个时代体现于史学理论方面的几乎所有努力，都是为了证明以下两点：第一，全世界各地域、各民族、各国的历史进程大致一样；第二，中国的历史进程和世界一样。所不同者，只不过是因发展不平衡而导致的快慢差异而已——而对于"究竟是什么原因造成了发展不平衡"，也没有做过深入探讨。之所以如此，其原因不言自明：只要我们将"国情不同故历史进程不同"视作一种"民族的偏见"，而将发展与演进的同一性视作所有人类社会历史进程在"没有外来影响"下的必然结果，则"人类的历史发展何以不平衡"这一问题便会变得无足轻重，根本没有必要进行深入讨论。

而到了21世纪初叶的今天，当我们终于跨越了19世纪的思维定式，从世界历史的进程只能有一种模式、一个道路的理论束缚中摆脱出来以后，我们才如大梦初醒般地发现了这样一个其实极其浅显的道理：世界上不同地域、不同民族和国家的人类社会，不但其文明和文化千姿百态，其发展道路也的的确确是大不一样的。而"国情不同故历史进程不同"不但不是"民族的偏见"，反而为我们揭示了一个确切无疑的

---

① 我们今天回顾这一过程，不能不充分认识到苏联的影响——这种影响不但是理论的，更是现实的。苏联以及其后社会主义阵营的出现和建立，不仅为证明以社会形态递进为基础的发展史观的正确增添了最具说服力的新的注脚，也导致了将"五种社会形态"视作依次演进、普遍适用的人类发展规律理论的最终确立形成。故20世纪上半叶人类对于自身历史的解读，表现为因政治制度的差异而区分为截然不同的、以阵营为标志的两个部分，我们恰恰处于深受苏联影响的这一部分。对此，我们无权也不应去苛责前人。然而值得思考和反省的是：为什么当苏联的影响早已成为历史之后，我们在理论上的滞后仍然延续了如此之久？！
② 《郭沫若全集·历史编》第1卷，人民出版社，1982，第6页。
③ 《郭沫若全集·历史编》第1卷，第250页。

道理：它恰恰是导致人类的历史千姿百态和不同地域、民族与国家的人类社会表现出各具特色的发展道路的基础和本质原因。

从这一角度讲，"中国路径"这一提法之所以能够出现本身，便体现了改革开放之后人们思维方式与观念认识的变化。

中国大陆史学界的这种情况虽然从改革开放之后开始发生变化，但从总体上看，直到改革开放之后很久甚至最近几年，那种完全不顾历史事实而执着地固守"五种社会形态理论"框架去解释历史的认识，尽管实际上在具体的历史研究中已经被越来越多的史学工作者所摒弃，却仍然依靠学术之外的其他资源，牢固地占据着形式上的主导和上风地位，从而对史学理论的进步与发展形成巨大阻碍。

何以如此？其原因众所周知。

这种状况延续至今，已经在实际上造成了对于中国国家与民族现实利益的损害。笔者曾经提出：即使抛开"真理"或事实不论，而仅仅从功利的角度去考虑，在当前的国际环境与中国国家及民族利益所面临的现实状况下，也迫切需要中国史学工作者对人类历史发展道路和发展模式的多元化和多样性问题，在学术上提出我们自己的具有说服力的独到解释与思考。

之所以需要如此去做的理由，我在《再论历史规律》第五节"发展唯物史观是中国国家与民族利益的现实需要"中，已经做过必要的阐述：即今天世界上存在并为我们所坚持和认同的"多样化的文明"、"多样化的世界"、"多样化的发展道路"和"具有中国特色的历史发展道路"，无疑不是从天上掉下来的，更不是变魔术变出来的，而是由历史演进而来的。倘若在今天仍然以"坚持唯物史观"为名，强调人类历史发展道路与模式的一致性和共同性，强调依次演进的"五种社会形态"的必然性和普遍适用性，就不仅仅是不符合历史事实的问题，而是使"具有中国特色的历史发展道路"成为了无源之水。其所影响的也绝不仅仅是史学观念的保守和滞后，而是对于我们民族和国家的现实政治诉求起着一种事实上的阻碍作用，因而有损于我们国家和民族的现实利益。

同时，这样做也绝非是在"坚持唯物史观"，而恰恰是在不折不扣地反对唯物史观和糟蹋唯物史观。因为，"多样化的文明"、"多样化的世界"和"多样化的人类历史"，本来就是客观的事实。这种事实如同板上钉钉一样一清二楚地摆在那里，凡是真正的唯物主义者，都不能也无权闭着眼睛不看事实！[①]

不过，值得庆幸和欣慰的是：这样一种既完全与历史事实不符也根本违背中国国

[①] 详见拙文《再论历史规律》，《清华大学学报》2008年第1期。关于"五种社会形态理论"与人类实际历史完全不符的问题，可参见拙文《实事求是唯物史观的基本原则——以五种社会形态理论为中心的探讨》，《史学月刊》2008年第11期。

家与民族现实利益的陈腐偏见，在中国大陆终于走到了不但在事实上被学术界摈弃，而且基本丧失了其惯用的"拉大旗作虎皮"合法性基础的地步。

由此笔者预言：今后在中国史学界，除了与学术无关的"大批判"之外（这种"大批判"是否还能够继续存在也颇值得怀疑），就有价值的学术探讨来说，涉及这一问题——即人类历史进程究竟是否表现为同一模式、"五种社会形态"究竟是否是放之四海而皆准的发展道路的有关争论，大体上可以给出否定的答案，并就此告终。而深入探讨人类历史进程多样性的表现及其原因的研究，在不远的未来将会兴起。

这一具有历史意义的变化表明：时至今日，中国史学界终于可以名正言顺地摆脱那种陈旧的思维模式的禁锢束缚，从而不再使自己的理论认识与思想境界继续被禁锢和停留于19世纪。这无疑是一个意义深远的进步，但其格外艰难的演变过程却值得我们深刻反思。

二 改革开放以来先秦史研究的理论模式转换

这一具有历史意义的变化在先秦史研究领域的体现和反映，便是实现了理论模式的转换。

（一）改革开放以来，先秦史领域的研究硕果累累，涌现出大量具有创新性和突破性的优秀成果

就理论层面的成果来说，最为突出的变化便是实现了从"社会形态模式"到"国家形态模式"的转换。正是由于这一转换，先秦史研究才得以突破原有理论框架的局限，了解了我们以前一无所知的"早期国家"这一久已为国际学术界所熟悉的概念，了解了早期国家与成熟国家的区别，了解了中国古代社会和国家组织所具有的"家国同构"、血缘纽带始终强劲的突出特点，并能够由此更进一步从新的角度、运用新的理论和方法去思考、探索人类的发展历程与社会形态问题，以及与此密切相关的涉及国家、阶级等一系列基本概念的重大理论问题。

所谓社会形态模式，即我们过去十分熟悉并以之解释中国和世界历史的"五种社会形态"理论模式。[①] 长期以来，中国大陆从事先秦史研究的史学工作者一直执着地运用这一理论模式，来说明先秦时期带有总体性和根本性的、涉及社会性质层面的发展与变化。尽管在运用过程中也存在着种种歧见和争执——例如自三皇五帝之前至夏商西周春秋战国，究竟是反映了从原始社会到奴隶社会再到封建社会的发展变化，还是仅仅反映了从原始社会到奴隶社会的发展变化；以及虽然都主张先秦时期经历了从原始社会到奴隶社会再到封建社会的发展变化，但从奴隶社会到封建社会的变化究

---

① 因此，本文所说的"社会形态"是特指而非泛指，仅用于指称"五种社会形态理论"。

竟发生于何时——持有这些不同观点的学者之间，都发生过旗帜鲜明的激烈争论。但是，无论持何种观点的学者均认同"五种社会形态"理论模式对于解读先秦时期历史的适用性和有效性，这一点则并不存在任何歧义。

所谓国家形态模式，是指将过去我们一般性指认的"国家"，根据其发展水平和结构特点，进一步划分为"早期国家"和"成熟国家"两个阶段。"成熟国家"容易理解，就是我们过去所说的那种打破了"以个人血缘关系为基础的古代社会制度"，而变为"以地区划分和财产差别为基础"的"国家"。

那么，什么是"早期国家"？所谓早期国家，是随着近几十年来国际学术界对于人类早期政治组织形式研究的逐渐深入，被普遍地使用于历史学、人类学和考古学等学科的一个概念。而在我国史学界，这一概念则如一些学者所说，尚属一个"比较新的提法"。不过，由于一批具有新的史学思想和观念的学者的大力提倡运用，其概念和内涵已日益为广大的史学工作者所熟悉和接受。从近年来国内对这一概念的使用情况来看，我国史学工作者主要是从如下意义来认识这一概念的，即将早期国家看作是虽已具有国家的若干形态，但尚未发展到纯以地域组织为基础亦即恩格斯所说的"不依亲属集团而依共同居住地区、为了公共目的来划分人民"那样的发展阶段的、具有早期国家形态特征的初始国家。在这种早期国家里，由于生产力水平等条件的限制，地域组织还没有建立或仅仅处于初始阶段，人们仍然生活在血缘组织之中，其生活与生产劳动的基本单位是家长制大家族。家长制大家族之上是宗族。这种宗族或比宗族更大的血缘组织，在我国古代的文献中被称为"邦"或"方"。这样的血缘组织是直接从氏族部落发展而来的，所以每一个邦又称"某某氏"（夏代多称氏，如夏后氏、有扈氏、有穷氏；商代多称方，如鬼方、土方、羌方。称氏为单纯突出血缘因素——虽然当时已有领土意识，称方则兼及表示地缘因素。这体现随着社会发展，地缘因素逐渐加强的趋势）。现代的研究者则称其为"邦国"或"方国"。由于这种以血缘组织为基础的邦国在管理、公共权力、财产分配及占有乃至意识形态等方面均已具有鲜明的国家性质，但在以血缘组织而非地缘组织为基础来划分居民这一点上又明显仍然遗存着氏族社会的特征，所以人们称之为"早期国家"，以既区别于氏族部落，又区别于成熟形态的国家。

我国的史学工作者对于中国历史上的早期国家问题，经历了一个较长时期的、曲折的认识过程。

郭沫若在20世纪20年代末发表的《中国古代社会研究》中，曾将商代定为"氏族社会的末期"，这显然是根据当时考古学及甲骨学研究的成果得出的结论。从我们今天的认识去看，它的毛病在于仅仅强调了商代社会的血缘组织特征，却忽视了其在阶级分化、公共权力、意识形态等方面所体现的国家特征。

到了20世纪50年代以后，由于当时政治因素的影响，史学界对于夏商社会的认识又偏向到另一极端,即只强调其作为阶级压迫工具的国家特征一面,而很少分析其仍然依据血缘组织划分人民的另一面。但我们有理由相信:实际上史学工作者们内心深处,对于此种认识恐怕是不无疑虑的。只要翻检一下五六十年代的通史类著作便不难发现:当时的历史学家们在具体的研究实践中,实际上已经隐约感觉到了理论阐述与中国具体历史实际之间存在的矛盾。一方面,按照经典理论的解释,无论是雅典模式、罗马模式还是德意志模式,国家都是"在氏族制度的废墟上兴起的",因此,国家区别于氏族制度的一个显著特征便是"以个人血缘关系为基础的古代社会制度已经被破坏了,代之而起的是一个新的、以地区划分和财产差别为基础的真正的国家制度"。① 另一方面,中国历史的实际又不断地提示史学工作者:夏商时代既是一个确凿无疑地存在着阶级压迫和阶级剥削、作为体现"阶级矛盾的不可调和的产物"的国家所应具有的权力机构(如官僚、军队及相应的管理机构)和意识形态已经出现的时代,又是一个其人民划分仍然保存着鲜明的血缘特征、由血缘与地缘结合的方国组成"天下万邦"的时代。由于在经典著作中找不到"早期国家"的概念,② 在当时中国政治社会环境的要求和制约下,史学工作者不可能对这样重大的问题做出独立的理论解释,因此,他们便着重强调夏商国家作为阶级压迫和阶级剥削的工具的功能,而淡化或避而不谈其仍然依血缘组织划分人民的特征。所以到了今天,我们仅能从诸如"不能把夏朝看作奴隶国家已经完全成立,只能看作原始公社正在向奴隶制度国家过渡"③ 之类的论述中,隐约感觉到前辈历史学家当时内心的疑虑。

从20世纪70年代末期开始,在改革开放和思想解放的新形势下,随着考古学成果的不断丰富,史前史、夏商史及甲骨学研究随之深入。对于中国夏商社会和国家起源问题的探讨,已成为史学界所关注的一个理论热点。史学工作者得以从新的高度、实事求是地重新认识夏商社会性质及中国国家起源问题。于是一方面,用"部族国家"、"方国联盟"等新的认识观念去解释夏商国家的论著越来越多地出现;另一方面,国际学术界近几十年来在民族学和文化人类学等学科方面的优秀成果日益被关心理论的史学工作者注意,并逐渐将之介绍到国内,"早期国家"的概念由此开始被史学界认识。

这一概念被引入并使用于我国的史学研究,无疑是有重要意义的。因为,姑不论其在史学认识论和方法论上所具有的示范作用和影响,即使作为一个单纯阐释国家形态的理论用语,相对于"部族国家"、"方国"、"邦国"之类具体的表述而言,"早期国家"显然具有广泛与规范得多的、理论上的概括意义,可以泛指一切已进入国家阶段又尚不具备成熟国家特征的人类早期政治组织形态。正如李学勤先生所说,由于"国家的兴起

---

① 恩格斯:《家庭、私有制和国家的起源》,人民出版社,1972,第127页。
② 恩格斯曾指出提秀斯以后的雅典属于"刚刚萌芽的国家",但他显然并未把它当作具有普遍意义的国家发展过程中的特定阶段来看待。参见《家庭、私有制和国家的起源》,第108页。
③ 范文澜:《中国通史简编》第1编,人民出版社,1965,第102页。

是一个相当长久的过程。国家的萌芽状态以及其早期面貌，必然和后世人们习惯理解的国家有很大的、甚至是带有根本性的差异"。所以，"为了凸显这种差异，对萌芽状态的国家、早期阶段的国家，赋予特殊的名称，借示区别"，显然是"必要的"①。

用从早期国家向成熟国家的演进过程，来取代由奴隶社会向封建社会的发展过渡，这一理论模式的转换对于指导我国的先秦史研究，具有极其深远的重大意义。实际上，自改革开放之初，从20世纪80年代初期至中期，当"史学危机"严重困扰着中国史学界的时候，不少史学工作者经过认真的、审时度势的反省和思考，最终选择了沉下心去埋头从事具体研究和实证研究的做法。而正是在这个"沉下去"潜心研究的阶段，史学工作者对于用"五种社会形态"理论模式阐释中国先秦时代产生了越来越深重的怀疑。因为具体研究越深入，旧有理论模式的缺陷便越明显。一方面，中国古代社会和国家组织所具有的"家国同构"、血缘纽带始终强劲的突出特点，在"五种社会形态"理论模式中很难得到令人信服的充分解释；另一方面，三代时期中国社会虽然普遍存在奴隶但却并不存在以奴隶生产为主的社会生产方式，这一观点已日益成为史学工作者的共识。

正是在这样一个惶惑和迷惘的时期，早期国家理论被引入并逐渐为广大史学工作者所了解和接受，从而使中国先秦史研究的理论探索得以冲破旧樊笼的束缚羁绊，进入新的广阔天地。按照中国史学界目前较为一致的认识，所谓中国的早期国家时代，一般指夏、商、西周这三代。而东周即春秋战国时期则是由早期国家到成熟国家的过渡时代。

（二）就具体的专题研究来说，关于中国早期国家，目前史学界已经完成了一些相当有分量的出色成果

这些成果虽然最终落实于对中国早期国家阶段的分析，但其最重要的意义却不仅仅在于此。而是同时还在于：它们借鉴和运用了国际学术界近几十年来在与历史学有关的相邻学科特别是文化人类学方面的大量研究成果，对于中国早期国家阶段之前的社会政治组织提出了新的阐释，并由此去探讨解决有关中国国家的起源及发展道路特性问题。为此，这些研究着重从理论和具体问题上说明中国的前国家形态的状况，详细阐述了一个近年来才开始被我国学术界了解认识的人类早期政治组织模式——酋邦（CHIEFDOM）。这种人类早期政治组织模式之被重视，是国际学术研究近几十年来取得的出色成果之一。②

---

① 参见李学勤为谢维扬著《中国早期国家》所作序言。
② 酋邦的概念最早由张光直先生引入中国大陆，其后我国一些学者在20世纪80年代直至现今，都曾对酋邦进行过介绍和研究。如童恩正《文化人类学》（上海人民出版社，1989）就对中国历史上的酋邦进行过分析。谢维扬的《中国早期国家》（浙江人民出版社，1995）、易建平的《部落联盟与酋邦》（社会科学文献出版社，2004年）、陈淳的《文明与早期国家探源》（上海世纪出版集团、上海书店，2007）等，是论述酋邦较为系统全面的几部专著。这些专著的观点并不一致且争论很大，笔者主要采用谢维扬的观点。

什么是酋邦？酋邦是现代人类学关于人类社会和文化分类的一个概念，同时它实际上也含有关于人类早期政治组织演进的阶段性的内涵。从历史学的角度看，简捷地说，所谓酋邦，是指一种处于原始社会后期的、非部落联盟形式的部落联合体。而我国学术界过去所熟悉的部落联合体，只有部落联盟这唯一的形式。这主要是由于长期以来根深蒂固地深受摩尔根学说的影响。一方面，就整体而言，摩尔根所做的研究无疑是十分出色的，其学说的许多重要内容后来被马克思主义国家学说所吸收。但是另一方面，摩尔根学说毕竟是一百多年以前的成果。对于今天的研究者而言，摩尔根学说在很多方面已经表现出重要的缺陷，部落联盟问题就是其中明显的一个。摩尔根在考察人类史前时期超出部落范围的政治关系形式时，只注意到了部落联盟。这导致他在《古代社会》一书中，几乎用部落联盟模式解释了他涉及的所有具有超部落关系的个案。

近几十年来文化人类学的研究表明：由部落联盟发展到国家，具有普遍性的途径很可能并不是由部落联盟，而是由另一种既非部落联盟又属于"比典型部落社会更高的一个社会发展阶段"的部落联合体——酋邦进入早期国家。

那么，同样作为部落联合体，部落联盟和酋邦的区别究竟在哪里呢？

先看部落联盟。首先，就产生的过程而言，部落联盟在发生上具有这样三个特点：第一，部落联盟的产生完全是和平的和自愿的，联盟形成的具体方式是举行一次会议而非其他（例如通过征服）；第二，联盟的产生起因于有关部落间的长期互相保护的关系；第三，参加联盟的部落都是有亲属关系的部落，相互间有共同的血缘渊源。

其次，从人类政治权力形成的角度看，部落联盟在权力机制上具有如下特点：第一，部落联盟没有最高首脑，其最高权力是一种集体的而非属于任何个人的权力。例如，整个易洛魁部落联盟的最高权力便是掌握在由五十名部落首领组成的"首领全权大会"手中。第二，部落联盟会议的议事原则是全体一致通过。在这种情况下，任何形式的个人专有的权力是不可想象的。第三，参加联盟的各部落保持各自的独立，相互间地位平等。

综上所述可知，在部落联盟的发生和结构上的特征中贯彻了两条最基本的原则：部落间的平等和个人性质的权力的微弱。

再看另一种形式的部落联合体——酋邦。酋邦虽然处于与部落联盟相对应的发展阶段，但无论就产生过程或政治权力的角度看，二者都存在显著的差异。

首先，与各部落之间的关系是平等的和自愿联合的部落联盟不同，酋邦产生的途径主要是通过征服。正因为如此，组成这种部落联合体的部落之间就不一定具有血缘渊源。在一个酋邦之内，往往包括许多血缘渊源不同的部落成员。

其次，由于征服在酋邦自身的形成中是一个起重要作用的因素，而征服的结果往往导致部落间的臣属关系，所以各部落间的地位自然是不平等的。

第三，正是由于酋邦是通过征服形成的，所以，与部落联盟相比，酋邦是具有明确的个人性质的政治权力色彩的社会。在现代文化人类学与民族学的有些个案中，酋长的权力甚至已发展到"接近绝对的程度"，对于一般的部落成员乃至下属首领都具有生杀予夺之权。这与部落联盟模式对于个人权力的高度制约显然是大相径庭的。而其原因也不难明白：由于部落间的征服主要是靠武力亦即军事征服，而军事行为的特点和要求即在于军事首领必须具有相当大的个人权威；所以，当军事行为成为一种社会常态行为的时候，军事首领的个人权力便必然会得到加强。酋邦既然是通过征服形成并以武力为基础维持的，那么无论在征服部落内部还是征服者与被征服者之间，个人的权利无疑都会被突出出来，从而逐渐形成一种集中形式的权力机制（与这种集中形式的权力机制相伴生的，是社会分层亦即阶级分化现象的日益明显）。

由此可知，与部落联盟模式形成鲜明对照的是：部落间的不平等与个人权力的强大，是酋邦模式的两条最基本特征。

酋邦模式的研究，对于如何认识中国早期国家及其前国家形态，以及如何解释中国历史发展道路的特性，具有理论上的重大意义。按照这种理论认识，一些关于中国早期国家的最新研究，依据大量的文献和考古资料，分析了中国历史上从炎黄直至尧舜禹时代，提出了中国的前国家时期（至少在其中后期）属于酋邦模式的论断，认为无论是炎黄部落联合体还是尧舜禹部落联合体，都是一种由多种血缘来源的部落构成的、不平等的部落联合体，在联合体内经常发生各部落争夺最高统治权的斗争，并由此引发战争；这些部落联合体中已存在具有明显个人性质的政治权力，出现了拥有决断权并作为唯一权力点而存在的最高首领。中国其后的早期国家时代以及再后的成熟国家时代之所以始终具有王权强大的特征，显然是从这一政治组织形态发展而来的。中国历史后来所表现的许多政治特征，其最初的源头都可以上溯到这种前国家时期的政治组织模式中去寻找。

认为中国社会是由酋邦进入早期国家的观点，虽然获得很多史学工作者的赞同，但也有一些学者提出不同意见。从目前的研究状况看，中国前国家时期的政治组织形态究竟是酋邦还是部落联盟？这是一个仍然需要深入探讨并有待于将来更多的考古发现为之提供更加充实的证据才可能最终解决的问题。此外，在以酋邦模式解释中国前国家时期的观点中，还存有其他一些值得商榷之处，也需要进一步研究。例如，部落联盟这种政治组织形态发展到后期，其内部是否也可能出现类似于酋邦那种带有个人性质的政治权力？关于这一问题，我们可以在民族学与民族史的研究中找到不同的答案，其中有些答案的结论似乎是倾向于肯定的。再进而探讨：即使在部落联盟的后期并未出现带有个人性质的政治权力，那么，这是否就可以证明在进入国家之后必然能够导致建立三权分立式的国家机构？恐怕也未必一定如此。从整个人类的历史来看，如罗马和希腊那样在国家发展的早期阶段即具有较为完备的古代民主政治形态的事例毕竟是少数。这也许说明它的出现是由多种因素共同促成的（例如，特定的地理环境的因素，和由此而导致的经济形态特点等），部落联盟模式可能仅仅是诸种因素之一。

此外，酋邦理论虽以塞维斯的"游团——部落——酋邦——国家"的演进模式最为著名，但其缺陷和不足也日渐清晰。对于究竟什么是酋邦、酋邦的最基本特征是什么？各国学者提出了各式各样的不同解读，酋邦的复杂性和多样性也日益被认识。例如，有学者便并不赞同酋邦是"具有明确的个人性质的政治权力色彩的社会，所以当它们向国家转化后，在政治上便继承了个人统治这份遗产，并从中发展出人类最早的集权主义的政治形式"的观点，认为酋邦中的大酋长其实并不具有过分突出的个人权力。

尽管目前的酋邦研究尚存在各种歧见，但笔者认为：证之大量的文献和考古资料，以酋邦模式去解释前国家形态以及由前国家形态向国家的转化，可以很好地说明一些已往被我们所忽视的问题，也极大地丰富和充实了先秦史研究由"社会形态"向"国家形态"理论模式转换的实际内容。

以下，让我们就《中国古代国家起源与形成研究》所具有的学术意义，做一概括探讨。

三　一部卓具新意的先秦史著述

（一）"理论与史实"和"历史与考古"的良好整合

从学术发展的承继关系来看，《中国古代国家起源与形成研究》，是在目前史学界通过近二三十年的努力已经完成的关于早期国家研究的众多已有成果的基础上，对涉及中国古代国家起源与形成研究、马克思主义关于国家起源与形成的理论、当代文化人类学和相关学科的酋邦理论与早期国家理论等一系列重大相关学术课题，进行了全面系统且十分深入的回顾梳理与归纳总结，并在此基础上通过"理论与史实"和"历史与考古"的良好整合，提出了自己新的见解。[①]

就理论探索来讲，即如本书作者所说：关于中国古代国家的形成与起源问题，虽然自20世纪七八十年代开始就成为学术界讨论的热点而且成果丰硕，但在这一讨论所要解决的核心问题，即我国究竟何时以及如何进入国家时代的认识上，尚存在诸多分歧。作者在系统梳理和深入分析的基础上，充分吸收了已有的优秀研究成果并予以

---

① 本节以下以及第二小节的有关内容均取自该书。

归纳总结、剔芜存菁,就何谓酋邦和早期国家,以及我国何时与如何进入国家时代,提出如下基本观点:

第一,中国前国家社会曾经经历了由平等的氏族社会向不平等的氏族社会的发展历程。这种不平等的氏族社会的基本组织结构,就是现代人类学者所称的酋邦。酋邦的基本内涵就是政治分级与亲属制度的结合,它可以对应于我国古代传说中"五帝"时期"天下万邦"的"邦",也可以对应于考古发现中我国自仰韶中晚期至龙山时期各地出现的由若干聚落结成的二级或三级聚落群结构。我国古代国家的产生,即源自这种不平等的氏族社会组织。

第二,中国古代最早产生的国家应属于现代人类学所称的早期国家。这种性质的国家仍然普遍存在各种由血缘亲属关系结成的社会组织,酋邦这种不平等的氏族社会组织作为基本政治单位也仍然存在于这种早期国家之中。因此,所谓早期国家就其组织形式而言,不过是由某一势力超群的大邦作为"共主"对其他众邦的统治。所以,判定我国早期国家的产生便不能简单套用我们过去所熟知的"公共权力"和"地区组织"这两个标志。

第三,与此相应,中国早期国家产生的途径,也与古希腊罗马奴隶制国家的产生有所不同。这就是恩格斯在《反杜林论》中所提出的统治与奴役关系产生的另一条途径,即氏族社会各个组织的领袖因其权力的集中与其"独立化倾向",由"社会公仆"转变为"社会主人",从而结成一个统治者阶级,促使社会转化为阶级社会的路径。这种权力来源于他们对氏族共同体(即酋邦、酋邦联盟)面临的各种事务(治水、对外战争、宗教事务、内部纠纷等)的管理。这种国家形成的道路在古代社会应当更为普遍。中国早期国家的产生应是其典型。中国早期国家产生的标志——家天下,即是由众酋邦联合而成的酋邦联盟的首领权力高度集中而造成的。可以推论出,由这条道路产生的国家,自然不会在短时期内改变其原有的氏族组织内部的结构,其基本阶级结构及社会形态也不同于古希腊罗马奴隶制国家。

第四,中国上古中原地区最早出现的夏、商、周三个王朝,即是由以夏后氏、有商和有周三个酋邦为首的势力集团分别建立的国家。这三个国家虽然前后迭相兴起,并且其统治地域也前后相互继承,但它们一开始却各自出现在不同地区,并均是在这个地区众多酋邦组成的联盟的基础上建立起来的。所以,它们均属于早期国家。

第五,仅仅依靠现有考古的成果便可确知:与中原夏商国家产生的时间相差无几,在我国长江上游的四川盆地也曾崛起过一个具有高度文明的三星堆国家。这个国家是在一个相对独立的地理单元中产生的,尽管它也受到周围地区文明的影响,但却能将各种外来的文化因素熔为一炉,形成自己独特的鲜明特征。三星堆国家亦属早期国家,其最终形成显然也是由一个大的酋邦对其他众邦统一的结果。这表明,中国早期国家并非只局限产生在中原地区。

第六，早期国家的产生并非意味着古代国家起源结束。成熟国家与早期国家的分野，主要表现在它不再保有原始氏族社会所遗留下来的某些残余。最主要的是它的统治不再是建立在由血缘亲属关系结成的各种族的组织基础之上，而是建立在按地区划分的行政组织基础之上。在中国，由早期国家向成熟国家的过渡是在春秋战国时期。

综上所述，可知该书对于何谓酋邦和早期国家、中国何时与如何进入国家时代、何时与如何向成熟国家过渡等涉及中国古代国家起源关键性问题的结论与阐释，较之此前的同类研究，在很多方面显然更加清晰明确和周密深入。

不言而喻，该书由于是近年出版，所以当然要尽可能地吸收此前相关的已有研究成果。不过，同类学术著作贵在"后出转精"。就学术水平而言，该书无疑是当得起这一评价的。

（二）关于夏族的兴起与夏国家的产生

该书特别具有学术新意与价值的另一重要内容，是有关夏族兴起与夏国家产生的论述。在将"理论与史实"和"历史与考古"进行良好整合的基础上深入研究，就此问题提出自己新的见解，是该书尤具学术价值的突出亮点。

关于夏族的起源，是历史学与考古学共同关注的重大课题。它牵涉到中国第一个国家夏的建立，在当前史学界与考古界共同参与的中国古代文明探源工程中占据十分重要的地位。然而，这个问题在学术界又是一个长期争论不决的问题。仅近代以来，各位古史专家在这个问题上的看法就分歧很大。还在20世纪初，王国维在《殷周制度论》中就曾提出："夏自太康以后迄于后桀，其都邑及他地名之见于经典者，率在东土，与商人错处河济间盖数百岁。"① 20世纪30年代初，"古史辨派"大家顾颉刚亦曾表示过与王国维大致相同的观点。虽然他对禹的看法与众不同，说禹是天神，与夏没有关系，但并不否认夏的存在。其在1933年所写的《春秋战国史讲义》考证了文献所提到与夏有关的地名后指出："夏王国的政治中心在河南，他们的势力范围，大部分在山东，小部分在河北、山西。他们享有了黄河的下游和济水流域的全部。"②

与他们的观点相对立的，是傅斯年的说法。他在同年发表的《夷夏东西说》中，将夏商周三代先后出现的各个部族分作东西两系，认为夷与商属于东系，夏与周属于西系；并据此划分以论夏域，称夏之区域"包括今山西省南部汾水流域，今河南省之西部、中部，即伊洛嵩高一带，东不过平汉线，西有陕西一部分，即渭水下游"。③

20世纪50年代一段时间里，夏的问题较少有人提及，直到50年代末考古学界的介入，学术界才开始对夏投入较多的关注。现学术界一般认为，考古界对夏文化有

---

① 王国维：《观堂集林》第12卷，中华书局，1950，第451~452页。
② 转引自王煦华《顾颉刚关于夏史的论述》，《夏文化研究论集》，中华书局，1996，第126页。
③ 《庆祝蔡元培先生六十五岁论文集》，原载《国立中央研究院历史语言研究所集刊》外编第1种，1933。参见傅斯年《民族与古代中国史》，河北教育出版社，2002，第31页。

目的的调查与发掘,是从1959年徐旭生率队前往豫西进行"夏墟"考古调查开始的。徐旭生认为,在目前所见有关夏都邑所在的近三十条来自《左传》、《国语》及古本《竹书纪年》的史料中,只有两个区域与夏的关系特别密切,一是河南洛阳及其附近,尤其是颍水上游的登封、禹县等地;另一个即是山西西南部汾水下游一带。① 这个认识无疑来自傅斯年,其对日后夏文化的探索无疑也起到了重要的指导作用。

但是,这种作用却表现为正反两方面:一方面,因为夏代后期夏人的政治中心确实移到了豫西一带,所以在这个认识指导下,人们在豫西一带发掘出了像偃师二里头这样的夏代后期的大型聚落遗址,这在某种程度上证实了夏的存在。

但是另一方面,由于它把对夏文化的探索限定在豫西、晋南一带,对于文献中所显示的夏人早中期活动的地域即豫东、鲁西一带一概忽视之,又造成大家对夏代历史文化认识上的许多空白。即如夏族的兴起及夏后氏国家的建立这类问题,由此便没有了着落。由于二里头遗址影响的巨大,一些学者干脆在二里头文化与夏文化之间画上等号,这样将考古文化与历史文化混为一谈,更难免造成一系列认识上的混乱。其实二里头文化早不过公元前1850年,夏族的兴起是前21世纪的事情,二者在时空两个方面都有较大差距。

沈长云教授自20世纪90年代中期始,便在王国维以及赞同王氏观点的杨向奎等学者论点的启发下对此问题进行研究,先后撰写过数篇文章,认为夏后氏早期居住的地域在古代的黄河及济水流域之间一带,禹所都的阳城即古河济地区的中心濮阳。近年来更进一步从考古学的角度,对此问题做深入考察该书的有关论述充分展示了他长期以来就此问题的研究成果。

沈长云教授早期论证禹都阳城即濮阳主要是依据文献资料,即(1)古代濮阳(在今河南濮阳以南)有阳城之称,先秦古籍《战国策》可为之作证;(2)此阳城所在与文献所记夏后氏兴起的崇山(今山东鄄城东南)密迩相近,这也可以通过包括《墨子》、《山海经》在内的较早文献得出结论;(3)文献盛称大禹治水,而禹治水之域主要在古河济一带的兖州,这是包括徐旭生在内的古史专家皆承认的史实。禹之治水,实主要为本部族人民的生存发展考虑;(4)濮阳又称作帝丘,为帝颛顼所居,而据诸多先秦古籍,鲧、禹及夏后氏系颛顼氏族的后裔;(5)夏初的夏后相居住在古濮阳,此在《左传》等书中有明确的记载,这是有关夏初诸王居住地的最早的文献记载。由颛顼到禹再到夏后相皆居住在古濮阳,这不是偶然的;(6)夏后氏的其他一些同姓及姻亲氏族,皆居于以古濮阳为中心的古河济地区及其附近。

正如沈教授自己所说,由于他当时对考古学还不太熟悉,提不出更多禹都在濮阳

---

① 徐旭生:《1959年夏豫西调查"夏墟"的初步报告》,《考古》1959年第10期。

的考古学方面的证据。但他当时曾经预言:"不久的将来,考古工作者会揭开濮阳古城上面覆盖的厚厚的淤泥层,使这座中国最早王朝的都城重新呈现在探寻夏文化人们的面前。"

令人惊异的是,后来考古学的发现果然印证了他的这一预言。

2005年11月,在中国社会科学院古文明研究中心及河南省博物院联合举行的"文明探源:考古与历史的整合"研讨会上,传来了考古工作者不久前在濮阳的一个村子发现了东周卫国都城,并在卫都城址的下面发现有一座龙山时期古城的信息。

根据目前初步的考古结果看,濮阳龙山古城的面积至少应在50万平方米以上,为河南、山东两省所发现龙山古城之首。而此前以及其后的考古发现证明:龙山文化遗址在濮阳市所辖各区县的分布并不平衡,其集中分布的地区主要是在濮阳县周围,这里连同濮阳市区共发现了20处龙山聚落,加上西边滑县与濮阳靠得十分近的21处聚落,组成了一个总共包括41个聚落的大聚落群,其中的中心聚落就是我们前面提到的发现有龙山城的濮阳五星乡高城遗址,其面积竟达到100万平方米。

因此,从濮阳发现的古城址及濮阳聚落群的聚落数量、规模与层级结构看,将濮阳视作夏初禹所都的阳城,应当是可以成立的。

另一方面,从考古发现的对比来看,整个豫东鲁西古河济之间及其附近地区,直到仰韶—大汶口文化时期,尚处于人口较少,聚落不发达的状态。然而到了龙山时期,这一带的面貌却发生了根本性的变化。各个地方的聚落一下子增加了许多,遗址规模变大。尤其作为史前聚落最高形式的城址接踵涌现,城址的密度与规模超过了中原其他地区,还有成组的城址出现,成为本地区龙山文化的一大亮点。而整个古河济地区共有13座龙山城,真可称得上是国内古城址最为集中的地带。这些古城都围绕着濮阳这个夏初的帝都,其距濮阳的直线距离,远不过一百多公里,近者只有几十公里。如此情况的布局意味着一个什么样的政治格局,应是不言而喻的。

与此成为鲜明对照的,则是豫西一些地区的人口与聚落不仅没有增长,反而有所倒退。如作为仰韶(中晚期)聚落最为繁盛地区之一的弘涧区(著名的仰韶村遗址就在这里),其龙山时期聚落总数由仰韶时期的141处减至120处,尤其是其中的特大型聚落,由6处减至3处;大型聚落,由10处减至6处,几乎减了一半!说明到了龙山时期,这一区域走向衰落了。

这些发现告诉我们:在整个黄河中下游范围,当仰韶文化与龙山文化交替之际,从西到东,其聚落与人口结构发生了一次根本性的变动,西边一些传统的人口稠密区和文化先进地区的人口与聚落在急剧地减少,东边接近黄河下游一带地区的聚落与人口在急剧地增加,像是发生了一次大的人口转移。而出现这一变化的原因,则是因气候变迁、人群迁徙所导致的古河济地区作为龙山文化时期新的经济文化中心地位的确立。

从气候与环境的变化促使黄河中下游一带聚落人口结构相应发生的变化看，当龙山时代的晚期，古河济之间及其附近地区已经发展成为一个欣欣向荣、四方辐辏的经济、社会与文化的中心。这种发展趋势是当时任何一个地方不可比拟的。这与文献记载以夏后氏为首的夏族在这一带兴起，许多古代著名氏族在这一带活动，是完全相一致的，也与考古发现这里龙山时代的城邑星罗棋布，比较起各地最为密集的状况是相吻合的，从而也构成了中国古代第一个早期国家在这一带兴起的历史地理背景。

即如沈长云教授所说，本书所论证的以夏后氏为首的夏族共同体兴起于古河济一带的结论，与时下不少学者尤其是考古学者的主张发生冲突。他们主张夏自来就居住在西方，二里头文化就是夏文化。如果说二里头文化的上限包括不了夏人早期的活动遗迹，那也应在二里头文化的前身、豫西一带的龙山文化遗址中去寻找夏早期活动的踪迹。

然而，正像该书所指出：将一个考古文化与一个王朝的历史文化混为一谈，不仅有违于史实，在理论上也是站不住脚的。目前国外一些学者已经对国内考古界一些学者在夏共同体或夏文化与二里头文化之间画上等号的做法提出批评，指出这种做法已落后于国际考古学的新进展，这十分值得注意。尽管中国学者并不同意一些国外学者对中国历史上的夏朝采取的一笔抹煞的态度，但我们对于夏及夏文化的探索，也的确存在着理论与方法上的问题，以致在讨论中授人以柄。正如该书反复强调的，二里头文化与夏文化无论在时间上还是空间上都很难完全对应。而根据文献记载，组织成夏代国家的那些氏族部落（即所谓"夏族"）也确实很难被编织进一个单纯的考古文化的谱系。既然说夏已进入文明社会，那么，一个已经进入文明时代的复杂社会是很难与一个单纯的考古文化相对应的。所以，我们最多只能承认二里头文化所跨越的某一个时间段（如它的三四期），在它的某些地区可能包含有部分夏人活动的遗迹，而无法得出二里头文化即是夏文化这样笼统的结论。

正如该书作者所说，目前有关夏代历史文化的探讨，已经成了中国古代文明及国家起源研究的一个亟待突破的关键。由于我们迄今尚未发现可以肯定是夏朝留下来的文字资料，要将夏的有关历史记载，首先是它的一些基本史实考察清楚，使传说变成信史，无疑是一件任务十分艰巨的事情。这件事情当然主要应当通过考古发掘来进行。但要达到论证的目的，则必须使考古与历史研究双方有机地结合。通过二里头遗址的发掘，对于夏作为一个国家规模的政治实体的存在，我国学术界目前在认识上已有共识；对它存在的时间的下限，通过偃师尸乡沟商城的发掘及其与二里头遗址关系的比较，也可以说已基本弄清。这两项认识的取得，都是依靠文献与考古材料的有机结合。但是，对于夏代前期尤其是夏兴起的认识，有关的历史记载许多还没有得到证实。该书所提出的夏前期夏族活动于古河济之间，禹及夏后相所都的都城在古河济地区的中心濮阳的论点，要得到更多的史学工作者特别是考古工作者的认同与肯定，也有待于今后考古成果与历史研究更紧密的结合。①

四 尚待深入探讨的若干问题

中国古代国家起源与形成问题，是一个内涵极其丰富的学术课题。特别是，由于中华文明在世界历史上所据有的突出地位和显著特征——历史悠久、内涵丰富、一脉相承且从未中断，从而使得这一问题尤具典型而重大的意义。

就本书的内容来讲，其所直接关系与间接牵涉到的最主要问题包括：第一，从全人类的历史看，国家的产生是否具有普遍性和必然性？其条件是什么？第二，早期国家是否一定会发展为成熟国家？其关键性的因素是什么？第三，在此过程中，杰出的领袖人物究竟起着怎样的作用？如此等等。该书的探讨无疑推动和促进了对于上述重大问题的研究。不过，由于人类历史本身的多样性与复杂性，要圆满解决这些重大问题，显然还需要做大量的深入研究。个人认为：即使从该书作者所提出的观点与结论来看，也还存在一些值得商榷的方面（例如，关于如何评价与认识个人在历史发展中的作用——参见该书第105～106页）。

实际上，上述问题归根结底可以归纳为一个，即导致人类历史发展多样性的根本原因是什么？以下，笔者拟针对这一问题，择要做一些初步探讨。由于它所涉及的内容十分重大且论证复杂，限于篇幅无法充分展开；也因为个人对其中有些问题的思考尚在探索深入之中；故这里主要只是提出概要的看法，详细的论证尚待今后的努力。需要说明的是：其中有些看法我在既往发表的文章中已经明确提出过，甚至做过反复的强调。由于本书的探讨与我的这些看法紧密相关，故借此机会再做阐释。

（一）部族结构对于人类历史发展的沉重桎梏作用

笔者在《再论历史规律》中曾经提出：从人类历史发展的全过程看，人类最具伟大意义与决定影响的进步和创造有两项：一是突破部族结构的桎梏，二是工业革命。迄今为止全人类的所有历史都清晰地证明了这一点。特别是，倘若我们从"差异与成因"的视角去解析人类历史发展多样化的原因，对此便会有尤为深切的体会。

关于工业革命之所以在欧洲而非中国发生的原因，史学界已有相当多的讨论，近年来的研究成果尤为显著。对于这一问题的看法，笔者将另文专述。因此，这里只着重探讨突破部族结构的桎梏问题。因为只要认真追究人类历史发展多样化的原因和源头，就不难发现：在整个人类历史进程中，最具普遍意义、存在地域最为广阔、历时

---

① 本节的观点均取自该书及沈长云教授的有关论述。

最为漫长且对于人类的进步制约最明显的社会结构，便是在氏族的基础上进一步发展并作为多个氏族与部落的共同体而形成的部族（包括作为其高级形态的族邦）。部族结构对于人类社会的影响不但鲜明体现于工业革命之前，也普遍存在于工业革命之后。

部族结构社会是一个涵括广泛的概念。不但前国家形态社会组织的部落和部落联合体属于部族结构社会，包括早期国家的初始形态和典型形态——例如中国历史上的夏、商乃至西周时代，都属于高级形态的部族结构社会（所谓"血缘与地缘相结合"的族邦）。① 世界许多民族发展的历史告诉我们：以血缘纽带为基础的部族结构社会是一种具有超强稳定性的社会。南北美洲、非洲、大洋洲等广大地域的人类社会正是由于始终未能挣脱部族结构的桎梏，所以一直停留在相对落后的发展阶段。

关于部族社会特别是其晚期形态的酋邦具有顽强的相对稳定性的原因，不少文化人类学的学者在研究酋邦的时候已经从结构功能的角度深入地探讨了这一问题，诸如指出其在政治技术上对于复杂的社会因素具有较强的包容能力、控制能力和适应能力，等等。并且说明：酋邦虽然具有向国家形态的过渡性特征，但它本身却是一个"特定的社会阶段"。而且更为重要的是：酋邦与国家的关系"有两种可能，一是可能向国家转化，二是可能不向国家转化"。至于何以会这样，传统的解释认为酋邦"实现了对不同血缘渊源居民的组合和管理，这使得它们可以长久地在比较大的容量内适应人类在较高水平上实现政治联合的要求"。② 沈长云教授不赞同这种观点，认为导致酋邦社会结构具有顽强相对稳定性的原因并非由于"实现了对不同血缘渊源居民的组合和管理"；而是恰恰相反，"正是由于酋邦仍然维持了血缘亲属关系的社会架构且这种架构十分牢固，才得以保持其社会的稳定性"。③ 笔者认为沈长云教授的观点更为合理。不过需要特别指出的是：即使是在进入早期国家阶段以后，部族结构仍然是顽强地存在的，人类在世界范围内的历史活动已经充分证明了这一结论。所以，对于部族社会何以具有高度稳定性的探究，便不能仅仅局限于国家产生之前的酋邦时代。因为在地球上有人类活动的六大洲中，除了欧亚两洲之外的其他四大洲，即南北美洲、大洋洲和非洲的大部分区域的人类社会，从亘古直到近代，始终都未能走出部族社会——甚至直至现代，一些地域的人类社会都未能完全做到这一点。可以说，从整个人类的历史来看，部族社会是地球上几乎所有地域的人类普遍经历过且存续时间极为漫长的社会形态。

---

① 西周初期自周公"封建亲戚以藩屏周"之后，族邦结构开始松动。其后历经西周及春秋数百年的逐渐变化，至战国始最终完成由"血缘与地缘相结合"的早期国家向纯依地缘划分居民的成熟国家的转变。因此，我们不妨将西周至春秋时期视为二者之间的过渡阶段。
② 参见谢维扬《中国早期国家》，第227~229页。
③ 参见谢维扬《中国早期国家》，第105页。

既然如此，那么首先需要弄清的问题便是：部族社会为什么会对人类的发展与进步形成这样巨大的桎梏？既往的探讨往往更多地强调了其社会架构有利于保持社会稳定性的一面，而忽视了其对于人类社会人口增长、财富积累与科技进步具有巨大摧毁性作用的另一面。

按照笔者的定义，所谓部族，是指以血缘识别、经济一体与文化心理认同（包括图腾崇拜和宗教意识）等三重紧密联系为纽带和基础、具有高度封闭性与排他性的人类共同体。在部族结构中，氏族或宗族共有财产的特征十分明显，而经济独立的个体家庭则不构成普遍存在的社会基本经济单位。我在近年来发表的多篇文章中，曾经反复论述和强调过部族结构对于人类社会发展与文明成长的巨大桎梏，以及突破这种桎梏对于人类进步的伟大意义。着重指出：部族结构社会的局限性在于，它虽然也可以得到无论规模和水平都相当惊人的发展——特别是作为其高级形态的族邦，但是这种发展始终被局限在族邦自身的格局之内。同一种族的不同族邦间虽然存在着由共同的血缘和文化渊源结成的联系纽带，但各具特性的族邦间差异与隔阂却使这种联系纽带缺乏更为深固和广泛的同一性基础。至于在不同种族的族邦之间，其差异与隔阂就更加明显了。而且，就任何一个族邦而言，其自身社会与文化传统的延续都是以它所具有的武力作为生存支柱的。而族邦的武力不管多么强大，总有衰落之时。一旦武力衰落，或者碰到一个更加强大难以抗衡的对手，以及天灾人祸等难于抗拒的原因，这个族邦所创造的全部文明——包括科技与文化，也就随之衰落甚至湮灭了。美洲玛雅文化的衰落、中国三星堆文化的消亡，都是典型的例子。

之所以会是这样，是由于在部族社会中每一部族内部的血缘纽带都极其紧密而难以突破，而对于外部的排斥却十分强烈；同时格局又相对狭小，而部族间的冲突和争斗却十分频繁。这使部族结构社会的人口增殖既缓慢，经验和知识的积累也很艰难；大量的人口、财富和科技文化积累都在狭小的族内空间和频繁的族际斗争中淹没和消耗了。

从这个意义来讲，部族结构的社会（包括酋邦）之所以能够具有顽强的相对稳定性，其原因便不仅仅如文化人类学家所总结和揭示的，是由于其在政治技术上对于复杂的社会因素具有较强的包容能力、控制能力和适应能力，而同时还在于它对于人类自身的人口繁衍，以及他们所创造的物质文化与精神文化的传承与发展所具有的巨大阻碍、破坏和桎梏作用。

关于这一点，其实今天生活在 21 世纪的人们仍然可以从现实的世界中深切地感知。因为直至今天，世界各地不断发生的部族间残酷争斗，以及因此而酿成的骇人听闻的惨剧，依然屡屡使文明社会深为震惊——现代非洲近年发生于胡图族与图西族这两个部族之间极为残酷的、把近百万男女老幼斩尽杀绝式的激烈斗争，便是一个极具说明意义的事件。

试想：在今天这种信息与科技成果的传播高度迅捷发达、全球的经济日趋一体化、文明的影响极为广泛和巨大的环境下，部族间的战争与仇杀尚且动辄造成成千上万甚至数十万上百万人的死亡，那么，在人类尚处于早期国家乃至前国家时期那种相对野蛮愚昧和封闭的状态下，这种部族结构将对社会的发展进步具有怎样严重的桎梏与阻碍作用，也就可想而知了。

不难想见：许多早期文明乃至发展到相当高度的古代文明的夭折消亡，可能都是这种部族间的封闭状态与残酷仇杀火并的结果；许多生态环境良好地区的人类社会之所以在成千上万年的漫长岁月中始终停留在原始时代，显然也与这一原因密切相关。大量无可争辩的现实例子告诉我们：直至科技高度发达的今天，部族社会的进步依然是相对缓慢的。

特别具有启示意味的是：像胡图族与图西族之间这样超大规模的野蛮屠杀倘若发生在现代任何一个文明国家，都将被视为惊世骇俗不可想象；但发生在虽处于现代却仍然被部族结构所制约的社会，则事实上在相对程度上便被人们淡然视之——因为人类根据自身发展的历史，久已熟知这种斩尽杀绝式的丛林法则，乃是矛盾激化时部族之间争夺生存空间与解决利益冲突常见的惯例。

由此，便不难窥知部族结构对于人类发展与进步的巨大摧残。

所以，部族结构社会是极其狭隘、具有强烈排他性、对于人类物质文化与精神文化的传承具有巨大的阻碍和桎梏作用的社会。它使得人类社会的人口、财富和科技文化无法有效积累，在广泛地域范围内的人们的交流和联系无法充分发展，始终处于一种相对割据和封闭的状态。

在部族社会中，其生产经验、科技发明，包括文化艺术的创造和政治制度的续存革新，乃至信仰礼仪、风俗习惯，都基本属于本部族所独有，而很难在更广泛的范围内得到应用、总结和提高。且生产技能的专业化往往被局限于更小的氏族范围之内——周初被分封给姬姓诸侯的、具有鲜明专业化特征的"殷民六族"、"殷民七族"便是典型的例子。故以部族社会为依托的生产经验和技术水平，其存在基础往往十分脆弱：一旦这些具有垄断性质的专业化氏族由于某种原因被毁灭，该部族社会的生产与科技积累便会大幅退步。而一旦某些先进的部族由于某种原因被毁灭，则标志着这一地域和时代人类发展水平的部族文化便会荡然无存——例如玛雅文明的文化与科技成果就显然未能超越族邦的范畴，而成为美洲印第安人的共同财富。当玛雅文明高度发达的时候，其他许多印第安部族无疑尚处于母系氏族阶段。所以一旦随着玛雅文明的衰落，玛雅的文字、科技与文化就全都消亡了。当西方的殖民者登陆北美大陆的时候，他们所看到的只有那些仍然处于母系氏族发展阶段的众多印第安部族，以及孤寂地残存于自然界的往昔文明的废墟。虽然我们至今还不清楚究竟是什么原因使人类中断了在这片自然条件优越的生存环境中的前进步伐，并向后倒退；但不管怎样，有一点认识应当是确切无疑的：即使是在玛雅文化发展的极盛时期，它也显然没有突破族邦结构的局限。①

人类发展的历史告诉我们：一个已经打破狭隘的血缘纽带桎梏而进化到文化民族阶段，在广泛的地域内具有了共同的经济形态、语言文字、伦理道德、风俗习惯和心理认同的人类社会，无论遇到怎样巨大的灾难和挫折，其已经积累的基本文化与科技成果都不可能完全消失，更不可能重新倒退回诸如母系氏族社会这样原始的发展阶段。

以汉民族为例，其历史发展曾经经历过反复大起大落、兴衰交替的过程。由于天灾人祸的摧残，多次出现过在广阔的地域内"十室九空，赤地千里"的惨状。例如，在西汉王朝的兴盛时期，人口已达5000多万；但是到了三国时代，经过长期的战乱消耗，人口竟然降至700余万，重新回复到商代晚期的人口数目，② 已经明显低于古典时期的玛雅人口。但就是在这样极其衰微的时期，汉民族仍然是一个具有强固的文化认同与心理凝聚力的整体，她作为一个在广大地域生存发展的复合的"文化民族"，其共有的经济形态、语言文字、政治制度、文化精神乃至风俗习惯的纽带依然强劲。所以，尽管在中国历史上多次出现过时间不算短暂的割据状态，还多次出现过北方的戎狄纷纷"入主中原"的局面，但生活于广大地域内的汉族人民在文化传统与心理归属上对于民族共同体的执著认同却从未动摇，这决定了中华民族的主体绝不可能倒退回夏商时期"万邦林立"的状态去。

而玛雅文明则不然。玛雅文明的文化与科技成果显然未能超越族邦的范畴，而成为美洲印第安人的共同财富。所以，随着玛雅文明的衰落，玛雅的文字、科技与文化全都消亡了。当今天的人们面对着玛雅神庙中遗留下来的长达2500字却无法完全解读的铭文时，便自然会既惊叹当年玛雅人文明发展的高度，又充满着无可奈何的遗憾与惋惜。由于没有突破族邦结构的局限，北美洲那令人惊叹的古印第安文明不但未能保存下来，反而致使印第安社会重新倒退回母系氏族时代，其背后所蕴藏的历史意义的确值得我们深思。

这说明，族邦结构的确是一种对于人类社会的发展有着巨大制约和局限作用的社会形态。

当然，即使是在部族结构状态下，不同的部族之间毫无疑问也会存在不同程度的经济与文化的传播和交流，但这种传播和交流无论深度和广度肯定均非常有限，因为

---

① 例如，根据已经解读的玛雅文献的记载：大约在公元1250年前后，美洲万卡坦北部地区在原有的政治中心奇钦·伊查之外，又建立了一个新的政治中心——玛雅潘。允许其建立的条件便是它必须承认"科科姆氏族"的宗主权。这说明玛雅时代仍然处于部族社会阶段。

② 根据学者研究，商代晚期的人口已达到780万左右。详见宋镇豪著《夏商社会生活史》中国社会科学出版社，1994。

敌对排斥和封闭垄断的状态必然会成为传播和交流的巨大障碍。按照哈贝马斯的观点，这种状态标志人类尚处在属于比较低的发展水平的"通过血缘关系而完成的社会一体化"阶段，其范围是非常狭小的。

因此，直到近代与来自外部的工业革命成果发生接触之前，即使是生活在相当优越的自然环境中的部族社会，其变化也是极其缓慢的，大多表现为一种长期停滞的状态——南北美洲的印第安人和非洲、大洋洲的土著都是如此。

（二）人类怎样突破部族结构社会的桎梏

那么接下来的问题便是：人类究竟是怎样，以及凭借什么力量和因素打破部族结构社会桎梏的？何以有些地域的人类社会早在工业时代来临之前很久便已经突破了这一桎梏，而另一些地域的人类社会直到工业革命之后甚至今天都仍然未能完全突破这一桎梏的限制？导致这样巨大而明显的差异出现的原因究竟是什么呢？

若能解决这一问题，显然将对揭示人类历史进程多样化的奥秘大有裨益。

而一旦深入探究便不难发现：世界各地几乎无处不在的部族结构社会之所以长期存在难以打破，究其原因主要不外乎两种。

一是自然环境过于严酷，单位土地面积能够养活的人口数量很低，故地广人稀的总体生存格局无法改变。亦正因为如此，导致国家产生所必需的单位土地面积的人口数量乃至社会人口总量，以及这个社会的总体复杂程度便无法提升到需要"国家"这一复杂的专职管理机构出现的水平。笔者在《再论历史规律》一文中曾对此问题进行过论述，着重指出人类生存的环境是否能够容纳较多数量的人口——特别是由生存环境所制约的单位土地面积是否能够容纳较多数量的人口，是决定人类社会的发展所可能达到的复杂程度的关键因素。所以，因环境过于严酷局促而无法容纳较大量的人口生存的人类社会，其"社会一体化"的程度便不可能达到很高水平，大多被局限于社会学所谓的"生物龛"之中，只能处于长期停滞的状态。

世界各地域人类社会的发展历史已经昭示我们：在前工业社会的古代，只要是处于地广人稀的环境下，人类便只能和不得不以部族这种血缘纽带特征极其鲜明且经济联系紧密、文化认同一体的群体生存方式以图存自保。甚至到了工业革命产生之后的近现代，在那些因历史的原因而续存着部族结构的地域，当现代化的生产生活方式尚未充分渗透至社会的各个领域和层面以前，这种社会结构仍将顽强地存在和显示自己的作用。

即使是在自然环境并不严酷因而能够容纳大量人口、且人类久已突破部族结构桎梏并产生早期国家乃至成熟国家的地方，甚至在中央集权体制出现很久之后，一旦因饥荒、瘟疫、战争等原因导致人口锐减而重新出现大范围的地广人稀局面，特别是在那些族群利益冲突尖锐激烈的地方，类似于部族的社会结构便会被创造出来——魏晋南北朝时期北方大量存在的坞壁部曲社会便是如此，南方的"客家"社会（例如那种极具典型意义的巨大圆堡式环形民居）所反映的也是类似的生存状态。倘若借用哈贝马斯的"社会一体化"理论来解释，这类情况所体现和标志的，便是该地域的人类社会由已经达到"通过统治关系完成的社会一体化"状态，重新向"通过血缘关系完成的社会一体化"状态倒退。

人类社会发展到现代，尽管由于传播和学习的结果使得国家的机制几乎已经完全覆盖了整个地球之上的全部世界，而现代科技的影响也已无远弗至，但在那些生存环境既相对严酷，又因交通闭塞而与外界的联系沟通困难，因而传统的力量强大而现代科技与文明的影响则相对薄弱的地区（如非洲和中亚的部分地区），也仍然导致"国家"虽已产生但却与"部族"并存且始终貌合神离的"两层皮"状态，依然普遍存在。从这一意义来说，这些国家尽管存在于久已出现工业革命之后的现代，但在国家性质上却仍然遗存和具有某种程度"血缘与地缘相结合"的早期国家特征。

导致部族结构社会长期存在难以突破的另一个原因，则是由于文明或文化类型的单一，从而缺乏交流、学习和借鉴。

汤因比曾经指出：文明的成长从来不是单一的，历史上曾经出现过的单一文明都未能持久存在。故文明的成长有赖于不同文明之间的接触和融合，这是文明的生命力所在。

我在《再论历史规律》一文中也曾论述：就具体的人类文化或文明而言，每一单独的文化或文明，由于受环境和历史所制约的思维方式等因素的局限，其创造力都是有限的。故而单一类型的文化或文明，其生命力往往是脆弱的。从世界范围的人类发展历史看，凡是得到充分发展的机遇并展示出充分发展的结果的人类文化或文明，一般都是多个文化或文明——特别是异质的文化与文明——交互作用的结果。之所以如此，是因为多个文化或文明——特别是异质的文化与文明——的交互作用，不但有助于人类开阔眼界，积累远较单一类型的文化或文明更多的经济科技与文化精神方面的成果；而且有助于人类改变交往的方式，从单纯的族内交往发展为复杂而多方面的族际交往，因而较易于摆脱与突破部族结构对人类社会发展的桎梏。

多个文化或文明、特别是异质的文化和文明之间的交互作用——包括扞格冲突与交流融合——越经常越充分越持久，其原来仅仅为不同部族各自拥有的文化与文明成果便越可能得到积累、发展与巩固并日渐转变为他们所共有的文化和文明，从而其参与者也就越有可能摆脱部族结构的桎梏。

研究先秦史的学者都知道：作为汉民族前身的华夏族与汉民族一样，都是由蛮夷戎狄等多个古代民族融会而成的文化民族。实际上，华夏文明以及其后的汉文明之所以具有强大的生命力，恰恰与其形成和发展过程中不断包容和汇聚了多个文明的优秀成果密切相关。

（三）怎样认识杰出人物的历史作用——以殷周之际的变革为例

为了说明这一问题，以及充分认识杰出人物的历史作用，我们不妨再回顾一下殷周之际的那场伟大变革。

周初的改革，使中国历史从此走上了一条迥异于其前的族邦结构社会的崭新发展道路。它使生活于广大地域之内的人们开始突破狭小的血缘组织的桎梏，而形成了一种被普遍接受的以语言文字、道德伦理、礼仪制度和风俗习惯等文化认同为纽带的、强固紧密的精神凝聚力量，从而具有了不断向更高社会阶段发展的现实基础，其意义极其重大而深远。

由于殷周之际变革对于本文内容所具有的典型说明与示范意义，故以下将在过去笔者已做论证的基础上，就这一问题再做一些必要的回顾与阐释。

殷周之际的变革何以会发生？我在《解读〈牧誓〉的启示》、《再论历史规律》等文中曾经论证：这一具有伟大意义和深远影响的变革之所以能够发生，与周公这一人物密切相关。

周人在代殷之初尚无充分的自信。因此，无论是殷人作为数百年盟主的威望所具有的"强者启示"作用，还是出于对历史惯例的遵循与受传统习俗的影响，都使周人在代殷以后最初试图建立的，不过是效仿殷代政治模式的、以周为领袖国的方国联盟王朝。近年先秦史的研究成果告诉我们：周初大规模的分封诸侯是在成王时代。武王克商以后，所做主要不过是"释百姓之囚，表商容之闾，封比干之墓"，其后不久便"罢兵西归"。对于作为亡国之余的殷人，反而倒是"封纣子武庚禄父，以续殷祀，令修盘庚之政"。[①] 说明周人还是按照夏商以来的惯例，打败敌国之后令其服从即可，并没有消灭殷国，而仅仅是让殷人作为邦国联合体之一员服从于周，正如"小邦周"曾经长期作为邦国联合体之一员服从于"大邦殷"一样。这种处理的方法，正是部族社会时代的典型做法。倘若失败的殷人能够从此甘心屈居于从属的地位，那么周代未必不会像殷商一样，成为一个众多方国林立的时代。合乎逻辑的推论恰恰应该是如此，至少在周初的一个较长时段内很可能是如此。

然而不久形势发生变化，试图复兴祖业的武庚，联合本来被派监视他却因对周公摄政不满而与之勾结的管叔和蔡叔，想乘武王新死、成王年幼而周公大权在握的"主少臣疑"之机作乱，从而使立足未稳的周王国立即面临被颠覆的危险。大政治家周公旦于危急存亡之时坚决果断地率师东征，再次打败殷人，粉碎了殷人重登盟主宝座的梦想。

东征胜利之后，周公总结教训，深感殷人的霸主地位积数百年之久，势力尚在、余威犹存，而周族则乍然兴起力量有限，倘若治国方略完全依照殷代制度，那么殷人

---

① 《史记·周本纪》。

一旦于猝然打击之后的失败中复苏,由于其人口众多旧土广大,周人能否巩固统治将吉凶难卜。基于这种考虑,也由于周人东征胜利后,其权威与自信明显加强,故而挟再胜之威,在雄才大略的周公旦的亲自规划设计下,周人对国家制度进行了具有极其深远意义的重大改革,实行了"封建亲戚,以蕃屏周"的分封;同时,又通过"制礼作乐"使周系诸侯与其他文化落后的部族方国截然区分开来,而周系诸侯之间则具有了共同的文化观念与制度约束的同一性基础。从而改变了周初那种不平等方国联盟的政治格局,把周王朝改造成为一个大规模、宗法化的,以共同的政治利益为基础、以礼乐制度和文化观念为纽带、以周王为宗主的同姓诸侯为主、异姓诸侯为辅的迥异于夏商时代的新型王朝。

周初的变革之所以能够完成,其原因自然有多种。从主要的、关键性的原因来讲,周公这样一个雄才大略人物的出现显然是至关重要的。周公旦在中国历史上,是一位具有极其伟大作用与深远影响的重要人物。武王时期戎马倥偬,万事草创,代殷之后不久便溘然长逝。所以,周初的所有重大变革与建设,实际上都是由周公旦完成的。周公用"封建亲戚,以藩屏周"的方法,将周人的统治扩展至极广大的地区。而他用以凝聚诸姬及姻亲诸侯使之尊奉周室的办法,便是以一整套体现宗法等级制度的礼仪规范来约束这些诸侯。这套等级制度的建立,就是后人所说的"制礼作乐"。[①] 从此以后,"华夏"观念得以形成,而"华"、"夷"之间也有了判然有别的清晰分野。

周公"制礼作乐"的内容,涵括极广,大至天子诸侯间及其他各级贵族间的权利义务、礼仪规范、等级制度,小至社会生活的方方面面,无不包容在内。这些新建的礼乐制度,在周人原有礼俗制度及殷人旧礼的基础上充实完善、发展提高,使之成为细密而严谨、繁复而有序的一整套礼仪制度规范,从而使原本简陋不文、远逊于"有册有典"的殷文化的周文化,蒙上了厚重浓郁的、高度发达的文明色彩。

由此,我们亦可以对孔子何以极其推崇周文化,有更加深入的理解。孔子曾经用衷心赞美的语言称颂过周代文化与制度建设的功绩,说:"周监于二代,郁郁乎文哉!吾从周。"[②] 感慨周文化博大精深的厚重底蕴。所谓"周监于二代",是指周人吸取了夏商二代的经验和教训,而有所变革创新和发展。这既包括"封建亲戚,以藩屏周",也包括"制礼作乐"。孔子又说:"如有用我者,吾其为东周乎!"[③] 明确表示就其内心的归属而言,他是完全认同周文化的。孔子在他所处的那个时代,当然不可能如我们今天这样,从突破部族社会桎梏的意义去认识周初变革,但他却凭着自己

[①] 周公"制礼作乐"之事,古籍多载,说见《左传》文公十八年、《礼记·明堂位》、《尚书大传》等书。
[②] 《论语·八佾》。
[③] 《论语·阳货》。

敏锐的目光,清楚地判断出周与殷商是两个迥然不同的时代。这使生活于数百年后的孔子仍然深感被泽深重,从而由衷地发出了"周之德,其可谓至德也已矣"① 的赞美。

进而,我们还可以更加深刻地理解孔子何以对周公旦有那样高的评价。他曾用"周公之才之美"、②"甚矣吾衰矣,吾久不复梦见周公"③ 这样高度推崇的话,来表达他对周公的景仰。

后代有所谓殷尚质而周尚文的说法,殷周的文质之分,体现的恰恰是文化的高下之别。孔子赞美的"郁郁乎文哉"而欲"从之"的周,指的也就是这种文化上的高下之别。的确,从高度发达的周代礼乐文化的角度去回视以质朴为特征的殷文化,确实是显得粗野而低下了。

周初由周公所领导的政治制度改革和"制礼作乐"所创造出来的文化,显然已经远远高于和超出了任何一个部族所能够创造出的文化的水平,使中国历史从此走上了一条迥异于其前的族邦结构社会的崭新发展道路。它使生活于广大地域的人们开始突破狭小的血缘组织的桎梏,而形成了一种以语言文字、道德伦理和风俗习惯等文化认同为纽带的、强固紧密的精神凝聚力量,从而具有了不断向更高社会阶段发展的现实基础。它具有强大的吸引力和感召力,使一个来源多样、由多个古老的"血缘民族"组成的政治共同体,逐渐具有了共同的心理上与文化上的牢固的认同感与归属感。

由此而反观那些血缘上同出一源,本来似乎应当更加具有融合条件的九夷、九黎、三苗、诸羌之类,却全都因为无法打破部族社会的桎梏而未能成长为统一的民族共同体,当能更加深刻地体会到部族结构对于人类社会进步和发展的桎梏与局限。

同样,我们也就不难理解,生存于广大地域的汉民族(其前身就是先秦时期的华夏族),尽管不同地方的汉人其体征、语音乃至风俗习惯都有极大的差异(这是令许多西方人类学者极为惊诧的),但以高度发达的和内涵极为丰富的汉文化的共同语言文字与文化精神(特别是作为其核心内容的"群体本位"的思维方式和价值取向)为基础的民族意识,却使生活于不同地域的汉族人具有牢固的文化归属与心理认同感,从而创造出在整个人类历史上独一无二,在两千多年的漫长时段内始终作为中华民族的主干和核心而存在的历史。

目前多数的先秦史学者,一般皆认为中国古代社会最大的一次变革发生于春秋战国之际。然而倘若没有殷周之际的变革,则春秋战国之际的变革便绝不可能发生;反

---

① 《论语·泰伯》。
② 《论语·泰伯》。
③ 《论语·述而》。

之,只要有了殷周之际的变革,便标志着部族结构的坚冰已经被打破,则春秋战国之际的变革或迟或早终究会发生。所以,殷周之际的变革是播种,而春秋战国之际的变革则是收获。只要播种,终归会有收获;而若无播种,则收获便无从谈起。由此可知,周初的变革在中国历史上的确具有无与伦比的重要意义。

周初的变革与周公这一人物密切相关,而任何一个历史时代的任何一个历史人物的出现虽有其时代与社会的客观需要,亦有其十分侥幸的偶然性因素。笔者曾经指出:我们过去往往过于强调了"时代需要"对于英雄人物出现的必然性,这实际上无异是以结果去解释原因,是历史研究中最实用也最简单的一种懒惰的方法。而当这种方法被冠之以"历史唯物主义"的神圣名义时,其影响就十分巨大而惊人了。然而,这种"存在即合理,发生即必然"的解释其实是很靠不住的。倘若真是如此,我们就只有承认:玛雅文明从其诞生之日起就注定它必然是要夭折灭亡的。而邓小平同志也就不会说"如果没有毛主席,中国革命不知还要在黑暗中摸索多久"这样的话了。事实证明这种懒惰的方法恰恰是反唯物史观的。[①]

所以,殷周之际的巨大变革,恰可以作为哈贝马斯所提出的,一个社会"是否能借助于发展新的结构去解决它的体制问题,这取决于偶然的情况"这一观点的生动解读。

(四) 杰出人物是如何产生的

倘若进一步深究,我们便会发现隐藏于偶然之后促使殷周之际变革发生的更深层原因。

根据对文献和考古材料的研究,我们有理由相信:殷商时期立国于西北的周族,就总体来看,其文化发展大致与殷人处于同一水平,至少并不比作为盟主的"大邦殷"更为进步,平实的估计应当是略微落后于殷人。富有说服力的证据便是:连周人自己也明确承认"唯殷先人有册有典",并不讳言殷人在文化上的先进地位。

但是另一方面,落后的周人于艰苦图存的历史之中,由于自身的独特地位,又形成了殷人所没有的另外一种文化优势,即具有开放的、人文主义的文化精神。

周族自其形成的早期,就是一个累世务农的农业部族,其生产方式和文化传统与周围以游牧为生的戎狄部族迥异。由于自身的弱小,而且一直处于被戎狄部落包围、强敌环伺的环境之中,故而作为周族主干的姬姓族,便依靠与姜姓族以及其他族姓的通婚关系来扩大力量,并且特别注意与友好族邦的联系,以维系生存。到了殷代中晚期,以岐下为活动中心的周族又与西北甘、青地区处于青铜文化阶段的民族发生密切接触,在血缘与文化上相互融合。[②] 在这种与生存状态息息相关的客观环境下,就使

[①] 详拙文《再论历史规律》,《清华大学学报》2008年第1期。
[②] 参见朱凤瀚《商周家族形态研究》,天津古籍出版社,1990,第252页。

得姬姓族虽然始终是周民族的主干，但它的血亲独尊与排外意识并不十分强烈，而能够在政治上与异姓亲族相亲善，通过累世通婚以"结甥舅之好"和其他种种办法，与别的姓族和民族长期和谐相处，且具有善于学习与协调的长处。

文王时期的"平虞芮之讼"就是典型的例子。史载：周文王由于处事公正，善待友邦，因而获得邻近部落族邦的信赖和尊重，凡是族邦间有了争执，都来请文王仲裁。由此不难了解周族与邻近族邦间的友好关系，以及从中体现的开放的政治观念。周武王伐纣时，各"友邦冢君"及"庸、蜀、羌、髳、微、卢、彭、濮"等血缘与文化均不相同的异族部落武装纷纷汇聚周人旗下，就是这种友好关系的生动体现。学者的研究指出："姬姓那种开放的政治观念，无疑影响了其对待被武装征服的商人诸贵族以及其他土著族属的政策，使之能够兼蓄并容，善于将这些被征服者糅合于自己旧有的民族共同体内，成为周民族与周文化的新的血液。"①

如前所述，部族社会倘能从单纯的族内交往发展为复杂而多方面的族际交往，便较易于摆脱与突破部族结构的桎梏。正是由于长期处于这种与众多的文化与文明（包括游牧为生的戎狄异质文化与不同类型的甘、青地区青铜文化）密切接触的环境下，周部族于长期艰苦图存的复杂境况锤炼之中，逐渐具有了开阔的视野与谦逊的、善于吸收和学习他人长处的思维方式，从而形成迥异于殷人的自以为优越而唯我独尊的文化传统，由此而培养和具备了产生周公这样雄才大略、具有非凡创造力的领袖人物的丰厚土壤。

由是，我们也便不难理解，正是由于缺乏不同类型甚至异质的文化之间的相互交流、学习与借鉴，才使那些血缘上同出一源、本来似乎应当更加具有融合条件的九夷、九黎、三苗、诸羌之类，却全都因为无法打破部族社会的桎梏而未能成长为统一的民族共同体。

殷周之际发生的伟大变革是人类历史进程中的异数，它造就了世界上唯一一个延续数千年始终未曾中断的灿烂文明，造就了世界上唯一长期共存的、以大文化民族为核心的多民族统一体与统一的多民族国家，也造就了人类历史上于文明时代早期便成功突破部族结构桎梏的辉煌范例，其深远意义和伟大影响在整个人类的历史上无与伦比。故而直至这场变革发生数百年后，伟大的哲人孔子仍然对之赞叹不已，并对其领导者魂牵梦萦。

殷周之际的变革是否一定会出现？答案应当是否定的。如前所述，倘若没有周公这个人物，周代未必不会像殷商一样，仍然是一个众多方国林立的部族社会时代，至少我们没有任何证据可以证明这一变革必定会在周初便发生。但同样可以断言的是：倘若周人不是这样一个长期与众多不同文化和文明密切接触，因而既少传统的羁绊又

---

① 参见朱凤瀚《商周家族形态研究》，第252页。

富有学习与变革精神的古代民族，那么像周公这样卓越的领导者和他所发动的伟大变革，也将难以被培育和创造出来。因为确凿无疑的事实是，以单一类型的文化或文明，而能依靠自身的发展突破部族结构桎梏的事例，在整个人类历史上十分稀见。

汤因比曾将文明成长的原因归之于人的"生命冲动"和"自决能力"。按照汤因比的解释，在人类面临挑战和起而应战的过程中，尽管挑战是面对一个社会的全体成员的，但完成"应战"这一艰巨任务的却只是少数具有非凡天赋的"超人"，其他人不过是盲目跟从的愚钝大众。"这些少见的超人的灵魂是一种新的特殊的性格，他们打破了原始人类社会生活的恶性周期，重新开始了创造性的工作，只有这种灵魂才是人格。只有通过人格的内部发展，个别的人才能够在行为的场所的范围外进行那些创造性的行为，进一步造成人类社会的成长。"[①] "超人"通过"退隐和复出"磨炼自己，获得启示和精神力量，完成内心灵魂的升华，然后率领没有创造能力的广大普通人，去迎接挑战并获取胜利，从而实现文明的成长。[②]

那么，"超人"究竟是怎么产生的？其所具有的"一种新的特殊的性格"灵魂又是如何形成的？为什么在自然环境大致相同的不同人类社会中，有的因产生了"超人"而文明得以产生并成长，有的则在极其漫长的岁月里始终都未能产生"超人"、因而无法成功地应对挑战，所以长期停滞、甚至一直未能进入文明社会？何以在不同地域、民族和国家的人类社会中，人的"生命冲动"和"自决能力"表现出那样巨大的强弱和大小的不同差异？究竟是什么原因导致了这种差异？所有这些至关重要的问题，汤因比都未能给出令人信服的、明确清晰的答案。

依照笔者的看法，古今中外的人类历史在在证明：伟大人物的出现的确需要一定的环境条件，但并非相似的环境条件下都必然会产生相似的伟大人物。这既是历史偶然性的体现，也曲折地反映着历史的必然。

（五）结论

综上所述，可知决定人类是否能够突破部族结构桎梏的关键性因素有两点：一是该地域人类社会所处的自然环境，一是该地域人类社会所处的交往环境。

由此，便不难得出如下结论：

1. 在工业革命产生之前，凡是自然环境过于严酷因而始终处于地广人稀状态的人类社会，都很难突破部族结构的桎梏（工业革命之后的现代化影响另当别论）。

2. 而在一切自然环境并不严酷因而适宜人类回应自然界挑战并可能获得充分发

---

① 〔英〕汤因比：《历史研究》上，曹未风等译，上海人民出版社，1956，第268页。
② 汤因比的这一理论——包括"生命冲动"这个术语，都源自法国学者亨利·帕格森的影响。详见亨利·帕格森《道德与宗教的两个来源》，王作虹、成穷译，贵州人民出版社，2000，第105页。

展结果的地方，是否存在不同的、特别是异质的文化与文明之间的相互交流、影响、学习和融合，便是人类能否突破部族结构桎梏的决定性与关键性因素。

3. 从培育与产生卓越人物的土壤和提升人的素质角度去看，环境越复杂、不同类型乃至异质文明之间的交流和融合越频繁越充分，人的视野便越开阔，思维也越活跃，其综合素质的提高便越明显，因而便越有可能产生富有理想、创新与变革精神的卓越领导人物（即汤因比所说的"超人"）。

倘若从更高的层次去审视，则上述结论不仅可以用于解释不同地域人类社会表现于突破部族结构桎梏方面的差异原因，也同样可以解释导致整个人类历史发展多样化的差异原因。

笔者在《实事求是是唯物史观的基本原则——以"五种社会形态理论"为中心的探讨》[①] 一文中曾经论述，只要不是闭眼不看事实的人，都不得不承认：地球上的人类社会在今天所展示的发展状态与结果，是多个形态不同的人类文明，在漫长的特定历史环境与条件的作用下，互相传播影响、因缘际会、共同创造的结果，而不是由每一个地域、民族和国家的人类社会自然而然地各自独立发展的结果。说穿了，是由于包括中国和欧洲在内的几个核心文明的发展和相互作用，影响和带动了其他广大地域人类社会的向前发展。甚至连许多地域和民族的人类社会由前国家状态进入国家阶段，都不是由于自身的自然发展，而是被影响和传播的结果。中国历史上早在两千多年前华夏民族，以及其后的汉民族对周边民族的影响就是如此，近代以来整个人类被西欧带动进入工业社会的巨大进步更是如此。

所以，倘若不是由于相互作用，纯就各自独立的发展过程来看，则并不是每一个地域的人类社会都一定会必然要不断地由低级阶段迈向高级阶段。而就每一个具体的人类社会而言，其发展的速度、方向和轨迹究竟如何，便取决于其所处的生存环境与交往环境。

由此可知，任何地域的人类社会的任何一种历史发展轨迹，都取决于其外部与内部的相互关系，这种相互关系包含两重含义：第一，指环境与人的活动之间的相互关系；第二，指具有不同的种族或民族、生产方式或经济形态、文化传统或文明特质的不同人类群体之间的相互关系。从"偶然与必然"的角度看，这两种相互关系的产生与存在，以及它们对于人类社会的影响既有偶然性、也有必然性。[②]

上述结论还有助于我们对文明倒退与文化衰亡原因的认识。

人类历史上有很多文明倒退与文化衰亡的事例，认真审视和分析这些事例，应当可以得出如下体认：

---

① 载《史学月刊》2008 年第 11 期。
② 此问题比较复杂，容另做专门论述。

1. 在一个封闭的缺乏交往和交流的环境里，社会的进步与文明的成长十分艰难。封闭的程度愈高，这种艰难的程度便愈明显。反之，在一个开放的环境里，社会的进步与文明的成长便相对容易。之所以如此的原因已如前述。

2. 在一个封闭的缺乏交往和交流的环境里，虽然社会的进步与文明的成长十分艰难，但社会的退步与文明的退化则十分容易，且极易发生，而且其逆转化的结果往往十分彻底。之所以如此，同样是由于前述的原因。

3. 封闭环境人类社会的另一常态是停滞不前，无论是处于环境优越的地方还是环境严酷恶劣的地方，均是如此。

4. 即使是在并非封闭的甚至十分开放的环境里，社会的退步与文明的退化也是经常发生的。但在长时段的历史过程中，发生于开放的环境里的这种逆转化的状态往往只反映了历史发展的曲折过程，而并非最终结果。中国历史上魏晋南北朝之际、宋元之际、明清之际的变化，均可作如是观。

综上所述，可知不同地域、国家、民族的人类社会表现在发展速度、形态和轨迹上的差异，是由其不同的生存环境和交往环境的差异，以及由此所形成的文化特质与人的素质差异所导致的。

概言之，生存环境与人类活动布局的差异，造成人类历史发展轨迹的多样性。

〔作者王和，1947年生，北京师范大学教授〕

收稿日期：2013年6月6日

宋朝礼制研究的重大进展：
评《宋史礼志辨证》

王曾瑜

在二十年前左右，宋朝礼制研究似乎尚未进入人们的视野。在 20 世纪 80 年代，由邓广铭师主持撰写的百科全书《宋史》的特长条，笔者也参与此项工作，其制度部分介绍了宋朝的官制、军制、法律和科举，却没有礼制。礼制不仅是中国古代典章制度研究的一个不应缺略的组成部分，也是古代文化史不应缺略的组成部分，对古代的社会生活产生深刻的影响。梁满仓先生将古礼区分和概括为"礼学、礼制、礼俗、礼行"，[①] 此四者必然是有联系，又有区分。其中礼制是制度性的，其理论依据当然是礼学，而付诸实践又形成礼俗和礼行。中华古称礼仪之邦，对礼是十分重视，《荀子·成相》说："治之经，礼与刑。"大致在商和周时，统治者的治国观念是所谓"礼不下庶人，刑不上大夫"。[②]《论语·为政》说："殷因于夏礼，所损益，可知也；周因于殷礼，所损益，可知也。"《春秋公羊传注疏》隐公五年注引《明堂位》说："周公治天下六年，朝诸侯于明堂，制礼作乐。"乐也是礼典的组成部分。礼乐在商周的典章制度中居于重要地位，《论语·颜渊》说："克己复礼为仁。"从考古发现推测，商和周的礼制的原始细节状况，固然与古儒之说不完全一致。就周礼的核心理念而论，正是要通过各种繁文缛节，建立分封制下的和谐的统治等级秩序。按马克思主义的基本观点，所谓"礼"，无非是一种上层建筑，是为夏、商和西周阶级社会的经济基础服务的。自春秋时代开始，如汉人应劭认为："周室陵迟，礼崩乐坏。"[③] 以礼乐作为首要的典章制度时代结束了。自秦汉以下，在历朝的典章制度中，礼制的地位无疑是降低了，但仍有其重要性，故后人又说："夫礼，国之大典，兆民所日用。"[④]

---

① 梁满仓：《魏晋南北朝五礼制度考论》，社会科学文献出版社，2009，第 1 页。
② 《礼记·曲礼上》。
③ 《风俗通义》卷六《声音》，或作"礼乐崩坏"。
④ 《魏书》卷一〇八之四《礼志》。

自秦汉以下的古"正史",又都将《礼志》、《乐志》、《仪卫志》、《舆服志》之类作为介绍一个朝代制度的重要部分。

近年来,中华古史的礼制研究取得了相当大的进展,例如,梁满仓先生对魏晋南北朝的礼制研究,吴丽娱先生对唐朝的礼制研究,就有相当高的造诣。梁满仓先生将古礼区分和概括为"礼学、礼制、礼俗、礼行"。相形之下,宋朝礼制的研究,是处于落后状态。就我个人而论,对宋朝礼制可以说是无知的。20世纪因工作需要,曾经校点了《宋会要辑稿》礼类的某些部分,方粗知其中的甘苦,不能读通诸如《周礼》、《仪礼》等古籍,就根本无法进行历代礼制的研究,然而自己对先秦的古籍却是外行。从今人研究的角度看来,宋朝礼制研究的基本史料,也应包括《宋史》的《乐志》、《仪卫志》、《舆服志》等,又必然涉及古代天文、历法、音乐、服饰等方面的知识,确是有相当大的难度。

蒙汤勤福先生赠他与王志跃先生合著的《宋史礼志辨证》,此书由上海三联书店2012年出版。我尚未阅读,就有一种如获重宝之感,希望给自己一个学习和补课的机会。但是,一部120万字的大作,且不论作者如何辛苦撰写,就是要通读一遍,也颇费时日。我才读了260页,就产生了应当为此书写一书评的强烈愿望。

《宋史礼志辨证》一书对《宋史·礼志》下了极大的功力。龚延明先生《宋史职官志补正》等是选《宋史志》有问题的部分进行考辨,而此书正如其《编写体例》所说,是"将《宋史·礼志》逐条罗列",而广泛网罗十分丰富的各种史料,对各书的详略、异同和正误,尽可能进行详密的考证,因而将《宋史·礼志》作了相当全面而彻底的考订和整理。此书的难能可贵之处,在于不仅订正《宋史·礼志》的失误,而对其他各书的失误也进行订正。此书无疑是宋朝礼制研究的一个重大进展,是近年来少见的,学术分量十分厚重的成功之作,从而在根本上扭转了宋朝礼制研究的落后状态。自此以往,不仅是研究宋朝礼制,就是使用《宋史·礼志》的史料,也必须利用此书的研究和考证成果,不利用岂非是傻瓜。编纂此类作品的绝对要求就是严谨细致,不惮繁难,肯下真功夫、死功夫和苦功夫,此书对目前浮躁的学风而论,确是一剂良药。

我特别感到,作者的治史态度是非常严谨的,绝不轻下断语。如第123页说:"目前尚未查到真宗时宣祖配享神州地祇的相关根据,待考。"类似的实例很多,不必枚举。许多考证也是非常精当。如第147页说:"《太常因革礼》、《辑稿》、《玉海》、《通考》等均载吴操之称'郊应在立春后',《宋志》则为'应在立春前'。考《隋书》:'天监三年,左丞吴操之启称:传云:启蛰而郊。郊应在立春之后。'故《宋志》误。"类似的实例也不胜枚举。

至于此书对其他相应的记载,特别是未经标点整理的《宋会要辑稿》礼类,也做了大量精细的考校工作,就更值得称道。我边读边想,自己当年校点的《宋会要辑稿》

礼类未在手头，如果拿出来与此书对照，应是失校颇多而汗颜。如第438～439页共校正了《宋会要辑稿》四处错字或脱字，第472页校正了三处错字。第1018～1019页校出"李成之"当作"李承之"。至于针对其他已校点之史籍，如第310～311页"大致可断定《长编》将'千四百九十三人'乙倒为'四千一百九十三人'，为误"。第429页说《建炎以来朝野杂记》"'宜无以异'当为'疑无以异'"。此书第640页说，《文献通考》卷七六《郊社考》"错误颇多，'景贶节'，当为'宁贶节'之误，'政和四年'当为'政和六年'之误"。今查《文献通考》2011年版之中华书局标点本第2359页，此处失校。第728页"《通考》'李璋'当是'李玮'之误"，今查同书第7023页，亦为失校。第750页引《通考》文字，末尾为"扇开，偃麾（两字原脱）"，今查同书第3297页，"偃麾"两字未补。第774页引《通考》文字"诏晏（原作'宴'）朝唤仗"，今查同书3276页，亦失校。第1002页说，"《通考》称'两省'与《宋志》不同"，"《通考》'两省'前脱漏'大'字"。今查同书3894页，亦失校。第1005页说"可断定《通考》'大宗丞'为误"，今查同书3897页，亦失校。

在肯定此书重大成就的同时，也应提出一些讨论或失误的问题，仅供参考。

一、史源问题。记得多少年前，梁太济师兄有一番精彩的谈话，他认为，过去，人们普遍的说法，是《宋史》诸志采自宋人所编的历代国史，邓广铭先生另立新说，说《宋史》诸志也直接采自《文献通考》，其实，无论《宋史》诸志或《文献通考》的史源主要都是宋历代国史。故光是根据《宋史》诸志的文字与某书，包括《文献通考》全同，也不能认为就是取材于某书，因为今人已经看不到宋历代国史礼志的原文。元季修《宋史》的工作十分仓促而粗糙，根本不容史官辈博览群书，博采而精考。笔者已经指出，元朝史官对宋历代国史的加工，主要有二：一是删削宋朝官史中的"虏"、"夷狄"之类侮辱性的名词；二是对宋朝官史中有关宋元战争的记录，也多所删削，以隐讳不少蒙古军失利的史实。[①] 有一个特别的实例，是《文献通考》卷三〇《选举考》在太平兴国三年九月"进士加论一首"的记事后，马端临说："按《选举志》言，是年试进士，始加论一首，然考《登科记》所载，建隆以来，逐科试士皆是一赋、一诗、一论，凡三题，非始于是年也。"今查《宋史》卷一五五《选举志》同年记事，文字与《通考》所录《三朝国史·选举志》大致相同，而单单削去了"进士加论一首"的内容。可知《宋史·选举志》此段文字，并未简单照抄宋《三朝国史·选举志》，无疑是参照了马端临之说。

二、20世纪在长官意志指挥下的错误的文字改革，其实是给中华文化制造了一场灾难，而中华古史的研究就成了重灾区。当然，也绝不限于古史界。电脑软件的繁简体字转换，笑料层出不穷。如浙江的"莫干山"，在香港的出版物中，误为"莫乾

---

① 参见王曾瑜《辽宋金史料介绍》，载《纤微编》，河北大学出版社，2011，第621～622页。

山"。电视剧中"范先生"误为"範先生"。目前生米已煮成熟饭,我曾撰文,建议对不适当归并的文字恢复原状。但得不到相关人员的重视,也是在意料之中的。因为受浮躁学风的影响,一些管理文教的人员,本身就缺乏文化素养,这已是不争的事实。问题在于他们往往自我感觉良好,不注意提高自己的文化素养。但对目前的青年史学工作者而论,如何准确使用繁体字写作,识别繁简体字转换造成的错别字,就成了一项不可或缺的基本功,应当引起高度重视。

此书中也存在一些因繁简体字转换造成的错别字。如第 47 页"'勤於治政'之'於',《宋志》不加区分,於、于混用"。按在古文中,此两字是可以通用的。问题倒是近代白话文中,是用"於",而不能用"于",如"關於"不能写成"關于"。第 5 页两处"很不係统"、"比较係统","係"当作"系"。第 195 页引史料"明统係以诒燕谋之永",此处的"係"也当作"系"。第 203 页"《长编》亦载,係於'元丰四年十月'","《通考》係於元丰三年当误"。此处的"係"当作"繫"。类似"繫"误作"係"的情况还有一些,在此不逐一例举。第 207 页引《续资治通鉴长编》"分撰嶽渎並历代帝王新庙碑",此处之"並",原文作"并"。按宋代文献中"并"往往作今"与"、"和"之义,而"並"一般作"並且"之义,两字并不通用。第 519 页"《宋志》将吕公绰的两次上奏及礼院所言进行剪並","並"当作"併"。第 539、540 页有四处,将"并州"误作"並州"。第 211 页两处"採石",当作"采石"。第 263 页"故仍恢複慶曆之制",第 630 页"据笔者反复查考","復"当作"複"。第 317 页两处将曹彦约的《昌谷集》误作《昌穀集》。第 394 页"《宋志》'南宫適'",应为"南宫适",此处音括,古时本有此字,因杜撰简化字,造成了错乱。记得在以《封神榜》改编的电视剧中,老演员许还山也将"南宫适"误念为"南宫適"。第 1090 页"权监察御史里行","里行"当作"裏行"。

三、此书第 86 页说:"古籍中'丘'、'邱'不分,常混用。"我已撰文指出:"避讳的改字,应当更正,例如宋代有雍丘县,有的作品引清人改字的《续资治通鉴长编》,成了'雍邱',当然是需要更正的。记得'邱'字的来历,我还是在上大学时,得之予课堂上,可惜已记不得是哪位老师传授。"① 在清朝之前的古籍中,当然并无"邱"字,问题是清人编录古籍,就依清讳改动了"丘"字,如《续资治通鉴长编》、《建炎以来系年要录》、《宋会要辑稿》等都大量改为"邱",也有未改者。但中华书局标点本《续资治通鉴长编》等亦沿用"邱"的清讳,而不加更正,是其失误。

四、此书第 394 页说:"《宋志》载'周敦颐',《绍熙州县释奠图》载'周惇颐','敦'与'惇',两者古籍均混称。"按笔者在《河南程氏家族研究》一文中已

---

① 王曾瑜:《谈谈中国古代史料的标点与校勘及其他问题》,《纤微编》,第 610 页。

考证，在周惇颐身后近一百二十年，因避宋光宗赵惇名讳，宋人将"周惇颐"改为"周敦颐"。元人修《宋史》，乃因袭之。①

五、标点的不规范，近年来似乎成了文章的公害。不准确的标点，其实是与写错别字同等的。但是，有些博士论文，甚至有一定名声的作者的出版物，错误的标点堪称是连篇累牍，简直看不下去，在某种意义上可说是浮躁学风的反映，因为有的人并非不会使用准确的标点，只是不精心撰写，粗制滥造。至于有的博士生，确实是不会准确地使用标点。此书的少部分篇幅也存在错误标点的问题，看来似属后者。例如第300页"贞（原作'正'。）"括号内的句号可删。类似情况不少。第291页末段"《淳熙三山志》载"之下使用冒号是对的，但一段引文本应在引号前使用句号而结句，此书却在引号后错误地使用了逗号，而"《景定建康志》载"之下，也是同样使用了引号后的逗号。如"某人说，'引文'，这意味着'引文'。"的标点格式，即若某人说之下不是整段引文，而是分段，也可能夹杂作者本人的一些话，就应在某人说之下使用逗号，而最末的句号应引号之后。此种标点格式，我们在大学时代就懂得了，但目前不少博士生却不懂。这当然也是个基本训练问题，绝不可轻视，切望引起青年学者的重视。

六、使用了不好的版本。如此书第245页引《宋史全文续资治通鉴》卷三二"端拱（误，当作'平'）元年"四月"壬午"条说："京湖制臣以北国完颜守绪函骨等奉致阙下。"其中"北国"，第909页也同样引用。据台北文海出版社《宋史资料萃编》第二集影印明刊本《宋史全文续资治通鉴》，当作"虏酋"。此处显然是来源于清《四库全书》本之篡改文字，使用黑龙江人民出版社之标点本不当。第737页"张耒《柯山集》载开封人刘充娶宗室女补右班殿"，按当改用《四部丛刊》本《张右史文集》卷五九，"殿"之下脱"直"字。

七、校点不当。第653~654页，《宋史·礼志》校点本作"以次歇空，进奉、押衙次交州"。作者引《宋会要辑稿》礼四五之六，校出《宋志》"进奉、押衙"后脱"军将"，这是不够的。当改补为"以次歇空〔座〕，进奉押衙、〔军将〕次交州"。"座"字不补入，读不通，而"进奉"之后不当有顿号。按此为沿用五代军阀制下衙前之旧，军将属衙前最低一级。

八、错字。如第183、250页"赵玄郎"，"郎"字误，应是"赵玄朗"。第220页"稻、梁"，当作"稻、粱"。第303页"五於菟"，当作"五於菟"。第499~500页两处，第761页一处"都虞侯"，当作"都虞候"。第665页"'宝岐殿'实误"，应作"'宝政殿'实误"。第811页"庶幾聞茸老疾者"，"聞"字原书看不清，但应是"闒"，"茸"应作"茸"。第846页"侯擡擔床絕"，"侯長春殿諸司排當有備"，

---

① 王曾瑜：《锱铢编》，河北大学出版社，2006，第298页。

"侯"当作"候"。第894页末行"侯潮门","侯"亦当作"候"。

九、古文错误标点。第175页,"伏请,以莞席代"云云,"伏请"下之逗号应删。第180页"朕萬幾餘間,黜諸儒臆說",当作"朕萬幾餘,間黜諸儒臆說"。第258页"前期,遗官"云云,"期"字下逗号可删。第310页"寻以乾元文明二殿災","乾元"之下应有顿号。第328页末"親從、卒",当删顿号,其实下页第3行亦作"親從卒"。第361页"以五行相尅制,亦合於"云云,当作"以五行相尅,制亦合於"。第447页"受命之君,以议礼制典为重,继体之君以承志遵法为美,先帝"云云,当作"受命之君,以议礼制典为重;继体之君,以承志遵法为美。先帝"。第649页"实殊荣观耀,於私门足为庆事",当作"实殊荣观,耀於私门,足为庆事"。"或戚重自处或轻率自便",应加逗号,"或戚重自处,或轻率自便"。"率皆相仍轻掷,赐以为雅厚",当作"率皆相仍,轻掷赐以为雅厚"。第659页"侍卫亲军、马步军都虞侯、指挥使韩令坤已下"。按"亲军"之下不当有顿号,"侯"当作"候"。第670页"尚食典御,奉御进食",逗号当作顿号。第677页"殿前马、步军司取旨",当作"殿前、马、步军司取旨",加一顿号。第688页2行"客省閤门使、副、",当作"客省、閤门使、副、",或可在"副"字后改逗号。第799页"客省引进、閤门副使","客省"后亦当加顿号。第812页"详定内外群官诸司使副、供奉官殿直",当作"内外群官,诸司使、副、供奉官、殿直"。第837页末行至下页"中書舍人,統軍,防禦、團練使,刺史",此处"统军"后的逗号应删,当作"統軍防禦、團練使、刺史",是指带兵的防御使、团练使和刺史,原《宋史》标点本理解有误。第897页"并统领将官三员执弓、枪带、刀斧、军器",当作"并统领、将官三员,执弓、枪、带刀斧、军器"。将官即是正将、副将和准备将。第1037页末行"知枢密院、同知院事副使",当作"知枢密院、同知院事、副使"。第1095页"况徐邈范宣之说",当作"况徐邈、范宣之说"。

一〇、其他错误。第83页说:"据《辑稿》原文则为'入内内侍省、内侍省押班';'内侍省押班'可简称为'押班',故需在'入内内侍省押班'之'押班'前加顿号即可区分为两级官职。"按此处不是加一顿号即可了结,而是应在《宋史·礼志》原文中,据《宋会要辑稿》补入"、内侍省"三字,再加一顿号方可,不是"内侍省押班"可简称押班。第191~192页引南宋绍兴时记载,却说"《宋朝诸臣奏议》未收录王普之奏"。按此书为北宋奏议,自然不收录。第912页"点校本'帝雅不好弋猎'不成文意,'雅'字后当用逗号"。按雅在此处作"平素"之义,《宋史》点校本似无误。第913页"帝雅,不好弋猎",加逗号似不当。第942页"《宋志》载'财八月矣'",而他书为"'纔八月矣',故《宋志》误",按古文中"财"与"纔"可通用,故《宋志》不误。

一一、有的似可作进一步考证。如此书第760~762页引《宋史·礼志》的"垂拱殿起居"和《文献通考》卷一〇七的"长春殿常朝"大段文字,其中有"三班使臣"一词,此为元丰改制前的通称。据《宋史》卷八五《地理志》,垂拱殿"旧名长春,明道元年改"。故《文献通考》似应抄自宋初《三朝国史·礼志》,而《宋史·礼志》似应抄自较晚的《两朝国史·礼志》者,两处文字反映了宋初武臣地位尚高。说"《政和五礼新仪》(卷一四〇《紫宸殿望参仪》)甚详",似不够,此书中不仅反映的是北宋后期的官制,已无"三班使臣"等,而武臣地位也明显地压低了。第907页末行《政和五礼新仪》引文有"管勾、降王、使臣",应删去两个顿号,作"管勾降王使臣"。宋时使臣作为低品武官,经常与其职务联用,如缉捕使臣、押纲使臣之类。《政和五礼新仪》作"管勾",而《宋史·礼志》的相应文字作"管幹降王使臣",乃避宋高宗御讳而改,故《宋史·礼志》文字似应抄自南宋的《四朝国史·礼志》。

最后应当特别申明,以上所列举的问题,就全书而论,当然只是白璧之瑕。笔者愿籍此机会,向汤勤福和王志跃先生的艰苦而扎实的劳动,表示由衷的敬佩之意。

本文蒙常玉芝先生提出宝贵意见,并进行修正,谨致谢忱。

〔作者王曾瑜,1939年生,中国社会科学院历史研究所研究员〕

收稿日期:2013年2月2日

征稿启事

一、《历史学评论》是《中国史研究》杂志社编辑的历史研究评论杂志,目前一年出版一卷。

二、《历史学评论》涉及的领域包括中国古代史、中国近现代史、世界史和考古学。

三、《历史学评论》刊发的文章主要包括:

第一,关于理论和研究方法运用的讨论;

第二,关于整体研究状况和趋势的评论;

第三,关于重大问题以及热点和难点研究的分析;

第四,对不良学风的批评;

第五,关于科研机制和科研活动的讨论;

第六,对重要学术著作的评论。

四、本刊只刊登原创性作品,反对一稿多投。

五、来稿一经采用,即致薄酬。

六、来稿请赐寄至北京建国门内大街5号中国社会科学院历史研究所中国史研究杂志社(邮编100732),并请注明专投《历史学评论》。技术规范和文字规范请参考《历史学评论》第一卷。

图书在版编目(CIP)数据

历史学评论. 第1卷/彭卫主编. —北京：社会科学文献出版社, 2013.11
ISBN 978-7-5097-5251-7

Ⅰ.①历… Ⅱ.①彭… Ⅲ.①中国历史-史评-文集 Ⅳ.①K207-53

中国版本图书馆CIP数据核字（2013）第265218号

历史学评论（第一卷）

主　　编 / 彭　卫
副 主 编 / 刘洪波　张　彤

出 版 人 / 谢寿光
出 版 者 / 社会科学文献出版社
地　　址 / 北京市西城区北三环中路甲29号院3号楼华龙大厦
邮政编码 / 100029

责任部门 / 近代史编辑室 （010）59367256　　　责任编辑 / 宋　超
电子信箱 / jxd@ssap.cn　　　　　　　　　　　　责任校对 / 岳宗华
项目统筹 / 宋荣欣　　　　　　　　　　　　　　责任印制 / 岳　阳
经　　销 / 社会科学文献出版社市场营销中心 （010）59367081　59367089
读者服务 / 读者服务中心 （010）59367028

印　　装 / 北京季蜂印刷有限公司
开　　本 / 787mm×1092mm　1/16　　　　　　　印　张 / 22
版　　次 / 2013年11月第1版　　　　　　　　　字　数 / 453千字
印　　次 / 2013年11月第1次印刷
书　　号 / ISBN 978-7-5097-5251-7
定　　价 / 69.00元

本书如有破损、缺页、装订错误，请与本社读者服务中心联系更换
版权所有　翻印必究